형사소송법 기본판례

CASES OF CRIMINAL PROCEDURE

刑事
訴訟法
基本判例

이 재 상

박영사

머 리 말

「형법기본판례 총론」을 출간한 지도 1년 10개월이 되었다. 형법총론의 판례평석에 이어 저자가 형사소송법학에 있어서 중요한 의미를 갖는 대표적인 판례들을 분석·비판한 판례평석집이 바로 「형사소송법 기본판례」이다. 판례연구가 판례의 읽기나 판례의 암기에 그칠 것이 아니라, 그 판례가 갖고 있는 문제점을 제시하고 이를 분석하고 평가하여, 판결의 정당한 이론적 근거를 밝히고 잘못된 점을 지적할 수 있어야 보다 새롭고 발전된 판례법이론의 형성이 가능하게 된다는 판단에서 펴낸 두 번째의 판례평석집이다. 본서인 「형사소송법 기본판례」에서는 형사소송법학의 중요쟁점 20개를 골라, 각각의 쟁점과 관련된 대법원판결인 대상판결과 관련판결을 선별하고, 그 판례들을 평석하였다. 「형법기본판례 총론」에 이어 각론을 먼저 만들어야 하지 않을까라는 생각이 없었던 것은 아니었다. 그러나 저자가 교과서를 쓸 때에도 형법총론에 이어 형사소송법을 쓴 다음에 형법각론을 마무리하였으므로 「형사소송법 기본판례」를 먼저 만드는 것도 불합리한 것은 아니고, 형사소송법학에 있어서 중요한 기본판례를 평석하여 형사소송법이론의 이해를 돕는 것이 더 시급하고 절실하다는 생각이 들어 「형사소송법 기본판례」를 먼저 쓰기로 하였다. 다만, 젊지 않은 나이에 대학원에서의 강의를 진행하면서 책을 쓰는 네 능력의 한계가 있어 이 책이 쟁점을 20개로 제한하지 않을 수 없었던 점은 유감이다. 앞으로 「형사소송법 기본판례」의 내용도 수정·보완하면서, 「형법기본판례 각론」을 계속 펴낼 생각이다. 이 책이 대학원에서 형사법을 연구하거나, 법학전문대학원에서 형사소송법을 공부하는 로스쿨 학생들은 물론, 형사소송법학에 관심을 가진 실무가들에게도 도움이 되기를 기대한다.

「형사소송법 기본판례」의 교정도 형법기본판례 총론과 같이 이화여자대학교 대학원에서 법학박사 학위를 취득한 저자의 제자들을 동원하였다. 한국여성정책연구원 연구위원으로 있으면서 이화여자대학교 법과대학에서 형법학을 강의하고 있는 윤덕경 법학박사, 이화여자대학교 법과대학 강사인 이원경 법학박사, 조현지 법학박사, 이희경 법학박사와 이강민 법학박사, 한국형사정책연구원 연구위원으로 있는 탁희성 법학박사와 윤지영 법학박사 및 이화여자대학교 법학전문대학원 4기생으로 저자의 연구조교를 맡고 있는 박혜정 양 들이 함께 교정을 보아 주었다. 이들의 힘을 합친 도움으로 빠른 시간에 이 책의 출간이 가능하게 되었다. 이들 모두에게 보다 큰 학문적 발전이 있기를 기대한다. 끝으로 「형법기본판례 총론」에 이어 이 책을 출간해 준 박영사 안종만 회장님께 감사드린다. 또한 이 책의 제작을 위해 힘써 준 조성호 부장님과 편집부 나경선 차장님에게도 고마운 마음을 기록하고자 한다.

2013년 4월

우면산 아래 서초동 우거에서

저　자

차 례

주요 참고문헌

[국내문헌]

1. 교 과 서

강구진,	형사소송법원론(1982)	(강구진)
김기두,	형사소송법(전정신판)(1987)	(김기두)
노명선/이완규,	형사소송법(2009)	(노명선/이완규)
배종대/이상돈,	형사소송법(제 7 판)(2006)	(배종대/이상돈)
배종대/이상돈/정승환/이주원,	신형사소송법(제 3 판)(2011)	(배종대/이상돈/정승환/이주원)
백형구,	형사소송법(신체계)(1998)	(백형구)
백형구,	형사소송법강의(8정판)(2001)	(백형구 강의)
손동권,	형사소송법(2008)	(손동권)
송광섭,	형사소송법(1997)	(송광섭)
신동운,	신형사소송법(제 3 판)(2011)	(신동운)
신동운,	형사소송법(제 4 판)(2007)	(신동운 4)
신양균,	형사소송법(2000)	(신양균)
이영란,	한국형사소송법(2007)	(이영란)
이은모,	형사소송법(제 2 판)(2011)	(이은모)
임동규,	형사소송법(제 2 판)(2003)	(임동규)
정영석,	형사소송법(4전정판)(1982)	(정영석)
차용석/최용성,	형사소송법(제 2 판)(2004)	(차용석/최용성)

2. 판례평석집

지송 이재상 교수 화갑기념	형사판례의 연구 2(2003)	(형사판례의 연구)
한국형사판례연구회	형사판례연구 1-20	(형사판례연구)
형사실무연구회	형사재판의 제문제(1-6)	(형사재판의 제문제)

[독일문헌]

Beulke, *Strafprozessrecht* 6. Aufl. 2002 (Beulke)

Gössel, *Strafverfahrensrecht*, 1977 (Gössel)

Meyer－Goßner, *StPO* 48. Aufl, 2005 (Meyer－Goßner)

Kindhäuser, *Strafprozessrecht* 2006 (Kindhäuser)

Hannich, *StPO(Karlsruher Kommentar)* 6. Aufl. 2008 (KK)

Pfeiffer, *StPO* 3. Aufl 2001 (Pfeiffer)

Roxin, *Strafverfahrensrecht* 25. Aufl. 1998 (Roxin)

Rudolphi/Frisch/Rogall/Schlüchter/Wolter, *Systematischer Kommentar zur StPO* 1994 (SK)

[미국문헌]

Rolando V. del Carmen, *Criminal Procedure* 7th edit. 2007 (Carmen)

LaFave/Israel/King, *Criminal Procedure* 4th edit. 2004 (LaFave/Israel/King)

Saltzburg/Capra, *American Criminal Procedure* 7th edit. 2004 (Saltzburg/Capra)

Cleary, *McCormick on Evidence* 5th edit. 1999 (McMormick)

Lempert/Saltzburg, *A mordern Approach to Evidence* 2nd Edit. 1984 (Lempert/Saltzburg)

Stuart S. Nagel, *The Right of the Accused* 1972 (Nagel)

1. 친고죄에 있어서 고소 전 수사의 허용여부

[대상판결]

(1) 대법원 2011. 3. 10. 2008도7724

1. 사실관계

피고인은 체류자격이 없는 외국인들을 고용한 사실로 검사에 의하여 구 출입국관리법(2010. 5. 14. 법률 제10282호로 개정되기 전의 것) 위반으로 공소제기되었다.

구 출입국관리법(2010. 5. 14. 법률 제10282호로 개정되기 전의 것, 이하 '법'이라고 한다) 제101조 제1항에 의하면, 출입국사범에 관한 사건은 사무소장·출장소장 또는 외국인보호소장(이하 '사무소장 등'이라고 한다)의 고발이 없는 한 공소를 제기할 수 없고, 출입국관리공무원 외의 수사기관이 출입국사범에 관한 사건을 입건한 때에는 지체 없이 관할 사무소장 등에게 인계하여야 한다. 한편 출입국관리공무원은 출입국관리에 관한 범죄 등에 관하여 사법경찰관리의 직무를 수행하며 사무소장 등은 출입국사범에 대한 조사 결과 범죄의 확증을 얻은 때에는 그 이유를 명시한 서면으로 벌금에 상당하는 금액을 지정한 곳에 납부하도록 통고할 수 있고, 범죄의 정상이 금고 이상의 형에 처할 것으로 인정되는 때에는 즉시 고발하여야 한다(법 제102조 제1항, 제3항). 그런데 위 사건을 입건한 지방경찰청은 관할 출입국관리사무소장 등에게 인계하지 아니한 채 그 고발 없이 수사를 진행하였고, 이후 위 사무소장이 지방경찰청장의 고발의뢰에 따라 고발하면서 그 사유를 '지방경찰청의 고발의뢰 공문 등에 의해 명백히 입증되었다'라고만 기재하였다.

원심인 서울지방법원 항소부는 지방경찰청에서 같은 법 출입국관리사무소장의 고발 없이 진행되었다는 이유로 지방경찰청 및 검찰의 수사가 위법하다거나 공소제기의 절차가 법률의 규정에 위배되어 무효인 때에 해당하지 않는다고 판단하고 피고인에게 유죄를 선고하였고, 원심판결에 대하여 피고인이 상고하였다.

2. 판결요지

가. 법률에 의하여 고소나 고발이 있어야 논할 수 있는 죄에 있어서 고소 또는 고발은 이른바 소추조건에 불과하고 당해 범죄의 성립요건이나 수사의 조건은 아니므로, 위와 같은 범죄에 관하여 고소나 고발이 있기 전에 수사를 하였더라도, 그 수사가 장차 고소나 고발의 가능성이 없는 상태하에서 행해졌다는 등의 특단의 사정이 없는 한, 고소나 고발이 있기 전에 수사를 하였다는 이유만으로 그 수사가 위법하게 되는 것은 아니다. 그렇다면 일반사법경찰관리가 출입국사범에 대한 출입국관리사무소장 등의 고발이 있기 전에 수사를 하였더라도, 달리 위에서 본 특단의 사정이 없는 한 그 사유만으로 수사가 소급하여 위법하게 되는 것은 아니다.

나. 구 출입국관리법(2010. 5. 14. 법률 제10282호로 개정되기 전의 것) 제101조는 제 1 항에서 출입국관리사무소장 등의 전속적 고발권을 규정함과 아울러, 제 2 항에서 일반사법경찰관리가 출입국사범을 입건한 때에는 지체없이 사무소장 등에게 인계하도록 규정하고 있고, 이는 그 규정의 취지에 비추어 제 1 항에서 정한 사무소장 등의 전속적 고발권 행사의 편의 등을 위한 것이라고 봄이 상당하므로 일반사법경찰관리와의 관계에서 존중되어야 할 것이지만, 이를 출입국관리공무원의 수사 전담권에 관한 규정이라고까지 볼 수는 없는 이상 이를 위반한 일반사법경찰관리의 수사가 소급하여 위법하게 되는 것은 아니다.

다. 피고인이 체류자격이 없는 외국인들을 고용하여 구 출입국관리법(2010. 5. 14. 법률 제10282호로 개정되기 전의 것) 위반으로 기소되었는데, 당초 위 사건을 입건한 지방경찰청이 지체없이 관할 출입국관리사무소장 등에게 인계하지 아니한 채 그 고발없이 수사를 진행하였고, 이후 위 사무소장이 지방경찰청장의 고발의뢰에 따라 고발하면서 그 사유를 '지방경찰청의 고발의뢰 공문 등에 의해 명백히 입증되었다'라고만 기재한 사안에서, 고발 경위에 비추어 사무소장이 한 위 고발은 구체적인 검토에 따라 재량으로 행하여진 것이어서 무효로 볼 수 없고, 지방경찰청에서 같은 법 제101조 제 2 항의 규정을 위반하였다는 것만으로는 지방경찰청 및 검찰의 수사가 위법하다거나 공소제기의 절차가 법률의 규정에 위배되어 무효인 때에 해당하지 않는다.

(2) 대법원 1995. 2. 24. 94도252

1. 사실관계

피고인은 조세범처벌법위반사건으로 공소제기되었다. 조세범처벌법위반사건은 세무서장의 고발이 있어야 공소를 제기할 수 있는 범죄이다. 그런데 검사가 제출한 검사 작성의 피고인에 대한 피의자신문조서, 다른 피의자에 대한 피의자신문조서등본 및 제3자에 대한 진술조서의 등본은 검사가 세무서장의 고발이 있기 전에 작성된 것이었다.

원심의 유죄판결에 대하여 피고인이 상고하였다.

2. 판결요지

가. 친고죄나 세무공무원 등의 고발이 있어야 논할 수 있는 죄에 있어서 고소 또는 고발은 이른바 소추조건에 불과하고 당해 범죄의 성립 요건이나 수사의 조건은 아니므로, 위와 같은 범죄에 관하여 고소나 고발이 있기 전에 수사를 하였다고 하더라도, 그 수사가 장차 고소나 고발이 있을 가능성이 없는 상태하에서 행해졌다는 등의 특단의 사정이 없는 한, 고소나 고발이 있기 전에 수사를 하였다는 이유만으로 그 수사가 위법하다고 볼 수는 없다.

나. 검사 작성의 피고인에 대한 피의자신문조서, 다른 피의자에 대한 각 피의자신문조서등본 및 제3자에 대한 각 진술조서등본이 조세범처벌법위반죄에 대한 세무서장의 고발이 있기 전에 작성된 것이라 하더라도 피고인이나 그 피의자 및 제3자 등에 대한 신문이 피고인의 조세범처벌법위반 범죄에 대한 고발의 가능성이 없는 상태하에서 이루어졌다고 볼 아무런 자료도 없다면, 그들에 대한 신문이 고발 전에 이루어졌다는 이유만으로 그 조서나 각 조서등본의 증거능력을 부정할 수는 없다.

[판례이 연구]

Ⅰ. 문제의 제기

수사는 범죄혐의의 유무를 명백히 하여 공소를 제기·유지할 것인가의 여부를 결정하기 위하여 범인을 발견·확보하고 증거를 수집·보전하는 수사기관의 활동, 또는 범죄의 유무와 범인의 체포 및 증거수집을 위한 수사기관의 활동을 말한다. 이와 같이 수사의 목적을 공소를 제기·유지할 것인가의 여부를 결정하는 데 있다고 할지라도 수사는 공소제기를 전제로 하고, 따라서 수사가 공소제기의 준비절차로서의 성격을 가지고 있는 것도 부정할 수 없다. 수사에는 임의수사와 강제수사가 있다. 그런데 강제수사는 물론 임의수사도 피의자의 인권과 밀접한 관계가 있다. 따라서 수사기관의 무제한한 재량에 의하여 수사를 개시하게 하는 것은 인권침해에 대한 방치를 의미한다. 여기서 수사의 조건을 제시하여 수사를 제한할 필요가 있다. 수사의 조건에는 수사의 필요성과 상당성이 포함된다. 수사의 상당성이 수사의 신의칙과 수사비례의 원칙을 의미함에 반하여, 수사의 필요성으로 요구되는 것이 범죄의 혐의와 수사, 소송조건과 수사의 문제이다.

검사는 범죄의 혐의가 있다고 사료하는 때에는 수사를 하여야 하며(제195조), 사법경찰관도 범죄의 혐의가 있다고 인식하는 때에는 수사를 개시·진행하여야 한다(제196조 제2항). 즉, 수사는 수사기관의 주관적 혐의에 의하여 개시된다. 따라서 혐의가 없음이 명백한 사건에 대한 수사는 허용되지 않는다. 여기의 범죄혐의는 수사기관의 주관적 혐의를 의미하며, 객관적 혐의일 것을 요하지 않는다. 그러나 수사기관의 주관적 혐의만으로 수사를 인정하는 것은 수사기관의 자의에 의한 수사를 인정하는 결과가 된다. 따라서 수사기관의 혐의는 구체적 사실에 근거를 둔 혐의일 것을 요한다고 해야 한다. 수사가 공소제기를 전제로 하는 이상, 공소제기의 가능성이 없는 수사도 허용되지 않는다고 해야 한다. 여기서 소송조건이 수사의 조건이 될 수 있는가가 문제된다. 고소는 수사의 단서에 불과하다. 일반범죄에 있어서는 고소가 없어도 다른 수사개시의 원인이 있을 때에는 당연히 수사를 개시할 수 있다. 그러나 친고죄에 있어서의 고소는 소송조건이다. 소송조건이 구비되지 않은 때에는 공소를 제기할 수 없으므로 공소를 제기할 수 없는 경우에 수사를 할 수 있는가가 문제되지 않을 수 없다. 그런데 소송조건은 공소제기의 조건이며, 실체심판의 조건이지, 수사의 조건은 아니다. 고소가 없더라도 수사는 적법하게 할 수 있고, 공소제기까지 소송조건을 구비하면 되지 않는가라는 의문이 생긴다. 여기서 친고죄에 있어서의 고소와 수사의 관계가 문제된다. 공무원의 직무상 고발이 있어야 논할 수 있는 범죄에 있어서도 동일하다.

대상판결은 모두 「친고죄나 공무원의 고발이 있어야 논할 수 있는 죄에 있어서 고소나 고발이 있기 전에 수사를 하였더라도, 그 수사가 장차 고소나 고발의 가능성이 없는 상태하에서 행해졌다는 등의 특단의 사정이 없는 한, 고소나 고발이 있기 전에 수사를 하였다는 이유만으로 그 수사가 위법하게 되는 것은 아니다」고 판시하고 있다. 친고죄의 고소와 수사의 관계에 관한 제한적 허용설의 입장을 밝힌 것임이 명백하다. 대상판결 (2)는 이 이외에도 「검사 작성의 피고인에 대한 피의자신문조서 등의 진술조서가 신문이 고발 전에 이루어졌다는 이유만으로 그 조서나 각 조서등본의 증거능력을 부정할 수는 없다」고 판시하고 있다. 여기서 친고죄에 있어서 고소 전 수사의 허용여부(Ⅱ), 고소 전에 작성한 조서의 증거능력을 검토하고(Ⅲ), 대상판결을 분석하고자 한다(Ⅳ).

Ⅱ. 친고죄에 있어서 고소 전 수사의 허용여부

1. 학설의 대립

친고죄나 공무원의 고발이 있어야 논할 수 있는 죄에 있어서 고소 또는 고발이 없는 경우에 수사를 개시할 수 있는가에 대하여는 학설이 대립되고 있다. 전면부정설과 전면허용설 및 제한적 허용설이 그것이다. 친고죄에 있어서 고소 전 수사의 허용여부는 소송조건이 구비될 가능성, 즉 고소의 가능성이 없는 경우에 문제된다는 것을 전제로 예외적 허용설을 주장하는 견해도 있다.[1] 그러나 고소 전 수사의 허용여부가 문제되는 것은 친고죄에 있어서 고소 또는 고발이 없는 경우에 수사기관이 수사를 개시할 수 있는가의 문제이며, 반드시 고소의 가능성이 없는 경우만 문제로 하는 것은 아니다.[2]

(1) 전면허용설

친고죄에 있어서 고소가 없는 경우에도 수사가 허용된다는 견해이다. 일본

1) 강동범 「친고죄에 있어 고소 전 수사의 허용여부」, 형사판례연구 4, 389면; 이용식 「친고죄에 있어 고소 전 수사의 허용여부」, 형사판례의 연구(이재상 화갑기념 논문집) 2, 41면.

2) 배종대/이상돈/정승환/이주원 신형사소송법 제3판 89면; 신동운 신형사소송법 제3판 117면; 이재상 형사소송법 제9판 194면: 이은모 형사소송법 제2판 166면.

판례의 태도이다. 즉, 일본 최고재판소는 피고인 등이 공모하여 관세법위반 및 물품세법위반죄를 범하였으나 사법경찰관과 검사가 세관장과 세무서장의 고발이 있기 전에 피고인 등을 체포·구류하고 신문하여 진술조서를 작성한 사건에서 「관세법위반 또는 물품세법위반과 같은 국세범칙사건에 대한 세관장 등의 고발은 그 범죄에 대한 소추조건에 불과하며, 사법경찰관도 범죄의 혐의가 있다고 사료하는 때에는 범인 및 증거를 수사하여야 하고, 검사도 필요하다고 인정하는 때에는 스스로 범죄를 수사할 수 있고, 수사에 대해서는 그 목적을 달성하기 위하여 필요한 신문을 할 수 있고 법률이 정하는 데 따라 강제처분도 할 수 있는 것이므로 세관장 등의 고발 전에 피의자를 체포·구류 또는 신문하였다고 할지라도 그 체포·구류 또는 신문이 고발 전에 행하여졌다는 것만으로 위법하다고 할 수 없다」고 판시하였다.[1] 독일의 다수설도 이 입장을 따르고 있다.[2] 전면허용설은 ① 검사와 사법경찰관은 범죄의 혐의가 있다고 인정하는 때에는 수사를 할 수 있는데 친고죄에 있어서의 고소는 소송조건이지 범죄의 성립요건과는 관계가 없고, ② 이 경우에 고소가 제기된 이후에만 수사가 허용된다고 할 때에는 증거의 확보와 사건의 해결이 불가능하게 될 우려가 있다는 점을 이유로 한다.

(2) 전면부정설

친고죄에 있어서 고소가 없으면 강제수사는 물론 임의수사도 할 수 없다는 견해이다. 일본에서 일부 학자에 의하여 주장된 바 있으나,[3] 현재 우리나라에서 이 견해를 주장하는 학자는 없다. 친고죄에 있어서 ① 고소는 소송조건으로 공소제기의 유효조건이므로 고소가 없으면 공소를 제기할 수 없어 그 준비를 위한 수사도 허용된다고 할 수 없으며, ② 특히 피해자의 명예를 보호하기 위하여 친고죄로 한 범죄에 있어서는 명예보호의 취지에 비추어 강제수사는 물론 임의수사도 허용되지 않는다고 해석해야 한다는 점을 근거로 한다.

---

1) 日最判 1960(소화 35). 12. 23(刑集 14-4, 2213).
2) Griesbaum, StPO KK 6 Aufl. 158 Rn. 33; Werner Beulke *Strafprozessrecht* 6 Aufl. 2 Rn. 16; Roxin *Strafverfahrensrecht* 25 Aufl. S. 80.
3) 豊島直道 修正 刑事訴訟法新論, 409面.

(3) 제한적 허용설

친고죄에 있어서 고소가 없는 경우에도 수사는 허용되지만 고소의 가능성도 없는 경우에는 수사가 허용되지 않는다는 견해이다. 친고죄에 있어서의 수사의 필요성과 피해자의 의사를 존중한다는 친고죄의 본질을 조화한 결과이며, 원칙적 허용설이라고도 한다. 우리나라의 통설이며,[1] 독일에서도 일부 학자들에 의하여 주장되고 있는 견해이다.[2] 대상판결들도 이 입장을 따른 것이라고 할 수 있다. 제한적 허용설은 ① 친고죄에 있어서의 고소는 소송조건에 불과하며 범죄의 성립요건이 아니므로 범죄의 혐의가 인정될 때에는 당연히 수사를 할 수 있고, ② 친고죄에 있어서 고소가 없는 경우에도 수사를 개시할 필요성이 인정되지만, ③ 수사가 공소제기의 준비절차인 이상 고소의 가능성도 없어 공소제기의 가능성이 인정되지 않는 경우에는 수사를 허용하지 않아야 한다는 점을 근거로 들고 있다.

제한적 허용설을 취하는 경우에 고소의 가능성이 없는 경우로는 고소기간이 도과한 경우, 이미 고소를 취소한 경우 및 피해자가 고소를 하지 않겠다는 뜻을 명백히 한 경우를 들 수 있다.[3] 고소기간이 도과한 경우뿐만 아니라 고소를 취소한 경우에도 다시 고소를 제기할 수 없음은 명백하다(제230조 제1항, 제232조 제2항). 이에 반하여 피해자가 고소를 제기하지 않겠다는 뜻을 명백히 한 경우에는 고소권의 포기를 인정하는가에 따라 결론을 달리한다. 그런데 우리나라의 통설은 고소권의 포기를 인정하면서, 다만 고소권의 포기는 고소의 취소와 같은 방식으로 할 것을 요구한다.[4] 고소권의 포기를 인정할 때에는 이 경우에도 고소를 제기할 수 없는 경우에 해당한다. 그러나 판례는 고소의 취소와 고소권의 포기는 구별된다는 이유에서 고소권의 포기를 부정하는 소극설을 취하고 있다.[5] 생각건대 ① 고소권은 공법상의 권리이므로 사법적 처분을 허용할 수 없으며, ② 형사소송법은 고소의 취소에 대하여는 명문의 규정을 두면

1) 배종대/이상돈/정승환/이주원 90면; 신동운 118면; 신양균 65면; 이재상 195면; 이은모 166면, 임동규 124면.
2) Lutz Meyer/Goßner *StPO* 48 Aufl. § 127 Rn. 21; Gerd Pfeiffer *StPO* 3 Aufl. § 127 Rn. 10.
3) Lutz Meyer/Goßner Rn. 21.
4) 배종대/이상돈/정승환/이주원 80면; 백형구 형사소송법(1999) 100면; 손동권 형사소송법(2008) 194면; 신양균 110면; 이은모 190면; 차용석/최용성 형사소송법 제2판(2004) 180면.
5) 대법원 1967. 5. 23. 67도471.

서도 고소권의 포기에 관하여는 규정이 없고, ③ 고소권의 포기를 인정하면 고소권을 소멸시킨다는 폐단이 생길 수 있다는 점에서 고소권의 포기는 인정하지 않는 판례의 태도가 타당하다고 생각한다.[1] 그러나 고소권의 포기를 인정하지 않는 경우에도 피해자가 고소를 하지 않겠다는 뜻을 명백히 한 경우까지 수사기관이 수사를 개시할 수 있다고 해석하는 것은 옳다고 할 수 없다. 이 경우에는 피해자가 고소를 하지 않을 것이 명백하거나 그러한 개연성이 높은 경우이므로 고소의 가능성이 희박하다고 보아야 하기 때문이다. 한편 제한적 허용설을 취하는 경우에 허용되는 수사의 범위에 관하여는 임의수사는 물론 강제수사도 허용된다는 견해[2]와 강제수사는 허용되지 않거나 친고죄를 인정한 취지에 반할 때에는 신중을 기해야 한다는 견해[3]가 대립되고 있다.

(4) 예외적 허용설

친고죄에 대한 고소 전 수사는 원칙적으로 금지되며, 다만 예외적 허용요건이 인정되는 경우에만 허용될 수 있다고 해석하는 견해이다. 언제 예외적 허용요건이 인정되는가에 관하여는 당장 증거를 수집 · 확보하지 않으면 그것을 상실할 염려가 있는 긴급한 경우라는 견해[4]와 장차 고소나 고발이 행하여질 가능성이 있는 상태에서 행해졌다는 특단의 사정이 있는 경우라고 해석하는 견해가 대립되고 있다.[5] 예외적 허용설은 ① 제한적 허용설에서 말하는 고소의 가능성이 없는 경우에는 전면허용설에 의하는 경우에도 고소 전 수사가 인정되지 않으므로 고소권자가 고소의 의사를 명백히 밝히지 않는 경우 이외에는 제한적 허용설과 전면허용설은 같은 이론에 불과하고, ② 친고죄에 있어서는 국가 또는 수사기관의 개입권한보다는 당사자로서의 자신의 처분권한이 우선되어야 할 것이므로 친고죄에 있어서 수사의 필요성은 피해자의 명예 및 인

---

1) 신동운 157면; 이재상 219면; 임동규 151면.

2) 백형구 강의 361면; 신동운 118면; 신양균 65면; 이재상 195면; 임동규 124면.

3) 강구진 161면; 김기두 209면.
배종대/이상돈/정승환/이주원 90면은 강간죄와 같은 폭력범죄에 한하여 강제수사를 허용해야 한다고 한다.

4) 강동범 앞의 글, 394면.
그러나 증거를 수집 · 확보하지 않으면 그것을 상실할 염려가 있는 긴급한 경우란 수사의 필요성이 인정되는 경우와 같은 의미에 지나지 않으므로 예외적 허용설의 입장과 일치한다고 볼 수 없다.

5) 이용식 앞의 글, 42면.

격보호를 위해 형벌권실현을 유보한 친고죄의 입법취지와 수사의 목적을 고려하여 고소 전 수사는 원칙적으로 금지된다고 해석해야 하며, ③ 고소권이 소멸되지는 않았지만 고소권자가 고소의사를 명백히 밝히지 않는 경우에도 수사를 허용해서는 안 된다는 점을 이유로 한다.

2. 비 판

친고죄에 있어서 고소나 고발이 없는 경우에도 증거나 범인을 확보하기 위하여 수사를 개시할 필요가 있음을 부정할 수는 없다. 따라서 고소 전 수사의 필요성을 부정하는 전면부정설은 옳지 않다. 한편 피해자의 인격과 명예보호를 위하여 형벌권의 실현을 제한하고자 하는 친고죄의 입법취지도 고려하지 않고 공소제기의 가능성이 없는 경우에도 고소 전 수사가 허용된다고 해석하는 전면허용설도 공소제기의 준비단계인 수사의 본질과 일치할 수 없다고 해야 한다. 따라서 문제는 절충설이라고 볼 수 있는 제한적 허용설과 예외적 허용설 중 어떤 견해가 옳은가에 있다고 할 수 있다.

첫째, 예외적 허용설이 제한적 허용설과 전면허용설이 같은 이론에 불과하다는 전제에서 출발한 것은 잘못이다. 전면허용설은 친고죄에 있어서 고소는 수사의 조건이 아니므로 고소 전의 수사를 전면적으로 긍정하는 견해임에 반하여, 제한적 허용설은 고소의 가능성이 없는 경우에는 이를 허용하지 않는다는 이론에 불과하기 때문이다. 즉, 고소의 가능성이 없기 때문에 제한적 허용설에 의하면 수사를 할 수 없는 경우에도 전면허용설에 의할 때에는 고소 전 수사를 허용한다는 점에서 두 견해는 명백히 구별되는 이론이다. 둘째, 예외적 허용설이 친고죄에 있어서는 친고죄의 입법취지를 수사의 필요성보다 우선하여 고려해야 한다고 한 것도 옳다고 할 수 없다. 친고죄에 있어서의 고소는 소송조건이다. 소송조건은 공소제기의 유효조건이므로 공소제기 시에 갖추어지면 족하며, 범죄의 혐의와 관계된 수사의 조건이 아니므로 고소가 없어도 원칙적으로 수사가 가능하다는 점에서 출발하는 것은 당연하다. 친고죄에 있어서 고소가 소송조건인 점은 그 소송조건이 공소제기 시에 갖추어질 수 있는가라는 점에서 고려하면 족하다. 셋째, 친고죄는 국가형벌권의 실현이라는 공익적 요구를 개인의 명예보호라는 사적 이익에 양보한 예외형태로서 인정된 것이므로 수사에 있어서도 이러한 취지를 존중해야 한다고 주장하는 것도 옳다고 할 수 없다. 강간과 추행의 죄를 제외한 대부분의 친고죄는 피해자의 명예보호를 위하여 친고죄로 한 것이 아니라 범죄의 죄질이 경미하기 때문이며, 죄질이 경미하다고 수사를 허용할 수 없는 것은 아니기 때문이다. 넷째, 예외적 허용설을 취하면서 수사가 장차 고소 또는 고발의 가능성이 있을 특단의 사정이 있는 때에만 허용된다고 해석할 때에도 제한적 허용설과 차이가 나타나는 것은 피해자가 고소의사를 명백히 밝히지 않는 경우뿐이다. 제한적 허용설에 의하면 고소의 가능성이 있기 때문에 수사가 허용됨에 반하여, 예외적 허용설에 의하면 허용되지 않는다고 해야 하기 때문이다. 그러나 이 경우는 친고죄의 고소 전 수사가 필요한 전형적인 때에 해당한다. 이 때에도 수사를 허용하지 않을 때는 범인이나 증거의 확보가 불가능하게 될 우려가 현저하기 때문이다. 제한적 허용설이 전면허용설을 전제로 친고죄의 본질을 고려한 절충설이라면 예외적 허용설은 전면부정설을 전제로 한 절충설이라고 할 수 있다. 결국 제한적 허용설이 타당하다고 해야 한다.

제한적 허용설에 의하는 경우에 허용되는 수사의 범위는 임의수사와 강제수사를 포함한다고 해석해야 한다. 친고죄의 고소 전이라 하더라도 수사의 필요성이 절실히 인정되는 것은 피의자의 신문이 아니라 체포와 구속의 경우라고 해야 하기 때문이다.[1)]

Ⅲ. 고소 전 수사에 의하여 수집한 증거의 증거능력

대상판결 (2)의 판결요지 (나)는 검사 작성의 피고인에 대한 피의자신문조서, 다른 피의자에 대한 각 피의자신문조서등본 및 제 3 자에 대한 각 진술조서등본이 세무서장의 고발이 있기 전에 작성된 것이라 하더라도 그것이 피고인의 조세범처벌법위반 범죄에 대한 고발의 가능성이 없는 상태하에서 이루어졌다고 볼 자료도 없다면, 그 조서나 각 조서등본의 증거능력을 부정할 수는 없다는 점에 있다. 여기서 대상판결 (2)와 관련하여 친고죄에 있어서 고소 또는 고발이 있기 전의 수사에 의하여 수집한 증거의 증거능력을 인정할 것인가, 또

1) Griesbaum KK Rn. 33; Lutz Meyer/Goßner Rn. 21; Roxin S. 80.

위법한 수사가 공소제기에 어떤 영향을 미치는가를 검토할 필요가 있다.

1. 위법한 수사에 의해 수집한 증거의 증거능력

친고죄나 공무원의 고발이 있어야 논할 수 있는 죄에 있어서 고소 또는 고발 전 수사에 의하여 수집한 증거의 증거능력은 이 경우에 위법수집증거배제법칙이 적용될 것인가의 문제이다. 따라서 문제의 핵심은 고소 전의 수사를 적법하다고 볼 수 있는가에 달려 있다. 예외적 허용설에 의할 때에는 수사가 장차 고소 또는 고발의 가능성이 있는 특단의 사정이 있는 때, 또는 당장 증거를 수집·확보하지 않으면 그것을 상실할 염려가 있는 긴급한 경우에 개시한 때가 아니면, 위법한 수사에 의하여 수집한 증거가 될 수 있다.[1] 다만, 그 위법이 중대한 위법, 즉 적정절차의 실질적 내용을 침해하는 정도의 위법에 이르렀는가는 의문이라고 할 수 있다. 이에 반하여 통설과 판례의 제한적 허용설에 의하면 세무서장 등의 고발 전의 수사는 적법하므로 이에 의하여 수집된 증거는 당연히 증거능력을 가진다고 해야 한다.

2. 위법한 수사가 공소제기에 미치는 영향

제한적 허용설에 의하여 친고죄에 있어서 고소 전 수사가 적법하다고 인정할 때에는 위법한 수사가 공소제기에 어떤 영향을 미칠 것인가는 문제될 여지가 없다. 그러나 예외적 허용설에 의하여 고소 전 수사를 위법하다고 판단하면 그 위법이 공소제기에 영향을 미치는가를 검토할 필요가 있다. 이 경우에 공소권남용이론을 적용할 것인가의 문제이기도 하다. 위법한 수사는 적정절차에 위반하는 것이므로 형사소송법 제327조의 2의 '공소제기의 절차가 법률의 규정에 위반하여 무효인 때'의 규정을 준용하여 공소기각의 판결을 해야 한다는 견해도 있을 수 있다. 대법원은 함정수사에 의한 공소의 경우에 공소기각의 판결을 해야 한다고 판시한 바 있다.[2] 그러나 수사절차에 위법이 있다고 하여 언제나 공소제기가 무효가 된다고 하는 것은 옳다고 할 수 없다. 그것은 법의 적정절차를 위반했다고 인정되는 경우에 제한해야 하기 때문이다. 대법원은 「불

---

1) 강동범 앞의 글, 395면; 이용식 앞의 글, 43면.
2) 대법원 2005. 10. 28. 2005도1247; 대법원 2007. 5. 31. 2007도1903.

법연행 등 각 위법사유가 사실이라고 하더라도 그 위법한 절차에 의하여 수집된 증거를 배제할 이유는 될지언정 공소제기의 절차자체가 위법하여 무효인 경우에 해당한다고 볼 수 없다」고 판시하였으며,[1] 일본의 판례도 「현행범인의 체포 과정에서 경찰관이 피의자를 폭행한 경우에 그것만으로 공소제기가 무효라고 할 수 없다」고 판시한 바 있다.[2] 결국, 어떤 이론에 의하더라도 친고죄에 있어서 고소제기 전에 수사가 있었다는 사유는 '공소제기의 절차가 법률의 규정에 위반하여 무효인 때'에 해당할 수 없다는 결론이 된다.

Ⅳ. 대상판결의 검토

대상판결 (1) (2)가 제한적 허용설의 입장에서 「법률에 의하여 고소나 고발이 있어야 논할 수 있는 죄에 있어서 고소나 고발이 있기 전에 수사를 하였더라도, 그 수사가 장차 고소나 고발의 가능성이 없는 상태하에서 행해졌다는 등의 특단의 사정이 없는 한, 고소나 고발이 있기 전에 수사를 하였다는 이유만으로 그 수사가 위법하게 되는 것은 아니다」라고 판시였음은 타당하다고 생각된다. 그리고 대상판결 (2)가 「검사 작성의 피고인에 대한 피의자신문조서, 다른 피의자에 대한 각 피의자신문조서등본 및 제 3 자에 대한 각 진술조서등본이 조세범처벌법위반죄에 대한 세무서장의 고발이 있기 전에 작성된 것이라 하더라도 그들에 대한 신문이 고발 전에 이루어졌다는 이유만으로 그 조서나 각 조서등본의 증거능력을 부정할 수는 없다」고 판시한 것도 당연하다.

문제는 대상판결들이 출입국사범과 조세범처벌위반사건에 대한 판결로서 출입국관리소장 또는 세무공무원의 고발이 있어야 논할 수 있는 직무고발사건에 대하여도 같은 이론이 적용될 수 있는가에 있다. 공무원의 직무고발사건에 대하여 고발 이전에 수사를 개시하여도 수사가 위법하게 되지 않는다는 점에서 친고죄의 경우와 같은 이론이 적용된다는 점에는 이론이 없다. 특히 형사소송법이 「공무원은 직무를 행함에 있어 범죄가 있다고 사료하는 때에는 고발하여야 한다」고 규정하고 있고(제234조 제 2 항), 출입국관리법 제102조 제 3 항과

1) 대법원 1990. 9. 25. 90도1586.
2) 日最判 1966(소화 41). 7. 21(刑集 20-6, 696).

구 조세범처벌법 제6조도 「출입국공무원이나 세무공무원은 범죄의 정상이 금고 이상의 형에 해당할 것으로 인정되면 즉시 고발하여야 한다」고 규정하여 즉시 고발의 의무를 인정하고 있는 점에서 고발의 가능성은 더욱 크다고 볼 수 있다. 판례의 태도는 타당하다.

2. 함정수사의 위법성판단기준과 위법한 함정수사의 효과

[대상판결]

(1) 대법원 2007. 7. 12. 2006도2339

1. 사건의 개요

甲은 청송보호감호소에서 출소한 후 乙과 함께 거주하여 왔는데 乙은 서울중앙지방검찰청의 정보원으로 활동하여 오면서 5차례가량 마약수사에 협조하여 마약사범을 검거한 대가로 포상금을 수령한 바 있다. 청송교도소에서 복역할 당시 피고인을 알게 된 甲은 2005. 2. 초순경부터 10여 차례에 걸쳐 피고인에게 "아는 여자가 메스암페타민(이하 '필로폰'이라 한다)을 구입하려고 하니 구해 달라"고 부탁하였으나, 피고인은 甲의 부탁을 거절하여 오다가, 2005. 2. 22. 청송보호감호소에서 만나 알고 지내던 丙에게 필로폰을 매수할 수 있는지 여부를 문의하여 丙으로부터 "필로폰 20g을 6~700만 원에 판매하겠다는 사람이 있다"는 연락을 받고 甲에게 그 사실을 알려 주었다. 乙은 甲으로부터 그 사실을 전해 듣고 서울중앙지방검찰청 마약수사관에게 전달하였는데, 당시 마약수사관이 필로폰을 위장매수할 자금을 마련하지 못하였다고 하자 甲을 시켜 필로폰 거래를 연기하게 하였고, 그 후 필로폰을 위장매수할 자금이 마련되자, 甲은 2005. 2. 23. 피고인과 다음날 만나 필로폰 거래를 하기로 약속한 다음 乙에게 그 사실을 알려주었다. 乙은 마약수사관에게 이를 제보하였고, 이에 마약수사관이 위장매수자금을 소지하고 동행자로 위장한 가운데 피고인과 乙이 丙을 만나게 되었고, 丙은 피고인이 먼저 돌아간 상태에서 2005. 2. 24. 18:00경 丁으로 하여금 乙에게 필로폰을 판매하도록 하던 중 현장에 잠복 중인 마약수사관에게 검거되었다.

2. 사건의 경과

검사는 피고인을 마약류관리법위반으로 공소제기하였으며, 제1심에서는 피고인에게 유죄를 선고하였으나, 원심은 피고인이 이 사건 범행 당시 이미 그 범행에 대한 범의를 가지고 있었던 것이 아니라, 수사기관 또는 수사기관의 정보원의 사주에 의하여 비로소 마약범행에 대한 범의가 유발된 것으로 보인다고 판단하여, 제1심판결을 파기하고, 공소기각의 판결을 선고하였다.

원심판결에 대하여 검사가 상고하였다.

3. 판결요지

가. 본래 범의를 가지지 아니한 자에 대하여 수사기관이 사술이나 계략 등을 써서 범의를 유발케 하여 범죄인을 검거하는 함정수사는 위법하다 할 것인바, 구체적인 사건에 있어서 위법한 함정수사에 해당하는지 여부는 해당 범죄의 종류와 성질, 유인자의 지위와 역할, 유인의 경위와 방법, 유인에 따른 피유인자의 반응, 피유인자의 처벌 전력 및 유인행위 자체의 위법성 등을 종합하여 판단하여야 한다.

나. 수사기관과 직접 관련이 있는 유인자가 피유인자와의 개인적인 친밀관계를 이용하여 피유인자의 동정심이나 감정에 호소하거나, 금전적・심리적 압박이나 위협 등을 가하거나, 거절하기 힘든 유혹을 하거나, 또는 범행방법을 구체적으로 제시하고 범행에 사용할 금전까지 제공하는 등으로 과도하게 개입함으로써 피유인자로 하여금 범의를 일으키게 하는 것은 위법한 함정수사에 해당하여 허용되지 아니하지만, 유인자가 수사기관과 직접적인 관련을 맺지 아니한 상태에서 피유인자를 상대로 단순히 수차례 반복적으로 범행을 부탁하였을 뿐 수사기관이 사술이나 계략 등을 사용하였다고 볼 수 없는 경우는, 설령 그로 인하여 피유인자의 범의가 유발되었다 하더라도 위법한 함정수사에 해당하지 아니한다.

(2) 대법원 2004. 5. 14. 2004도1066

1. 사실의 개요

피고인들은 자신들이 필로폰을 매수하거나 밀수입할 의사가 전혀 없었는데, 피고인1의 애인이었던 甲이 "서울지검 마약1반의 정보원인 乙이 다른 정보원의 배신으로 구속되게 되었다. 마약반의 계장 丙과 계장 丁이 乙의 공적을 만들어 乙을 빼내려 하는데 수사기관이 수사에 사용할 필로폰을 구해야 하니, 수사기관을 돕기 위하여 필로폰을 좀 구해 달라"고 하며 피고인1에게 집요하게 부탁을 하고 필로폰을 구입할 자금으로 580만 원을 송금 등의 방법으로 교부하였다. 이에 피고인 1이 甲 및 검찰을 돕기로 마음먹고 피고인 2에게 그와 같은 사정을 다 이야기하면서 필로폰의 매입을 의뢰하였고, 피고인 2도 그에 따라 비로소 필로폰을 매입하여 피고인 1에게 교부하기로 마음먹었다. 피고인 2는 중국 북경시 건통호텔에서 자신이 구입한 필로폰을 피고인 1에게 교부하고, 피고인 1은 그 필로폰을 콘돔 속에 넣어 자신의 음부 속에 삽입·은닉한 다음 한국행 중국 국제항공(CA) 123편에 탑승하여 인천국제공항 출입국 및 세관검색대를 통과하여 이를 밀수입하다가 마약정보원인 甲의 제보에 의하여 인천국제공항에서 체포되었다.

2. 사건의 경과

원심은 피고인들이 수사기관의 함정수사에 의하여 비로소 이 사건 범의를 일으켜 중국에서 필로폰을 매수하여 밀수입하게 되었다는 피고인들의 주장을 배척하고 공소사실을 유죄로 인정한 제 1 심판결을 유지하였다. 이에 피고인이 상고하였다. 대법원은 사건을 원심법원에 파기 환송하였다.

3. 판결요지

가. 함정수사라 함은 본래 범의를 가지지 아니한 자에 대하여 수사기관이 사술이나 계략 등을 써서 범죄를 유발케 하여 범죄인을 검거하는 수사방법을 말하는 것이므로, 범의를 가진 자에 대하여 범행의 기회를 주거나 범행을 용이하게 한 것에 불과한 경우에는 함정수사라고 할 수 없다(대법원 1998. 11. 24. 98도2753).

나. 원래 중국까지 가서 필로폰을 매입하여 밀수입할 의도가 없었던 피고인들이 수사기관의 사술이나 계략에 의하여 범의를 일으켜 이 사건 범행을 결행하게 되었을 가능성을 완전히 배제할 수 없다 할 것이므로 원심이 피고인들의 범의가 수사기관의 함정수사에 의하여 비로소 유발된 것으로 볼 수 없다고 단정지어 피고인들의 함정수사 주장을 배척한 조치에는 심리를 다하지 아니하였거나 함정수사에 관한 법리를 오해한 위법이 있다.

4. 파기환송판결 후의 진행상황

파기환송을 받은 원심법원은 「정보원들이 함정수사에 의하여 피고인들이 범의를 일으켰다는 피고인의 진술에 신빙성이 있고, 정보원의 유발행위 이전부터 피고인들에게 중국에서 메스암페타민을 수입하려는 구체적 범의가 있었다거나 피고인이 예상했던 것보다 하루 일찍 귀국한 것만으로 수사기관이 계획했던 것과는 별개의 범의를 일으켜 메스암페타민 수입범행을 감행했다고 할 수 없다」고 판시하자 검사가 다시 상고하였다. 대법원은 검사의 상고를 기각하면서 「범의를 가진 자에 대하여 단순히 범행의 기회를 제공하거나 범행을 용이하게 하는 것에 불과한 수사방법이 경우에 따라 허용될 수 있음은 별론으로 하고, 본래 범의를 가지지 아니한 자에 대하여 수사기관이 사술이나 계략 등을 써서 범의를 유발케 하여 범죄인을 검거하는 함정수사는 위법함을 면할 수 없고, 이러한 함정수사에 기한 공소제기는 그 절차가 법률의 규정에 위반하여 무효인 때에 해당한다」고 판시하였다(대법원 2005. 10. 28. 2005도1247).

(3) 대법원 2007. 5. 31. 2007도1903

1. 사실관계

지하철경찰대 소속 경찰관들이 사당역 인근에서 만취한 취객을 상내로 한 이른바 부축빼기 수법의 범죄가 빈발한다는 첩보를 입수하고 지하철 막차 근무를 마친 후 함께 범행장소인 까치공원으로 갔는데, 그 곳 공원 옆 인도에 만취한 피해자가 누워 자고 있는 것을 보고서 "그 장소에서 사건이 계속 발생하다 보니 잡아야겠다는 생각"으로 일부러 잠복을 하기로 결심하고, 차량을 피해자로부터 약 10m 거리인 길 옆 모퉁이에 주차하고 머리를 숙이고 있던 중 피고인이 접근하는 것을 발견하고, 피고인이 위와 같은 범행에 이르자 즉석에서 피고인을 현행범으로 체포하기에 이르렀다.

검사가 피고인을 절도죄로 공소제기하여, 제 1 심과 원심에서는 피고인에게 유죄판결을 선고하였다. 원심판결에 대하여 피고인이 상고하였다.

2. 판결요지

가. 본래 범의를 가지지 아니한 자에 대하여 수사기관이 사술이나 계략 등을 써서 범의를 유발케 하여 범죄인을 검거하는 함정수사는 위법함을 면할 수 없고, 이러한 함정수사에 기한 공소제기는 그 절차가 법률의 규정에 위반하여 무효인 때에 해당한다 할 것이지만, 범의를 가진 자에 대하여 단순히 범행의 기회를 제공하는 것에 불과한 경우에는 위법한 함정수사라고 단정할 수 없다

나. 경찰관이 취객을 상대로 한 이른바 부축빼기 절도범을 단속하기 위하여 공원 인도에 쓰러져 있는 취객 근처에서 감시하고 있다가, 마침 피고인이 나타나 취객을 부축하여 10m 정도를 끌고 가 지갑을 뒤지자 현장에서 체포하여 기소한 경우, 위법한 함정수사에 기한 공소제기가 아니라고 해야 한다.

[관련판결]

대법원 2008. 3. 13. 2007도10804

1. 사실관계와 사건의 경과

피고인은 2006. 7. 1. 군수에 취임하였다. 甲과 乙은 피고인에게 공사를 수주받게 해 달라고 청탁하면서 돈 1억 원을 공여하여, 피고인이 이를 수수하였다. 그런데 甲과 乙이 피고인에게 1억 원의 뇌물을 공여하기 전에 丙이 잘 아는 제3의 특정인물 A와 甲과 乙 사이에는 피고인을 함정에 빠뜨린다는 점에 관하여 상호 의사의 연락이 있었다. 이에 따라 甲은 2007. 1. 18. 피고인을 방문하여 뇌물의 대가로 공사를 줄 것을 독촉하였고, 피고인이 '2월 안으로 공사를 주겠다'고 했음에도 불구하고 뇌물을 교부하면서 그 현장을 녹음해 두고, 거짓으로 문자메시지를 보내는 방법으로 미리 증거조작을 시도한 채 피고인의 뇌물수수 사실을 검찰에 알렸다.

검사는 피고인을 특정범죄가중처벌 등에 관한 법률(뇌물) 위반죄로 공소제기하였다. 원심은 피고인의 뇌물수수는 위 사람들의 함정교사에 의한 것이라고 인정하면서도, 피고인의 뇌물수수가 甲 등의 함정교사에 의한 것이라는 사정은 피고인의 책임을 면하게 할 사유가 되지 못한다고 판단하고, 피고인의 항소를 기각하였다. 원심판결에 대하여 피고인이 상고하였다.

2. 판결요지

본래 범의를 가지지 아니한 자에 대하여 수사기관이 사술이나 계략 등을 써서 범의를 유발케 하여 범죄인을 검거하는 함정수사는 위법하다 할 것인바(대법원 2005. 10. 28. 2005도1247 판결 등 참조), 구체적인 사건에 있어서 위법한 함정수사에 해당하는지 여부는 해당 범죄의 종류와 성질, 유인자의 지위와 역할, 유인의 경위와 방법, 유인에 따른 피유인자의 반응, 피유인자의 처벌 전력 및 유인행위 자체의 위법성 등을 종합하여 판단하여야 하고, 따라서 유인자가 수사기관과 직접적인 관련을 맺지 아니한 상태에서 피유인자를 상대로 단순히 수차례 반복적으로 범행을 교사하였을 뿐, 수사기관이 사술이나 계략 등을 사용하였다고 볼 수 없는 경우에는, 설령 그로 인하여 피유인자의 범의가 유발되었다 하더라도 위법한 함정수사에 해당하지 아니한다.

[판례의 연구]

Ⅰ. 함정수사의 의의

함정수사(entrapment, Lockspitzel)란 수사기관 또는 그 정보원이 범행을 교사하여 그 실행을 기다려 범인을 체포하는 수사방법을 말한다. 함정수사는 마약 기타 향정신성 의약품 및 조직범죄의 수사에 폭넓게 사용되고 있는 수사기법이다. 특히 마약사범에서는 피해자가 없고 범행이 조직적이고 은밀하게 행하여지기 때문에 통상의 수사방법으로는 범인을 검거하는 데 어려움이 있고, 범죄가 상습적으로 행하여진다는 점에서 함정수사는 효과적인 수사방법이 되고 있나. 그러나 이 경우에 범죄를 수사하고 진압하는 국가기관이 함정을 이용하여 국민에게 범죄를 범하게 하고 함정에 걸린 국민을 국가가 처벌하는 것이 수사의 신의칙에 반하여 허용되지 않는다고 해야 하지 않는가라는 문제가 제기된다.

함정수사의 개념을 어떻게 이해할 것인가에 대하여도 의견이 일치하는 것은 아니다. 대법원은 종래 「함정수사라 함은 본래 범의를 가지지 아니한 자에 대하여 수사기관이 사술이나 계략 등을 써서 범죄를 유발케 하여 범죄인을 검거하는 수사방법을 말하는 것이므로, 범의를 가진 자에 대하여 범행의 기회를 주거나 범행을 용이하게 한 것에 불과한 경우에는 함정수사라고 할 수 없다」고 판시하였으며,[1] 이러한 태도는 대상판결 (2)에 이르기까지 유지되었다. 소위 범의유발형 함정수사만 함정수사라고 할 수 있다는 입장이다. 대상판결 (2)의 파기환송 후의 재상고사건에 대한 대법원 판결[2] 이후 대법원은 함정수사에는 범의유발형 함정수사와 기회제공형 함정수사가 포함되고, 전자는 위법한 함정수사임에 반하여 후자는 적법한 함정수사라는 태도를 취하고 있다. 대상판결 (1), (3) 및 관련판결은 이 입장에 선 판결이다. 생각건대 ① 범의유발형의 함정수사와 기회제공형의 함정수사의 구별이 반드시 명백한 것도 아니고, ② 범

1) 대법원 1983. 4. 12. 82도2433; 대법원 1992. 10. 27. 92도1377; 대법원 1998. 11. 24. 98도2753.
2) 대법원 2005. 10. 28. 2005도1247.

의유발형의 함정수사라고 하여 반드시 위법한 것이 아니고 반대로 기회제공형의 함정수사라고 하여 반드시 적법하다고 할 수는 없다는 점에 비추어 함정수사의 개념은 넓게 파악하면서 위법한 함정수사와 적법한 함정수사로 구별하는 것이 타당하다고 할 수 있다.

함정수사에 관하여는 형사소송법에 아무런 규정이 없다. 따라서 함정수사를 강제수사라고 할 때에는 강제수사법정주의에 의하여 함정수사는 허용되지 않는다고 해야 한다. 그러나 함정수사에 의하여 개인의 인격적 자율권 내지 인격의 자유로운 발전의 권리가 침해된다고 할지라도 권리의 개념 자체가 유동적임을 고려하면 모든 함정수사를 강제수사로 보아 강제수사법정주의를 근거로 함정수사를 위법하다고 할 수는 없다. 수사는 목적달성을 위하여 필요한 범위에서 할 수 있는데 마약범죄나 조직범죄 등 특수한 범죄에 대한 수사기법으로서 함정수사의 필요성을 부인할 수는 없다. 따라서 함정수사는 임의수사지만 인격적 권리를 침해하거나 위험하게 할 때에는 임의수사의 한계를 벗어나기 때문에 위법하다고 하지 않을 수 없다. 여기서 함정수사에 관한 외국의 학설과 판례를 개관한 후에(Ⅱ) 함정수사에 있어서 적법성의 판단기준과(Ⅲ) 위법한 함정수사의 효과를 검토하고(Ⅳ), 대상판결을 분석하고자 한다(Ⅴ).

Ⅱ. 함정수사에 관한 외국의 학설과 판례

함정수사에 관한 핵심적인 문제는 함정수사의 위법성을 어떻게 판단할 것인가에 있다. 원래 함정수사의 문제는 미국법에서의 함정의 항변(entrapment defense)에서 유래한다. 따라서 여기서는 외국, 특히 미국과 독일 및 일본에서의 함정수사의 위법성판단기준과 위법한 함정수사의 효과를 살펴보기로 한다.

1. 미 국

미국법에서의 함정의 항변은 범죄가 수사기관의 함정에 의한 것이기 때문에 무죄라는 실체법상의 항변을 의미한다. 미국 연방법원이 함정의 항변을 처음 인정한 것은 1932년의 Sorrels 사건[1)]에서 비롯된다. Sorrels 판결에서 연방

1) Sorrels v. U.S. 287 U.S. 435(1932).

대법원은 금주 감시원이 여행자를 가장하여 전쟁 중 같은 사단에 소속했다는 체험을 이야기하면서 술을 팔라고 하여 피고인이 이에 응하여 술을 매매한 사안에서 「수사관의 기망이나 설득이 없었다면 범죄를 범하지 않았을 것이라고 인정되는 자를 수사관이 적극적으로 작용하여 죄를 범하게 하여 처벌하는 것은 입법자의 의도가 아니다」라고 판시하고, 함정의 항변을 인정하였다. 즉, 정부에 의하여 사주된 피고인의 행위는 제정법상의 금지의 범위에서 제외되므로 형벌로 처벌할 수 없다는 것이다. 이 사건에 이어 1958년의 Sherman 사건[1]에서도 연방대법원은 같은 병원에서 마약중독 치료를 받은 정보원의 집요한 요구에 의하여 마약을 매각한 피고인에게도 함정의 항변을 인정하여 연방대법원의 Sherman－Sorrels 법칙이 형성되었다. 이 법칙은 피유발자의 주관 또는 내심을 기준으로 하여, 사전범의를 가지고 있는 자가 함정에 의하여 범죄를 범할 기회를 가진 데 불과한 때에는 형사책임을 면할 수 없지만 범의를 유발한 때에는 형사책임으로부터 해방된다는 이론이다. 피유발자의 사전범의 내지 주관을 기준으로 함정의 항변이 결정된다는 의미에서 함정수사의 위법성판단에 대한 주관설이라고 한다. 따라서 주관설에 의하면 함정수사의 항변은 ① 수사관 또는 정보원에 의하여 범죄가 유도되었는가, ② 피고인에게 범죄에 대한 경향이 있는가(predisposed)라는 두 단계의 검토에 의하여 이루어지며, 여기서 범죄의 경향이란 기회가 제공되면 범죄를 범할 준비 또는 의사가 있었는가를 의미하였다. 주관설은 현재 미국에서 전체의 3분의 2에 해당하는 주에서 채택하고 있는 기준이다.[2]

한편 미국에서도 함정의 항변을 수사관 또는 정보원이 사용한 유혹의 방법을 문제삼아 범죄에 관여할 의사가 없는 일반인에게 범죄를 범하게 할 실질적 위험(substantial risk)을 발생케 할 정도의 설득 내지 유혹의 방법을 사용한 경우에 인정해야 한다는 견해가 유력하게 주장되고 있었다. 급기야 1962년의 미국 모범형법전(Model Penal Code) §2.13은 「함정수사라는 무죄의 항변은 (a) 범죄가 되는 행위가 금지되지 않을 것이라는 믿음을 유발하도록 계획된 기만행위를 국가기관이 그 정을 알면서 행하거나, (b) 범죄를 범할 준비가 되어 있

1) Sherman v. U.S., 356 U.S. 369(1958).
2) LaFave/Israel/King *Criminal proedure* 4th edition, p. 301.

지 않은 사람에 의해서 해당범죄가 범하여질 정도의 실질적 위험을 만드는 설득 또는 유혹의 방법을 국가기관이 채용하여 타인이 범죄에 관여하도록 유혹 또는 권장한 때 가능하다」고 규정하였다. 이 모범형법전의 규정은 피고인의 주관적 심리상태보다는 수사기관의 행위의 객관적인 정당성에 중점을 두었다는 의미에서 객관설이라고 할 수 있다. 그 후 알래스카 대법원은 Grossman v. State 사건[1]에서 객관설을 채택하여 「함정수사의 설득이나 유혹이 범죄를 범할 준비가 되어 있는 자 외의 보통사람도 범죄를 범하도록 유발하기 쉬운 것이면 불법한 함정수사가 된다」고 판시하였으며, 캘리포니아 대법원도 People v. Barraza 사건[2]에서 「함정수사의 항변은 피고인의 사전고의가 아니라 함정수사에 사용된 설득·압력 또는 기망의 정도와 방식에 초점을 맞추어야 한다」고 판시하였다.[3]

2. 독 일

독일에서 약물범죄와 기타 조직범죄에 있어서 위장정보원의 투입에 의한 함정수사는 학설과 판례에 의하여 불가결하고 허용된다고 인정되어 왔다. 다만, 함정수사의 적법성은 법치국가원칙(Rechtsstaatsprinzip)의 한계를 벗어나지 않을 것을 전제로 한다고 보았다.[4] 그리고 언제 법치국가원칙의 한계를 벗어났는가를 판단함에 있어서는 피고인에게 존재하는 혐의의 기초와 정도, 정보원에 의한 영향의 종류와 강도 및 목적, 피고인의 범행경향과 타인에 의하여

1) Grossman v. State, 457 P. 2d 226(Alaska 1969).
2) People v. Barraza, 591 P. 2d 947(Cal. 1979).
3) 1992년의 Jacobson v. United States 사건에 대한 연방대법원판결은 미국에서의 함정수사의 위법성판단의 기준에 대한 주목할 만한 판결이다. 사건의 내용은 피고인이 1984년 아동보호법의 제정 이전에 10대 소년의 누드사진이 있는 잡지 두 권을 주문하였는데(당시는 불법이 아니었다), 수사기관은 법제정 이후 2년여 동안 가공조직과 허위 펜팔을 통하여 피고인과 접촉하며 아동 포르노의 카탈로그를 우송하였고, 피고인이 카탈로그 속의 잡지를 신청하여 잡지가 배달되자 수사기관에 의하여 체포된 사안이다. 이 사건에서 연방대법원의 다수의견은 피고인에 대한 유죄평결을 파기하면서, 「수사요원들은 법을 집행하고자 하는 열정에서 소추하기 위하여 범죄계획을 만들어내어 무고한 사람의 마음에 범죄행위를 저지를 성향을 주입하고 범죄의 실행을 유도해서는 안 된다. 소추측은 수사요원이 피고인에게 접근하기 전에 피고인이 범죄성향을 가지고 있었음을 합리적 의심의 여지 없이 입증하여야 한다」고 설시하였다. 근본적으로는 주관설을 유지하면서도 국가에게 범죄의 성향에 대한 엄격한 증명을 요구하여 주관설을 제한한 판결이라고 할 수 있다.
4) BGHSt. GA 1975, 334; BGHSt. NStZ 1984, 78; BGHSt. 32, 346.

조종되지 않는 고유한 행동 등의 평가의 관점을 종합하여 고려해야 한다는 것이 이들 판례뿐만 아니라 학설의 일반적인 경향이 되고 있다.[1] 따라서 중대한 범죄에 대한 피고인의 혐의가 뚜렷하고 그 혐의의 당부를 확인하기 위하여 정보원을 투입했거나, 함정의 유발행위가 피고인의 행위기여에 대한 배경이 될 정도의 비중을 차지할 때 그 한계를 벗어나게 된다고 한다.[2] 그런데 독일에서는 1992년의 위법한 약물거래와 조직범죄에 대한 투쟁을 위한 법률에 의하여 위장수사관(verdeckte Ermittler)에 관한 규정이 형사소송법 제110조의 a에 규정되었다. 이에 의하면「위장수사관은 ① 금지된 마약 또는 무기거래, 통화위조 또는 유가증권위조, ② 국가보호의 영역, ③ 영업적 또는 상습적으로 범한 범죄, 또는 ④ 집단의 구성원에 의하거나 또는 다른 방법으로 범한 중대한 범죄라는 충분하고 사실적인 근거가 있을 때에는 범죄행위의 규명을 위하여 투입될 수 있다. 확정된 사실을 기초로 중죄에 대한 재범의 위험성이 존재하는 경우에도 또한 위장수사관이 투입될 수 있다. 그 투입은 사건의 규명이 다른 방법으로는 불가능하거나 현저히 곤란한 경우에만 허용된다. 중죄의 규명을 위하여 행위의 특수한 성질상 그 투입이 요구되거나 다른 조치가 전망이 없다고 인정되는 경우에도 위장수사관을 투입할 수 있다.」 함정수사에 있어서 함정(Lockspitzel)의 투입도 이 규정의 적용을 받는 것은 물론이다.

위법한 함정수사의 효과에 관하여 독일에서도 함정수사가 법치국가원칙의 한계를 벗어난 것은 소송조건(Prozesshindernis)이 된다는 것을 시사한 판결,[3] 위법한 함정수사는 실체법상의 형벌조각사유(Strafausschliessungsgrund),[4] 또는 보통의 경우에는 양형규정이지만 극단적인 경우에는 책임조각사유에 해당한다는 견해가 있으나,[5] BGHSt. 32, 345 판결 이후 판례는 물론 통설도 위법한 함정수사는 양형규정(Strafzumessungsgrund)에 불과하다고 해석하고 있다.[6] 국가의 책임인 법익의 보호를 정보원의 처분에 맡길 수 없고 법치국가원칙이라는

1) Senge, KK Vor § 48, Rn. 78
2) BGHSt. NStZ 1987, 276; BGHSt. 32, 346.
3) BGHSt. NJW 1981, 1626; BVefG NJW 1995, 651.
4) Roxin *Strafverfahrensrecht* 25 Aufl. S. 65.
5) Beulke *Strafprozessrecht* 6. Aufl. § 13 Rn. 288.
6) Kindhäuser *Strafprozessrecht* § 14 21; Peiffer *StPO* Vor § 48－71, Rn. 4; Senge KK Vor § 48, Rn. 85.

가치판단이 소송조건이 될 수 없으며, 실체법적인 관점에서 형벌조각사유라고 하는 것도 현행법체계와 일치할 수 없다는 것을 이유로 한다. 또 함정수사가 독일 형사소송법의 증거금지에 해당하지 않는다는 점에 견해가 일치하고 있다.[1] 함정수사는 비밀리에 행하여져 피고인에게 알려지지 않기 때문에 독일형사소송법 제136조의 a의 규정이 적용될 여지가 없기 때문이라고 한다.

3. 일 본

종래 일본의 판례는 기회제공형의 함정수사뿐만 아니라 범의유발형의 함정수사도 전면적으로 허용된다는 태도를 취하고 있었다. 1953년 일본최고재판소는 피고인 甲이 A 및 B로부터 마약을 구해 달라는 의뢰를 받고 피고인 乙에게 의뢰하여, 乙이 이에 응하여 밀수품이라고 인정되는 마약 약 700그램을 입수하여 甲에게 교부하여 甲과 乙이 마약불법소지죄로 공소제기된 사건에서 「타인의 유도에 의하여 범의가 발생하였거나 강화된 자가 범죄를 실행한 경우에 우리 형사법상 그 유혹자가 경우에 따라서 교사범 또는 종범으로서의 죄책을 부담하는 것을 별론으로 하고 그 타인인 유혹자가 사인이 아니라 수사기관이라는 사실만으로 범죄실행자의 구성요건해당성이나 책임 또는 위법성을 조각하거나 공소제기의 절차가 법률에 위반하여 공소권을 소멸케 한다고 할 수 없음은 다언을 요하지 않는다」고 판시하였다.[2] 그러나 그 후 일본의 하급심법원은 함정수사에도 적법한 경우와 위법한 경우가 있으며, 범의유발형의 함정수사는 위법하지만 기회제공형의 함정수사는 적법하다는 판결을 계속하였다.[3] 2004년에 이르러 일본 최고재판소도 마약수사관이 수사협력자로부터 피고인이 마약을 가지고 입국하였으니 체포하라는 정보를 얻었으나, 그 정보에 의하여도 피고인의 주거나 대마수지의 은닉장소 등을 파악할 수 없고 다른 수사방법에 의하여 증거를 수집하여 피고인을 검거하는 것이 불가능한 상황에서, 피고인은 이미 대마수지의 판매를 기도하여 매수자를 구하고 있었으므로 마약수사관이 거래장소를 준비하고 피고인에게 마약 2킬로그램을 매수할 의사를 표

---

1) Diemer KK §136a Rn. 26; Meyer-Goßner §136a, Rn. 4b; Rogall SK §136a, 4b.

2) 日最決 1953(소화 28). 3. 5(刑集 7-8, 482).

3) 東京高判 1982. 10. 15(判時 1095, 155); 東京高判 1985. 10. 18(刑月 17-10, 927); 東京高判 1987. 12. 16(判タ 667, 269).

시하고 피고인이 거래장소에 대마를 소지하고 나타났다가 미리 발부받은 압수・수색영장에 의하여 수색을 받고 현행범인으로 체포된 사안에서 「적어도 직접적 피해자가 없는 약물범죄의 수사에 있어서 다른 수사방법만으로는 당해 범죄의 적발이 곤란한 경우에 기회가 있으면 범죄를 범할 의사가 있다고 의심할 자를 대상으로 하는 함정수사는 임의수사로서 허용된다고 하지 않을 수 없다」고 판시함으로써,[1] 적법한 함정수사가 되기 위해서는 ① 직접적인 피해자가 없는 약물범죄 등의 수사에 있어서, ② 통상의 수사방법만으로는 당해 범죄의 적발이 곤란한 경우에, ③ 기회가 있으면 범죄를 행할 의사가 있다고 의심되는 자를 대상으로 행하여야 한다고 명백히 밝혔다. 기회가 있으면 범죄를 행할 의사가 있다고 의심되는 자를 대상으로 해야 한다고 함으로써 범의유발형의 함정수사는 위법하더라도 기회제공형의 그것은 적법하다는 주관설의 입장을 유지하고 있다고 할 수 있다. 일본의 통설도 같은 태도를 취하고 있다.[2] 이러한 의미에서는 일본의 판례와 통설은 미국의 함정의 항변에 대한 연방대법원의 Sherman－Sorrels 법칙을 수용하였다고 볼 수 있다. 다만, 일본에서도 피유발자의 사전범의 내지 고의보다는 함정수사의 필요성・수단의 보충성과 상당성, 피유발자의 피해법익과 그가 범한 범죄의 피해법익에 대한 비교형량 등 객관적・외적 정당성에 중점을 두어야 한다는 객관설도 주장되고 있다.[3]

일본에서도 위법한 함정수사의 효과에 관하여 견해가 일치하지 않는다. ① 범의유발형 함정수사에서 국가는 처벌적격을 상실하였으므로 실체적 소송조건을 결하였기 때문에 면소판결을 선고해야 한다는 면소설,[4] ② 함정수사는 위법한 수사방법이므로 위법수집증거배제법칙에 의하여 증거능력을 배제해야 한다는 증거배제설,[5] ③ 수사의 염결성을 상실하여 적정절차에 반하는 경우이므로 공소제기의 절차가 무효인 경우에 해당한다는 공소기각설,[6] 위법의 정도에

1) 日最決 2004(평성 16). 7. 12(刑集 58-5, 333).

2) 高田卓爾 刑事訴訟法(第 2 版), 340面; 田口守一 刑事訴訟法(第 4 版 補正版), 48面; 渡辺 刑事訴訟法講義(第 4 版), 51面; 池田修/前田雅英 刑事訴訟法講義(第 3 版), 94面; 石丸俊彦 外 3 刑事訴訟の實務, 281面.

3) 上田信太浪 刑事訴訟法の争點(第 3 版), 85面; 佐藤隆之 刑事訴訟法判例百選, 27面.

4) 鈴木茂嗣 刑事訴訟法(改訂版), 63面; 田口守一 49面.

5) 高田卓爾 240面.

6) 田宮裕 刑事訴訟法(新版), 70面; 白取祐司 刑事訴訟法(第 4 版), 117面; 池田修/前田雅英 96面; 佐藤隆之 刑事訴訟法 判例百選(第 7 版), 27面.

따라 공소기각 또는 증거배제의 조치를 취해야 한다는 견해[1] 등이 있으나, 공소기각설이 다수설이라고 할 수 있다.

Ⅲ. 함정수사에 있어서 위법성판단기준

우리나라의 통설은 미국 연방대법원의 이론에 따라 함정수사를 기회제공형의 함정수사와 범의유발형의 함정수사로 나누어, 전자는 적법함에 반하여 후자는 위법하다는 태도를 취하고 있다.[2] 위법성판단기준에 있어서 피유발자의 주관 내지 범의를 기준으로 하는 주관설의 입장이다. 이에 반하여 국가가 동일한 정도의 사술을 이용하였음에도 불구하고 피유발자의 주관에 따라 위법성의 유무를 판단해야 할 합리적 근거가 없다는 이유에서 수사관이 사용한 유혹의 방법이 범죄에 관여할 의사가 없는 자를 범죄에 관여케 할 정도의 설득 내지 유혹의 방법을 사용하였는가를 기준으로 해야 한다는 객관설도 주장되고 있다.[3]

주관설에 대하여는 다음과 같은 비판이 제기될 수 있다.[4] 첫째, 입법자는 피고인이 행하는 행위를 규정할 뿐이며, 그 행위는 유혹자가 사인이든 정부의 수사요원이든 관계 없이 범죄행위가 된다. 따라서 위법한 수사를 억제하고 사법의 염결성을 유지하려는 공공정책은 피고인의 사전고의(predisposition)에 의하여 영향을 받지 않는다고 해야 한다. 둘째, 주관설에 의하면 전과가 있거나 사전고의가 있는 범인에게는 어떻게 해도 좋다는 법칙(anything goes rule)을 만들어주는 결과가 된다. 피고인에게 같은 유형의 죄에 대한 사전고의가 있는 경우에는 경찰의 사술이나 강요 또는 비정상적인 수사방법이 허용될 수 없다는 기준을 제시하지 않기 때문이다. 그것은 피고인이 과거에 어떤 죄를 범하였거나 일반적인 사전고의를 가졌다고 할지라도 유혹에 직면하지 않았다면 그 범죄를 범하지 않았을 가능성을 부정하는 것은 옳지 않다. 뿐만 아니라 허용되는 경찰의 행위가 피고인에 따라 달라진다는 것도 법앞의 평등의 원칙에 반한다

1) 松尾浩也 刑事訴訟法 上(新版), 128面.
2) 배종대/이상돈/정승환/이주원 92면; 백형구 79면; 신동운 122면; 차용석/최용성 168면.
3) 신양균 73면; 이영란 228면; 임동규 126면 참조.
4) LaFave/Israel/King p. 303.

고 해야 한다. 셋째, 주관설에 의하여 피고인의 성격과 사전고의를 조사하는 것은 경찰행위의 대상을 혼동한 것일 뿐 아니라 피고인에 대하여 예단을 가지는 결과가 된다. 피고인의 행위와 그것과 관련된 사전고의가 경찰수사의 대상이 되어야 한다. 그러나 객관설이 전적으로 옳다고 할 수도 없다. 객관설에 대하여도 다음과 같은 비판이 제기된다. 첫째, 피고인의 사전고의는 그것이 수사과정에서 경찰에 알려진 경우에는 경찰관이나 그들의 정보원의 행위가 적절했는가를 판단할 중요한 자료가 되며, 따라서 객관설은 특히 피고인의 사전고의를 고려해야 할 필요성을 전적으로 배제하여 본질적인 결함을 갖게 된다. 둘째, 비밀로 제공된 사술의 성질이 사전고의보다 믿을 수 있는 증거가 되지 못하므로 객관설은 사실발견을 곤란하게 할 뿐이다. 셋째, 객관설이 사법의 염결성이나 경찰이 행하는 유형의 사술에 대한 의미 있는 억제책이 될 것인가도 의문이라는 것이다. 따라서 함정수사에 있어서 위법성판단의 기준은 주관설과 객관설을 절충하고 통합하는 방법에 의하여 행하여져야 한다.[1)]

생각건대 함정수사의 적법성의 한계는 함정수사가 첫째, 범죄를 방지해야 할 국가기관이 범죄를 범하게 유도하였고, 둘째, 국가가 사술을 사용함으로써 수사의 신의칙에 반하였다는 점에서 찾아야 한다. 전자의 측면에서는 범의유발형의 함정수사는 위법함에 반하여 기회제공형의 함정수사는 국가가 범죄를 유발한 경우에 해당하지 않는다. 그리고 수사의 신의칙이라는 측면은 범죄의 태양, 함정수사의 필요성, 법익의 성질 및 남용의 위험성을 종합하여 판단하여야 한다. 여기서 절충설 내지 통합설에 의한 위법성판단에 관하여는 다음과 같은 기준을 제시할 수 있다. ① 함정수사는 마약범죄, 뇌물범죄 등 조직범죄의 수사에 있어서 다른 수사방법으로는 범인의 적발이 불가능하거나 현저히 곤란한 경우에 한하여 허용해야 한다. 따라서 재산범죄나 폭력범죄에 있어서는 함정수사가 허용될 여지가 없다. ② 원칙적으로 기회제공형의 함정수사는 적법하지만 범의유발형의 함정수사는 위법하다고 해야 한다. 즉 함정수사의 위법성의 기준에 대한 주관설의 틀은 유지하는 것이 옳다. 다만 범의유발형인지 또는 기회제공형의 함정수사인지가 명백하지 않은 경우가 있다. 따라서 ③ 기회

1) 이재상 197면; 정진연 「함정수사의 위법성 판단기준과 법적 효과」, 형사재판의 제문제 6, 491면; 조국 「함정수사의 위법성 기준과 법적 효과에 대한 재검토」, 형사법연구 14(2000), 82면.

제공형의 함정수사라고 할지라도 수사기관의 강력하고 상궤를 벗어난 유혹이나 대가를 먼저 지급하고 범죄를 범하게 한 경우에는 위법하고, 반대로 범의유발형의 함정수사라고 할지라도 수사방법이 법치국가원칙의 틀을 벗어나지 않을 때에는 적법하다고 해야 한다. 이 경우의 위법성 판단기준은 독일 형사소송법학에서 법치국가원칙의 한계에 대한 판단기준으로 적용했던 기준과 같이 피고인에게 존재하는 혐의의 기초와 정도, 정보원에 의한 영향의 종류와 강도 및 목적, 피고인의 범행경향과 타인에 의하여 조종되지 않는 고유한 행동 등의 평가의 관점을 종합하여 판단해야 한다.

Ⅳ. 위법한 함정수사의 효과

위법한 함정수사에 의하여 수집한 증거의 증거능력이 배제되어야 한다는 점에 대하여는 우리나라에서 견해가 일치하고 있다.[1] 미국에서 함정의 항변이 무죄의 항변으로 주장된 것이고, 독일 형사소송법에서 함정수사에 대하여 증거금지가 적용될 여지가 없다고 해석하고 있고, 일본에서도 증거능력의 배제가 일부 학자들에 의하여만 주장되고 있는 것과 구별된다. 그러나 위법수집증거배제법칙은 영장주의에 위반한 경우뿐만 아니라 적정절차를 본질적으로 위반한 때에도 적용되므로, 함정수사에 의한 증거는 헌법정신에 위반하여 수사절차에 중대한 위법이 있는 경우로서 그 증거능력을 배제해야 한다는 것은 당연하다. 문제는 함정수사에 의하여 함정에 걸린 자를 소송법상 또는 실체법상 어떻게 처리할 것인가에 있다.

1. 학설의 대립

함정수사가 위법한 경우에 함정에 걸린 자를 처벌할 수 있는가에 대하여는 불가벌설과 가벌설이 대립하고 있다.

1) 강구진 179면; 배종대/이상돈/정승환/이주원 93면; 손동권 167면; 신동운 124면; 이영란 230면; 이재상 199면; 임동규 127면; 신양균 「함정수사의 적법성」, 형사법연구 21-4(2009), 168면; 조국 앞의 글, 86면.

(1) 불가벌설

국가가 일방으로는 사람을 유혹에 빠뜨려 범죄를 실행하도록 하여 범인을 만들면서 한편으로는 그를 처벌하는 것은 비난을 면치 못한다는 이유로 함정에 걸린 자의 처벌을 부정해야 한다는 견해이다. 불가벌설은 다시 범인을 어떤 방법으로 구제할 것인가에 대하여 무죄설과 공소기각설 및 면소설로 나누어진다.

1) 무 죄 설 피교사자에게 무죄판결을 선고해야 한다는 견해이다. 범죄행위가 함정의 부당한 권유에 의한 경우에는 책임이 조각되거나 고의가 없고, 범죄가 성립한다고 하더라도 형벌권의 발동이 저지되는 형벌조각사유(Strafausschliessungsgrund)에 해당하기 때문에 무죄판결을 선고해야 한다는 것이다.[1] 비난받을 행위를 한 국가로부터 피고인을 가장 확실하게 보호하는 구제방법이 무죄판결이며, 함정수사는 대부분 실체관계에 대한 심리가 진행중에 밝혀지는 것이므로 형식재판에 부적합하다는 것을 근거로 한다.

2) 공소기각설 함정수사는 실체법상의 문제가 아니라 소송법이론으로 해결해야 할 문제이므로 피고인에게 공소기각의 판결을 선고해야 한다는 견해이다. 함정수사에 의한 공소는 적정절차에 위배되는 수사에 의한 공소이므로 공소제기의 절차가 법률의 규정에 위반하여 무효인 때에 해당한다는 것을 이유로 한다. 우리나라의 다수설의 입장이다.[2] 판례도 대상판결 (2)의 재상고심판결과 대상판결 (3)에서 이 입장을 취하고 있다.

3) 면 소 설 함정수사의 위법을 공소권의 존재 내지 추행 자체에 관한 문제로 파악하여 면소판결을 선고해야 한다는 견해이다. 위법한 함정수사가 행하여진 경우에 국가가 처벌적격을 잃기 때문에 실체적 소송조건을 결한다는 것을 근거로 한다. 일본에서 일부 학자들에 의하여 주장되지만,[3] 우리나라에서는 다수설과 판례가 공소기각설을 취하게 되자 더 이상 이 견해를 취하는 학자는 보이지 않는다.

---

1) 손동권 166면; 신동운 124면; 신양균 74면; 정진연 앞의 글, 495면; 조국 앞의 글, 85면. 신양균 교수와 조국 교수는 함정수사를 형벌조각사유라고 해석한다.

2) 강구진 179면; 배종대/이상돈/정승환/이주원 93면; 백형구 강의 365면; 이은모 172면; 차용석/최용성 169면.

3) supra p. 25 주 4) 참조.

(2) 가 벌 설

위법한 함정수사가 행하여진 경우에도 피유혹자의 소송절차에 아무런 영향을 미치지 못한다는 견해이다. 수사기관의 함정에 걸렸다는 것만으로 위법성이나 책임이 조각되지 않고 범의를 유발당한 자가 자유로운 의사로 범죄를 실행한 이상 실체법상 이를 처벌할 수 있다는 것이다.[1] 독일의 다수설이 함정수사의 한계를 넘는 경우에 책임과 독립된 양형사유로서 형을 감경할 수 있다고 해석하고 있는 것도 같은 태도이다.[2]

2. 비 판

불가벌설 중에서 무죄설과 공소기각설 및 가벌설을 검토해 볼 필요가 있다.

(1) 무죄설에 대한 비판

미국에서의 함정의 항변이 실체법상 무죄의 항변이며, 무죄판결에 의하여 피고인이 가장 잘 보호된다는 것은 사실이다. 그러나 무죄설에 대하여는 ① 함정에 의하여 유발된 경우에도 범죄를 결의한 범인에게 그 범죄에 대한 고의가 없다고 할 수 없고, ② 현재의 책임이론에 의하는 한 함정에 걸렸다는 것만으로 책임이 조각된다고 할 수 없다는 비판이 가능하다. 형법이 책임조각사유로 강요된 행위를 규정하고 있고, 형법의 책임조각사유에 준하는 경우에만 초법규적 책임조각을 인정하는 점에 비추어 함정에 유혹되어 죄를 범한 것이 책임조각사유에 해당할 수는 없기 때문이다. 뿐만 아니라, ③ 교사자가 수사기관이나 그 위임에 따라 행위한 정보원인가 또는 일반 사인인가에 따라 범죄의 성부가 달라질 수는 없고, ④ 형벌조각사유 내지 처벌조각사유에 해당할 때에는 무죄판결을 선고할 것이 아니라 형의 면제판결을 선고해야 한다고 하지 않을 수 없다.

(2) 공소기각설에 대한 비판

공소기각설은 우리나라의 다수설일 뿐만 아니라 대상판결 (2)의 재상고사건 판결 및 대상판결 (3)에서 대법원이 취한 판례의 태도이다. 그러나 공소기각

---

1) 이영란 229면; 이재상 199면.
2) supra p. 23 주 6) 참조.

설에 대하여도 다음과 같은 비판이 제기될 수 있다. ① 미국에서의 함정의 항변이나 독일 형사소송법에서의 함정의 투입이 모두 실체법적인 문제로 처리되고 있음에 반하여 공소기각설은 함정수사가 가지고 있는 실체법적 측면을 무시했다고 봐야 하며, ② 소송조건은 그것이 존재하지 않으면 절차의 진행을 허용하지 않을 명백한 사유가 있는 경우에만 인정되어야 하는데 위법한 함정수사는 범인의 책임과 혐의의 정도, 함정에 의한 사술의 종류와 강도 및 그 목적을 종합하여 판단해야 할 가치판단이며,[1] ③ 법치국가원칙의 한계를 벗어났다는 것이 소송조건이 될 수는 없다는 것이다.

(3) 가벌설에 대한 비판

가벌설에 대하여도 ① 위법한 함정수사는 적법절차의 이념에 따라 수사기관이 절차상의 위법성에 대처해야 하고, 적법절차의 원리에 반하는 함정수사가 이루어진 경우에 단순히 유죄판결을 선고한다는 것은 적법절차의 원리를 침해하여 신체의 자유를 침해하는 결과가 되며,[2] ② 위법한 함정수사의 경우에 비난받아야 할 쪽은 수사권을 남용한 국가이며 피고인에게는 불법과 책임이 약해지기 때문에 범죄가 성립한다고 하더라도 형벌권의 발동이 저지된다고 보아야 한다는 비판이 제기되고 있다.[3] 그러나 가벌설에 의하는 경우에도 소송법적 측면에서는 증거능력의 배제에 의하여 대처할 수 있고,[4] 실체법적 측면에서도 책임의 감경을 인정하는 이외에 독립된 양형규정에 의하여 형을 정할 수 있으므로 피고인에 대한 탄력적인 처우가 가능하게 된다. 이러한 의미에서 위법한 함정수사는 양형규정에 불과하다는 가벌설이 타당하다고 할 수 있다.

Ⅴ. 대상판결의 검토

함정수사의 위법성판단기준에 관하여 대상판결 (2)와 (3)은 기회제공형의 함정수사는 적법하지만 범의유발형의 함정수사는 위법하다는 태도를 취하고

1) BGHSt. 32, 351.
2) 정진연 앞의 글, 494면.
3) 조국 앞의 글, 85면.
4) 함정수사에 의하여 수집된 증거의 증거능력을 철저히 부정하는 것은 우리 형법학에서만 인정되는 이론이다.

있다. 위법성의 판단기준에 관한 주관설의 태도를 유지한 판결이다. 이에 반하여 대상판결 (1)과 관련판결은 「본래 범의를 가지지 아니한 자에 대하여 수사기관이 사술이나 계략 등을 써서 범의를 유발케 하여 범죄인을 검거하는 함정수사는 위법하다 할 것이나, 구체적인 사건에 있어서 위법한 함정수사에 해당하는지 여부는 해당 범죄의 종류와 성질, 유인자의 지위와 역할, 유인의 경위와 방법, 유인에 따른 피유인자의 반응, 피유인자의 처벌 전력 및 유인행위 자체의 위법성 등을 종합하여 판단하여야 한다」고 판시하여 객관설적 요소를 추가함으로서 절충설 내지 통합설의 입장을 따른 것이라고 할 수 있다. 함정수사에 있어서 위법성판단의 기준은 주관설과 객관설을 절충하고 통합하는 방법에 의하여 행하여져야 한다는 점에서 볼 때 범죄의 종류와 성질, 유인자의 지위와 역할, 유인의 경위와 방법, 유인에 따른 피유인자의 반응, 피유인자의 처벌 전력 및 유인행위 자체의 위법성 등을 종합하여 판단해야 한다는 대상판결 (1)과 관련판결의 태도는 타당하다고 해야 한다. 다만, 대상판결 (1)과 관련판결은 유인자가 수사기관과 직접적인 관련을 맺지 아니한 상태에서 피유인자를 상대로 수차례 반복적으로 범행을 부탁하였을 뿐 수사기관이 사술이나 계략 등을 사용하였다고 볼 수 없는 경우이므로 위법한 함정수사에 해당하지 않는 것이 명백한 경우이다.

위법한 함정수사의 효과에 관하여 관련판결은 위법한 함정수사에 의하여 수집한 증거의 증거능력에 관한 판결이지만, 위법한 함정수사에 해당하지 아니하여 증거능력을 인정한 경우이다. 위법한 함정수사에 의하여 수집한 증거의 증거능력이 배제된다는 점에 견해가 일치하는 이상 당연한 판결이다. 이에 반하여 대상판결 (1) 내지 (3)은 위법한 함정수사의 경우에는 공소제기절차가 법률에 위배하여 무효인 경우에 해당한다는 이유로 공소기각의 판결을 선고해야 한다는 판결이다. 대상판결 (1)과 (3)은 위법한 함정수사에 해당하지 않는다는 판결임에 반하여, 대상판결 (2)는 함정수사에 기한 공소제기는 그 절차가 법률의 규정에 위반하여 무효인 때에 해당한다는 이유로 공소기각의 판결을 선고해야 한다는 판결이다. 그러나 형사소송법 제327조 2호의 「공소제기의 절차가 법률의 규정에 위반하여 무효인 때」라 함은 ① 권한 없는 자에 의하여 공소가 제기된 경우, ② 공소제기를 위한 소송조건을 결여한 경우, ③ 공소장에 현저한 방식위반이 있는 경우를 가리키는데,[1] 함정수사의 법치국가원칙의 한계는 소송조건이 될 수 없다는 점에 비추어 이를 공소기각의 판결을 선고해야 할 경우로 해석하는 이들 판례의 태도는 타당하다고 할 수 없다. 대상판결 (2)가 위법한 함정수사에 해당하는 경우이다. 이 경우에 마약을 중국에서 밀수입한 피고인에게 공소기각의 판결을 선고한 것은 이해할 수 없는 판결이다.

1) 강동범 「친고죄에 있어 고소전 수사의 허용여부」, 형사판례연구 4(1996), 395면; 이용식 「친고죄에 있어 고소전 수사의 허용여부」, 형사판례의 연구 Ⅱ(2003), 43면.

3. 간통죄에 있어서 고소의 제한

[대상판결]

(1) 대법원 1997. 5. 23. 95도477

1. 사실관계

A는 배우자인 甲이 乙과 간통하였다고 하여 1994. 3. 14. 甲을 상대로 전주지방법원에 이혼소송을 제기하고, 같은 달 15. 이들을 전주경찰서에 고소하였으나, 甲과 乙이 도주함에 따라 A의 이혼소송은 甲에 대한 소장송달에 필요한 주소보정명령을 이행하지 못하여 같은 해 4. 20. 각하되었다. 그 이후 이 사건의 고소기간이 도과하기 전인 1994. 5. 30. 乙이 검거되어 구속되자 같은 해 6. 16. A는 다시 甲을 상대로 이혼소송을 제기하고 甲과 乙을 간통죄로 고소하였다.

2. 사건의 경과

검사는 1994. 6. 21. 乙을 간통죄로 구속 기소하였다. 乙은 공판정에서 공소사실을 모두 자백하였으나, 1심법원은 공소제기가 위법하다고 하여 공소기각의 판결을 선고하였다. 이에 검사가 항소하였으나, 원심은 일단 이혼소송의 소장각하명령이 내려졌다면 처음부터 이혼의 소를 제기하지 아니한 것과 같은 법률상의 효력이 발생하여 그 결과 간통고소도 소급하여 그 효력을 상실하여 취소된 것으로 간주되는 것이므로, 고소인이 그 이후 이 사건 공소의 제기 전에 동일한 원인으로 다시 이들을 고소하고 이혼의 소를 제기하였다고 하더라도 친고죄의 공소제기요건에 생긴 흠은 보정될 수 없고, 비록 A가 甲과 乙을 다시 고소하였다고 하더라도 이는 제232조 제2항의 재고소 금지조항에 위반되는 위법한 고소라는 이유로 검사의 항소를 기각하였다.

원심판결에 대하여 검사가 상고하였다.

3. 판결요지

가. 간통에 대한 고소는 혼인관계의 부존재 또는 이혼소송의 계속을 그 유효조건으로 하고 있으므로, 고소 당시 이혼의 소를 제기하였다고 하더라도 그 소장이 각하된 경우에는 처음부터 이혼의 소를 제기하지 아니한 것과 같아, 그 고소는 소급하여 효력을 상실하게 된다.

나. 형사소송법 제232조 제2항은 고소를 취소한 자는 다시 고소하지 못한다고 규정하고 있고, 이혼소장이 각하된 경우에도 위와 같이 고소가 소급하여 효력을 상실하게 됨으로써 고소를 취소한 것이나 다름이 없게 되는 이상, 이 경우에도 역시 위 규정에 따라 다시 고소하지 못한다고 봄이 위에 본 형사소송법의 각 규정의 입법취지에 비추어 상당하고 이와 달리 오로지 고소를 취소한 경우에 한하여 위 규정이 적용된다고 볼 것은 아니다.

(2) 대법원 2009. 12. 10. 2009도7681

1. 사실관계

피고인 甲은 남편 A과 혼인신고를 마친 배우자 있는 사람으로서,

(1) 2008. 2. 22. 00:30경 서울 강남구 역삼동 삼정관광호텔 815호실에서 乙과 1회 성교하고,

(2) 2008. 6. 18. 01:00경 서울 관악구 봉천7동 힐하우스 305호실에서 乙과 1회 성교하여 각 간통하였다.

A는 2008. 7. 15. 서울가정법원에 甲과 협의이혼확인 신청을 한 후 2008. 9.경 (2) 사실을 이유로 甲과 乙을 고소하였고, 2008. 9. 18. 서울가정법원에 이혼소송을 제기하고 2008. 10. 8. 다시 (1) 사실을 이유로 고소를 제기하였다. 검사는 2008. 11. 6. 피고인들을 공소제기하였다. 그런데 A는 2008. 12. 26. 甲과의 협의이혼에 따른 이혼신고를 마쳤고, 이에 더 이상 이혼소송을 유지할 실익이 없어 2009. 3. 11. 이혼소송은 취하간주되었다. 2009. 3. 17. 제1심인 서울중앙지방법원에서 甲과 乙에게 각 징역 6월에 집행유예 1년이 선고되자 甲만 항소하였다. 그런데 원심 계속 중이던 2009. 6. 23. A는 甲과 다시 혼인하였다.

2. 사건의 경과

항소심인 원심은 2009. 7. 23. 제1심의 유죄판결에 대한 甲의 항소를 기각하였다. 「이 사건 고소는 이혼소송이 취하되었으나 협의이혼신고가 되어 혼인관계가

해소되었으므로 혼인관계의 부존재라는 고소의 유효요건을 충족하고 있어 여전히 유효하게 존속한다. 형사소송법 제232조 제 2 항에 의하여 고소가 취소된 것으로 간주되는 이혼소송의 취하는 그것에 의하여 혼인관계를 해소하려는 의사가 철회되어 혼인관계가 존속하는 경우를 의미할 뿐, 협의이혼 등의 방법으로 혼인 해소의 목적을 달성하게 되어 더 이상 이혼소송을 유지할 실익이 없어 이혼소송을 취하한 경우까지 의미하는 것이라고는 볼 수 없다」는 점이 항소를 기각한 이유였다. 원심판결에 대하여 甲이 상고하였다.

3. 판결요지

가. 형법 제241조 제 2 항에 의하여 배우자의 고소가 있어야 논할 수 있는 간통죄에 관하여 형사소송법 제229조 제 1 항은 "혼인이 해소되거나 이혼소송을 제기한 후가 아니면 고소할 수 없다"고 규정함으로써 혼인관계의 부존재 또는 이혼소송의 계속을 간통고소의 유효조건으로 삼고 있고, 이러한 조건은 공소제기 시부터 재판이 종결될 때까지 유지되어야 한다. 따라서 고소인이 피고인과 이혼하였다가 피고인에 대한 간통죄의 재판이 종결되기 전에 다시 피고인과 혼인한 경우 간통고소는 혼인관계의 부존재라는 유효조건을 상실하여 소추조건을 결하게 되므로, 결국 공소제기절차가 법률의 규정을 위반하여 무효인 때에 해당한다.

나. 고소인이 피고인에 대하여 이혼소송을 제기함과 아울러 피고인을 간통죄로 고소한 다음 협의이혼에 따른 이혼신고를 하였다가 항소심재판 계속 중 피고인과 다시 혼인한 경우, 간통죄의 공소제기절차가 법률의 규정을 위반하여 무효인 때에 해당한다.

[판례의 연구]

I. 문제의 제기

고소는 수사의 단서에 불과하나, 친고죄에 있어서 고소는 동시에 소송조건이 된다. 소송조건이란 실체심판의 전제조건, 즉 형벌권의 존부를 심판하는 데 구비해야 할 전체로서의 소송에 공통된 조건을 말한다. 소송조건은 공소제기의 유효조건이므로 소송조건이 없는 때에는 형식재판으로 소송을 종결시키고 절차의 존속과 발전이 허용되지 않는다. 이런 의미에서 소송조건은 전체로서의 소송의 허용조건이라고 할 수 있다. 간통죄는 친고죄이다. 따라서 간통죄에 있어서 고소는 공소제기 시에는 물론, 재판이 확정될 때까지 소송의 전 과정에서 갖추어져야 한다. 한편 친고죄의 고소는 제 1 심 판결선고 전까지 취소할 수 있다(제232조 제 1 항). 범인과 피해자 사이의 화해가능성을 고려하여 고소의 취소를 인정하면서도 국가 사법권이 고소인의 자의에 의하여 좌우되는 것을 막기 위하여 이를 제 1 심 판결선고 전까지로 제한한 것이다. 고소를 취소한 자는 다시 고소하지 못한다(동조 제 2 항).

그런데 간통죄의 고소에 관하여 형사소송법은 또 하나의 제한규정을 두고 있다. 「간통죄의 경우에는 혼인이 해소되거나 이혼소송을 제기한 후가 아니면 고소할 수 없다. 이 경우에 다시 혼인을 하거나 이혼소송을 취하한 때에는 고소는 취소된 것으로 간주한다」는 규정(제229조)이 그것이다. 형법은 간통죄를 처벌하고 있고, 헌법재판소도 간통죄에 대한 형법규정은 합헌이라고 결정한 바 있다.[1] 그럼에도 불구하고 간통죄에 대하여는 형법에 의하여 도덕이나 윤리가 강제되어서는 안 되고, 부부의 성적 성실의무에 대한 위반은 이혼에 의하여 해결하면 족하고, 이미 타인이 된 전 배우자를 고소하는 것은 야비한 복수심의 발로에 지나지 않으므로 국가형벌권이 인간의 복수심을 만족시키는 도구로 악용되는 것은 부당하다는 이유로 입법론상 폐지하는 것이 옳다는 견해가 다수설이 되고 있다.[2] 간통죄에 있어서 고소의 제한에 관한 규정은 간통죄를 처벌하는 경우에도 간통죄에 있어서만은 그 처벌과 혼인관계의 존속을 양립시키는 것이 상당하지 않다는 취지에서 만들어진 규정이며,[3] 가정의 존속과 평화를 위하여 정책적으로 설정된 제한규정이라고 할 수 있다.[4]

내상판결 (1)은 이혼소장이 각하된 경우의 간통고소의 효력에 관한 판결이

---

1) 헌법재판소 1990. 9. 10. 89헌마82; 헌법재판소 1993. 3. 11. 90헌가70; 헌법재판소 2001. 10. 25. 2000헌바60.

2) 박상기 형법각론 575면; 배종대 형법각론 734면; 손동권 형법각론 690면; 오영근 형법각론 934면; 이재상 형법각론 638면; 임웅 형법각론 712면; 정성근/박광민 형법각론 736면.
현재 진행 중인 형법개정안에서도 간통죄를 폐지하기로 결정하였다.

3) 박진환 「고소인이 간통죄의 제 1 심 판결 선고 후 다시 피고인과 혼인한 경우 등과 간통고소의 효력」, 형사판례연구 19, 145면.

4) 신이철 「형사절차상 이혼소송의 제기와 취하가 간통고소에 미치는 영향」, 형사정책연구 19-2, 178면.

고, 대상판결 (2)는 간통죄의 재판이 종결되기 전에 고소인이 피고인과 다시 혼인한 경우의 간통고소의 효력에 관한 판결이다. 이 글에서는 먼저 간통죄에 있어서 고소의 제한의 본질을 살펴보면서(Ⅱ) 고소의 제한의 성질과 그 일반적 적용범위를 검토한 후, 이혼소장이 각하된 경우의 간통고소의 효력(Ⅲ)과 고소인이 피고인과 다시 혼인한 경우의 간통고소의 효력(Ⅳ)에 관한 판례의 태도를 분석해 보기로 한다.

Ⅱ. 간통죄에 있어서 고소의 제한의 본질

1. 고소의 제한의 성질

간통죄에 있어서 고소의 제한에 관한 규정인 형사소송법 제229조는 「① 간통죄의 경우에는 혼인이 해소되거나 이혼소송을 제기한 후가 아니면 고소할 수 없다. ② 전항의 경우에 다시 혼인을 하거나 이혼소송을 취하한 때에는 고소는 취소된 것으로 간주한다」고 규정하고 있다. 여기서 간통죄에 있어서 고소의 제한의 성질에 관하여는 그것이 간통고소의 유효요건을 규정한 것인가 또는 고소취소를 간주하는 규정인가가 문제된다. 어떤 견해를 취하는가에 따라 혼인해소나 이혼소송 제기의 시기와 그 요건을 갖추지 못한 경우의 효과에 대하여 결론을 달리할 수 있기 때문이다.

(1) 학설의 대립

고소의 제한의 법적 성질에 관하여는 고소의 유효요건설과 고소취하 간주설이 대립되고 있다.

1) 고소의 유효요건설 간통죄의 고소는 혼인이 해소되거나 이혼소송을 제기한 후가 아니면 할 수 없으므로 고소는 혼인관계의 불존속 또는 이혼소송의 제기를 유효요건으로 한다고 해석하는 견해이다. 우리나라의 통설의 입장이며,[1] 판례의 일관된 태도이다.[2] 이 견해에 의하면 혼인이 해소되거나 이혼

1) 배종대/이상돈/정승환/이주형 72면; 신동운 143면; 이은모 180면; 이재상 213면; 임동규 138면; 박진환 앞의 글, 147면; 신이철 앞의 글, 179면.

2) 대법원 1975. 10. 7. 75도1489; 대법원 1985. 12. 10. 85도2139; 대법원 1994. 6. 10. 94도774; 대법원 2005. 2. 25. 2004도8999; 대법원 2008. 8. 21. 2008도5335; 대법원 2009. 7. 9. 2009도3201.

소송을 제기하지 않고 한 고소는 효력이 없고(무효이고), 이 조건은 공소제기 시부터 재판이 종료될 때까지 존재하여야 하므로 다시 혼인하거나 이혼소송을 취하하는 것도 제 1 심 판결선고 전임을 요하지 않고, 이 조건을 갖추지 못한 경우에는 형사소송법 제327조 2호(공소제기의 절차가 법률의 규정에 위반하여 무효인 때)에 의하여 공소기각의 판결을 선고해야 한다고 한다.

2) **고소취소 간주설** 혼인이 해소되거나 이혼소송을 제기하지 않고 한 간통죄의 고소는 고소의 취소가 간주되는 경우를 규정한 것이라고 해석하는 견해이다.[1] 이에 의하면 고소의 취소에는 소급효가 인정되지 않으므로 간통죄의 배우자와 다시 혼인하거나 이혼소송을 취하한 경우에 고소취소가 간주되는 효력에 대하여도 소급효가 인정되지 않고,[2] 혼인이 해소되거나 이혼소송을 제기하지 않고 한 고소라는 이유로 고소취소가 간주되는 것은 간통사건의 제 1 심 판결선고 전일 것을 요하고,[3] 고소의 제한이라는 요건을 충족하지 못한 때에는 형사소송법 제327조 5호(친고죄에서 고소의 취소가 있은 때)에 해당하여 공소기각의 판결을 선고해야 하는 것이 된다.[4]

(2) 비 판

형사소송법 제229조 제 1 항이 혼인관계의 해소와 이혼소송의 제기를 간통죄 고소의 유효요건으로 규정하고 있으므로 이에 위반한 경우에는 고소가 무효임에도 불구하고, 동조 제 2 항에서 「다시 혼인하거나 이혼소송을 취하한 때에는 고소는 취소된 것으로 간주한다」고 규정하여, 간통죄에 있어서 고소의 제한이 간통죄 고소의 유효요건인데, 그 규정에 위반한 때에는 고소취소가 간주된다는 모순된 규정을 내용으로 하고 있는 것은 사실이다. 그러나 ① 고소가 무효인 경우와 유효인 고소가 취소된 경우는 구별해야 하고, ② 제 1 항에 의하여 고소의 제한을 간통죄의 고소의 유효요건이라고 해석하는 경우에 제 2 항의 규정은 고소취소의 효력이 이 경우에도 적용되어 다시 혼인하거나 이혼소송을 취하한 경우에는 다시 고소하지 못한다고 해석하면 양자를 합리적으로 해석할 수 있고, ③ 간통죄에 있어서 고소의 제한을 고소의 유효요건이라고 해석하는

1) 백형구 강의 415면.
2) 김기준 「이혼소송의 각하가 고소권에 미치는 효력」, 형사판례연구 7, 410면.
3) 손동권 「고소불가분의 원칙과 강간범에 대한 공소권의 행사」, 형사판례연구 1, 378면.
4) 이상철 「이혼소송과 간통고소」, 형사판례연구 3, 387면.

것이 혼인생활을 유지하면서도 간통죄로 고소하는 것을 막으려고 하는 형사소송법 제229조의 입법취지에도 부합한다는 점에 비추어, 고소의 제한은 고소의 유효요건이라고 해석하는 통설이 타당하다고 생각한다.

혼인관계의 해소와 이혼소송의 제기는 간통죄 고소의 유효요건이므로 이에 위반한 고소는 무효가 된다. 고소의 무효는 제 1 심판결 선고 전까지 할 수 있는 고소의 취소와는 달리 무효가 되는 시기에 제한이 없다. 따라서 제 1 심판결 선고 후는 물론,[1] 재판이 종결될 때까지는 언제나 다시 혼인하거나 이혼소송을 취하할 수 있고, 그 경우에는 고소가 무효로 된다. 그리고 고소인이 피고인과 다시 혼인하거나 이혼소송을 취하한 때에는 「공소제기의 절차가 법률의 규정에 위반하여 무효인 때」에 해당하여(제327조 2호) 공소기각의 판결을 선고해야 한다.

2. 간통고소의 유효요건

간통고소의 유효요건은 혼인관계의 불존속 또는 이혼소송의 제기이다. 혼인관계의 불존속은 협의이혼을 말하며, 이혼소송의 제기는 재판상 이혼의 경우를 말한다. 협의이혼의 경우는 협의상 이혼의 확인만으로는 부족하고, 확인에 의한 협의이혼신고를 하여 혼인이 해소될 것을 요한다. 판례도 「협의상 이혼의 확인은 이혼심판청구와는 그 성질과 절차를 달리하므로 형사소송법 제229조 제 1 항에 규정된 이혼소송에는 해당되지 아니한다 할 것이고, 또한 협의상 이혼의 확인을 받은 것만으로는 혼인이 해소되었다고 볼 수도 없어 협의상 이혼의 확인을 받고 이에 의한 이혼신고를 하기 전에 한 고소는 위 법조에 위반된 고소라 하겠으나 위 고소가 있은 뒤 위 협의상 이혼의 확인에 의한 협의이혼신고를 하여 혼인이 해소되었다면 위 고소는 혼인의 해소 시부터 장래를 향하여 유효한 고소가 된다」고 판시한 바 있다.[2] 이혼소송은 가사소송법상의 이혼소송을 의미한다. 문제는 이혼조정신청이 이혼소송에 포함되는가에 있다. 이에 대하여는 ① 재판상 이혼은 조정전치주의에 의하여 조정을 거치고 대부분 이혼소송으로 이행되며 이혼조정성립은 재판상 화해와 동일한 효력이 인

1) 대법원 1975. 6. 24. 75도1449 전원합의체판결; 대법원 1981. 10. 13. 81도1975; 대법원 1985. 9. 24. 85도1744.
2) 대법원 1986. 6. 24. 86도482.

정되어 조정신청은 소의 제기와 같이 볼 수 있다는 이유로 이를 긍정하는 견해와[1] ② 이혼소송에는 이혼조정신청이 포함될 수 없으므로 부정해야 한다는 견해가[2] 대립되고 있다. 판례는 「간통죄로 고소 당시 이혼조정신청만이 있었고 그것이 가사심판법 제21조 제 4 항에 의하여 이혼조정신청을 한 때에 이혼심판청구가 있는 것으로 간주되었다고 인정할 만한 자료가 없다면 간통죄의 고소는 그 효력이 없다」고 판시하여 부정설을 취하고 있다.[3] 생각건대 이혼조정과 이혼소송은 절차를 달리하기 때문에 이혼조정신청만으로 이혼소송을 제기하였다고 볼 수는 없다고 해야 한다.

이혼소송의 제기가 고소의 유효요건이기 때문에 이혼소송을 취하한 경우에 고소가 무효로 된다는 점에는 의문이 없다. 이혼소송의 취하는 이혼심판청구를 스스로 취하한 경우를 의미한다. 이혼소송의 취하에 취하간주된 경우를 포함하는가가 문제되나, 판례는 이를 긍정하고 있다.[4] 여기서는 특히 이혼소장이 각하된 경우와 고소인이 피고인과 다시 혼인한 경우의 간통고소의 효력에 관한 대상판결 (1), (2)의 태도를 분석해 보기로 한다.

Ⅲ. 이혼소장이 각하된 경우와 간통고소의 효력

형사소송법 제229조 제 2 항은 「다시 혼인을 하거나 이혼소송을 취하한 때에는 고소는 취소된 것으로 간주한다」고 규정하고 있다. 이혼소송을 취하한 때에는 고소가 취소된 것으로 간주하는 것은 이 경우에는 혼인관계를 존속시키려는 의사로 인하여 처벌의사가 철회되었다고 인정되기 때문이다. 이혼소송을 취하한 경우와는 달리 이혼소장이 각하된 경우에 관하여 형사소송법에는 아무런 규정이 없다. 여기서 이혼소송이 취하된 경우에 이혼소장이 각하된 경우를 포함할 것인가가 문제된다. 대상판결 (1)은 이를 긍정한 대법원판결이다. 대상판결 (1)에서는 고소인이 이혼소장이 각하된 후 공소제기 전에 다시 이혼소송을 제기하고 재고소한 것은 재고소 금지규정에 위반된다고 판시하고 있다.

---

1) 이상철 앞의 글, 382면.
2) 신이철 앞의 글, 181면.
3) 대법원 1966. 9. 6. 66도790.
4) 대법원 1975. 11. 25. 74도2577; 대법원 1982. 6. 8. 82도990.

이러한 대상판결 (1)의 태도가 타당한가도 검토되어야 한다.

1. 이혼소장이 각하된 경우와 이혼소송의 취하

(1) 학설의 대립

이혼소장이 각하된 경우를 이혼소송을 취하한 때에 포함시킬 수가 있는가에 대하여는 긍정설과 부정설 및 절충설이 대립하고 있다. 긍정설은 이혼소송을 취하한 때에는 소송을 취하한 때뿐만 아니라 취하 간주된 경우와 이혼소장이 각하된 경우도 포함된다고 해석한다. 형사소송법 제229조는 간통고소의 유효요건에 관한 규정이므로 소송이 계속되지 않는 이유는 불문한다는 것을 이유로 한다. 판례의 일관된 태도이며,[1] 대상판결 (1)도 이 입장을 따르고 있다. 부정설은 이혼소송의 취하에 이혼소장의 각하를 포함시킬 수 없다고 해석한다.[2] 형사소송법 제229조 제 2 항은 고소인이 자의로 이혼소송을 취하한 경우를 규정한 것이므로 고소인의 의사와 관계없는 이혼소장의 각하가 여기에 포함될 수 없다는 것을 근거로 한다. 이에 대하여 절충설은 이혼소장의 각하에 의하여 이혼소송의 소송계속이 소멸한 경우에 당사자의 의사가 혼인을 계속하기로 하였다고 인정되는 경우에 한하여 이혼소송을 취하한 경우에 포함시켜야 한다고 한다.[3] 이혼소장의 각하의 경우에 혼인관계를 존속시킬 의사가 없는 고소인에게까지 고소의 취소를 간주하는 것은 허용될 수 없다는 점을 이유로 한다.

(2) 비 판

이혼소송의 취하에 이혼소장이 각하된 경우까지 포함된다고 해석하는 긍정설이 타당하다고 생각한다. 그것은 ① 형사소송법 제229조 제 1 항은 간통고소의 유효요건으로 혼인관계의 불존속 또는 이혼소송의 제기를 요구하고 있으므로 이혼소송이 계속되지 않는 이상 그 원인을 엄격히 따져야 할 필요가 없고, ② 혼인생활을 유지하면서 배우자 또는 그 상간자에 대한 고소만 하는 것을 제한하려는 입법취지에 비추어 동조 제 2 항의 이혼소송의 취하를 엄격히

---

1) 대법원 1970. 12. 22. 70도2240; 대법원 1975. 10. 7. 75도1489; 대법원 1997. 5. 23. 95도477.
2) 성윤환「이혼소송과 간통고소의 효력: 대법원 판례 분석을 중심으로」, 중앙법학 9-1(2007), 187면.
3) 김기준 앞의 글, 312면; 이상철 앞의 글, 386면.

해석해서는 안 되기 때문이다. 이러한 의미에서 대상판결 (1)이 「고소 당시 이혼의 소를 제기하였다고 하더라도 그 소장이 각하된 경우에는 고소는 소급하여 효력을 잃는다」고 판시한 것은 타당하다고 하겠다.

2. 이혼소장의 각하 이후 공소제기 전에 다시 이혼소송을 제기하고 고소한 경우의 처리

대상판결 (1)은 고소인이 제기한 이혼소송에 대하여 소각하명령이 내려지자 고소인이 공소제기 전에 다시 이혼소송을 제기하고 간통고소를 한 경우이다. 검사가 공소를 제기한 후에 다시 이혼소송을 제기한 경우에는 고소 없는 공소제기가 되는 것이 명백하지만, 이 사건과 같이 공소제기 전에 다시 이혼소송을 제기한 경우에도 소장각하에 의하여 고소취소로 간주될 수 있는가가 문제된다. 학자들에 따라서는 이를 소송조건의 치유 내지 고소의 추완의 문제로 다루는 경우도 있다.[1] 그러나 고소의 추완은 친고죄에 있어서 고소 없이 공소가 제기되었거나 고소제기가 무효였으나, 공소제기 후에 유효한 고소가 있는 경우에 공소제기의 흠이 치유될 수 있는가의 문제임에 반하여, 대상판결의 사안은 공소제기 이전에 유효한 고소가 있는 경우이므로 고소의 추완이 문제될 여지가 없는 경우이다. 따라서 이 사건은 고소인이 다시 이혼소송을 제기한 것이 유효하고, 재고소가 재고소 금지규정에 위반되지 않는가가 문제되는 경우라고 해야 한다. 대상판결 (1)은 이에 관하여 이혼소장이 각하된 경우에는 고소가 소급하여 효력을 상실하게 됨으로써 고소를 취소한 것이나 다름이 없게 되는 이상, 이 경우에도 다시 고소하지 못한다고 보는 것이 위에 본 형사소송법의 각 규정의 입법취지에 비추어 상당하다는 태도를 취하고 있다.

대법원은 종래 이혼심판청구를 하지 않고 고소를 하였다가 공소제기 후에 이혼심판청구를 한 때에는 고소는 유효요건을 갖추지 못하였으므로 공소제기의 절차가 법률의 규정에 위반하여 무효인 경우에 해당하는 데 반하여,[2] 공소제기 전에 이혼의 소가 제기된 때에는 이혼의 소가 제기된 때부터 고소는 유효하게 된다는 태도를 취하였다.[3] 비록 공소제기 전이라고 하더라도 이혼소장이

1) 김기준 앞의 글, 417면; 신이철 앞의 글, 197면.
2) 대법원 1982. 12. 14. 82도2074.
3) 대법원 1970. 9. 29. 69도1150.

각하된 이상 처음의 고소가 유효요건을 결하여 무효가 되는 것은 당연하다. 이 경우에 형사소송법 제229조 제 2 항에 의하여 고소의 취소로 간주되므로 고소인에게는 재고소가 금지된다. 그러나 이혼소장의 각하의 경우에 다시 이혼소송을 제기할 수 없는 것은 아니므로 이혼소송을 제기함으로써 그 때부터 고소는 유효하게 된다고 해야 한다. 즉, 대상판결 (1)의 사안에서 고소인에게는 재고소는 금지되었어도 이혼소송의 제기까지 불허되는 것은 아니다. 고소인이 재고소를 하지 않았으면 이혼소송의 제기로 처음의 고소는 유효하게 되는데, 다시 고소를 제기했다는 이유로 고소가 무효로 된다는 것은 타당하다고 할 수 없다. 따라서 이 경우에는 재고소를 유효하다고 해석하거나, 적어도 최초의 고소가 유효하다는 점에서 고소는 유효하다고 해야 한다. 이 점에서 대상판결 (1)의 태도에는 찬성할 수 없다.

Ⅳ. 고소인이 피고소인과 다시 혼인한 경우의 간통고소의 효력

대상판결 (2)는 고소인이 피고소인과 이혼하였다가 피고인에 대한 간통죄의 재판이 종결되기 전에 다시 피고인과 혼인한 경우에 간통고소의 효력이 문제된 경우이다. 뿐만 아니라 이 판결은 고소인이 이혼소송을 제기하고 간통고소를 하였으나, 협의이혼신고로 혼인관계가 해소되고 이혼소송이 취하간주된 후 항소심 계속 중 피고인과 다시 혼인한 경우에도 간통고소가 무효로 되지 않는가의 문제를 포함하고 있다.

먼저 간통죄의 재판이 종결되기 전에 고소인과 피고인이 다시 혼인한 경우에 간통고소가 효력을 잃는다는 것은 명백하다. 간통고소의 유효요건인 혼인관계의 부존재 또는 이혼소송의 제기는 공소제기 시부터 재판이 종결될 때까지 구비되어야 할 것인데, 고소인이 피고인과 다시 혼인함으로써 혼인관계는 존속하게 되었고, 제229조 제 2 항도 「전항의 경우에 다시 혼인을 한 때에는 고소는 취소된 것으로 간주한다」고 규정하고 있기 때문이다. 따라서 원심인 항소심 계속 중에 고소인이 피고인과 혼인한 이상 간통고소가 무효가 된다고 하지 않을 수 없다. 문제는 대상판결 (2)에서 고소인이 협의이혼신고로 혼인관계가 해소되자 이혼소송을 취하한 것만으로 간통고소가 효력을 잃는 것이 아닌가에 있다. 그러나 대법원은 종래 「형사소송법 제229조 제 2 항에 의하여 고소를 취소한 것으로 간주되는 이혼소송의 취하는 그것에 의하여 혼인관계를 해소하려는 의사가 철회되어 결과적으로 혼인관계가 존속하는 경우를 의미하는 것일 뿐, 배우자가 이혼소송을 제기한 후 그 소송 외에서 협의이혼 등의 방법으로 혼인 해소의 목적을 달성하게 되어 더 이상 이혼소송을 유지할 실익이 없어 이혼소송을 취하한 경우까지 의미하는 것이라고는 볼 수 없고, 이러한 경우 간통고소는 '이혼소송의 계속'과 선택적 관계에 있는 '혼인관계의 부존재'라는 고소의 유효조건을 충족시키고 있어 여전히 유효하게 존속한다」고 판시함으로써 협의이혼신고로 혼인관계가 해소되자 이혼소송을 취하한 경우에는 간통고소가 효력을 잃는 것이 아니라는 태도를 취하였다.[1] 대상판결 (2)에서도 같은 이론이 적용된다. 따라서 고소인이 협의이혼신고로 혼인관계가 해소되자 이혼소송을 취하한 경우에는 혼인관계의 불존속이라는 간통고소의 유효요건이 충족되기 때문에 간통고소가 효력을 잃는 것이 아니지만, 항소심 계속 중에 고소인이 피고인과 혼인함에 의하여 혼인관계는 존속하게 되었으므로 간통고소는 무효가 된다고 하지 않을 수 없다.

Ⅴ. 맺는 글

간통죄의 고소는 혼인이 해소되거나 이혼소송을 제기한 후가 아니면 할 수 없으므로 고소는 혼인관계의 불존속 또는 이혼소송의 제기를 유효요건으로 한다. 따라서 혼인이 해소되거나 이혼소송을 제기하지 않고 한 간통고소는 효력이 없고, 이 조건을 갖추지 못한 경우에는 형사소송법 제327조 2호에 의하여 공소기각의 판결을 선고해야 한다. 형사소송법은 제229조 제 2 항에서 「다시 혼인을 하거나 이혼소송을 취하한 때에는 고소는 취소된 것으로 간주한다」고 규정하고 있는바, 여기의 이혼소송의 취하에는 취하간주와 이혼소장의 각하를 포함하며, 또 취하의 시기도 제 1 심 판결선고 전임을 요하지 않고 간통죄의 재판종료시까지를 포함한다고 해석된다. 제229조는 간통고소의 유효요건에 관한 규정이므로 소송이 계속되지 않는 이상 그 이유는 특별히 문제삼을 여지가 없

1) 대법원 2007. 1. 25. 2006도7939.

기 때문이다.

대상판결 (1)에서 대법원이 「고소 당시 이혼의 소를 제기하였다고 하더라도 그 소장이 각하된 경우에는 고소는 소급하여 효력을 잃는다」고 판시한 것은 타당하다. 이혼소장이 각하된 경우에도 이혼소송은 계속된다고 할 수 없기 때문이다. 그러나 같은 판결에서 고소인이 제기한 이혼소송에 대하여 소각하 명령이 내려지자 고소인은 공소제기 전에 다시 이혼소송을 제기하고 간통고소를 한 경우에도 재고소금지의 규정에 따라 공소기각의 판결을 선고해야 한다고 판시한 것은 의문이다. 고소인이 공소제기 전에 재고소를 하지 않았으면 이혼소송의 제기만으로로 고소가 유효하게 되는데, 다시 고소를 제기했다는 이유로 고소가 모두 무효로 된다는 것은 타당하다고 할 수 없기 때문이다. 한편, 대상판결 (2)가 간통죄의 재판이 종결되기 전에 고소인과 피고인이 다시 혼인한 경우에 간통고소가 효력을 잃는다고 판시한 것은 당연하다. 또한 고소인이 협의이혼신고로 혼인관계가 해소되자 이혼소송을 취하한 것만으로는 간통고소가 효력을 잃지 않는다고 판시한 것도 옳다. 결국, 대상판결 (2)는 고소인이 피고인과 혼인함으로써 간통고소가 효력을 잃게 되는 경우에 해당한다.

4. 고소의 주관적 불가분의 원칙

[대상판결]

(1) 대법원 2009. 1. 30. 2008도7462

1. 사실관계 및 사건의 경과

피고인 甲은 의류수입업자, 乙은 의류판매점을 개업하여 영업하면서 피고인 甲 회사로부터 나이키 제품을 공급받아 판매한 후 일정 금액을 甲에게 지급하고 나머지는 乙이 가져가는 형태로서 매장의 개장 및 인테리어에 함께 참여하던 중, 판매점의 외부에 설치된 현수막 등에 국내에 널리 인식된 나이키의 표장 및 포스터를 사용하여 영업하였다는 사실로 구 저작권법위반으로 공소제기되었다. 고소인은 이 사건 공소사실에 관하여 피고인 甲만을 피고소인으로 하여 고소를 제기하였다가 수사과정에서 乙이 공범으로 밝혀지자 이 사건 공소가 제기되기 전인 2007. 1. 22. 乙에게 "乙이 잘못을 깊이 반성하고 동일 또는 유사한 행위를 반복하지 않을 것을 약속하는 각서를 제출하고, 그 각서의 내용을 성실히 이행할 경우 고소 사건과 관련하여 乙에게 향후 민·형사상 책임을 묻지 않기로 한다"는 내용의 합의서를 작성하여 주었으며, 고소인의 고소대리인은 乙로부터 위 합의서를 제출받은 검찰 수사관과의 전화통화에서 "고소인은 乙을 고소할 의사가 처음부터 없어 고소한 사실이 없는데, 乙이 경찰에서 조사를 받으며 피의사로 입건되어 乙에 대한 합의서를 작성해준 것으로, 만약 이 건을 고소취소하게 되면 피고인 甲도 고소취소하는 결과가 되기 때문에 부득이 합의서를 작성해주었다"고 진술하였다.

원심은 피고인들에 대한 구 저작권법 제97조의 5 위반의 점에 관하여 유죄판결을 선고하였고, 원심판결에 대하여 피고인들이 상고하였다.

2. 판결요지

가. 고소불가분의 원칙상 공범 중 일부에 대하여만 처벌을 구하고 나머지에 대하여는 처벌을 원하지 않는 내용의 고소는 적법한 고소라고 할 수 없고, 공범 중

1인에 대한 고소취소는 고소인의 의사와 상관없이 다른 공범에 대하여도 효력이 있다(대법원 1994. 4. 26. 선고 93도1689 판결 참조). 한편, 구 저작권법(2006. 12. 28. 법률 제8101호로 전문 개정되기 전의 것) 제97조의 5 위반죄와 같은 친고죄에서 공소제기 전에 고소의 취소가 있었다면 법원은 직권으로 이를 심리하여 공소기각의 판결을 선고하여야 한다.

나. 고소인 회사는 처음부터 피고인 甲에 대하여만 고소하였을 뿐 乙에 대하여는 고소할 의사가 없었던 것이거나, 피고인 甲에 대한 고소로 인하여 고소불가분의 원칙상 乙을 고소한 것이 되더라도 더 이상 乙에 대하여는 처벌을 원하지 아니한다는 의사를 수사기관에 표시한 것으로서, 乙에 대하여 고소취소장이 아닌 합의서를 작성해준 이유는 고소인 회사가 피고인 甲에 대하여 고소하였을 뿐 乙에 대하여는 고소한 바 없었기에, 만약 기왕에 한 고소를 취소하게 될 경우 그것은 피고인들에 대한 고소취소를 의미하는 것이 된다고 여기고 乙만에 대한 처벌불원의사를 명확히 표시하기 위해서라고 볼 여지가 있다. 만약, 사정이 그러하다면 고소인 회사의 고소는 처음부터 공범 중 일부만의 처벌을 원하는 것이므로 부적법한 것으로서 무효이거나, 위 처벌불원의사의 표시를 통하여 乙에 대한 고소를 취소한 것으로 볼 수 있고, 위 고소취소의 효력은 고소불가분의 원칙상 고소인 회사의 의사와 상관없이 공범인 피고인 甲에게도 미친다고 할 것이므로, 원심으로서는 실체에 관한 판단에 앞서 직권으로 고소인 회사가 공범 중 일부에 대한 처벌만을 위하여 고소한 경우에 해당하는지 또는 乙에 대하여 합의서를 작성해주고 위와 같은 내용의 전화통화를 한 것이 그에 대하여 고소를 취소한 경우에 해당하는지에 관하여 심리하였어야 할 것이다.

(2) 대법원 1985. 11. 12. 85도1940

1. 사실관계와 사건의 경과

피고인은 제1심 공동피고인 甲, 공소외 乙과 공동하여 1982. 10. 23. 23:30경 서울 구로구 가리봉동 소재 친구인 공소외 丙의 자취방에서 피해자(13세)를 차례로 강간하였다. 공소외 乙은 1983. 2. 18. 서울지방법원 남부지원에서 징역 단기 2년, 장기 3년의 형선고를 받고 동년 5. 11. 서울고등법원에서 징역 단기 1년 6월, 장기 2년의 형선고를 받았으나 동월 13일 상소권포기로 확정되었다(당시 강간죄는 친고죄였다). 한편 피고인에 대하여는 1984. 12. 19. 그 고소가 취소되었음에도 불구하고

1984. 12. 21. 공소제기되어 1985. 2. 15. 서울지방법원 남부지원에서 징역 단기 1년 6월, 장기 2년의 형선고를 받고 1985. 8. 8. 피고인의 항소가 기각되었다. 피고인이 원심판결에 대하여 상고하였다.

2. 판결요지

형사소송법 제233조는 「친고죄의 공범중 그 1인 또는 수인에 대한 고소 또는 그 취소는 다른 공범자에 대하여도 효력이 있다」라고 하고 동법 제232조 제1항은 「고소는 제1심판결선고전까지 취소할 수 있다」라고 규정하고 있으므로 친고죄의 공범중 그 일부에 대하여 제1심판결이 선고된 후에는 제1심판결선고전의 다른 공범자에 대하여는 그 고소를 취소할 수 없고 그 고소의 취소가 있다 하더라도 그 효력을 발생할 수 없다 할 것인데, 이러한 법리는 필요적 공범이나 임의적 공범이나를 구별함이 없이 모두 다 적용된다고 해석함이 상당하다.

[관련판결]

(1) 대법원 2010. 9. 30. 2008도4762

[판결요지]

독점규제 및 공정거래에 관한 법률 제71조 제1항은 "제66조 제1항 제9호 소정의 부당한 공동행위를 한 죄는 공정거래위원회의 고발이 있어야 공소를 제기할 수 있다"고 규정함으로써 그 소추조건을 명시하고 있다. 반면에 위 법은 공정거래위원회가 같은 법 위반행위자 중 일부에 대하여만 고발을 한 경우에 그 고발의 효력이 나머지 위반행위자에게도 미치는지 여부, 즉 고발의 주관적 불가분원칙의 적용 여부에 관하여는 명시적으로 규정하고 있지 아니하고, 형사소송법도 제233조에서 친고죄에 관한 고소의 주관적 불가분원칙을 규정하고 있을 뿐 고발에 대하여 그 주관적 불가분의 원칙에 관한 규정을 두고 있지 않고, 또한 형사소송법 제233조를 준용하고 있지도 아니하다. 이와 같이 명문의 근거 규정이 없을 뿐만 아니라 소추요건이라는 성질상의 공통점 외에 그 고소·고발의 주체와 제도적 취지 등이 상이함에도, 친고죄에 관한 고소의 주관적 불가분원칙을 규정하고 있는 형사소송법 제233조가 공정거래위원회의 고발에도 유추적용된다고 해석한다면 이는 공정거래위원회의 고발이 없는 행위자에 대해서까지 형사처벌의 범위를 확장하는 것으로서, 결국 피고인에게 불리하게 형벌법규의 문언을 유추해석한 경우에 해당하므로 죄형법정주의에 반하여 허용될 수 없다.

(2) 대법원 1994. 4. 26. 93도1689

[판결요지]

형사소송법이 고소와 고소취소에 관한 규정을 하면서 제232조 제 1 항, 제 2 항에서 고소취소의 시한과 재고소의 금지를 규정하고 제 3 항에서는 반의사불벌죄에 제 1 항, 제 2 항의 규정을 준용하는 규정을 두면서도, 제233조에서 고소와 고소취소의 불가분에 관한 규정을 함에 있어서는 반의사불벌죄에 이를 준용하는 규정을 두지 아니한 것은 처벌을 희망하지 아니하는 의사표시나 처벌을 희망하는 의사표시의 철회에 관하여 친고죄와는 달리 공범자 간에 불가분의 원칙을 적용하지 아니하고자 함에 있다고 볼 것이지, 입법의 불비로 볼 것은 아니다.

[판례의 연구]

Ⅰ. 고소의 주관적 불가분의 원칙의 의의

고소의 효력이 불가분이라는 원칙을 고소불가분의 원칙이라고 한다. 친고죄에 있어서 고소의 효력이 미치는 범위에 관한 원칙이다. 고소불가분의 원칙에는 객관적 불가분의 원칙과 주관적 불가분의 원칙이 있다. 전자가 한 개의 범죄사실의 일부분에 대한 고소 또는 그 취소는 그 전부에 대하여 효력이 미친다는 원칙임에 반하여, 후자는 수인의 공범 중 1인 또는 수인에 대한 고소 또는 그 취소는 다른 공범자에게도 효력이 미친다는 원칙을 말한다. 형사소송법은 주관적 불가분의 원칙에 관하여 명문의 규정을 두고 있다(제233조). 여기서 공범이란 임의적 공범뿐만 아니라 필요적 공범도 포함된다는 점에는 의문이 없다. 형사소송법이 고소의 주관적 불가분의 원칙을 인정하는 이유는 원래 고소가 특정한 범인에 대한 것이 아니라 범죄사실에 대한 것이고, 처벌의 범위까지 고소인의 의사에 의하여 좌우되어서는 고소인의 자의에 의한 불공평한 결과가 발생하는 것을 방지할 수 없다는 점에 있다.

고소의 주관적 불가분의 원칙이 적용되는 범위는 절대적 친고죄인가 또는 상대적 친고죄인가에 따라 달라진다. 범인의 신분과 관계없이 친고죄가 되는 절대적 친고죄에 있어서는 언제나 이 원칙이 적용된다. 따라서 공범 중 1인에 대한 고소의 효력은 전원에 대하여 미친다. 이에 반하여 친족상도례의 경우와 같이 범인과 피해자 사이에 일정한 신분관계가 있는 경우에만 친고죄로 되는 상대적 친고죄에 있어서는 비신분자에 대한 고소의 효력은 신분관계 있는 공범에게는 미치지 아니하며, 신분관계 있는 자에 대한 피해자의 고소취소는 비신분자에게는 효력이 없다.

대상판결과 관련판결은 모두 고소의 주관적 불가분의 원칙과 관련된 판결들이다. 즉, 대상판결 (1)은 수인의 공범 중 1인에 대한 고소가 유효한가, 합의서의 제출을 고소취소로 볼 수 있는가에 관한 판결이며, 대상판결 (2)는 공범자에 대한 1심판결 선고 후에 판결선고 전의 공범에 대한 고소취소가 가능한가에 관한 판결이다. 관련판결들은 고소의 주관적 불가분의 원칙의 한계에 관한 판결이다. 즉, 관련판결 (1)은 즉시고발의 경우에도 주관적 불가분의 원칙이 적용되는가에 관한 판결이고, 관련판결 (2)는 반의사불벌죄에 있어서 처벌을 원하지 않는 의사표시에도 이 원칙이 적용되는가에 관한 판결이다.

Ⅱ. 공범의 1인에 대한 고소의 효력 및 합의서 제출과 고소취소

대상판결 (1)의 판결요지는 첫째, 공범 중 일부에 대하여만 처벌을 구하고 나머지에 대하여는 처벌을 원하지 않는 내용의 고소는 적법한 고소라고 할 수 없고, 둘째 공범의 일부에 대하여 합의서를 작성해 준 것은 고소를 취소한 것으로 볼 수 있고 고소불가분의 원칙상 그 고소취소의 효력은 공범인 다른 피고인에게도 미친다고 판시한 점에 있다. 이들 두 개의 판시사항이 포함하고 있는 문제점을 검토해 보기로 한다.

1. 수인의 공범 중 1인에 대한 고소가 유효한가

고소인이 乙에 대한 고소의 의사도 없으면서 공범인 甲을 고소한 경우에 그 고소가 적법한가에 대하여도 견해가 대립되고 있다. 부정설은 공범 중 일부에 대한 처벌만을 원하는 고소는 적법한 고소가 될 수 없다고 해석한다.[1] 입법정책적으로 설정되어 있는 고소불가분의 원칙을 사인이 의도적으로 배제하는 것이 허용되어서는 안 된다는 것을 근거로 한다. 대상판결 (1)도 부정설의 입장을 따르고 있다고 할 수 있다. 그러나 ① 형사소송법은 명문으로 「공범 중 1인 또는 수인에 대한 고소 또는 그 취소는 다른 공범자에게도 그 효력이 미친다」고 규정하고 있다(제233조). 이는 공범 중 1인 또는 수인에 대한 고소 또는 그 취소가 가능하다는 것을 전제로 한다. ② 고소의 주관적 불가분의 원칙은 처벌의 대상이 고소인의 자의에 의하여 좌우되는 것을 막기 위하여 다른 공범자를 고소하지 않고 일부만을 고소한 경우에 그 고소의 효력을 다른 공범자에게도 미치게 한 원칙이며, 공범 중 일부에 대한 고소 자체를 금지하기 위한 원칙이 아니다. 고소인이 다른 공범자의 처벌을 원하지 아니하여 다른 일부만을 고소했건, 실수로 다른 공범자를 고소하지 않았건, 다른 공범자를 몰라서 고소를 하지 않았건 고소불가분의 원칙이 적용되는 점에는 차이가 없다. 그럼에도 불구하고 공범의 일부만의 처벌을 구하는 고소를 부적법하다고 하는 것은 고소의 주관적 불가분의 원칙을 무의미하게 만드는 결과가 된다. ③ 고소는 범인의 처벌을 구하는 의사표시이다. 공범의 일부만에 대한 처벌을 구하는 고소를 부적법하다고 할 때에는 고소인은 공범관계에 있는 범인을 모두 고소하지 않으면 안 된다. 그러나 고소인에게 모든 범인의 고소를 요구하는 것은 불가능에 가깝다고 해야 한다. 따라서 고소인이 저작권법위반으로 甲을 고소한 경우에는 그 고소의 효력은 고소인에게 乙을 고소할 의사가 없었던 경우에도 乙에게 미친다고 해야 하며, 甲에 대한 고소 자체가 부적법하게 되는 것은 아니라고 해야 한다. 이 점에서 대상판결 (1)은 옳다고 할 수 없다.

2. 공범의 일부에게 합의서를 작성해 준 것을 고소취소로 볼 수 있는가

대상판결 (1)은 원심판결을 파기환송하면서 고소인은 합의서를 제출하여 처벌불원의 의사를 표시함으로써 乙에 대한 고소를 취소하였고, 그 고소취소의 효과가 甲에게도 미쳤는가의 여부를 심리할 것을 요구하였다. 대법원은 종

1) 배종대/이상돈/정승환/이주원 76면; 신동운 150면.

래 고소인과 피고인 사이에 합의서가 작성된 것만으로는 고소를 취소했다고 할 수 없지만,[1] 합의서와 함께 「합의되어 민·형사상 문제를 일체 거론하지 않기로 하였으니 법의 온정을 베풀어 사회에 봉사할 수 있도록 관대한 처분을 바란다」는 취지의 단원서가 법원에 제출된 경우는 물론,[2] 피해자가 가해자와 합의한 후 「이 사건 전체에 대하여 가해자와 원만히 합의하였으므로 피해자는 가해자를 상대로 이 사건과 관련한 어떠한 민·형사상의 책임도 묻지 아니한다」는 취지의 가해자와 피해자 사이의 합의서가 경찰에 제출된 경우에도 고소의 취소가 있는 것으로 보아야 한다고 판시하였다.[3] 이에 반하여 구술에 의하여 고소를 취소하는 경우에도 법대로 처벌하되 관대하게 처리해 달라고 진술한 경우에는 고소의 취소라고 보기 어렵다고 한다.[4] 결국 합의서의 내용에 피고인의 처벌을 원하는 의사가 철회되었다고 볼 수 있는가에 따라 고소의 취소 여부를 판단해야 한다는 취지로 이해할 수 있다. 그런데 이 사건 기록에 의하면 고소대리인은 乙로부터 합의서를 제출받은 검찰 수사관과의 전화통화에서 「고소인은 乙을 고소할 의사가 처음부터 없어 고소한 사실이 없는데, 乙이 경찰에서 조사를 받으며 피의자로 입건되어 그에 대한 합의서를 작성해준 것으로, 만약 이 건을 고소취소하게 되면 甲까지 고소취소하는 결과가 되기 때문에 부득이 합의서를 작성해주었다」고 진술하였음을 알 수 있다. 고소인에게 처음에 乙을 고소할 의사가 있었는가는 전혀 문제되지 않는다. 고소의 주관적 불가분의 원칙에 의하여 고소의 효력은 당연히 미치기 때문이다. 그러나 고소대리인의 진술은 乙에 대한 고소를 취소하여 甲에게도 고소취소의 효과가 발생하도록 할 수는 없어 합의서를 작성해 주었다는 취지임이 명백하다. 이는 乙에 대하여 합의는 해 주었으나, 고소를 취소하는 것은 아니라는 취지를 명백히 한 것이라고 보아야 한다. 그렇다면 단순히 합의서를 작성해 주었다는 것만으로 고소를 취소했다고 볼 수는 없는 경우라고 해야 한다. 대상판결 (1)은 이 점에 있어서도 타당하다고 할 수 없다.

1) 대법원 1980. 10. 27. 80도1448; 대법원 1983. 9. 27. 83도516.
2) 대법원 1981. 11. 10. 81도1171.
3) 대법원 2002. 7. 12. 2001도6777.
4) 대법원 1981. 1. 31. 80도2210.

Ⅲ. 공범자에 대한 제 1 심 판결선고 후의 고소취소

대상판결 (2)는 친고죄의 공범 중 일부에 대한 제 1 심 판결선고 후, 제 1 심 판결선고 전의 다른 공범자에 대하여 고소를 취소할 수 있는가를 쟁점으로 한다.

1. 학설의 대립

친고죄의 공범 중 일부에 대한 제 1 심 판결선고 후, 제 1 심 판결선고 전의 다른 공범자에 대하여 고소를 취소할 수 있는가에 관하여는 소극설과 적극설이 대립되고 있다.

(1) 적 극 설

제 1 심 판결선고 전의 공범에 대하여는 고소를 취소할 수 있고, 다만 제 1 심 판결의 선고를 받은 자에 대하여는 그 효력이 미치지 않는다고 해석하는 견해이다.[1)] 적극설은 ① 아직 제 1 심 판결선고 전인 공범자에 대하여는 제232조에 의하여 고소를 취소할 수 있다고 하는 것이 피해자의 의사를 존중하는 결과가 되며, ② 형사소송법 제232조 제 1 항과 제233조의 관계에 비추어 제 1 심 판결이 선고된 공범이 있다는 이유로 다른 공범에 대하여도 고소취소의 효력을 부인하거나 고소취소를 인정해서는 안 된다는 법적 근거가 없고, ③ 판례도 「제 1 심 판결선고 후에 고소인이 이혼심판청구를 취하 또는 취하간주되거나 소장이 각하된 경우에 간통고소는 소급하여 효력을 상실하고 간통의 상간자가 이미 유죄판결을 받아 확정되었어도 이론을 달리하지 않는다」고 판시하여[2)] 소극설의 입장을 일관하는 것은 아니라는 점을[3)] 이유로 들고 있다.

(2) 소 극 설

제 1 심 판결선고 전의 공범에 대하여는 고소를 취소할 수 없고, 고소의 취소가 있어도 효력이 없다고 해석하는 견해이다. 우리나라의 통설이 취하고 있

1) 김기두 202면; 박달현 「친고죄와 고소불가분의 원칙」, 형사법연구 12(1999), 383면.
신이철 앞의 글, 188면은 제 1 심 판결선고가 있는 공범에게도 판결이 확정되지 않은 이상 그 효력이 미친다고 해석한다.

2) 대법원 1981. 10. 13. 81도1975.

3) 박달현 앞의 글, 382면.

는 태도이며,[1] 대상판결 (2)도 이 입장을 따른 것이다. 소극설은 ① 공범의 일부에 대하여 제1심 판결이 선고되어 고소를 취소할 수 없는 경우에는 제1심 판결선고 전인 다른 공범에 대하여도 고소를 취소할 수 없다고 해석하는 것이 고소불가분의 원칙에 부합하고, ② 적극설에 의할 때에는 공범자의 일부에 대한 제1심 판결을 기다렸다가 제1심 판결 전인 다른 공범자에 대한 고소를 취소하는 것을 막을 수 없어 고소권자의 선택에 따라 불공평한 결과가 초래되는 것을 피할 수 없다는 점을 근거로 한다.

2. 비 판

고소의 주관적 불가분의 원칙의 취지를 유지하기 위해서는 소극설이 타당하다고 해야 한다. 동일한 범죄에 가담한 공범 가운데 제1심 판결의 선고가 없는 공범에 대하여는 고소를 취소할 수 있고, 제1심 판결을 선고받은 공범자에 대하여는 공소를 취소할 수 없다고 해석해서는 고소의 주관적 불가분의 원칙은 무의미하게 되기 때문이다. 형사소송법 제232조 제1항은 「고소는 제1심 판결선고 전까지 취소할 수 있다」고 규정하여 고소취소의 시간적 제한을 일반적으로 규정한 것이라면, 제233조는 고소의 주관적 불가분의 원칙을 규정한 것이므로 고소불가분의 원칙 때문에 제1심 판결의 선고 전이라 하더라도 고소의 취소가 허용되지 않는 경우에는 제233조에 의하여 제232조 제1항의 규정이 제한되어야 하는 것이 당연하다. 양자의 관계에 대한 명문의 규정이 없다고 하여 그 결론을 달리하지는 않는다고 해야 한다. 간통죄의 고소에 있어서 이혼소송의 취하나 취하간주 또는 이혼소장의 각하의 경우에 제1심 판결을 선고받지 않은 공범자는 물론 이미 제1심 판결이 선고된 공범자에게도 간통고소는 효력을 잃고, 이는 이미 간통사건의 재판이 확정된 공범자가 있는 경우에도 결론을 같이하는 것은 사실이다. 그러나 간통죄의 고소취소와 간통고소의 유효요건은 구별해야 한다. 고소취소는 유효한 고소를 전제로 하여 이를 취소하는 것임에 반하여 이혼소송의 취하 등은 고소의 유효요건을 결하여 고소가 무효로 되는 경우이다. 전자는 제1심 판결선고 전까지 해야 함에 반하여

1) 배종대/이상돈/정승환/이주원 79면; 백형구 97면; 신동운 154면; 신양균 103면; 이영란 244면; 이재상 216면; 임동규 145면.

후자는 간통재판이 종결될 때까지 시간적 제한이 없이 언제나 가능하다. 따라서 공범자 가운데 유죄판결이 확정된 자가 있는 경우에도 간통고소의 유효요건을 결하여 고소가 무효로 되는 것이 가능하다는 판례의 태도를 근거로 대법원이 소극설의 입장을 일관하지 않다고 보는 것은 잘못이다.

대상판결 (2)는 타당하다고 생각된다.

Ⅳ. 고소의 주관적 불가분의 원칙에 대한 한계

관련판결 (1) 및 (2)는 고소의 주관적 불가분의 원칙에 대한 적용한계에 관한 판결이다. 관련판결 (1)은 즉시고발사건의 경우에 고소불가분의 원칙이 적용되는가에 대한 판결이고, (2)는 반의사불벌죄에 있어서 처벌을 원하지 않는 의사표시에도 이 원칙이 적용되는가에 관한 판결이다.

1. 즉시고발사건과 주관적 불가분의 원칙

관련판결 (1)은 즉시고발사건에 관하여는 고발의 주관적 불가분의 원칙을 규정하거나 형사소송법 제233조의 규정을 준용하는 규정이 없고, 그럼에도 불구하고 즉시고발사건에 형사소송법 제233조의 규정이 준용된다고 해석할 때에는 피고인에게 불리하게 형벌법규의 문언을 유추해석한 경우에 해당하여 죄형법정주의에 반하여 허용될 수 없다고 판시하였다. 대법원은 종래 조세범처벌법위반사건이나[1] 관세법상의 즉시고발사건에 있어서도 같은 취지의 판결을 일관하였다.[2] 형사소송법에 고발에 관하여 주관적 불가분의 원칙을 준용하는 규정이 없는 것은 사실이다. 일본형사소송법 제238조가 「① 친고죄에 있어서 공범의 1인 또는 수인에 대한 고소 또는 그 취소는 다른 공범에 대하여도 그 효력을 미친다. ② 전항의 규정은 고발 또는 청구를 기다려 수리해야 할 사건에 대한 고발 또는 청구나 그 취소에 대하여 이를 준용한다」고 규정하고 있는 것과 구별된다. 고발은 고소권자 이외의 사람이 수사기관에 범죄사실을 신고한다는 점에서 고소와 다르다. 그러나 고발도 또한 범죄사실을 신고하여 그 소

1) 대법원 1962. 1. 11. 4293형상 883.
2) 대법원 1971. 11. 23. 71도1106.

추를 구하는 의사표시일 뿐만 아니라, 조세범처벌법이나 관세법위반 등의 사건에 있어서는 소송조건이 된다는 점에서 고소와 차이가 없다. 즉, 이들 범죄도 친고죄이다. 독점규제 및 공정거래에 관한 법률위반죄에 있어서도 같다. 고발인의 자의에 의하여 처벌범위가 결정되는 것을 막아야 할 필요성도 다르지 않다. 그렇다면 고발이 있어야 논할 수 있는 친고죄에 있어서도 고소에 관한 주관적 불가분의 원칙을 인정해야 할 필요성은 부정할 수 없다고 해야 한다.

문제는 고발에 관하여 주관적 불가분의 원칙이 적용된다는 명문의 규정이나 고소불가분의 원칙에 대한 준용규정이 없음에도 이 원칙이 적용된다고 해석하는 것이 피고인에게 불이익한 유추에 해당하여 죄형법정주의 원칙에 반한다고 해야 할 것인가에 있다. 대상판결 (1)은 죄형법정주의를 근거로 고발에 대한 주관적 불가분의 원칙의 준용이 허용되지 않는다고 판시하였다. 그러나 죄형법정주의는 범죄와 형벌은 행위 시의 법률에 의하여 명확히 규정되어 있어야 하며, 이에 관한 법률해석에 있어서 유추가 허용되지 않는다는 원칙이다. 따라서 죄형법정주의는 실체법인 형법에 적용되는 원칙이며, 소송법규정에 대하여는 원칙적으로 적용되지 않는다. 형사소송법에서 죄형법정주의의 역할을 하는 것은 형사절차법정주의와 적정절차의 이념이다. 형사절차법정주의는 강제처분 내지 강제수사법정주의의 형태로 나타날 뿐이다. 그런데 ① 고소불가분의 원칙은 강제수사법정주의가 적용될 여지가 없는 영역이고, ② 즉시고발사건에 고발불가분의 원칙이 적용된다고 해서 적정절차의 원칙이 침해되는 것도 아니다. ③ 형사소송법은 형법과 달리 기술적 색체가 강하게 나타나는 법률이며 특히, 수사절차에서는 합목적성이 전면에 나타나는 분야이다. 따라서 고발에 대하여 불가분의 원칙을 준용하는 규정이 없다 하더라도 이를 준용한다고 해석하는 것은 허용되며, 그것이 죄형법정주의에 반한다고 할 수 없다는 것은 명백하다. 관련판결 (1)의 태도에는 찬성할 수 없다.

2. 반의사불벌죄와 주관적 불가분의 원칙

관련판결 (2)는 반의사불벌죄에 고소의 주관적 불가분의 원칙을 준용하는 규정을 두지 아니한 취지는 처벌을 희망하지 아니하는 의사표시나 처벌을 희망하는 의사표시의 철회에 관하여 친고죄와는 달리 공범자 간에 불가분의 원칙을 적용하지 아니하고자 함에 있다는 이유로 반의사불벌죄에는 불가분의 원칙이 적용되지 않는다고 판시하였다. 반의사불벌죄에 있어서는 피해자에 의한 범죄사실의 신고를 필요로 하지 않는다. 피해자가 피고인 또는 피의자에 대하여 처벌을 희망하지 아니하는 의사표시나 처벌을 희망하는 의사표시를 철회함에 의하여 범인에 대한 처벌불원의 의사를 표시하는 것에 지나지 않는다. 따라서 반의사불벌죄에 있어서 피해자의 처벌을 희망하지 아니하는 의사표시나 처벌을 희망하는 의사표시의 철회는 고소의 취소와는 전혀 성질을 달리한다고 해석해야 한다. 형사소송법이 이러한 사정을 고려하여 반의사불벌죄에 관하여 고소의 주관적 불가분의 원칙을 준용하는 규정을 두지 아니한 이상, 반의사불벌죄에 대하여 고소의 주관적 불가분의 원칙이 적용될 수 없음은 당연하다고 해야 한다. 관련판결 (2)는 타당하다고 생각된다.

V. 맺는 글

고소의 주관적 불가분의 원칙이라 함은 수인의 공범 중 1인 또는 수인에 대한 고소 또는 그 취소는 다른 공범자에게도 효력이 미친다는 원칙을 말한다. 친고죄에 있어서 처벌의 범위까지 고소인의 의사에 의하여 좌우되어 고소인의 자의에 의한 불공평한 결과가 발생하는 것을 방지하기 위한 원칙이다. 고소의 주관적 불가분의 원칙은 공범자의 일부만을 고소한 경우에 그 고소의 효력을 다른 공범자에게도 미치게 한 원칙이며, 공범 중 일부에 대한 고소 자체를 금지하기 위한 원칙이 아니다. 그럼에도 불구하고 대상판결 (1)이 공범 중 일부에 대한 처벌만을 원하는 고소는 적법한 고소가 될 수 없다고 판시한 것은 옳다고 할 수 없다. 같은 판결이 고소인은 합의서를 제출하여 처벌불원의 의사를 표시함으로써 乙에 대한 고소를 취소하였을 가능성이 있다고 판시한 것도 찬성할 수 없다. 고소인이 비록 乙에 대한 합의서를 작성해 주었다고 하더라도 고소대리인의 진술에 의하여 고소를 취소하는 것은 아님을 명백히 한 경우이기 때문이다. 고소의 주관적 불가분의 원칙으로 인하여 친고죄의 공범 중 일부에 대한 제 1 심 판결선고 후에는, 제 1 심 판결선고 전의 다른 공범자에 대하여 고소를 취소할 수 없다는 것이 통설의 태도이며, 대상판결 (2)도 같은 입장을 지지하고 있다. 대상판결(2)의 이러한 태도는 타당하다고 할 수 있다.

관련판결(1) 및 (2)는 고소의 주관적 불가분의 원칙에 대한 적용한계에 관한 판결이다. 그러나 즉시고발사건인 독점규제 및 공정거래에 관한 법률의 고발에 주관적 불가분의 원칙이 적용되지 않는다고 판시한 관련판결(1)은 옳다고 할 수 없다. 고발은 고발권자가 누구인가를 제외하고는 그 본질에 있어서 고소와 유사하며, 고발권자의 자의에 의하여 처벌의 범위가 정해져서는 안 된다는 주관적 불가분의 원칙의 근본취지는 고발에 대하여도 지켜져야 하고, 소송법규정에 대하여는 죄형법정주의는 원칙적으로 적용될 여지가 없기 때문이다. 이에 반하여 반의사불벌죄에 있어서 처벌을 희망하지 아니하는 의사표시 또는 처벌을 희망하는 의사표시의 철회에 관하여 주관적 불가분의 원칙이 적용되지 않는다는 관련판결(2)는 당연하다고 생각된다. 고소와 반의사불벌죄의 처벌을 희망하지 아니하는 의사표시 또는 처벌을 희망하는 의사표시의 철회는 성질을 달리하는 소송행위이기 때문이다.

5. 변호인의 피의자신문참여권

[대상결정]

(1) 대법원 2007. 11. 30. 2007모26

1. 사건의 개요

(1) 피의자는 2006. 10. 26. 국가보안법위반으로 구속되어 국가정보원에서 조사를 받으면서 甲과 乙을 변호인으로 선임하였다. 국가정보원은 그동안 甲과 乙의 피의자에 대한 접견과 피의자신문 참여를 빠짐없이 허용하였고, 변호인들의 장기간에 걸친 접견과 피의자의 진술거부로 수사에 어려움을 겪고 있었다.

甲은 2006. 11. 8. 국가정보원 조사실에서 실시된 피의자에 대한 신문 시에 변호인으로 참여하여 수사관의 요구에 따라 지정된 좌석에 앉아 신문내용의 기록을 중단한 채 피의자신문에 참여하였다.

(2) 乙은 같은 날 실시된 피의자신문에 참여하여 좌석위치와 문답요지의 기록 문제로 수사관과 언쟁을 하다가 피의자 옆에 앉아 신문내용을 기록하기로 합의하면서 앞으로 피의자신문에 지장을 주지 않기로 하였다. 수사관은 피의자가 2005. 9. 2. 중국에서 귀국한 직후 카지노에서 환전한 돈이 공작자금이라는 혐의를 잡고 피의자에게 중국 방문경위와 입국 직후 카지노를 사용한 경위에 관하여 질문을 하였고, 피의자가 이를 일부 인정하면서 변명하는 진술을 시작하자, 乙은 수사관에게 혐의사실과 관련 없는 질문이라고 항의하였고, 수사관이 질문을 계속하자 피의자에게 "수사관의 신문에 대하여 진술거부권을 행사하는 것이 좋겠다"고 하여 진술거부권행사를 권유하였다.

수사관은 乙의 행동을 수사방해로 보고 乙에게 즉시 퇴거를 명하고, 이에 불응하는 乙을 조사실에서 강제로 퇴실시켰다.

2. 소송의 경과

2006. 11. 9. 甲은 기록금지처분에 대하여, 乙은 퇴거처분에 대하여 국가정보원장을 상대로 서울중앙지방법원에 준항고를 제기하였다.

(1) 서울중앙지방법원은 乙에 대한 퇴거처분을 취소하면서 「피의자신문에 참여하는 변호인은 수사관의 불법적이거나 부적절한 신문방법에 대하여 이의를 제기할 수 있으며, 또한 피의자의 요청에 따라 수동적으로 불리한 진술을 거부하도록 조언할 수 있을 뿐 아니라, 피의자의 명시적인 의사에 반하지 아니하는 한 피의자의 요청이 없더라도 능동적으로 피의자에게 진술거부권의 행사를 권유할 수 있다」는 이유로, 변호인의 이의제기나 진술거부권 행사 권유행위는 신문을 방해하거나 수사기밀을 누설하는 등의 염려가 있다고 의심할 만한 상당한 이유가 있는 특별한 사정이 있음이 객관적으로 명백한 때에 해당한다고 보기 어렵다고 판시하였다.

(2) 그리고 甲에 대한 기록금지처분에 대하여는 그것이 구금 그 자체 또는 이와 밀접한 관계가 있는 처분이라고 볼 수 없어 형사소송법 제417조가 정한 준항고 대상에 해당하지 않는다는 이유로 준항고를 기각하였다.

이에 대하여 국가정보원장과 甲이 재항고를 하였다.

3. 결정요지

(1) 국가정보원장의 재항고에 대하여

신체구속을 당한 피의자의 변호인이 가지는 피의자신문에 참여할 수 있는 권리도 신문을 방해하거나 수사기밀을 누설하는 등의 염려가 있다고 의심할 만한 특별한 사정이 있음이 객관적으로 명백하여 변호인의 참여를 제한하여야 할 필요가 있다고 인정되는 경우에는 제한할 수 있는 것이기는 하나, 피의자신문에 참여한 변호인은 피의자가 조력을 먼저 요청하지 않는 경우에도 그 의사에 반하지 않는 한 스스로의 판단에 따라 능동적으로 수사기관의 신문방법이나 내용에 대하여 적절한 방법으로 상당한 범위 내에서 이의를 제기하거나 피의자에게 진술거부권 행사를 조언할 수 있는 것이 원칙이라 할 것이니, 변호인의 이러한 행위를 두고 신문을 방해하는 행위라고 평가할 수는 없다 할 것이고, 이는 수사기관의 신문이 위법 또는 부당하지 않은 경우라도 마찬가지라 할 것이다.

원심이 같은 취지에서 비록 이 사건의 국가정보원 소속 수사관들의 피고인에 대한 신문행위가 위법·부당하지는 않다고 하더라도 피의자신문에 참여한 변호인인 준항고인 乙이 피의자의 의사에 반하지 않은 범위 내에서 스스로의 판단에 따라 수사관의 신문에 대하여 1회 이의를 제기한 뒤 받아들여지지 않자 바로 피의자에게 그 신문에 대한 진술거부권 행사를 조언한 행위가 변호인의 참여를 제한하여야 할 필요가 있다고 인정되는 경우에 해당하지 않는다고 판시한 것은 정당하고, 거기에 재항고이유에서 주장하는 바와 같은 변호인의 피의자신문참여권의 범위 등에 관한 법리오해 등의 위법은 없다.

(2) 변호인 甲의 재항고에 대하여

원심이 단순히 수사기관의 피의자신문에 참여하는 변호인의 위치와 기록행위를 제한하는 데 그친 수사기관의 처분은 형사소송법 제417조가 정한 준항고 대상인 '구금에 관한 처분'으로 볼 수 없다고 판단한 것은 정당하다.

(2) 대법원 2008. 9. 12. 2008모793

1. 사건의 개요

인천지방검찰청 소속 사법경찰관 甲은 2008. 6. 18. 위 검찰청 1층 조사과 제2호 조사관실에서 피의자 A를 신문하였는데, 乙은 위 신문기일에 A의 변호인으로 참여하였다. 乙은 2008. 6. 17. 甲에게 피의자신문 진술의 녹취·녹화신청서를 제출한 바 있는데, 甲은 A에 대한 신문을 시작하기에 앞서 A와 A의 옆에 앉아 있는 乙에게 위 녹취·녹화신청의 철회를 요청하였으나 A와 乙은 이에 응하지 아니하였다. 이에 甲은 수사기관에 의한 녹취·녹화에 갈음하여 피의자 측에서 스스로 신문내용을 녹취하도록 한 다음, 갑자기 A의 옆에 나란히 앉아 있는 乙에게 피의자로부터 떨어진 곳으로 옮겨 앉을 것을 요구하였고, 乙이 피의자 옆에 계속 앉아 있겠다면서 위 요구에 불응하자 乙에게 조사관실에서의 퇴실을 명하였다. 乙은 인천지방법원에 준항고를 제기하였다.

2. 사건의 경과

원심은 「준항고인이 피의자신문과정의 녹취·녹화를 요구한 외에는 피의자에 대한 신문을 방해하였다거나, 수사기밀의 누설 내지 증거인멸의 위험 등이 있었다고 볼 만한 아무런 자료가 없음에도 불구하고, 甲이 아무런 합리적인 이유도 제시하지 아니한 채 피의자의 옆에 앉아 있는 준항고인에게 피의자로부터 떨어진 곳으로 옮겨 앉을 것을 요구하고, 준항고인이 이를 거부한다는 이유로 퇴실을 명한 것은 정당한 이유 없이 변호인의 피의자신문참여권을 침해한 처분이다」라고 결정하고, 준항고를 인용하였다.

甲은 재항고를 하였다.

3. 결정요지

변호인의 피의자신문 참여권을 규정한 형사소송법 제243조의 2 제 1 항에서 '정당한 사유'란 변호인이 피의자신문을 방해하거나 수사기밀을 누설할 염려가 있음이 객관적으로 명백한 경우 등을 말하는 것이므로, 수사기관이 피의자신문을 하면서 위와 같은 정당한 사유가 없는데도 변호인에 대하여 피의자로부터 떨어진 곳으로 옮겨 앉으라고 지시를 한 다음 이러한 지시에 따르지 않았음을 이유로 변호인의 피의자신문 참여권을 제한하는 것은 허용될 수 없다.

[판례의 연구]

Ⅰ. 변호인의 피의자신문참여권의 의의

변호인은 공판정에 출석하여 증인과 피고인을 신문하고 증거조사에 참여할 권리를 가진다. 이에 의하여 변호인은 피고인의 권리를 보호하면서 소송의 적법성을 보장하는 통제기능을 수행할 수 있게 된다. 그런데 변호인의 도움을 받을 권리는 피고인뿐만 아니라 피의자에게도 보장되지 않으면 안 된다. 수사기관에서의 피의자신문은 공판정에서의 신문에 못지않게 형사재판에 중대한 영향을 미치기 때문이다. 수사기관인 검사 또는 사법경찰관의 피의자신문 시에 변호인의 도움을 받지 못하면 변호인의 도움이 없는 것과 같다고 할 수 있다.[1] 변호인의 피의자신문참여권이란 검사 또는 사법경찰관의 신문에 변호인이 참여할 수 있는 권리를 말한다. 2008. 1. 1. 시행된 개정 형사소송법 제243조의 2 제 1 항은「검사 또는 사법경찰관은 피의자 또는 그 변호인·법정대리인·배우자·직계친족·형제자매의 신청에 따라 변호인을 피의자와 접견하게 하거나 정당한 사유가 없는 한 피의자에 대한 신문에 참여하게 하여야 한다」고 규정하여, 수사과정에서 변호인의 도움을 받을 권리를 실실적으로 보장하기 위한 변호인의 피의자신문참여권을 명문으로 인정하였다.

1) Gössel「Die Stellung des Verteidigers im rechtstaatlichen Strafverfahren」, ZStW 94, 35; Welp「Die Rechtstellung des Strafverteidigers」, ZStW 90, 806.

변호인의 피의자신문참여권은 미국 수정헌법 제 6 조의 변호인의 도움을 받을 권리(Right to Counsel)에서 유래한다. 특히, 1966년의 Miranda판결을 통하여,[1] 수사기관이 체포 또는 구금된 피의자를 신문할 때에 변호인과 상담하는 것은 구금된 피의자의 자기부죄거부의 특권을 보호하기 위한 불가결한 권리임이 인정되어 피의자가 변호인의 참여를 요구할 때에는 경찰은 피의자신문을 중지하도록 하고 있고,[2] 연방대법원은 경찰관이 피의자가 변호인과 접견하기 전에 피의자를 신문하여 자백을 받은 경우에는 자백의 증거능력을 부정하고 있다.[3] 영국에서도 1984년 형사사법 및 공공질서법(Criminal Justice and Public Order Act, 1884)에 의하여 피의자에게는 변호인의 조력을 받을 권리가 부여되며, 피의자가 변호인의 조력을 요청하면 변호인과 상담이 이루어질 때까지 조사를 중단하도록 하고 있다.[4]

변호인의 피의자신문참여권에 관한 명문의 규정을 두기 전에 종래의 수사실무에서는 ① 변호인의 피의자신문참여권을 인정하는 명문의 규정이 없고, ② 피의자에 대한 구속기간이 제한되어 있고, ③ 진술증거의 확보와 수사기밀누설에 대한 방지책이 마련되어 있지 않다는 이유로 변호인의 피의자신문참여권을 인정하지 않았다. 그러나 2003년 이후 대법원은 「신체를 구속당한 사람의 변호인과의 접견교통권이 헌법과 법률에 의하여 보장되고 있을 뿐 아니라 누구든지 체포 또는 구속을 당한 때에는 즉시 변호인의 조력을 받을 권리를 가진다고 선언한 헌법규정에 비추어, 구금된 피의자는 형사소송법의 위 규정을 유추·적용하여 피의자신문을 받음에 있어 변호인의 참여를 요구할 수 있고 그러한 경우 수사기관은 이를 거절할 수 없는 것으로 해석하여야 하고, 이렇게 해석하는 것은 인신구속과 처벌에 관하여 '적법절차주의'를 선언한 헌법의 정신에도 부합한다」고 판시하여 구속피의자와 변호인과의 접견교통권을 근거로

---

1) Miranda v. Arizona, 384 U.S. 436(1966).
2) LaFave/Israel/King p. 569; Rolando V. del Carmen p. 462.
3) Edwards v. Arizona, 451 U.S. 477(1981); Michigan v. Jackson, 475 U.S. 625(1986).
4) 한편 독일형사소송법에서는 검사의 피의자신문에는 변호인의 참여권(Anwesenheit des Verteidigers)이 인정되지만(제163조의 a 제 3 항; 제168조의 c 제 1 항), 경찰에 의한 피의자신문의 경우에는 이를 인정하지 않고 있다(Griesbaum KK § 163 Rn. 19; Meyer-Goßner § 163 Rn. 16; Pfeiffer § 163 Rn. 9).
일본 형사소송법에도 변호인의 피의자신문참여권에 관하여는 아무런 규정이 없다.

변호인참여권을 인정하였고,[1] 2004년 헌법재판소가 「불구속 피의자의 경우에도 변호인의 조력을 받을 권리는 우리 헌법에 나타난 법치국가원리, 적법절차원칙에서 인정되는 당연한 내용이고, 헌법 제12조 제4항도 이를 전제로 특히 신체구속을 당한 사람에 대하여 변호인의 조력을 받을 권리의 중요성을 강조하기 위하여 별도로 명시하고 있으며, 피의자・피고인의 구속 여부를 불문하고 조언과 상담을 통하여 이루어지는 변호인의 조력자로서의 역할은 변호인선임권과 마찬가지로 변호인의 조력을 받을 권리의 내용 중 가장 핵심적인 것이고, 변호인과 상담하고 조언을 구할 권리는 변호인의 조력을 받을 권리의 내용 중 구체적인 입법형성이 필요한 다른 절차적 권리의 필수적인 전제요건으로서 변호인의 조력을 받을 권리 그 자체에서 막 바로 도출되는 것이다」라고 결정하여, 변호인의 조력을 받을 권리 등을 근거로 불구속 피의자에 대하여도 변호인의 피의자신문참여권을 인정하자,[2] 학자들은 물론 실무에서도 변호인의 피의자신문참여권을 인정하는 데 의견을 같이하게 되었다.

형사소송법 제243조의 2에 변호인의 피의자신문참여권을 인정하는 명문의 규정을 두고 있는 이상, 형사소송법의 해석에 있어서 변호인에게 피의자신문참여권이 인정되는가는 더 이상 문제될 여지가 없게 되었고, 쟁점은 피의자신문참여권의 내용은 무엇이고 어느 범위까지 이를 인정될 수 있는가의 문제가 되었다고 해야 한다. 대상결정 (1)과 (2)는 모두 변호인의 피의자신문참여권을 제한할 수 있는 경우인가에 관하여 대법원의 기본입장을 밝힌 판결이다. 여기서는 변호인의 피의자신문참여권의 내용(Ⅱ)과 피의자신문참여권의 제한(Ⅲ)을 검토한 후, 대상결정을 분석하고자 한다(Ⅳ).

Ⅱ. 변호인의 피의자신문참여권의 내용

1. 피의자신문참여의 절차

검사 또는 사법경찰관은 피의자 또는 그 변호인・법정대리인・배우자・직계친족・형제자매의 신청에 따라 변호인을 피의자와 접견하게 하거나 정당

1) 대법원 2003. 11. 11. 2003모402.

2) 헌법재판소 2004. 9. 23. 2000헌마138 전원재판부결정.

한 사유가 없는 한 피의자에 대한 신문에 참여하게 하여야 한다(제243조의 2 제1항).

(1) 신청권자

변호인의 피의자신문참여 신청권자는 피의자와 변호인이다. 피의자에는 구속된 피의자뿐만 아니라 불구속상태에 있는 피의자를 포함한다. 피의자뿐만 아니라 그 법정대리인 · 배우자 · 직계친족 · 형제자매도 피의자신문참여를 신청할 수 있다. 변호인에는 사선변호인과 국선변호인을 포함하며, 변호사 아닌 특별변호인도 포함된다. 변호인의 참여는 피의자신문에 한하여 인정되므로, 참고인에 대한 진술조서가 작성될 뿐인 피내사자에 대하여는 변호인의 참여가 인정되지 않는다.[1]

(2) 신청의 방식과 절차

변호인참여의 신청방식이나 절차에는 특별한 제한이 없다. 따라서 피의자나 변호인은 피의자신문 전 또는 그 도중에 수사기관에 대하여 구두 또는 서면으로 변호인의 참여를 신청하면 된다. 수사기관에게 피의자신문기일을 변호인에게 통지해야 할 의무가 있는가에 대하여, ① 피의자신문에는 사전통지를 예상할 수 없는 피의자신문이 있을 수 있고, ② 참여하게 한다는 것은 변호인의 참여 없이 피의자신문이 불가능하다는 의미는 아니며,[2] ③ 변호인의 피의자신문참여는 변호인과 피의자의 자발적 신청을 전제로 하는 것이라는 이유로 부정하는 견해도 있다.[3] 그러나 피의자신문기일의 통지는 효과적인 변호인참여를 담보하기 위한 불가결한 전제라는 점에 비추어 그것으로 인하여 수사의 결과가 위험하게 되지 않는 한 통지해야 한다고 생각된다.[4]

(3) 수사기관의 참여 허용

검사 또는 사법경찰관은 피의자 또는 변호인의 신청이 있는 경우 변호인을 피의자와 접견하게 하거나 정당한 사유가 없는 한 피의자 등의 신문에 참여하게 하여야 한다. 참여하게 한다는 것은 참여를 허용한다는 의미이므로 수사

---

1) 전승수 「피의자신문시 변호인참여권」, 형사판례연구 17, 389면.
2) 신동운 194면.
3) 전승수 앞의 글, 390면.
4) Griesbaum KK § 163 a, Rn. 21; Meyer-Goßner § 163 a, Rn. 20.

기관이 국선변호인을 선정해 주어야 하는 것은 아니다. 참여의 기회를 주면 족하므로 참여를 신청한 변호인이 신문장소에 출석하지 아니하거나 출석을 거부할 때에는 변호인의 참여 없이도 신문할 수 있다. 피의자가 명시적으로 변호인의 참여를 거부한 경우에도 변호인을 참여하게 할 필요는 없다.[1] 변호인의 피의자신문참여권은 궁극적으로 피의자의 방어권을 보호하기 위한 제도이기 때문이다.

신문에 참여하고자 하는 변호인이 2인 이상인 때에는 피의자가 신문에 참여할 변호인 1인을 지정한다. 지정이 없는 경우에는 검사 또는 사법경찰관이 이를 지정할 수 있다(동조 제2항). 변호인 여러 명이 순차적으로 참여를 신청하거나 참여를 신청한 변호인들 중 일부가 출석을 지체하는 방법으로 피의자신문을 방해하는 것을 방지하기 위한 것이다.

2. 피의자신문참여의 내용

변호인의 피의자신문에의 참여는 입회와 구별해야 한다. 입회는 신문과정에 출석하여 피의자신문의 적법성과 진술의 임의성을 감시하는 것을 의미함에 대하여, 참여는 피의자신문의 적법성을 감시할 뿐만 아니라 ① 피의자에게 상담과 조언을 제공하고, ② 신문 후 의견을 진술하고, ③ 신문 중 부당한 신문방법에 대하여 이의나 의견을 진술하는 것을 내용으로 한다.

(1) 변호인의 입회

변호인의 피의자신문참여권은 수사기관의 피의자신문에 대한 변호인의 입회권을 전제로 한다. 즉, 피의자는 피의자신문 시에 변호인이 동석할 것을 요구할 수 있고, 변호인도 신문의 전 과정에 입회할 수 있다. 변호인의 피의자신문참여권은 피의자가 변호인으로부터 피의자신문을 받을 때에 취할 대응방법과 진술거부권의 적정한 행사 등에 대한 도움을 받게 하여 피의자의 방어권을 보장하면서, 밀실수사·강압수사를 예방하고 수사기관이 고문이나 자백강요에 대비하기 위한 제도적 장치인 이상, 그것은 피의자신문 시의 변호인의 입회를

1) 전승수 앞의 글, 392면; 김대웅 「변호인의 피의자신문참여권」, 형사판례연구 17, 440면. 다만, 김대웅 판사는 이 경우에도 일단 변호인을 참여시킨 후에 피의자가 명백히 참여 거부 의사를 밝힌 경우에 참여를 제한할 수 있다고 한다.

필요로 하기 때문이다.[1]

(2) 상담과 조언

변호인이 피의자의 상담에 응하여 법적 조언을 하는 것은 변호인의 피의자신문참여권의 핵심적 내용이 된다. 그러나 상담과 조언은 변호인의 피의자와의 접견교통을 통하여 얻을 수 있다. 또 변호인과 구속피의자의 접견교통권은 변호인의 피의자신문참여권의 근거가 되기도 한다. 다만, 변호인과의 접견교통권은 형사소송법 제34조에 의하여 보장되고 있음에 반하여 피의자신문참여권은 제243조의 2에 의하여 규정되고 있으며, 전자가 구속피의자에 대하여만 인정되는 권리임에 반하여 후자는 구속된 피의자인가 불구속상태에 있는 피의자인가를 불문하고, 전자에 대하여는 법률상의 제한이 없음에 반하여 후자는 상당한 이유가 있는 때에는 제한할 수 있다는 점에서 차이가 있다. 여기서 변호인의 피의자에 대한 상담과 조언에 대하여도 피의자신문참여권의 경우에 적용되는 제한이 적용된다고 해석해야 한다는 견해도 있다.[2] 그러나 변호인의 구속피의자와의 접견교통권은 피의자신문 시가 아니거나 피의자신문을 중지하고 변호인이 피의자를 접견하는 경우임에 반하여, 피의자신문참여권은 변호인이 피의자신문에 참여하여 피의자신문중에 상담에 응하여 조언하는 경우를 말하며, 제243조의 2에서 규정하고 있는 접견교통권의 제한은 이 경우에만 적용된다고 해석하는 것이 「검사 또는 사법경찰관은 변호인을 피의자와 접견하게 하거나 정당한 이유가 없는 한 피의자에 대한 신문에 참여하게 하여야 한다」는 규정의 취지에 부합한다고 해야 한다.

(3) 변호인의 의견진술

신문에 참여한 변호인은 신문 후 의견을 진술할 수 있다. 다만, 신문 중이라도 검사 또는 사법경찰관의 승인을 얻어 의견을 진술할 수 있다(동조 제3항). 변호인의 의견진술은 원칙적으로 신문이 종료된 후에 인정되고, 신문도중에 의견을 진술할 수 있는 것은 검사 또는 사법경찰관이 승인한 경우로 제한한 것이다. 위의 규정에 따라 변호인의 의견이 기재된 피의자신문조서는 변호인에게 열람하게 한 후 변호인으로 하여금 그 조서에 기명날인 또는 서명하게 하

1) 김대웅 앞의 글, 437면.
2) 전승수 앞의 글, 393면.

여야 한다(동조 제4항).

(4) 변호인의 이의제기

신문에 참여한 변호인은 신문 중이라도 부당한 신문방법에 대하여 이의를 제기할 수 있다(동조 제3항). 이의제기의 대상은 부당한 신문방법이다. 부당한 신문방법이란 부적법한 신문방법과 부당한 신문방법을 포함한다. 고문·폭행·협박 또는 강요에 의한 신문이 전자에 해당함에 반하여, 반말·모욕적인 언사·고압적 태도·철야신문이나 휴식 없는 신문 등은 후자에 속한다. 부당한 신문방법에 대한 이의제기를 통하여 변호인의 피의자신문참여권은 형사절차에서 적정절차의 원칙을 구현하고 피고인의 방어권을 실질적으로 보장하는 기능을 다할 수 있게 된다고 할 수 있다.

이의제기의 대상이 부당한 신문방법에 제한되는가 또는 부당한 신문내용을 포함하는가에 대하여도 의견의 다툼이 있다. 부당한 신문방법에 제한해야 한다는 견해는 ① 형사소송법이 명문으로 부당한 신문방법에 대하여만 이의제기를 할 수 있다고 규정하고 있고, ② 신문내용에 대해서까지 이의제기를 허용하면 수사기관이 피의자의 진술을 확보하려는 피의자신문의 본질에 반하고, ③ 신문내용에 대한 이의는 신문종료 후에 의견진술의 형태로 제기할 수 있다는 것을 근거로 들고 있다.[1] 그러나 ① 부당한 신문내용에 대한 이의제기를 허용하지 않을 때에는 변호인의 피의자신문참여권은 유명무실하게 되고, ② 이의제기를 허용하지 않아도 피의자가 변호인의 참여 없이 진술하지 않겠다고 하는 때에는 피의자신문을 계속할 수 없다는 점에 비추어 이의제기의 대상을 제한하는 것은 무의미하게 되므로 부당한 신문내용에 대하여도 이의제기가 허용된다고 해석하는 것이 타당하다고 생각한다.[2]

Ⅲ. 변호인의 피의자신문참여권의 제한

형사소송법은 「검사 또는 사법경찰관은 정당한 이유가 없는 한 변호인을 피의자에 대한 신문에 참여하게 하여야 한다」고 규정하고 있다. 즉, 정당한 이

1) 전승수 앞의 글, 395면.
2) 동지 : 조국 「피의자신문시 변호인참여권 소고」, 형사정책연구 14-4(2003), 193면.

유가 있는 때에는 변호인의 피의자신문참여권을 제한할 수 있다. 그러나 언제 정당한 이유가 인정되는가에 관하여 형사소송법에는 아무런 규정이 없다. 대상결정 (1)과 (2)는「형사소송법 제243조의 2 제 1 항에서 '정당한 사유'란 변호인이 피의자신문을 방해하거나 수사기밀을 누설할 염려가 있음이 객관적으로 명백한 경우 등을 말하는 것이다」라고 판시하고 있다.[1] 여기서 변호인의 피의자신문참여권을 제한할 수 있는 정당한 이유가 있는 경우로는 ① 피의자신문의 방해, ② 수사기밀의 누설 및 ③ 증거인멸의 위험이 있는 경우를 검토할 필요가 있다.

1. 피의자신문의 방해

피의자신문의 방해 내지 수사방해에 해당하는 경우란 변호인의 행위가 피의자에 대한 적절한 신문 및 피의자의 답변을 못하게 하거나 부당하게 방해하는 경우를 말한다. 따라서 첫째, 변호인이 피의자를 대신하여 답변하거나 피의자에게 특정 답변 또는 진술의 번복을 유도하거나 피의자가 보고 답변하도록 쪽지를 건네는 행위는 피의자신문참여권을 제한할 정당한 이유에 해당한다.[2] 이 경우는 피의자가 답변하는 것이 아니라 변호인이 답변하는 것이 되어 피의자신문의 본질과 기능에 전면적으로 반하기 때문이다. 다만, 변호인이 수사기관에 대하여 신문의 중지를 요청한 후에 피의자와 상의하거나 피의자에게 조언을 하는 것은 수사방해에 해당한다고 볼 수 없다. 둘째, 변호인이 신문내용을 촬영하거나 녹음하는 것도 수사기관의 동의가 없는 경우에는 수사기관의 신문을 방해할 우려가 있는 경우에 해당한다. 변호인이 신문내용을 기록하는 것도 그것으로 인하여 피의자신문의 원활한 진행을 방해하거나 수사기밀을 누설할 우려가 있는 경우에는 허용되지 않는다고 해야 한다. 다만, 변호인이 기억 환기용이나 신문 종료 후의 의견진술을 위하여 간략하게 메모하는 것은 허용된다고 할 것이다.

---

1) 대법원 2003. 11. 11. 2003모402 결정과 헌법재판소 2004. 9. 23. 2000헌마138 전원재판부결정도「신문을 방해하거나 수사기밀을 누설하는 등의 염려가 있다고 의심할 만한 상당한 이유가 있는 특별한 사정이 있는 경우에는 변호인의 참여를 제한할 수 있다」고 결정하였다.

2) 심희기「변호인의 피의자신문참여권 · 기록열람등사권」, 형사재판의 제문제 5, 640면; 전승수 앞의 글, 397면; 정준영「변호인의 피의자신문참여권」, 형사재판의 제문제 5, 653면.

수사방해인가의 여부와 관련하여 변호인의 진술거부권의 권고가 신문방해에 해당하는가, 또 수사기관의 신문의 제지와 중단을 요구하는 행위가 수사방해에 해당하는가가 문제되는 대표적인 경우이다.

(1) 진술거부권의 권고

진술거부권은 헌법에 의하여 보장된 피의자의 권리이다. 변호인이 피의자의 헌법상의 권리를 행사하도록 조언하는 것을 이유로 변호인의 피의자신문참여권을 제한할 수 없는 것은 당연하다.[1] 따라서 피의자의 조언·상담요청에 응하여 참여한 변호인이 일체의 진술을 거부할 것을 권고하거나, 일시적인 진술거부권의 행사를 권고하여도 이는 적법한 조언에 해당한다. 피의자의 조언·상담요청이 없는 경우에 변호인이 능동적으로 피의자에게 진술거부권의 행사를 권고하는 것도 부적법하다고 할 수 없다. 그러나 진술거부권은 피의자가 진술을 하지 않을 권리(Right to remain silent)이지 거짓으로 부인할 수 있는 권리는 아니다. 따라서 피의자가 범행을 시인하는 진술을 하는데도 불구하고 변호인이 아니라고 답변하게 하거나 진술거부권을 행사하도록 하는 것은 허용되지 않는다고 해야 한다. 이러한 경우에는 물리적으로 피의자신문을 방해하는 경우와 다름없기 때문이다.

(2) 신문 도중의 이의제기

변호인은 부당한 신문방법에 대하여는 신문 중이라도 이의를 제기할 수 있고 검사 또는 사법경찰관의 승인을 얻어 의견을 진술할 수 있다. 이의와 의견진술이 반복될 경우에는 피의자신문에 영향을 주게 되므로 정당한 방어권의 범위를 넘어 적극적으로 수사를 방해하였다고 볼 수 있는 경우에는 참여권을 제한할 수 있다고 해석하는 견해도 있다.[2] 그러나 변호인의 이의제기가 적법한가의 여부는 수사기관의 신문이 적법한가에 따라 좌우되므로, 고문으로 평가될 만한 철야신문이나 장시간에 걸친 신문, 사안의 복잡성에 어울리지 않게

---

1) 미국에서는 피의자의 상담요청이 없어도 변호인은 피의자에게 진술거부권의 행사를 권고할 수 있으며, 범죄사실을 부인하는 피의자는 대부분 변호인의 조언에 의하여 진술거부권을 행사하고 있다. 영국의 실무규정(Code of Practice, PACE 1984의 부속규정)도 "변호인이 피의자에게 진술거부권 행사를 권고할 염려가 있음을 이유로 변호인의 참여를 거부할 수 없다"고 규정하고 있다.

2) 김대웅 앞의 글, 442면.

거듭되는 신문은 부당한 신문이라고 할 것이므로 변호인의 부적법·부당한 신문의 제지는 변호인의 적법한 조력이라고 평가해야 할 것이다.[1]

2. 수사기밀의 누설 및 증거인멸의 위험

수사기밀의 누설이란 변호인이 피의자신문 과정에서 지득한 수사기밀을 공범에게 알려주어 공범의 도피 또는 증거인멸을 도모하거나, 수사상황을 언론이나 공범에게 알려주어 피해자나 참고인의 생명·신체에 위해를 가할 수 있는 경우를 말한다. 이에 관하여 수사기밀은 개념 자체가 불명확하고 수사기관의 신문에 포함된 사실은 이미 수사기밀이 아닐 뿐만 아니라 이를 근거로 피의자신문참여권을 제한할 때에는 수사기관의 자의적인 판단에 따라 변호인의 참여가 배제되는 결과를 초래하기 때문에 변호인의 피의자신문참여권에 대한 제한사유가 되어서는 안 된다고 해석하는 견해도 있다.[2] 그러나 신문내용에 수사기밀이 포함될 수 있고, 피의자신문에 참여하여 알게 된 수사상황을 공개하여 공범에게 도망이나 증거인멸의 기회를 주는 것은 정당한 참여권의 행사라고 할 수 없으므로 그 제한사유가 된다고 해야 한다.[3] 다만, 수사기밀의 누설로 인하여 수사에 현저한 지장을 초래할 것인가의 여부를 판단함에 있어서 신중한 판단이 요구되는 것은 물론이다.

증거인멸의 위험이 있는 경우에도 변호인의 피의자신문참여권을 제한할 수 있다. 여기서 증거인멸의 위험이란 피의자 또는 공범에게 죄증의 인멸·은닉·조장, 또는 조작된 증거를 사용케 할 염려가 있는 경우를 말한다. 다른 공범 또는 참고인에게 허위진술이나 위증을 강요하는 행위도 여기에 포함된다. 다만, 수사기밀의 누설의 경우와 마찬가지로 증거인멸의 위험이 있다고 판단하기 위해서도 그러한 염려가 있다고 의심할 만한 상당한 이유가 있다고 인정할 특별한 사정이 있다는 사실이 객관적으로 명백히 인정되어야 하고, 이는 수사기관이 증명해야 한다.

---

1) 심희기 앞의 글, 641면.
2) 정준영 앞의 글, 654면.
3) 심희기 앞의 글, 639면; 전승수 앞의 글, 399면.

Ⅳ. 대상결정의 검토

1. 대상결정 (1)

대상결정 (1)은 「변호인이 스스로의 판단에 따라 수사관의 신문에 대하여 1회 이의를 제기한 뒤 받아들여지지 않자 바로 피의자에게 그 신문에 대한 진술거부권 행사를 조언한 행위가 변호인의 참여를 제한하여야 할 필요가 있다고 인정되는 경우에 해당하지 않는다고 판시한 것은 정당하고」, 「피의자에 대한 신문 시에 참여한 변호인의 위치와 기록행위를 제한하는 데 그친 수사기관의 처분은 형사소송법 제417조가 정한 준항고 대상인 '구금에 관한 처분'이 될 수 없어 준항고의 대상이 되지 않는다」고 결정하였다.

(1) 변호인의 이의제기

변호인은 신문 중이라도 부당한 신문방법에 대하여 이의를 제기할 수 있고, 검사 또는 사법경찰관의 승인을 얻어 의견을 진술할 수 있다(제243조의 2 제3항 단서). 참여한 변호인은 신문 중 신문대상이 사건과 관련 없는 사항이라는 이유로 1회 이의를 제기하였다. 사건과 관련 없는 신문은 부당한 신문방법에 해당하므로 변호인이 이의를 제기할 수 있음은 물론이다. 이 사건에서 질문의 대상이 사건과 관련 없는 것인지는 명백하지 않다. 그러나 변호인이 1회 이의를 제기한 것만으로는 수사기관의 신문이 부당하지 않은 경우라고 할지라도 피의자신문을 방해했다고 할 수는 없다. 따라서 변호인의 1회 이의제기만으로 참여 중인 변호인에게 퇴실을 명령할 사유는 되지 않는다고 해야 한다.

(2) 진술거부권의 고지

문제는 변호인이 피의자에게 "향후 수사관의 신문에 대하여 진술거부권을 행사하는 것이 좋겠다"고 하여 진술거부권의 행사를 권유한 것이 수사방해에 해당할 수 있는가에 있다. 그러나 진술거부권은 피의자에게 헌법에 의하여 보장된 권리인데, 그러한 권리의 행사를 변호인이 권유했다고 하여 수사방해에 해당한다고 할 수는 없다. 그것이 일체의 진술을 거부하는 것이든 개별적인 신문에 대하여 진술을 거부하는 것이든, 피의자의 상담에 응하여 권유하는 것이든 변호인이 능동적으로 권유하는 것이든 불문한다. 다만, 피의자가 진술을 하려는 데도 변호인이 진술을 거부하게 하여 진실을 숨기거나 허위의 진술을 하게 하는 경우에는 피의자신문을 방해하는 경우에 해당할 수 있으나, 이 사건에서는 그러한 사정은 존재하지 않는다. 따라서 변호인이 피의자에게 진술거부권을 권유한 것도 적법하다고 해야 하며, 이를 근거로 피의자신문참여권을 제한할 수는 없다고 해야 한다.

(3) 참여변호인의 위치와 기록제한 조치

대상결정은 변호인의 재항고에 대하여 참여변호인의 위치와 기록행위의 제한에 대한 처분은 구금에 대한 처분이 아니므로 준항고의 대상이 되지 않는다고 결정하였다. 대상결정은 개정 형사소송법이 시행되기 전의 결정이다. 그런데 개정 형사소송법은 제417조에 「변호인의 참여 등에 관한 처분」을 추가하였다. 참여변호인의 위치와 기록행위의 제한에 대한 처분은 구금에 대한 처분은 아니지만 변호인참여 등에 관한 처분임을 부인할 수는 없다. 다만, 수사기관의 처분에 대하여 변호인이 응하여 피의자신문에 대한 참여가 진행된 이상 변호인에게 취소 또는 변경을 구할 처분은 없다고 할 수 있다.

요컨대 대상결정이 변호인의 이의제기와 진술거부권의 권유만으로 변호인참여권을 제한할 사유에 해당하지 않는다고 결정한 것은 타당하다. 그러나 참여변호인의 위치와 기록제한조치도 변호인참여에 관한 처분인 이상 이를 준항고의 대상이 아니라고 결정한 부분은 잘못이다. 다만 변호인이 수사기관이 지정한 장소에 앉아 기록행위를 하지 않은 것은 취소 또는 변경할 처분에 해당하지 않는다.

2. 대상결정 (2)

대상결정 (2)는 피의자신문 중 피의자의 옆에 나란히 앉아 있는 변호인에게 피의자로부터 떨어진 곳으로 옮겨 앉을 것을 요구하는데 변호인이 그 요구에 불응하자 변호인에게 검찰조사관이 퇴실을 명한 경우에 「변호인에 대하여 피의자로부터 떨어진 곳으로 옮겨 앉으라고 지시를 한 다음 이러한 지시에 따르지 않았음을 이유로 변호인의 피의자신문 참여권을 제한하는 것은 허용될 수 없다」고 결정하였다. 변호인의 피의자신문참여권은 '정당한 사유'가 있는 때에만 제한할 수 있고, 여기서 '정당한 사유'란 변호인이 피의자신문을 방해하거나 수사기밀을 누설할 염려가 있음이 객관적으로 명백한 경우 등을 말한다. 변호인이 피의자의 옆에 앉는 것은 효과적인 참여를 위하여 적절하다고 해야 할 것임에도 불구하고, 변호인이 피의자신문을 방해하거나 수사기밀을 누설할 염려가 있음이 명백한 경우가 아닌데도 피의자로부터 떨어져 앉지 않는다는 이유로 변호인에게 퇴실을 명하는 것은 위법한 제한임이 틀림없다. 대상결정 (2)의 결정요지는 타당하다.

6. 마약류투약사범에 있어서 공소사실의 특정

[대상판결]

대법원 2008. 3. 14. 2008도418

1. 사실관계와 사건의 경과

검사는 피고인의 모발에서 메스암페타민이 검출되었다는 감정결과가 나왔음에도 불구하고 피고인이 투약사실을 부인하자, 6－10cm의 모발 150수를 성장기별로 3cm간격으로 구분하여 투약시기를 세분하여 감정한 모발감정결과에 기초하여 투약시기를 정하고, 피고인의 거주지, 휴대전화와 출입국사실 기록 등을 종합하여, 「피고인은 2007. 4월경부터 같은 해 6월 말경 사이에 인천, 부천, 광명시, 시흥시, 사천시 또는 중국 산동성 등지에서 향정신성의약품인 메스암페타민(일명 '필로폰'이라 한다) 불상량을 주사 또는 음용의 방법으로 투약하였다」는 공소사실로 공소를 제기하였다. 이에 대하여 피고인은 필로폰을 투약한 사실이 없고, 모발감정결과 필로폰 양성반응이 나온 것은 피고인이 중국을 오가며 무역을 하면서 중국 상인들로부터 접대를 받으면서 필로폰이 들어있는 술을 모르고 마셨기 때문일 수 있다고 주장하였다.

원심인 인천지방법원은 「검사가 모발을 성장기별로 구분하여 투약시기를 세분하여 감정한 모발감정결과에 기초하거나 피고인의 행적 등 다른 증거들에 의하여 모발감정에서 성분이 검출될 수 있는 기간의 범위 내에서 투약시기를 가능한 한 최단기간으로 특정하고 장소도 토지관할의 구분이 가능할 정도로 특정하고 있다면, 그 시기 · 장소 · 방법 · 투약량 등을 불상으로 기재하더라도 공소사실이 특정되었다고 보아야 할 것이다」고 판시하여 공소사실이 특정되었음을 인정하였다. 원심은 또한 피고인의 주장에 대하여 ① 피고인에 대한 두 차례에 걸친 필로폰 성분검사결과 모두 양성반응이 나왔는바, 모발에 대한 양성반응은 수회에 걸쳐 투약하여야 나타나며, ② 피고인의 주장과 같이 피고인이 필로폰이 들어있는 술을 모르고 마셨다고 하더라도 피고인이 알아채지 못할 정도의 미량의 투약으로는 모발감정결과 필로폰 성분이 검출되기 어렵다는 점 등 제반사정을 종합하면 피고인이 필로폰을 투약하였다는 이 사건 공소사실을 인정할 수 있다고 판시하고 피고인에게 유죄판결을 선고하였다. 원심판결에 대하여 피고인이 상고하였다.

대법원은 원심판결을 파기하고 사건을 원심법원에 환송하였다.

2. 판결요지

형사소송법 제254조 제4항이 「공소사실의 기재는 범죄의 시일·장소와 방법을 명시하여 사실을 특정할 수 있도록 기재하여야 한다」라고 규정한 취지는, 심판의 대상을 한정함으로써 심판의 능률과 신속을 꾀함과 동시에 방어의 범위를 특정하여 피고인의 방어권 행사를 쉽게 해 주기 위한 것이므로, 비록 공소범죄의 성격에 비추어 범죄의 일시·장소 등에 관한 개괄적인 표시가 부득이한 경우가 있다 하더라도, 검사는 가능한 한 기소나 공소장변경 당시의 증거에 의하여 이를 특정하여야 할 것이고 이에 이르지 아니함으로써 사실상 피고인의 방어권 행사에 지장을 가져오는 경우에는 형사소송법 제254조 제4항에서 정하고 있는 구체적인 범죄사실의 기재가 있는 공소장이라고 할 수 없다. 그런데 이 사건 공소사실은, 「피고인이 2007. 4월경부터 같은 해 6월 말경 사이에 인천, 부천시, 광명시, 시흥시, 사천시 또는 중국 산동성 등지에서 향정신성의약품인 메스암페타민 불상량을 주사 또는 음용의 방법으로 투약하였다」는 것인바, 앞서 본 법리에 비추어 그 투약의 일시와 장소 및 투약의 양과 방법을 위와 같은 정도로만 기재한 것만으로는 형사소송법 제254조 제4항의 요건에 맞는 구체적 사실의 기재라고 볼 수 없으므로, 이 사건 공소는 그 공소사실이 특정되었다고 할 수 없다.

[관련판결]

(1) 대법원 2005. 12. 9. 2005도7465

1. 사실관계

검사는 2005. 4. 13. 피고인으로부터 채취한 길이 3.2－5.1cm의 모발에서 필로폰 양성반응이 나왔다는 감정결과에 기초하여 모발의 성장주기가 월 1cm라는 점에 근거하여 모발채취일로부터 5개월 전인 2004. 11. 4.경부터 2개월 전인 2005. 2. 4.경까지 사이를 투약시기로 추정하고, 피고인의 주거지 등을 고려하여 투약지를 군산시 이하 번지 불상지로, 투약방법은 메스암페타민의 일반적인 투약방법으로 특정하여 공소사실을 「피고인은 마약류 취급업자가 아님에도 불구하고, 2004. 11. 4.경부터 2005. 2. 4.경까지 사이에 군산시 이하 불상지에서 향정신성의약품인 메스암페타민 약 0.05g 내지 0.1g을 1회용 주사기에 넣고 생수에 희석한 뒤 왼쪽 팔뚝에 주사하거나 맥주 등 음료에 타서 마시는 방법으로 투약하였다」라고 기재하고 공소를 제기하였다.

2. 사건의 경과

제 1 심법원은 공소사실이 막연한 기재에 불과하여 공소사실을 특정하였다고 할 수 없다고 판시하였다. 제 1 심판결에 대하여 검사가 항소하였으나, 항소심 법원인 전주지방법원은 「위 공소사실은 그 범행일시를 피고인의 모발감정결과를 근거로 메스암페타민 투약이 가능한 2개월 20일이라는 장기간으로 하고 있어 피고인으로 하여금 방어권 행사에 과도한 부담을 지울 뿐만 아니라, 범행 장소도 막연한 추측에 기하여 피고인의 주소지 일원으로 되어 있고, 피고인이 투약한 메스암페타민의 분량이나 투약방법 또한 막연히 피고인의 종전 전과에 나타난 투약량과 투약방법을 근거로 한 것에 불과하여 공소사실이 특정되었다고 할 수 없다」고 판시하면서, 검사의 항소를 기각하였다.

검사가 상고하였다. 상고이유의 요지는 「피고인의 모발에 대하여 감정을 실시한 결과 모발에서 메스암페타민을 투약한 사실이 판명되었음에도 피고인이 그 투약사실을 부인하고 있는 경우, 검사로서는 그 투약의 시기 및 장소를 구체적으로 밝힐 증거를 확보하기가 용이하지 아니한 점을 고려할 때, 검사가 기소당시에 증거에 의하여 가능한 한 범행의 시일과 장소를 특정한 것이라면, 범죄의 시일을 일정범위의 기간 내로 기재하였다 하더라도 공소사실이 특정되었다고 보아야 한다」는 점에 있었다.

3. 판결요지

형사소송법 제254조 제 4 항이 「공소사실의 기재는 범죄의 시일 · 장소와 방법을 명시하여 사실을 특정할 수 있도록 기재하여야 한다」라고 규정한 취지는, 심판의 대상을 한정함으로써 심판의 능률과 신속을 꾀함과 동시에 방어의 범위를 특정하여 피고인의 방어권 행사를 쉽게 해 주기 위한 것이므로, 검사로서는 위 세 가지 특정요소를 종합하여 다른 사실과의 식별이 가능하도록 범죄 구성요건에 해당하는 구체적 사실을 기재하여야 한다. 그런데 이 사건 공소사실은, 「피고인은 2004. 11. 4.경부터 2005. 2. 4.경까지 사이에 군산시 이하 번지 불상지에서 향정신성의약품인 메스암페타민 약 0.05g 내지 0.1g을 1회용 주사기에 넣고 생수에 희석한 뒤 왼쪽 팔뚝에 주사하거나 맥주 등 음료에 타서 마시는 방법으로 투약하였다」는 것인바, 공소사실에 기재된 범행일시는 피고인의 모발을 대상으로 실험을 한 결과 필로폰 양성반응이 나왔다는 감정결과만에 기초하여 그 정도 길이의 모발에서 필로폰이 검출된 경우 그 투약가능한 기간을 역으로 추산한 것이고, 투약량이나 투약방법 역시 마약복용자들의 일반적인 통례이거나 피고인의 종전 전과에 나타난 투약량과 투약방법을 근거로 한 것에 불과하며, 그 투약의 장소마저 위와 같이 기재한 것만으로는 형사소송법 제254조 제 4 항의 요건에 맞는 구체적 사실의 기재라고 볼 수 없으므로, 이 사건 공소는 그 공소사실이 특정되었다고 할 수 없다.

(2) 대법원 1994. 12. 9. 94도1680

1. 사실관계

피고인은 1993. 8. 16. 12:10경 인천 남구 숭의4동 소재 원심 공동피고인 甲의 집에서 甲 및 공소외 1과 함께 인천지방검찰청 소속 마약반에 검거되어 대마초 흡연혐의로 조사를 받았는바, 피고인은 대마초를 흡연한 사실에 대하여 자백을 하였고, 같은 날 소변과 모발을 채취하여 감정하는 것에 대하여 동의하여, 인천지방검찰청에서는 국립과학수사연구소에 피고인과 같이 체포된 甲, 공소외 1과 같은 검찰청에 별도의 사건으로 입건된 것으로 보이는 乙, 丙, 丁의 소변 및 모발을 채취하여 같은 달 17. 국립과학수사연구소에 위 모발 및 소변에서 대마성분 및 필로폰 성분이 검출되는지 여부에 대하여 감정의뢰를 하였고, 피고인을 대마관리법 위반죄로 같은 달 24. 기소하였다.

그 후 같은 해 9. 1. 국립과학수사연구소에서 피고인 및 甲, 공소외 1의 모발에서 메스암페타민이 검출되었다는 감정결과가 통보됨에 따라, 피고인을 향정신성의약품관리법 위반죄로 추가 입건하여 조사하였으나, 피고인은 투약사실을 완강히 부인하였고, 이에 검사는 그 투약의 일시 및 장소가 구체적으로 밝혀지지 않은 상태에서 공소사실을 「피고인은 1993. 8. 중순 일자 불상경 인천 이하 불상지에서 필로폰을 1회용 주사기에 넣고 증류수에 희석시킨 후 자신의 팔에 주사하여 이를 투약한 것이다」라고 기재하고 공소를 제기하였다.

2. 사건의 경과

원심판결은 ① 피고인의 소변에서 피고인이 1993. 8. 16. 03:30경 흡연한 대마초 성분이 검출되었는데, 공소사실에 적시된 이 사건 메스암페타민의 투약시기도 1993. 8. 중순경으로서 위 대마초 흡연시기와 근접함에도 소변에서는 대마성분만 검출되었다는 점이 우선 수긍이 가지 않고, ② 메스암페타민 및 그 대사체가 검출되었다는 모발의 주인공이 피고인이라는 점에 대하여 확신을 가질 만한 자료도 없고, ③ 공소사실에 적시된 피고인의 필로폰 투약장소 및 방법에 대하여는 전혀 이를 인정할 증거가 없는 점 등을 종합하여 보면, 피고인이 언제인가 필로폰을 투약하지 않았나 하는 강한 의심이 들기는 하나, 합리적인 의심을 할 여지가 없을 정도로 확신을 가지게 하지는 않고, 달리 위 공소사실을 인정할 증거가 없으므로, 국립과학수사연구소장에 대한 사실조회 회보만으로 위 공소사실을 유죄로 인정한 제 1심은 위법하다면서 파기하고 공소사실에 대하여 무죄를 선고하였다.

원심판결에 대하여 검사가 상고하였다.

3. 판결요지

가. 공소사실의 기재는 범죄의 시일·장소와 방법을 명시하여 사실을 특정할 수 있도록 하여야 하는 것이므로, 범죄의 시일은 이중기소나 시효에 저촉되지 않는 정도로, 장소는 토지관할을 가늠할 수 있는 정도로 기재하면 되는 것이고, 이와 같은 요소들에 의하여 공소사실의 특정을 요구하는 법의 취지는 피고인의 방어권 행사를 쉽게 해 주기 위한 데에 있는 것이므로, 공소사실은 이러한 요소를 종합하여 구성요건 해당사실을 다른 사실과 식별할 수 있는 정도로 기재하면 족하고, 공소장에 범죄의 시일·장소 등이 구체적으로 적시되지 않았더라도 위의 정도에 반하지 아니하고 더구나 공소범죄의 성격에 비추어 그 개괄적 표시가 부득이하며 또한 그에 대한 피고인의 방어권 행사에 지장이 없다고 보여지는 경우에는 그 공소내용이 특정되지 않았다고 볼 수 없는 것이다.

나. 피고인의 모발에 대한 감정을 실시한 결과 모발에서 메스암페타민 성분이 검출되어 피고인이 메스암페타민을 투약한 사실이 판명된 경우에도 피고인이 그 투약사실을 부인하는 경우, 검사로서는 그 투약의 시기 및 장소를 구체적으로 밝힐 증거를 확보하기란 용이하지 않은 점을 고려할 때, 검사가 기소 당시의 증거에 의하여 가능한 한 특정한 것이라면, 시일을 일정 범위의 기간 내로 기재하고 장소를 '인천 또는 불상지'라고 기재하였다고 하더라도, 범죄의 특성상 공소사실이 특정되어 있다고 보아야 할 것이다.

다. 기소 당시 증거에 의하여 밝혀진 사실은 감정에 사용된 모발을 채취하기 이전 언젠가에 피고인이 메스암페타민을 투약한 사실이 있다는 것뿐이고 공소사실에 기재된 대로 '1993. 8. 중순경'에 '인천 이하 불상지'에서 투약행위를 하였다고 볼 구체적인 증거가 없다면, 검사가 공소제기하여 심판의 대상으로 삼은 피고인의 행위는 그 모발감정에서 메스암페타민이 검출되도록 한 피고인의 메스암페타민 투약행위라고 보아야 할 것이고, 검사가 그 공소사실을 기재함에 있어서 임의의 시일 및 장소를 기재하였다고 하더라도, 이는 검사가 구체적 증거에 의하지 않고 추측에 의하여 그 시일 및 장소를 특정하여 본 것에 불과하고, 그 취지가 그 모발감정에서 메스암페타민이 검출될 수 있는 메스암페타민의 투약시기의 범위 내의 기간 중 '1993. 8. 중순'이 아닌 다른 시일에 저지른 투약행위나 인천시가 아닌 다른 곳에서 저지른 메스암페타민의 투약행위는 공소제기의 대상에서 제외한다는 것은 아니라고 보아야 하며, 따라서 법원으로서는, 그 공소사실의 기재가 오해를 불러일으키거나 명료하지 못한 경우에 해당하므로, 형사소송규칙 제141조에 의하여 검사에 대하여 석명권을 행사하여 그 취지를 명확히 하도록 하여야 할 것이고, 피고인이 그 공소사실에 기재되어 있는 시일 및 장소인 '1993. 8. 중순경 인천 이하 불상지'에서 메스암페타민을 투약하였다고 볼 자료가 없다는 점만으로 바로 피고인에 대하여 무죄를 선고할 것은 아니다.

(3) 대법원 2005. 5. 13. 2005도1765

1. 공소사실

검사는 피고인에 대하여 「피고인은 2003년 6월 중순경부터 같은 해 9월 초순경까지, 같은 해 9월 중순부터 같은 해 12월 초순경까지, 같은 해 12월 중순부터 2004년 3월 초순경까지, 각 대구 일원에서 메스암페타민 불상의 양을 불상의 방법으로 투약하였다」는 공소사실로 공소제기하였다. 공소사실의 범행일시는 피고인의 음모 4－5cm 30수, 모발 15－20cm 60수를 3cm 간격으로 감정한 결과에 기초하고, 범죄장소는 피고인의 주거지를 기초로 기재한 것이었다.

2. 판결요지

비록 공소가 제기된 범죄의 성격에 비추어 범죄의 일시·장소 등에 대한 개괄적인 표시가 부득이한 경우가 있다 하더라도, 검사는 기소 당시의 증거에 의하여 가능한 한 이를 특정하여야 할 것이고, 이에 이르지 아니함으로써 사실상 피고인의 방어권 행사에 지장을 가져오는 경우에는 구체적인 범죄사실의 기재가 있는 공소장이라 할 수 없을 것이나, 향정신성의약품 관련 범죄의 특성상 피고인의 모발에서 메스암페타민 성분이 검출되었다는 감정서가 제출되어 있고 피고인이 그 투약사실을 부인하는 경우에는 검사가 모발을 성장기간 별로 구분하여 투약시기를 세분하여 감정한 모발감정결과에 기초하거나 피고인의 행적 등 다른 증거들에 의하여 모발감정에서 성분이 검출될 수 있는 기간의 범위 내에서 투약시기를 가능한 한 최단기간으로 특정하고, 장소도 토지관할의 구분이 가능하도록 특정하고 있다면, 그 시기 · 장소 · 방법 · 투약량 등을 불상으로 기재하더라도 공소사실이 특정된다고 보아야 할 것이다.[1)]

[판례의 연구]

Ⅰ. 문제의 제기

공소장에는 공소사실, 즉 범죄의 특별구성요건을 충족하는 구체적 사실을 기재하여야 하며(제254조 제3항), 공소사실의 기재는 범죄의 시일 · 장소와 방법을 명시하여 사실을 특정할 수 있도록 하여야 한다(동조 제4항). 이와 같이 공소장에 공소사실을 특정해서 기재할 것을 요구하는 것은 법원에 대하여는 심판의 대상을 한정하고, 피고인에게는 방어권을 보장하기 위한 것이라고 할 수 있다. 법원에 대하여 심판의 대상을 한정하여야 원활하고 신속한 심리가 가능하게 되고, 이중기소금지의 원칙과 기판력이 미치는 범위가 명백하게 밝혀질 수 있다. 또 특정된 공소사실을 대상으로 공격과 방어를 집중함으로써 피고인의 방어권이 보장되고, 당사자주의의 근간인 무기평등의 원칙도 실현될 수 있게 된다. 그러나 다른 한편으로 공소사실의 특정을 엄격히 요구하여 범죄의 시일 · 장소와 방법을 정확히 기재할 것을 요구할 때에는 검사의 공소제기와 유지에 어려움이 따르지 않을 수 없다. 범죄의 시일 · 장소와 방법은 공소범죄사실 자체가 아니라 공소사실을 특정하기 위한 요소에 불과할 뿐만 아니라, 사건에 따라서는 이를 정확하게 기재할 수 없는 경우도 있을 수 있기 때문이다. 여기서 공소사실은 특정해서 기재해야 되지만, 그 특정의 정도는 다른 공소사

1) 이 판결에 대하여는 원혜욱 「마약류투약범죄에 있어서 공소사실의 특정과 피고인의 방어권 보장」, 형사판례연구 17, 519면 참조.

실과 구별할 수 있을 정도, 즉 공소사실의 동일성을 인정할 수 있을 정도면 족하며,[1] 공소사실을 특정할 수 있는 한도 내에서 범죄의 일시의 기재는 적용법령을 결정하고 행위자의 책임능력을 명확히 하며 공소시효의 완성을 결정할 수 있을 정도로 기재하면 족하고, 범죄의 장소는 토지관할을 가늠할 수 있을 정도, 그리고 그 방법도 범죄구성요건을 밝히는 정도로 기재하면 족하다고 해석하는 것이 판례의 기본태도가 되었다.[2] 따라서 범죄의 일시가 명확하지 아니할 때에는 이를 개괄적으로 기재하거나 초순·중순·하순 또는 일자불상경이라고 기재하여도 공소사실은 특정되었다고 해야 한다. 그러나 공소사실의 특정의 정도를 다른 사실과 구별할 수 있을 정도로 기재하면 족하다고 완화한 경우라 하더라도 그것이 피고인의 방어권 행사에 지장을 초래해서는 안 된다는 점을 주의할 필요가 있다. 이러한 의미에서 피고인의 방어권의 보장은 공소사실 특정의 당사자주의적 한계가 된다고 할 수 있다.[3]

공소사실이 특정되었는가의 여부가 가장 심각하게 문제로 제기되는 경우가 마약류투약사범의 경우이다. 마약류투약사범은 대부분 은밀하게 행하여지기 때문에 다른 범죄와는 달리 피해자는 물론 목격자도 없는 경우가 많다. 이러한 범죄에 있어서는 검사가 투약의 일시·장소 및 방법을 상세히 밝히는 것이 불가능한 경우가 대부분이다. 그러나 비록 검사가 일시와 장소를 밝힐 수 없다고 할지라도 피고인이 이러한 죄를 범한 사실에 대하여는 객관적 증거에 의해 입증될 수 있는 경우가 있다. 예컨대 피고인의 소변검사나 모발검사에 의하여 각성제의 성분이 검출된 경우에는 피고인이 일정 기간 내에 각성제를 투약한 것은 강하게 추인된다. 소변검사의 경우에는 투약 후 2-3일(상습투약자의 경우에는 10일)이 지나면 투약한 마약성분이 체외로 배출되므로 투약일시를 특정하는 것이 어렵지 않지만, 소변검사로는 투약 후 일정기간이 지나면 투약사실을 입증할 수 없게 되어 마약류 투약사실의 입증을 위하여는 통상 모발검사의 방법이 사용되며, 모발검사에 의하는 경우에 투약 후 6개월까지 약물이 검출될 수 있게 된다. 이러한 경우에 일시·장소 및 방법에 있어서 일정한 폭을

1) 대법원 1992. 8. 18. 92도1395.
2) 대법원 1992. 7. 24. 92도1148; 관련판결 (2)도 같은 취지를 명확히 한 판결이다.
3) 남성민 「마약투약사범에 관한 공소사실의 특정」, 형사판례연구 15, 272면.

두는 방법으로 공소사실을 기재하는 것이 허용되지 않는다면, 목격자나 신뢰할 수 있는 자백이 없는 한 약물범죄는 피고인이 자백하는 경우에만 처벌되는 결과가 되어 국가형벌권의 적정한 행사가 불가능하게 된다. 그렇다고 특정한 범죄가 은밀하게 범해져 검사가 그 시일·장소 및 방법을 특정하는 것이 어렵다는 이유만으로 공소사실을 특정해서 기재햐야 한다는 원칙을 완화하는 것이 허용될 것인가도 문제이다. 대상판결과 관련판결 (1)은 이러한 방법으로 기재된 공소사실이 특정되지 않았다는 판결임에 반하여, 관련판결 (2)와 (3)은 그것만으로도 공소사실이 특정되었다고 볼 수 있다는 취지의 판결이다.

여기서 일반범죄에 있어서 범죄의 시일·장소 및 방법을 특정하는 방법(Ⅱ)을 정리한 후, 마약류투약사범에 있어서 공소사실의 특정에 대한 판례의 태도(Ⅲ)를 분석해 보고, 대상판결과 관련판결들을 검토해 보기로 한다(Ⅳ).

Ⅱ. 범죄의 시일·장소·방법의 기재방법

일반범죄의 경우에 공소사실을 특정하기 위해서는 범죄의 시일·장소 및 방법을 구체적으로 기재하여야 하나, 특정의 정도는 그 사실을 다른 사실과 구별할 수 있을 정도로 기재해야 한다. 공소사실이 특정되었다고 하기 위해서 범죄의 시일·장소 및 방법을 어떻게 기재해야 하는가를 살펴볼 필요가 있다.

1. 범죄의 시일

먼저 판례에서 범행시일의 기재가 특정되었다고 인정한 경우와 특정되지 않았다고 판시한 때에는 어떤 경우가 있는가를 검토해 보기로 한다.

(1) 범죄시일의 기재가 특정되었다고 인정한 경우

범죄의 시일이 명확하지 아니할 때에는 이를 개괄적으로 기재하거나[1] 초순·중순·하순 또는 일자불상경이라고 기재하여도 공소사실은 특정되었다고 해야 한다. 판례는 살인사건의 공소장에 범행일시를 「2003. 11. 30. 20:00부터 그 다음날 11:20까지」로 기재한 경우나,[2] 성폭력범죄의 범행시일을 피해자들

1) 대법원 1986. 8. 19. 86도1073; 대법원 2008. 3. 27. 2008도507.

2) 대법원 2006. 3. 9. 2005도8675, 「공소장에서 이 사건 범행 시간을 2003. 11. 30. 20:00경부터

이 2007. 7. 23.경 여름방학을 한 이후 같은 달 27일 할머니 집으로 가기 이전을 전제로 「2007. 7. 하순 저녁 무렵」이라고 기재하였으나 범행장소와 범행방법이 구체적으로 기재되어 있는 경우,[1] 공소장에 미성년자 의제강제추행치상죄의 범죄일시를 「1996년 월일불상 11:30경」이라고 기재하였으나 피해자의 일부진술과 다른 증거들을 종합하면 범행의 일자는 1996년 초경부터 피해사실이 드러난 1996. 7. 15. 사이의 날로, 범행시각은 11:30경으로 특정하여 공소를 제기하였음을 알 수 있는 때에는 공소사실은 특정되었다고 판시하였다.[2] 일본 최고재판소는 1962년 11월 28일의 白山丸 사건에 대한 판결에서 「피고인은 1952년 4월경부터 1958년 6월 하순 사이에 유효한 여권으로 출국의 승인을 받지 않고 중국으로 출국하였다」는 공소사실을 적법하다고 판시하였다.[3] 다만, 대법원이 범행시일의 기재가 특정되었는가를 검토함에 있어서 검사로서는 「범행시일뿐만 아니라 장소와 방법 등 세 가지 특정요소를 종합하여 다른 사실과의 식별이 가능하도록 기재하여야 한다」는 태도를 취하고 있다는 점을 주의할 필요가 있다.[4]

특히 포괄일죄의 관계에 있는 여러 개의 행위에 대하여는 그 일죄의 일부를 구성하는 개개의 행위에 대하여 구체적으로 특정되지 아니하더라도 전체 범행의 시기와 종기, 범행방법, 피해자나 상대방, 범행횟수나 피해액의 합계 등을 명시하면 그로써 공소사실은 특정된 것으로 보아야 한다는 태도를 일관하고 있다.[5]

그 다음날 11:20경까지 사이로 기재하였음은 기록상 명백한바, 위와 같은 범행일시의 기재가 이 사건 공소사실을 다른 사실과 식별할 수 없는 정도이거나 피고인의 방어권을 부당하게 침해하는 것으로서 '공소사실이 특정되지 못한 경우'에 해당한다고 볼 수는 없고, 따라서 원심판결에 공소사실의 특정에 관한 법리오해의 위법이 있다는 상고이유의 주장은 받아들이기 어렵다.」

1) 대법원 2005. 7. 29. 2005도2003.

2) 대법원 1997. 8. 22. 97도1211.

3) 日最決 소화 37. 11. 28(刑集 16-11, 1633), 「범죄의 일시·장소 및 방법은 이들 사항이 범죄를 구성하는 요소가 되는 경우를 제외하고 본래는 범죄사실 자체가 아니라 단시, 공소사실을 특정하는 한 수단으로서 가능한 한 구체적으로 표시할 것을 요청하고 있으므로, 범죄의 종류·성실의 여하에 따라 이를 상세히 기재할 수 없는 특수사정이 있는 경우에는 법의 목적을 해하지 않는 한 폭이 있는 표시를 할지라도 그것만으로 범죄사실을 특정하지 않은 위법이 있다고 할 수 없다.」

4) 대법원 2002. 9. 27. 2002도3194; 대법원 2005. 12. 9. 2005도7465; 대법원 2009. 1. 15. 2008도9327; 대법원 2010. 4. 29. 2010도2857; 대법원 2010. 10. 14. 2010도9835.

5) 대법원 1992. 9. 25. 92도1671; 대법원 1997. 9. 12. 97도1706; 대법원 1998. 5. 29. 97도1126;

(2) 범죄시일의 기재가 특정되지 않았다고 본 경우

판례가 범죄시일의 기재가 특정되지 않았다고 본 경우는 대부분 수개의 범죄행위가 경합범의 관계에 있는 때이다. 즉, 대법원은 방문판매 등의 법률 위반죄의 공소사실을 「2001. 1.경부터 2003. 1.경까지 서울 송파구 방이동 62-8 석정빌딩 지하에서, 다단계 판매원이 되고자 하는 사람들에게 좋은 직장을 소개하여 주겠다고 거짓말로 꾀어 위 회사로 오게 한 후, 본인의 의사에 반하여 위 부근 여관에서 약 1주일 간 합숙을 하면서 판매 교육을 받게 하는 등 다단계 판매원이 되고자 하는 자에게 본인의 의사에 반하여 교육·합숙 등을 강요하였다」라고 기재한 것은 공소사실을 특정하여 기재하지 않은 경우에 해당한다고 판시하였다.[1] 그러나 이 판결은 공소사실 기재 자체에 비추어 볼 때 특별한 사정이 없는 한 각 행위별로 각 방문판매 등에 관한 법률 위반죄의 1죄가 성립하고 이들 범죄 상호간에는 경합범관계가 성립하므로, 공소범죄의 성격에 비추어 공소사실의 개괄적 표시가 부득이한 경우에 해당한다고 보기 어렵고, 이 사건 공소사실이 각 행위에 대하여 범행일시를 2001. 1.경부터 2003. 1.경까지라고만 기재한 것은 그 일시를 특정하지 아니하였다는 취지가 배경이 되고 있다.

경합범으로 공소제기하는 경우에 공소를 제기하는 사실을 구체적으로 기재해야 한다는 것은 판례의 일관된 태도이다. 경합범에 있어서는 범죄행위마다 한 개의 범죄가 성립하므로 각 범죄행위의 시일·장소와 방법을 기재해야 하기 때문이다. 따라서 「피고인이 1992. 2.경부터 1996. 6. 7.경까지 수회에 걸쳐 밀수품을 취득하였다」는 방식으로 공소사실을 기재하는 것은 범행의 횟수조차 특정되지 아니하여 적법한 공소사실의 기재로 볼 수 없고,[2] 수개의 무신고 수입행위를 경합범으로 기소하는 경우에는 각 행위마다 그 시일과 장소 및 방법을 명시하여 사실을 특정할 수 있도록 공소사실을 기재하여야 하므로 「피고인이 2001. 2.부터 2002. 6.까지 보따리상을 통하여 장뇌삼 9,398뿌리 외 7종 시가 1억 99,928,460원 상당품을 밀수입하고, 2002. 9.경부터 2003. 2.경까

대법원 2002. 9. 27. 2002도3194; 대법원 2005. 11. 10. 2004도1164.

1) 대법원 2004. 6. 11. 2003도7911.

2) 대법원 1999. 1. 26. 98도1480.

지 보따리상을 통하여 중국산 장뇌삼 9,529뿌리 외 3종 시가 1억 60,673,000원 상당의 물품을 밀수입하였다」는 공소사실에 대하여, 그 수입의 일시·방법·품목·수량 등이 기재되어 있지 않는 등으로 공소사실이 특정되지 아니하여 공소제기의 절차가 법률에 위반하여 무효인 때에 해당한다고 판시하였다.[1] 간통죄에 있어서도 대법원은 일정한 기간 동안 수회 간음하였다는 기재만으로는 공소사실이 특정되었다고 볼 수 없다고 판시하였다. 즉, 「피고인들이 1972. 5월 중순경부터 1974. 4. 3.경까지 사이에 부산시 동구 수정 4동 984 및 위 셋방 등지에서 횟수불상 간음하여 간통하였다」고 기재한 공소장은 추상적인 범죄 구성요건 문구만이 적시되고 그 내용을 이루는 구체적인 범죄사실의 기재가 없어 효력이 없다고 판시하였으며,[2] 「피고인은 1978. 5월 말경부터 같은해 9월말경까지 사이에 상피고인과 수회 간음하여 각 간통하였다」,[3] 「피고인은, ① 피고인 2와 사이에 2000. 11.부터 2002. 2.까지 매월 각 일자불상 20:00경 충남 당진군 송악면 한진리 소재 상호불상 여관에서 각 1회 성교하여 각 간통 및 상간하고, ② 피고인 3과 사이에 2002. 6. 7. 9. 10. 12. 및 2003. 1월의 각 일자불상 주말 14:00경 평택시 소재 아산호관광지 근처 상호불상 여관에서 각 1회 성교하여 각 간통 및 상간하였다」는 공소사실도 범죄일시와 장소가 특정되지 않았다고 판시하였다.[4] 대법원은 미성년자 의제강간죄 또는 미성년자 의제강제추행죄에 관하여도 「피고인이 1980. 12. 일자불상경부터 1981. 9. 5. 전일경까지 사이에 피해자를 협박하여 약 20여 회 강간 또는 강제추행하였다」는 부분은 그 범행일시가 명시되지 아니하여 동 공소사실부분에 대한 공소는 기각을 면할 수 없다는 태도를 유지하고 있다.[5]

2. 범죄의 장소

판례는 범죄장소의 기재에 관하여 공소장에 범죄일시가 구체적으로 기재되어 있는 이상 「장소 미상지」라고 기재된 경우에도 공소사실은 특정되었다

---

1) 대법원 2007. 1. 11. 2004도3870.
2) 대법원 1975. 6. 24. 75도346.
3) 대법원 1980. 7. 22. 79도2246.
4) 대법원 2005. 6. 24. 2005도1014.
5) 대법원 1982. 12. 14. 82도2442.

고 해석하고 있다. 즉 대법원은 유가증권변조의 공소사실이 범행일자를 “2005. 1월 말경에서 같은 해 2. 4. 사이”로, 범행장소를 “서울 불상지”로, 범행방법을 “불상의 방법으로 수취인의 기재를 삭제”한 것으로 된 경우, 변조된 유가증권이 압수되어 현존하고 있는 이상 위 공소사실이 특정되었다고 보았으며,[1] 유가증권위조의 공소사실에, 범죄일시 및 장소로서 “1991. 4. 일자 및 장소 미상지에서”로 되어 있고 범행방법으로 “임의로 수표번호 마가 01167701호의 수표용지에 금액을 40,000,000원, 발행일자 1991. 6. 10.이라고 기재하고 미리 준비한 거성산업 대표 장종호의 명판을 발행인으로 찍어 위 수표를 위조한 것을 비롯하여”로 되어 있다 하더라도, 위조유가증권들이 모두 현존하고 있는 이상 그 범죄일시와 장소, 방법 등은 범죄의 동일성 인정과 이중기소방지, 시효저촉 여부, 토지관할을 가늠할 수 있는 범위에서 그 유가증권위조 사실을 뒷받침할 수 있는 정도로만 기재되어 있으면 충분하므로, 이 점에서 위 공소사실은 특정되어 있다고 판시하였다.[2]

3. 범죄의 방법

공소장에 범죄의 방법에 관한 기재가 없어서 범죄 사실을 뚜렷이 특정할 수 없을 경우에는 그 공소제기의 절차가 무효로 됨은 당연하다. 따라서 대법원은「관세포탈죄는 사위 기타 부정한 방법에 의하여 저질러질 것을 구성요건으로 하고 있으므로 검사로서는 피고인이 관세 등을 포탈함에 있어서 이용한 사위 기타 부정한 방법이 어떠한 내용의 것인가를 구체적으로 공소장에 명시하여야 그 구성요건 사실이 특정될 수 있을 것임에도 불구하고 만연히 “사위의 방법으로 … 포탈한 것이다”라고 추상적 구성요건만을 기재함에 그치고, 그 밖에 공소장에 기재된 보세장치장에 장치된 물건을 수입면허를 받지 아니하고 방출하였다 하여 그것이 사위의 방법이라 단정할 수 없으니, 본건 공소장에는 범죄의 특별구성요건을 충족하는 구체적 사실의 기재가 특정되어 있지 아니하여 그 공소제기 절차가 부적법한 것이다」라고 판시하였으며,[3] 피고인은「상피고인이 피해자를 때릴 때 그 주위에서 위세를 부리는 방법으로 폭행을 가하

1) 대법원 2008. 3. 27. 2007도1100.
2) 대법원 1992. 7. 24. 92도1148; 대법원 1996. 4. 26. 96도435.
3) 대법원 1984. 5. 22. 84도471.

였다」는 공소사실도 구체적인 행동의 표시를 결하여 적법한 공소사실의 적시라고 할 수 없다고 판시하였다.[1] 또한 증거위조죄에 있어서 「피고인이 원심공동피고인 甲과 공모하여 1987. 9. 20. 14:00경 경남 창녕읍 교동 280 경일교통사 사무실에서 같은 날 09:00경 발생된 교통사고 피의사건과 아무런 관련이 없는 경남 1바1229호 택시를 이용하여 그것이 범죄사실과 관계가 있는 것처럼 꾸며 증거를 위조하였다」는 공소사실의 기재로써는 피고인이 무슨 증거를 어떻게 위조하였다는 것인지 구체적인 범죄사실이 특정되어 있지 않았으므로 공소사실이 특정되었다고 할 수 없다고 판시하였다.[2]

4. 공소사실의 특징방법

공소사실의 기재는 범죄의 시일·장소 및 방법을 특정해서 기재해야 되지만, 그 특성의 정도는 범죄의 시일·장소 및 방법을 종합하여 다른 공소사실과 구별할 수 있을 정도에 이르면 족하고, 동시에 이로 인하여 피고인의 방어권의 행사에 지장을 초래해서는 안 된다. 따라서 공소사실의 특정을 위해서 범죄의 시일·장소 및 방법의 기재가 모두 특정할 수 있도록 기재해야 하는 것이 아니라, 세 가지 요소를 종합하여 판단할 수 있을 정도에 이르면 족하다. 물론 범죄의 시일과 장소 및 방법의 기재가 명백하지 않은 때에는 공소사실이 특정되었다고 할 수 없음이 명백하다. 그러나 범죄의 시일이 개괄적으로 기재된 경우에도 범행의 장소와 방법에 의하여 심판의 대상이 되는 사실이 정해진 때에는 공소사실이 특정되었다고 할 수 있다. 범죄의 장소의 기재는 시일과 방법을 종합하여 공소사실을 특정하는 데 도움을 주는 이외에 공소사실의 특성에 있어서 특별한 독자적인 의미를 갖지 못한다. 따라서 범죄장소로 장소 미상지 또는 서울 이하 불상지라고 기재했더라도 공소사실은 특정되었다고 할 수 있다. 이에 반하여 공소사실에 범죄방법의 기재가 없는 경우에는 추상적 사실의 기재가 있을 뿐이고 범죄의 특별구성요건을 충족하는 구체적인 사실의 기재가 없기 때문에 공소사실이 특정되었다고 할 수 없다. 결국, 범죄일시에 범죄의 방법에 해당하는 행위를 통하여 특별구성요건을 충족하는 구체적 사실을 행하였다고

1) 대법원 1970. 10. 13. 70도1528.
2) 대법원 1990. 3. 13. 89도1688.

인정될 때에는 공소사실의 기재는 특정되었다고 볼 수 있고, 그 범죄사실을 다른 사실과 구별하고 방어권을 보장하는 데 보충적 기능을 하는 것이 범죄장소의 기재라고 할 수 있다.

Ⅲ. 마약류투약사범에 있어서 공소사실의 특정

범죄의 밀행성과 증거확보의 곤란성이라는 마약류투약사범의 특수성이 다른 범죄에 있어서의 공소사실의 특정에 관한 일반원칙을 어느 정도 완화할 수 있는가를 판례의 경향을 분석하면서 검토한 후, 그것이 투약행위에 대한 죄수론과의 관계에서 공소사실을 특정했다고 볼 수 있는가를 살펴볼 필요가 있다.

1. 판례의 경향

마약류투약사범의 공소사실을 특정하기 위한 자료로 사용되는 것은 소변검사와 모발검사에 대한 감정결과이다. 먼저 소변검사결과를 기초로 범죄일시 등을 기재한 경우에 공소사실이 특정되었다고 볼 수 있다는 점은 명백하다. 소변에 각성제가 잔류하는 시간은 불과 2-3일(길어도 10일)에 불과하기 때문이다. 일본 최고재판소도 피고인이 1979년(소화 54년) 10월 3일에 별건으로 체포되어 그 유치기간 중인 10월 5일에 실시한 소변검사에서 각성제가 검출되자 각성제사용죄로 공소제기한 공소장에 「피고인은 1979. 9. 26.경부터 같은 해 10. 3.까지 사이에 광도현 고전군 길촌정 및 그 주변에서 각성제인 해닐메칠아미노프로반 염류를 포함한 소량을 자신의 신체에 주사하거나 복용하여 시용함으로써 각성제를 사용하였다」는 공소사실은 특정되었다고 결정하였다.[1)]

(1) 공소사실이 특정되었다고 인정한 판결

우리나라에서 소변검사의 감정결과를 기초로 각성제의 사용일시를 추정한 사건은 별로 없으며, 대부분 모발검사를 기초로 한 것이다. 모발검사에 의한 감정결과에 의하면 약 6개월 동안 모발에서 마약성분이 검출될 수 있지만, 모

1) 日最決 소화 56. 4. 25(刑集 35-3, 116), 「본건 공소사실의 기재는 일시, 장소의 표시에 어느 정도 폭이 있고, 사용량, 사용방법의 표시에 있어서도 명확성을 결하여다고 할지라도 검사가 기소 당시의 증거에 기하여 가능한 한 특정해서 한 것인 이상 각성제사용죄의 소인이 특정되지 않았다고 할 수 없다.」

발은 월 평균 1cm가량 자라기 때문에 모발의 양을 충분히 확보할 때에는 투약기간을 1개월 단위로 측정할 수 있지만 감정에 필요한 모발을 충분히 확보하는 것은 불가능하기 때문에,[1] 2월 내지 3월 단위로 투약시기를 추정할 수밖에 없다고 한다.

가. 1990년대까지의 판결 관련판결 (2)는 「피고인의 모발에 대한 감정을 실시한 결과 모발에서 메스암페타민 성분이 검출되어 피고인이 메스암페타민을 투약한 사실이 판명된 경우 검사가 기소 당시의 증거에 의하여 가능한 한 특정한 것이라면, 시일을 일정 범위의 기간 내로 기재하고 장소를 '인천 또는 불상지'라고 기재하였다고 하더라도, 범죄의 특성상 공소사실이 특정되어 있다고 보아야 할 것이다」라고 판시하였다. 관련판결 (2) 이전의 대법원판결도 범죄의 성격상 개괄적 기재가 부득이하고 피고인의 방어권 행사에 지장이 없다면 공소사실이 특정되었다는 태도를 취하였다.[2] 판례의 이러한 태도는 1990년대부터 2000년대 초까지 유지되었다. 개괄적 기재에 대하여 공소사실의 특정을 인정한 판결로는 다음과 같은 판결이 있다.

① 대법원 1997. 10. 14. 97도1826, 「검사가 범행의 시일을 모발감정에서 메스암페타민이 검출될 수 있는 메스암페타민 투약기간의 범위 내의 일정 시기로, 장소를 대전 또는 불상지로, 방법 및 투약량을 불상으로 각 기재하였더라도 범죄의 특성상 공소사실의 특정되었다고 보는 것이 대법원의 확립된 견해이다.」

② 대법원 1998. 2. 24. 97도1376, 「모발감정결과가 있는 경우 검사가 공소장변경허가신청서에 투약행위의 일시를 위 모발감정에서 메스암페타민성분이 검출될 수 있는 기간의 범위 내로 하는 한 그 장소나 방법 및 투약량을 불상으로 기재하더라도 범죄의 특성상 공소사실이 특정되었다고 보아야 한다.」

③ 대법원 1999. 9. 3. 99도2666, 「범죄의 일시를 1998. 9. 초순 어느 날로, 장소를 서울시내 불상지로 방법은 불상의 방법으로 메스암페타민을 투약하였다고 기재하여 이중기소나 시효 토지관할의 구분이 가능할 정도로 특정하였다고 할 것이어서 공소사실이 특정되지 아니하였다고 볼 것은 아니다.」

1) 모발검사에 의하여 매월 투약량을 추정하기 위해서는 350올의 모발이 필요하다고 한다.
2) 대법원 1989. 12. 12. 89도2020.

나. 2005년 이후의 판결 2005년 이후에도 대법원은 모발감정결과를 기초로 한 일시 등의 개괄적 기재의 경우에 공소사실이 특정되었다고 인정한 판결이 있다. 그러나 이들 판결은 단순히 약물투약범죄의 특성에 비추어 범행일시의 개괄적 기재가 허용된다는 의미가 아니라, 모발의 성장기간 별로 구분하여 세분화하여 60수 내지 90수의 모발을 감정한 감정결과를 기초로 하거나 다른 증거들에 의하여 투약시기를 특정한 경우라는 이유로 공소사실의 특정을 인정한 판결이라고 할 수 있다. 대법원은 이러한 관점에서 ①「2002년 3월 초순경 울산 이하 불상지에서 불상의 방법으로 메스암페타민을 1회 투약하였다」,[1] ②「1999. 9. 19. 이후 같은 해 10월 11일 사이 일자 불상경 서울 또는 불상의 장소에서 메스암페타민 분량미상을 불상의 방법으로 투약하였다」,[2] ③「2006. 2. 8.부터 같은 해 4. 7. 사이에 서울 또는 부천, 인천, 시흥에서 메스암페타민 불상량을 주사 또는 음용의 방법으로 투약하였다」고 기재한 것은 공소사실이 특정되었다고 판시하였다.[3] 관련판결 (3)도 같은 취지의 판결이다.

(2) 공소사실이 특정되었음을 부정한 판결

2000년 이후, 특히 2009년 이후의 대법원판결은 마약류 투약시기를 모발의 성장기간 별로 구분하여 세분화하여 감정할 결과에 기초하여 기재한 경우에도 공소사실이 특정되지 않았다고 판시하는 경향을 보이고 있다. 따라서 ① 모발에서 메스암페타민이 검출되었다는 사실만을 근거로 그 사용가능한 전 기간인 6개월을 범행일시로 기재한 경우,[4] ② 모발을 2cm 단위로 감정 의뢰하여 3.2cm 내지 5.1cm에서 양성반응이 나온 것과 피고인의 주거지를 종합하여「2004. 11. 14.경부터 2005. 2. 4.경까지 사이에 군산시 이하 번지 불상지에서 향정신성의약품인 메스암페타민 약 0.05g 내지 0.1g을 1회용 주사기에 넣고 생수에 희석한 뒤 왼쪽 팔뚝에 주사하거나 맥주 등 음료에 타서 마시는

1) 대법원 2005. 5. 13. 2003도866.
2) 대법원 2005. 5. 13. 2000도3111.
3) 대법원 2007. 4. 26. 2007도1824.
4) 대법원 2000. 11. 24. 2000도2119,「검사가 단지 길이 4−7㎝인 피고인의 모발을 대상으로 실험을 한 결과 메스암페타민 양성반응이 나왔다는 국립과학수사연구소의 감정 결과만에 기초하여 위 정도 길이의 모발에서 메스암페타민이 검출된 경우 그 사용가능한 기간을 체포시로부터 역으로 추산한 다음 그 전 기간을 범행일시로 하고, 위 기간 중의 피고인의 행적에 대하여도 별다른 조사를 하지 아니한 채 피고인의 주거지인 의왕시를 범행장소로 하여 공소를 제기한 경우, 공소사실이 특정된 것이라고 볼 수 없다.」

방법으로 투약하였다」,[1] 또는 「2005. 3. 15.경부터 같은 해 4. 10.경까지 사이 일시불상경 진해시내 일원에서 필로폰 불상량을 불상의 방법으로 수회 투약하였다」는 기재나,[2] 「2008. 8. 3.부터 2008. 10. 2. 사이에 피고인의 주거지 등지에서 일명 필로폰 0.03g을 투약하였다」[3]는 기재도 필로폰의 투약횟수와 투약방법이 특정되지 아니한 것이고, 경합범 관계에 있는 투약범죄의 갯수도 특정되지 아니하였다」고 판시하였다. ③ 실질적 진정성립이 인정되지 아니하는 피고인이 된 피의자신문조서의 기재를 근거로 「2005. 8. 하순경부터 2005. 11. 20.경 사이에 부산 연제구 이하 불상지에서 필로폰(메스암페타민) 불상량을 맥주에 타서 마시거나 1회용 주사기에 넣어 희석한 다음 자신의 팔 혈관에 주사하는 방법으로 이를 투약하였다"는 부분은, 메스암페타민의 투약시기, 투약한 메스암페타민의 양과 투약 방법 등의 심판대상이 특정되지 아니하여 피고인의 방어권 행사에 지장을 초래할 위험성이 크다」고 판시하였다.[4]

2010년에 들어와서 대법원은 마약류투약사범에 대한 투약일시를 개괄적으로 기재하는 것은 공소사실이 특정되었다고 볼 수 없다는 태도를 더욱 일관되게 유지하였다. 즉, 대법원은 「2009년 3월 말경부터 같은 해 6월 말경까지 진주시 이하 장소를 알 수 없는 곳에서, 향정신성의약품인 메스암페타민 불상량을 불상의 방법으로 1회 투약하였다」라는 기재만으로는 피고인의 방어권 행사에 지장을 초래할 위험성이 크고, 단기간 내에 반복되는 이 사건 공소 범죄사실의 특성에 비추어 볼 때 위와 같이 투약시기로 기재된 위 기간 내에 복수의 투약가능성이 농후하여 심판대상이 한정되었다고 보기도 어렵고,[5] 「2008년 1월경부터 같은 해 2월 일자불상 15:00경까지 사이에 메스암페타민 약 0.7g을 매수한 외에, 그때부터 2009년 2월 내지 3월 일자불상 07:00경까지 총 21회에 걸쳐 매수·투약하였다」는 공소사실의 경우, 메스암페타민의 매수 및 투약시기에 관한 위와 같은 개괄적인 기재만으로는 같은 이유로 공소사실이 특정

1) 관련판결 (1). 「2007. 4월경부터 같은 해 6월 말경 사이에 인천, 부천, 광명시, 시흥시, 사천시 또는 중국 산동성 등지에서 향정신성의약품인 메스암페타민 불상량을 주사 또는 음용의 방법으로 투약하였다」는 공소사실이 특정되지 않았다는 대상판결도 같은 취지이다.

2) 대법원 2006. 4. 28. 2006도391.

3) 대법원 2009. 11. 12. 2009도9717.

4) 대법원 2007. 1. 25. 2006도7342.

5) 대법원 2010. 4. 29. 2010도2857.

되었다고 볼 수 없다고 판시하였다.[1]

2. 심판의 대상과 방어권의 보장

2006년 이후의 대법원판결, 특히 2010년에 있었던 판례들이 약물투약사범의 일시를 개괄적으로 규정한 것이 공소사실을 특정하였다고 볼 수 없다고 한 중요한 이유는 단기간 내에 반복되는 약물사용범죄의 특성에 비추어 볼 때 위와 같이 투약시기로 기재된 위 기간 내에 복수의 투약가능성이 농후하여 심판대상이 한정되었다고 보기도 어렵고, 그 결과 피고인의 방어권 행사에 지장을 초래할 위험성이 크다는 점에 근거를 두고 있었다. 예컨대 공소장에 「피고인은 2009년 3월 말경부터 같은 해 6월 말경까지 진주시 이하 장소를 알 수 없는 곳에서, 향정신성 의약품인 메스암페타민(일명 '필로폰') 불상량을 불상의 방법으로 1회 투약하였다」고 기재되어 있는 경우에, 피고인이 3월 25일, 3월 30일, 4월 10일, 4월 15일, 4월 25일에 각각 필로폰을 투약하였다면 그 가운데 어떤 행위에 대하여 공소가 제기되었으며, 피고인은 어떤 행위에 대하여 방어해야 하고, 판결이 확정된 경우에 검사는 나머지 행위로 다시 공소를 제기할 수 있는가의 문제이다.

개괄적으로 기재된 범행일시에 수 개의 행위가 포함된 경우, 어떤 범죄가 공소제기된 것인가에 관하여 일본에서는 몇 개의 학설이 대립되고 있다.[2] ① 최저1회설은 공소장 기재 기간 내의 적어도 1회의 사용행위를 기소하는 취지라고 해석한다. 이에 의하면 5회의 사용행위가 모두 기소된 것이 된다. 그러나 이에 의하면 5회의 사용행위가 모두 포괄일죄가 되지 않는 한,[3] 공소사실은 1개가 될 수 없고, 공소사실은 특정해서 기재할 것을 요구하는 법의 취지에 반한다. ② 최종1회설은 체포에 가장 근접한 최후의 사용행위를 기소하는 취지라고 해석한다. 이에 의하면 공소제기되는 것은 4월 25일의 사용행위에 제한되

1) 대법원 2010. 10. 14. 2010도9835.

2) 松宮孝明 刑事訴訟法判例百選(第7版), 99面; 後藤昭 刑事訴訟法判例百選(第8版), 100面 參照.

3) 이은모 「약물사용죄와 공소사실의 특정」, 형사판례연구 8, 391면은 이를 연속범에 해당한다고 한다. 그러나 연속범의 범위를 지나치게 확대할 때에는 피고인의 방어권이 침해되는 결과를 초래하며, 독일에서도 약물범죄에 대하여는 연속범의 개념을 인정하지 않는다. 필자 형법총론 532면. 수 개의 약물사용행위는 경합범의 관계에 있다는 것이 통설의 태도이다.

며, 기판력도 이 행위에 한하여 미친다. 그러나 판결 후에 4월 15일의 사용을 증명할 구체적인 증거가 있는 경우에 4월 25일의 사용을 증명할 증거가 없다면 4월 15일의 사용을 최종행위라고 해야 하지 않는가라는 의문이 제기되어 이를 공소제기할 수 없다는 비판을 면할 수 없다. ③ 단순1회설은 증거상 여러 회 사용의 의심이 있는 경우 이외에는 그 기간 내의 1회의 사용행위를 기소하는 취지라고 해석한다. 이에 의하면 여러 번의 사용이 기소 후의 증거조사에서 명백하게 되는 경우는 그들이 경합범의 관계에 있는 한 공소사실이 어느 사용행위에 대응하는가를 구체적으로 특정해야 할 필요가 있다. 그러나 구두변론 종결 시까지 그것이 명백하지 않고, 판결 후 5회의 사용이 밝혀진 경우, 어떤 행위에 기판력이 미치는가가 모호해지는 모순이 생긴다. 결국, 어떤 견해에 의하더라도 심판의 대상이 공소사실에 의하여 특정되지 아니하여 피고인의 방어권의 행사에 지장을 초래한다고 해야 한다.

Ⅳ. 대상판결과 관련판결의 검토

대상판결과 관련판결들은 모두 약물사용범죄의 공소사실의 특정에 관한 판결이다. 약물사용범죄에 있어서 피고인이 약물 투약행위를 부인하는 경우에는 공소장에 소변검사나 모발검사의 감정결과를 종합하여 투약시일을 개괄적으로 기재하지 않을 수 없다. 소변에 각성제가 잔류하는 기간은 2−3일(길어도 2주)을 넘지 않기 때문에 감정결과를 기초로 투약시기를 기재하여도 공소사실이 특정되었다고 할 수 있다. 그러나 모발검사의 감정결과를 역수산한 일시의 기재를 특정되었다고 할 수 있는가는 의문이다. 대상판결과 관련판결 (1)은 투약시일을 개괄적으로 기재한 경우에 공소사실이 특정되지 않았다고 판시한 판결임에 반하여, 관련판결 (2)와 (3)은 공소사실이 특정되었음을 인정한 판결들이다.

1. 공소사실의 특성

관련판결 (2)는 「피고인의 모발에 대한 감정을 실시한 결과 모발에서 메스암페타민 성분이 검출되어 피고인이 메스암페타민을 투약한 사실이 판명된 경우에도 피고인이 그 투약사실을 부인하는 경우, 검사로서는 그 투약의 시기 및 장소를 구체적으로 밝힐 증거를 확보하기란 용이하지 않은 점을 고려할 때, 검사가 기소 당시의 증거에 의하여 가능한 한 특정한 것이라면, 시일을 일정 범위의 기간 내로 기재하고 장소를 '인천 또는 불상지'라고 기재하였다고 하더라도, 범죄의 특성상 공소사실이 특정되어 있다고 보아야 할 것이다」라고 판시함으로써 각성제사용범죄의 특성에 비추어 투약시기를 일정 범위의 기간 내로 기재한 경우에도 공소사실이 특정되었다고 인정하였다. 그러나 범죄가 은밀히 행하여지기 때문에 그 투약의 시기 및 장소를 구체적으로 밝힐 증거를 확보하기가 용이하지 않다는 이유만으로 투약의 시기와 장소의 기재를 완화하는 것은 타당하다고 할 수 없다. 대상판결의 원심판결은 「피고인의 모발에서 메스암페타민 성분이 검출되었다는 감정서가 제출되어 있고 피고인이 그 투약사실을 부인하는 경우에는 검사가 모발을 성장기간 별로 구분하여 투약기간을 세분하여 감정한 모발감정결과에 기초하거나 피고인의 행적 등 다른 증거들에 의하여 모발감정에서 성분이 검출될 수 있는 기간의 범위 내에서 투약시기를 가능한 한 최단기간으로 특정하고, 장소도 토지관할의 구분이 가능하도록 특정하고 있다면, 그 시기 · 장소 · 방법 · 투약량 등을 불상으로 기재하더라도 공소사실이 특정된다고 보아야 할 것이다」라고 판시하였다. 모발감정에 의하여 메스암페타민 성분이 검출되는 기간이 6개월 정도임에 반하여, 모발을 성장기간 별로 구분하여 투약기간을 세분하여 감정한 모발감정결과에 의하면 그 기간이 2개월 내지 3개월로 단축된다는 점에서 투약시기를 가능한 한 최단기간으로 특정하고, 장소도 토지관할의 구분이 가능하도록 특정하고 있다면 공소사실은 특정되었다고 인정한 판결이다. 마약류투약사범에 효과적으로 대응하기 위해서는 이러한 정도의 기재가 있으면 공소사실은 특정되었다고 해석해야 한다는 견해도 있다.[1] 그러나 마약류투약사범은 사용행위마다 1개의 범죄가 성립하고 이들 범죄는 경합범의 관계에 있다고 보아야 할 뿐만 아니라, 경합범의 관계에 있는 범죄는 각 범죄를 구체적으로 기재하지 않으면 피고인의 방어권이 보장될 수 없다는 것이 원칙으로 인정되고 있는 점에 비추어 증거의 확보가 어렵다는 이유만으로 장소와 방법뿐만 아니라 사용일시까지 개괄적으로 기재하는 것을 허용할 수는 없다고 해석해야 할 것이다. 대상판결이나 관련판결

1) 원혜욱 앞의 글, 533면; 이은모 앞의 글, 397면.

(1)에서 대법원이 모발을 성장기 별로 구분하여 투약시기를 세분하여 감정한 모발감정결과에 기초하여 투약시기를 2월 내지 3월의 폭으로 기재한 경우에도 공소사실이 특정되지 않았다고 판시하고, 특히 2009년 이래 판례가 약물투약범죄의 공소사실의 특정에 대하여 엄격한 기준을 요구하고 있는 것은 이러한 의미에서 이해할 수 있다. 대상판결과 관련판결 (1)이 공소사실이 특정되지 않았다고 판시한 것은 타당하다고 생각한다.

2. 공소사실의 추완

관련판결 (2)는 검사가 「피고인은 1993. 8. 중순 일자 불상경 인천 이하 불상지에서 필로폰을 1회용 주사기에 넣고 증류수에 희석시킨 후 자신의 팔에 주사하여 이를 투약한 것이다」라고 기재하고 공소를 제기한 경우에, 「'1993. 8. 중순'이 아닌 다른 시일에 저지른 투약행위나 인천시가 아닌 다른 곳에서 저지른 메스암페타민의 투약행위는 공소제기의 대상에서 제외한다는 것은 아니라고 보아야 하므로 법원으로서는, 검사에 대하여 석명권을 행사하여 그 취지를 명확히 하도록 하여야 할 것이며, 공소사실에 기재되어 있는 시일 및 장소인 '1993. 8. 중순경 인천 이하 불상지'에서 메스암페타민을 투약하였다고 볼 자료가 없다는 점만으로 바로 피고인에 대하여 무죄를 선고할 것은 아니다」라고 판시하였다. 공소사실이 특정되지 않은 경우에 공소제기는 무효이므로 판결로써 공소를 기각해야 하는 것은 물론이다. 이 경우에 공소사실이 특정되지 아니한 하자를 추완할 수 있는가에 관하여 다수설은 공소사실이 전혀 특정되지 아니한 때에는 공소제기의 하자가 치유될 수 없으나 공소사실로 구체적인 사실이 기재되어 있는 경우에는 검사 스스로 또는 법원의 석명에 의하여 불명확한 점을 보정할 수 있다고 해석한다.[1] 판례도 공소제기의 절차가 법령의 규정에 위반하여 무효인 때에는 공소제기의 추완이 허용되지 않지만,[2] 구체적인 사실이 기재되어 있고 다른 사항들에 의하여 공소사실을 특정할 수 있는 경우에는 보정할 수 있다고 판시하고 있다.[3] 관련판결이 모발검사의 감정결과 내의 기

1) 배종대/이상돈/정승환/이주원 248면; 손동권 359면; 신동운 457면; 이영란 422면; 이재상 3386면.
2) 대법원 2009. 2. 26. 2008도11813.
3) 대법원 2001. 10. 26. 2000도2968.

간과 장소이지만 공소장에 기재된 시일 · 장소와 다른 투약행위도 공소사실의 대상에 포함된다고 본 것은 관련판결의 기재가 특정되었고, 심판의 대상은 모발의 감정결과에 포함된 사용행위를 모두 포함한다는 것을 전제로 한 결과이다. 그러나 공소범죄의 성격에 비추어 그 개괄적 표시가 부득이하다는 이유만으로 경합범관계에 있는 일정 기간 내의 약물투약행위가 특정되었다고 할 수는 없다. 즉, 공소사실에 기재되어 있는 시일 및 장소인 '1993. 8. 중순경 인천 이하 불상지'를 1993. 8. 15. 20:00 인천 이하 불상지로 보완하는 것은 허용되지만 이와 다른 사실로 고치는 것은 허용되지 않는다고 해야 한다. 이 경우에 공소사실의 추완은 공소장변경의 절차를 거칠 것을 요하지 아니하며, 공소장의 정정으로 족하다.

7. 공소사실의 동일성

[대상판결]

(1) 대법원 1994. 3. 22. 93도2080 전원합의체판결

1. 사실관계

피고인은 원심 공동피고인 甲, 乙 및 丁, 공소외 丙, 戊와 합동하여 1992. 9. 23. 23:40경 서울 구로구 구로동 소재 노상에서 피고인과 위 乙 및 丁은 망을 보고 공동피고인 甲 및 공소외 丙, 戊는 피해자 A에게 다가가 주먹과 발로 피해자의 얼굴과 몸통 부분을 수회 때려서 피해자의 반항을 억압한 후 피해자의 상·하의 호주머니에서 피해자 소유의 국민카드 2매, 비씨카드 2매, 현금 60,000원, 주민등록증이 들어있는 지갑 2개를 꺼내어 가 이를 강취하고, 그로 인하여 피해자에게 치료일수 미상의 안면부 타박상 등을 입혔다. 그러나 검사는 피고인에 대한 강도상해죄에 대한 증거를 확보하지 못하자, 피고인을 장물취득죄 등으로 공소제기하였다. 피고인에 대한 장물취득죄의 공소사실은 "피고인은 공동피고인 甲, 乙과 공모하여 1992. 9. 24. 02:00경 서울 서초구 방배동에 있는 공중전화박스 옆에서 공소외 丙 등이 그 전날인 같은 달 23. 23:40경 서울 구로구 구로동 소재 노상에서 피해자 A로부터 강취한 피해자 소유의 국민카드 1매를 장물인 정을 알면서도 교부받아 이를 취득하였다"는 것이있다.

피고인은 1992. 11. 30. 서울형사지방법원에서 장물취득죄, 신용카드업법 위반죄 및 사기죄로 징역 장기 1년, 단기 10월의 형을 선고받고, 항소하였다. 그러나 제1심판결이 선고된 후 공소외 戊가 검거되어 그의 진술에 의하여 피고인이 강도상해죄의 공동정범임이 밝혀지자, 검사는 1993. 2. 3. 戊와 함께 피고인을 강도상해죄로 공소제기하였다. 같은 해 3. 11. 피고인에 대한 강도상해사건의 제 1 회 공판을 한 후인 같은 달 18. 피고인은 장물취득에 대한 항소를 취하하여 위의 형이 확정되었다.

2. 사건의 경과

제 1 심에서는 피고인에 대한 강도상해의 공소사실에 관하여 유죄를 인정하고 피고인에게 징역 장기 2년 6월, 단기 2년을 선고하였고(서울형사지방법원 1993. 3. 23. 93고합179), 원심에서도 장물취득과 강도상해의 사실 사이에는 범죄의 일시, 장소, 피해자 등이 모두 달라 공소사실의 동일성이 인정될 수 없다는 이유로 피고인의 항소를 기각하였다(서울고등법원 1993. 6. 30. 93노1011).

피고인은 같은 사건으로 인하여 이미 장물취득 등으로 징역 장기 1년, 단기 10월의 형을 선고받아 확정되었음에도 불구하고 원심이 공소사실의 동일성이 인정되지 않는다고 판시하였음은 기판력에 관한 법리를 오해하였다는 취지로 상고를 제기하였다.

3. 판결요지

[다수의견] 가. 유죄로 확정된 장물취득죄와 이 사건 강도상해죄는 범행일시가 근접하고 위 장물취득죄의 장물이 이 사건 강도상해죄의 목적물 중 일부이기는 하나, 그 범행의 일시·장소가 서로 다르고, 강도상해죄는 피해자를 폭행하여 상해를 입히고 재물을 강취하였다는 것인 데 반하여 위 장물취득죄는 위와 같은 강도상해의 범행이 완료된 이후에 강도상해죄의 범인이 아닌 피고인이 다른 장소에서 그 장물을 교부받았음을 내용으로 하는 것으로서 그 수단·방법·상대방 등 범죄사실의 내용이나 행위가 별개이고, 행위의 태양이나 피해법익도 다르고 죄질에도 현저한 차이가 있어, 위 장물취득죄와 이 사건 강도상해죄 사이에는 동일성이 있다고 보기 어렵고, 따라서 피고인이 장물취득죄로 받은 판결이 확정되었다고 하여 강도상해죄의 공소사실에 대하여 면소를 선고하여야 한다거나 피고인을 강도상해죄로 처벌하는 것이 일사부재리의 원칙에 어긋난다고는 할 수 없다.

나. 공소사실이나 범죄사실의 동일성은 형사소송법상의 개념이므로 이것이 형사소송절차에서 가지는 의의나 소송법적 기능을 고려하여야 할 것이고, 따라서 두 죄의 기본적 사실관계가 동일한가의 여부는 그 규범적 요소를 전적으로 배제한 채 순수하게 사회적·전법률적인 관점에서만 파악할 수는 없고, 그 자연적·사회적 사실관계나 피고인의 행위가 동일한 것인가 외에 그 규범적 요소도 기본적 사실관계 동일성의 실질적 내용의 일부를 이루는 것이라고 보는 것이 상당하다.

[반대의견] 가. 강도상해죄는 강도죄와 상해죄의 결합범이고 강도죄는 절도

죄와 폭행 또는 협박죄의 결합범의 형태를 갖추고 있는 것으로서 실체적으로는 수개의 행위를 법률적 관점에서 하나의 행위로 파악하고 있는 데 지나지 아니하므로, 강도상해죄가 절도죄의 경우와는 달리 장물죄와의 사이에 피해법익이 다르고 죄질에 현저한 차이가 있다는 것만으로 이 사건 범죄사실의 동일성을 부인할 이유는 되지 않는다. 금품을 강취한 후 그 장물을 분배하는 일련의 범죄행위는 이를 생활의 한 단면으로 보아야 할 것이고, 한편 공소사실의 동일성이 인정되는 한 공소장의 변경을 허용할 수 있어 기판력이 미치는 범위와 공소장변경이 허용되는 범위는 일치한다고 보아야 하는바, 생활의 한 단면 내의 어느 한 행위(장물죄)에 대하여 재판절차를 마친 이상 피고인에게는 그 단면 내의 모든 행위에 대하여 소추 재판의 위험이 따랐다고 하여야 할 것인데 실제로 소추·재판된 행위(장물죄)가 같은 단면 내의 다른 행위(강도죄)와 비교하여 피해법익에 있어서 완전히 겹쳐지지 않는 부분이 있다는 이유만으로 그 다른 행위(강도죄)에 대해 다시 논할 수 있다는 것은 방대한 조직과 법률지식을 갖춘 국가기관이 형사소추를 거듭 행함으로써 무용의 절차를 되풀이하면서 국민에 대해 정신적·물질적 고통을 주게 하는 것이며, 한편으로는 수사기관으로 하여금 사건을 1회에 완전히 해결하려 하지 않게 함과 아울러 이를 악용하게 할 소지마저 있다.

나. 기본적 사실관계동일설을 취하는 경우에는 그 사실의 기초가 되는 사회적 사실관계가 기본적인 점에서 동일한가의 여부를 구체적 사실에 관하여 개별적으로 판단하여 결정하여야 하는 것으로서 기본적 사실관계의 동일성 여부를 판단함에 있어서는 일체의 법률적 관점을 배제하고 순수하게 자연적·전법률적 관점에서 범죄사실의 동일성을 판단하고자 하는 것이고 규범적 요소는 고려되지 아니함이 원칙이다.

(2) 대법원 2004. 9. 16. 2001도3206 전원합의체판결

1. 사실관계 및 사건의 경과

피고인은 전에 사기죄로 유죄판결(인천지방법원 부천지원 1998. 3. 6. 97고단1587 판결)이 확정된 바 있다. 그런데 이 사건의 공소사실 가운데는 확정된 사기죄에 대한 사실심 선고 전에 저질러진 부분, 즉 피고인이 1996. 12. 30.부터 1998. 1. 17.까지 사이에 피해자 甲 내지 丙 등으로부터 그 판시와 같이 신공항구조물공사 동업자금, 공사현장 식당경비와 운영권 명목, 또는 토지분양대금 명목 등으로 합계 1억원 남짓의 금원을 편취하였다는 각 사기범행 부분이 포함되어 있었다. 판결이 확정된 사기죄의 범죄사실과 위 공소사실 부분은 그 범행의 동기·수단 및 방법이 유사하고 2년여 기간 동안에 반복하여 행하여진 점 등에 비추어 각 사기 범행은 모두 피고인의 사기 습벽의 발현에 의하여 저질러진 범행이라고 할 것이어서 다 같이 포괄일죄인 상습사기죄에 해당한다고 인정되었다.

제 1 심은 위 확정판결의 기판력이 그와 포괄일죄의 관계에 있는 이 사건 공소사실 부분에 대하여도 미친다고 판단하여 면소판결을 선고하였다. 검사가 항소하였으나, 원심법원은 제 1 심의 면소판결을 유지하고 검사의 항소를 기각하였다.

2. 판결요지

[다수의견] 가. 상습성을 갖춘 자가 여러 개의 죄를 반복하여 저지른 경우에는 각 죄를 별죄로 보아 경합범으로 처단할 것이 아니라 그 모두를 포괄하여 상습범이라고 하는 하나의 죄로 처단하는 것이 상습범의 본질 또는 상습범 가중처벌규정의 입법취지에 부합한다.

나. 상습범으로서 포괄적 일죄의 관계에 있는 여러 개의 범죄사실 중 일부에 대하여 유죄판결이 확정된 경우에, 그 확정판결의 사실심판결 선고 전에 저질러진 나머지 범죄에 대하여 새로이 공소가 제기되었다면 그 새로운 공소는 확정판결이 있었던 사건과 동일한 사건에 대하여 다시 제기된 데 해당하므로 이에 대하여는 판결로써 면소의 선고를 하여야 하는 것인바(형사소송법 제326조 제 1 호), 다만 이러한 법리가 적용되기 위해서는 전의 확정판결에서 당해 피고인이 상습범으로 기소되어 처단되었을 것을 필요로 하는 것이고, 상습범 아닌 기본 구성요건의 범죄로 처단되는 데 그친 경우에는, 가사 뒤에 기소된 사건에서 비로소 드러났거나 새로 저질러진 범죄사실과 전의 판결에서 이미 유죄로 확정된 범죄사실 등을 종합하여 비로소 그 모두가 상습범으로서의 포괄적 일죄에 해당하는 것으로 판단된다 하더라도 뒤늦게 앞서의 확정판결을 상습범의 일부에 대한 확정판결이라고 보아 그 기판력이 그 사실심판결 선고 전의 나머지 범죄에 미친다고 보아서는 아니 된다.

[반대의견] 포괄일죄인 상습사기죄의 일부에 관하여 유죄의 확정판결이 있더라도 단순사기죄로 처벌된 것인가, 상습사기죄로 처벌된 것인가에 따라 기판력이 미치는 범위가 달라진다고 하는 다수의견에는 다음과 같은 이유로 찬성할 수 없는바, 첫째 다수의견은 공소불가분의 원칙을 규정하고 있는 형사소송법 제247조 제 2 항과 일사부재리의 원칙을 규정하고 있는 헌법 제13조 제 1 항 후단 및 형사소송법 제326조 제 1 호에 반하는 것으로 다수의견이 기존에 확립된 판례를 변경하는 것은 법령의 해석·적용에 관하여 선택할 수 있는 여러 견해 중 하나를 선택하는

차원의 범위를 넘어선 것이고, 둘째 후에 공소제기된 사건에 관하여 확정판결이 있었는지 여부는 그 사건의 공소사실의 전부 또는 일부에 대하여 이미 판결이 있었는지 여부의 문제이고, 이는 전의 확정판결의 죄명이나 판단내용에 의하여 좌우되는 것이 아니므로 이론상으로도 전의 확정판결에서 단순사기죄로 판단한 것의 구속력을 인정할 여지는 없고, 단순사기죄의 확정판결에 그와 같은 내용적 확정력을 인정할 법령상의 근거 역시 찾아볼 수 없으며, 셋째 다수의견이 기판력이 미치는 범위를 기본적으로 공소장 기재 사실을 한도로 하는 것은 소인개념을 채택하고 있지 아니하는 현행법상으로는 무리한 해석이다.

[판례의 연구]

Ⅰ. 문제의 제기

공소사실의 동일성은 공소제기의 효력이 미치는 범위를 결정할 뿐만 아니라 공소장 변경의 한계가 되고, 기판력이 미치는 범위를 결정하는 기준이 된다. 즉 공소불가분의 원칙에 의하여 공소제기의 효력은 공소장에 기재된 공소사실과 동일성이 인정되는 모든 사실에 미친다(제248조 제 2 항). 따라서 공소장에 기재된 공소사실과 동일성이 인정되는 모든 사실은 법원의 심판의 대상이 된다. 다만 피고인의 방어권을 보장하고 당사자주의적 소송구조를 유지하기 위하여 동일성이 인정되는 범위의 사실은 잠재적 심판의 대상이 되는 데 그치고, 공소장변경에 의하여 변경된 공소사실은 법원의 현실적 심판의 대상이 될 뿐이다. 이 경우에 공소사실의 동일성은 공소장변경의 한계로서 기능한다(제298조). 재판이 확정된 경우에 기판력 또는 일사부재리의 효력도 범죄사실과 동일성이 인정되는 사실의 전부에 미치므로, 동일성이 인정되는 사실에 대하여 법원이 다시 심리 판단하는 것은 허용되지 아니한다. 이러한 의미에서 공소사실의 동일성은 형사소송의 전체과정에 연관되는 가장 중요한 쟁점이 하나라고 할 수 있다.

공소사실의 동일성을 판단하는 기준에 관하여는 우리나라에서 기본적 사실동일설, 죄질동일설, 구성요건공통설 및 소인공통설 등이 대립되고 있으며, 대법원은 기본적 사실동일설의 입장을 일관하여 왔다. 기본적 사실동일설은 현재 우리 학계에서도 다수설의 입장이며,[1] 대상판결도 모두 기본적 사실동일설의 입장을 유지하고 있다. 다만 대법원의 다수의견은 대상판결에서 기본적 사실동일설을 유지하면서 기본적 사실동일설을 취하는 경우에도 규범적 요소를 고려해야 한다고 판시하면서, 강도상해죄와 장물취득죄의 공소사실 사이에는 동일성이 인정되지 아니하며, 포괄일죄인 상습범에 있어서도 전의 확정판결에서 당해 피고인이 상습범으로 기소되어 처단되었을 경우에만 면소판결을 선고할 수 있다고 판시한 점에 특색이 있다. 여기서 공소사실의 동일성을 판단하는 기준을 검토한 후(Ⅱ), 기본적 사실동일설에 의하여 공소사실의 동일성을 판단함에 있어서 규범적 요소를 고려하는 것이 타당하다는 전제하에 고려해야 할 규범적 요소는 무엇인가(Ⅲ)를 살펴보고, 대상판결을 분석하면서 강도상해죄 또는 절도죄와 장물취득죄의 범죄사실 및 상습사기죄와 사기죄 사이에 동일성을 인정할 수 있는가를 분석해 보기로 한다(Ⅳ).

Ⅱ. 공소사실의 동일성의 판단기준

공소사실의 동일성은 소송의 발전에 따른 시간적 전후동일성을 의미한다. 그러나 어느 정도 동일하면 공소사실의 동일성을 인정할 수 있는가, 또 그 기준은 무엇인가에 대하여 견해가 대립되고 있다.

1. 학설의 대립

1) 죄질동일설 공소사실은 자연적 사실이 아니라 일정한 죄명, 즉 구성요건의 유형적 본질(죄질)에 의한 사실관계의 파악이므로 죄질의 동일성이 인정되어야 공소사실의 동일성을 인정할 수 있다는 견해이다. 그러나 죄질동일설은 공소사실의 동일성을 지나치게 좁게 해석하여 공소장변경제도를 무의미하게 만든다는 비판을 면할 수 없고, 따라서 현재 우리나라에서 죄질동일설을

1) 신동운 형사소송법 529면; 신양균 형사소송법, 487면; 이재상 형사소송법, 437면; 정영석/이형국 형사소송법, 268면.

주장하는 학자는 없다.

2) **구성요건공통설** 범죄란 구성요건을 떠나서는 생각할 수 없다는 점에서 죄질동일설과 출발점을 같이하지만 죄질동일설의 결함을 시정하여, A 사실이 甲 구성요건에 해당하고 B 사실이 乙 구성요건에 해당하는 경우에, B 사실이 甲 구성요건에도 상당 정도 부합하는 때에는 공소사실의 동일성이 인정되고, 甲·乙 구성요건이 죄질을 같이하거나 공통된 특징을 가질 것을 요하지 않는다는 견해이다. 종래 우리나라의 다수설의 입장이었다.[1)]

3) **소인공통설** 공소사실의 동일성은 소인과 소인의 비교에서 오는 사실상의 문제에 지나지 않으므로 소인의 기본적 부분을 공통으로 할 때에 공소사실의 동일성이 인정된다는 견해이다. 소인이란 구체적 사실을 의미하므로 소인변경의 한계인 공소사실의 동일성은 사실과 사실의 비교의 문제에 불과하고 구성요건의 비교에 의하여 결정되는 규범의 문제는 아니라는 것이다.

4) **기본적 사실동일설** 공소사실을 그 기초가 되는 사회적 사실로 환원하여 그러한 사실 사이에 다소의 차이가 있더라도 기본적인 점에서 동일하면 동일성을 인정해야 한다는 견해이다. 따라서 이에 의하면 일시와 장소의 접근, 행위와 결과의 친근성, 피해자 또는 피해물건의 동일 등 공소사실의 중요한 사실관계가 사회적으로 동일 내지 공통하다고 인정되는 때에는 법률적·규범적 평가와 관계없이 동일성을 인정해야 한다. 독일의 전통적 행위개념 내지 종래의 통설이 소송법상 행위란 생활관에 따라 하나라고 인정되는 한 개의 역사적 사건(einheitlicher geschichtlicher Vorgang)을 의미한다고 해석한 것도 이러한 사실적 행위개념을 기초한 것이라고 할 수 있다.[2)]

2. 비　판

소인공통설이 공소사실의 동일성을 사실과 사실의 비교의 문제로 파악한 것은 타당하다. 그러나 ① 소인개념을 인정하지 않는 형사소송법에서 소인공통설이 타당할 여지는 없고, ② 공소사실의 동일성을 소인과 소인의 비교의 문

---

1) 권오병 144면; 정영석 222면. 백형구 강의 540면의 범죄행위공통설도 구성요건공통설과 같은 이론이라고 할 수 있다.

2) Engelhardt KK §264, Rn. 3; Gollwitzer LR §264, Rn. 5; Kleinkenecht/Meyer-Goßner Rn. 2; Loos AK Anhang zu §264, Rn. 34.

제로 이해하는 것은 문제를 문제로 해결하는 것에 지나지 않으며, ③ 소인공통설에 의하여는 공소사실의 동일성에 대한 기준을 제시하지 못한다는 비판을 면할 수 없다. 한편 구성요건공통설도 ① 공소사실은 사실의 주장임에도 불구하고 그 규범적 요소를 강조한 것은 잘못이고, ② 동일성의 범위가 넓어지면 공소제기의 효력과 기판력의 범위에서는 피고인에게 유리하고 공소장변경에 있어서는 불리하게 되고, 좁게 되면 반대의 결과를 초래함에도 불구하고 검사의 이익과 피고인의 이익을 조화한다는 것은 옳지 않다는 비판을 면할 수 없다. 결국, 공소사실의 동일성은 기본적 사실동일설의 입장에서 해결하는 것이 타당하다. 이러한 의미에서 대법원이 기본적 사실동일설의 입장을 일관하고 있는 것은 타당하다고 생각된다.[1)]

Ⅲ. 기본적 사실동일설과 규범적 요소

대법원은 대상판결 (1)에서 기본적 사실동일설을 취하는 경우에도 규범적 요소를 고려해야 한다는 전제에서 강도상해죄와 장물취득죄의 동일성을 부정하고 있다. 대상판결 이후 대법원은 「공소사실의 동일성은 그 사실의 기초가 되는 사회적 사실관계가 기본적인 점에서 동일하면 그대로 유지되는 것이나, 이러한 기본적 사실관계의 동일성을 판단함에 있어서는 그 사실의 동일성이 갖는 기능을 염두에 두고 피고인의 행위와 그 사회적인 사실관계를 기본으로 하되 규범적 요소도 아울러 고려하여야 한다」는 태도를 일관하고 있다.[2)] 공소사실의 동일성의 판단에 있어서 규범적 요소를 고려해야 한다고 한 것은 독일에서의 BGH의 판결과 규범적 행위개념이론의 영향이라고 볼 수 있다.

---

1) 대법원 1964. 12. 29. 64도664; 대법원 1984. 2. 28. 83도3074; 대법원 1987. 1. 20. 86도2396; 대법원 1987. 2. 10. 85도897; 대법원 1988. 3. 8. 87도1763; 대법원 1990. 5. 8. 89도1450; 대법원 1999. 5. 14. 98도1483.

2) 대법원 2002. 3. 29. 2002도587; 대법원 2003. 7. 11. 2002도2642; 대법원 2005. 1. 13. 2004도6390; 대법원 2006. 3. 23. 2005도9678; 대법원 2010. 10. 14. 2009도4785; 대법원 2011. 4. 28. 2009도12249; 대법원 2012. 9. 13. 2011도6911.

1. 독일의 판례와 규범적 행위개념이론

(1) 규범적 행위개념이론

BGH는 절도죄와 장물죄 사이에는 행위의 객체가 같을 때에는 시간적·장소적으로 떨어져 있어도 행위형태에 있어서 현저히 다르지 않을 때에는 동일성을 인정하고 있음에도 불구하고, 「장물죄로 유죄판결을 받게 한 생활과정과 강도죄의 그것은 장소·시간·행위상황 및 피해법익이 다르므로 자연적인 고찰에 의하는 경우에도 소송법적 의미에서 한 개의 사실이라고 할 수 없고, 따라서 장물죄로 인한 유죄판결의 기판력은 선행된 장물에 대한 강도죄에는 미치지 않는다」고 판시한 바 있다.[1] 대상판결 (1)의 대법원판결과 같은 태도의 판결이다. 여기서 BGH 판결의 기초이론이 독일의 규범적 사실개념이론이다.

독일에서도 통설인 사실적 행위개념에 의하는 경우에 생활관만으로는 동일성을 판단할 수 있는 명백한 기준을 제시할 수 없다는 이유로 규범적 기준, 특히 동일한 법익침해 또는 하나의 불법내용이라는 규범적 관점에서 동일성을 판단해야 한다는 소위 규범적 행위개념이론이 주장된 바 있다. 즉, Roxin은 사실상 분리될 수 없고 서로 옮겨갈 수 있는 사건뿐만 아니라 서로 분리될 수 있는 독립된 사실이라 할지라도 그 불법내용(Unrechtsgehalt)에 있어서 공통하고 시간적·장소적 관련이 인정될 때에는 한 개의 사실이 될 수 있다고 하여 사실적 요소와 규범적 요소의 결합을 주장하였고,[2] Wolter도 행위의 동일성은 법적 동가치성(rechtliche Gleichwertigkeit)을 요구하므로 법적 동가치성이 인정되지 않을 때에는 자연적인 동일성은 적용될 여지가 없다고 하면서 행위개념에 대한 새로운 형식을 필요로 한다고 하였으며,[3] Gillmeister가 구성요건적 중요성(Tatbestandsrelevanz)을 판단하지 않고 시간적·장소적 관련만으로 동일성을 결정하는 것은 자의적임이 명백하다고 한 것은 이러한 의미라고 할 수 있다.[4] 그러나 규범적 요소에 의하여 동일성을 판단하는 경우에 규범적 요소의 구체적 내용이 무엇인가에 관하여는 견해가 일치하지 않는다. Oehler는 행위의 실

---

1) BGHSt. 35, 60. 64(4 Strafsenat. Urteil vom 1987. 9. 29).
2) Roxin *Strafverfahrensrecht* § 20 S. 2.
3) Wolter 「Tatidentität und Tatumgestaltung im Strafprozeß」, GA 1986, 143, 164.
4) Gillmeister 「Zur normativ-faktischen Bestimmung der strafprozessualen Tat」, NStZ 1989, 2.

체(Handlungssubstanz),[1] Peters는 행위의 방향(Richtung des Tätigkeitsakts) 내지 핵심내용(Kerngehalt)이라고 하여 행위에 중점을 두었으며,[2] Henkel과 Roxin은 불법내용(Unrechtsgehalt),[3] Hruschka는 장소 · 시간 · 행위대상에 의하여 확정될 수 있는 사건의 법적 핵심(rechtliche Kern)을 기준으로 제시하였고,[4] Wolter는 결과불법의 동일성으로서 침해법익의 동일성(Identität des verletzten Rechtsguts) 내지 구성요건의 법적 동가치성(rechtliche Gleichwertigkeit),[5] Bertel은 물론 Schlüchter도 법익의 동일성이 동일성판단의 기준이 됨을 지적하였다.[6] 결국 독일에서의 규범적 행위개념이론은 행위와 불법의 핵심을 요구하는 이론으로 우리나라에서의 구성요건공통설과, 구성요건적 동가치성 내지 침해법익의 동일성을 요구하는 이론은 죄질동일설의 입장과 일치한다고 할 수 있다.

(2) 기본적 사실동일성과 규범적 요소

기본적 사실동일설은 사회적 사실 사이에 동일성이 인정되면 족하며 법적 · 규범적 요소를 고려하지 않는 이론이다. 어떤 경우에 기본적 사실이 동일한가를 판단하는 기준도 구체적인 경우에 사회통념에 따라 결정하지 않을 수 없다. 그러나 존재론적 기초만으로 사건의 동일성을 판단할 수 있는 명확한 기준이 없고 사실적 행위개념으로 제시할 수 있는 기준으로는 시간적 · 장소적 관련(zeitlicher und ortlicher Zusammenhang) 이외에 어떤 기준도 제시될 수 없다.[7] 여기서 기본적 사실동일설 내지 사실적 행위개념을 보완하여 규범적 요소에 의하여 동일성판단의 명확한 기준을 얻고자 하는 이론이 규범적 행위개념이며, 죄질동일설과 구성요건공통설도 이러한 이론에 불과하다.[8] 그렇다면 동일성의 판단에 있어서 규범적 요소를 고려하는 것은 기본적 사실동일설을 취하는가 또는 구성요건공통설이나 죄질동일설을 취하는가, 그 결합인가의 문

1) Oehler「Neuere Verschiebungen beim prozessualen Tatbegriff」, *Gedächtnisschrift für Schröder*, S. 449.
2) Peters S. 484.
3) Roxin a.a.O. S. 156.
4) Hruschka「Der Begriff der Tat im Strafverfahrensrecht」, JZ 1966, 703.
5) Wolter GA 1986, 170.
6) Schlüchter SK Rn. 17.
7) Loos AT Rn. 34; Schlüchter SK Rn. 16; Gillmeister NStZ 1989, 2; Wolter GA 1986, 145.
8) 平場/高田 注解 刑事訴訟法(中) 581面; 青柳/伊藤 註釋 刑事訴訟法(2) 416面.

제이며 기본적 사실동일설을 취하는 경우의 문제는 아니다. 이러한 의미에서 판례가 기본적 사실동일설을 취하는 경우에도 규범적 요소를 고려해야 한다는 것은 잘못이며, 문제는 동일성판단에 있어서 규범적 요소의 고려가 필요한가라는 점에 귀착된다고 할 것이다.

2. 동일성판단과 규범적 요소

(1) 규범적 요소의 내용

사건 또는 공소사실의 동일성을 판단함에 있어서 규범적 요소를 고려하는 경우에도 규범적 요소가 무엇을 의미하는가가 반드시 명백한 것은 아니다. 죄질동일설은 구성요건의 유형적 본질인 죄질의 동일성을, 구성요건공통설은 구성요건의 상당 정도 유사성을 요구한다. 이 판결 이후에 대법원은 규범적 요소를 고려해야 한다는 전제에서 경범죄처벌법위반의 즉결심판의 기판력이 폭력행위 등 처벌에 관한 법률위반의 공소사실에도 미친다고 판시한 바 있고,[1] 이는 구성요건의 공통성을 요구하는 것으로 보인다.[2] 공소가 제기된 당초의 범죄사실과 공소장변경신청을 한 범죄사실이 범행일시와 상대방은 물론 그 수단・방법 등 범죄사실의 내용이나 행위태양이 다르고 경합범 관계에 있기 때문에 기본적인 사실관계가 동일하다고 할 수 없다고 한 판례도 같은 입장이다.[3] 그러나 대상판결 (1)에서 대법원은 강도상해죄와 장물취득죄의 사이에 구

1) 대법원 1996. 6. 28. 95도1270, "공소사실이나 범죄사실의 동일성 여부는 사실의 동일성이 갖는 법률의 기능을 염두에 두고 피고인의 행위와 그 사회적인 사실관계를 기본으로 하되 그 규범적 요소도 고려에 넣어 판단해야 한다. 따라서 경범죄처벌법위반죄의 범죄사실인 음주소란과 폭력행위 등 처벌에 관한 법률위반죄의 공소사실은 범행장소가 동일하고 범행일시도 같으며 모두 피고인과 피해자의 시비에서 발달된 일련의 행위들임이 분명하므로 양 사실은 기본적인 사실관계가 동일한 것이어서 이미 확정된 경범죄처벌법위반죄에 대한 즉결심판의 기판력이 폭력행위 등 처벌에 관한 법률 위반죄의 공소사실에도 미친다고 보아 면소의 판결을 선고한 원심판결은 정당하다."

2) 대법원 2011. 4. 28. 2009도12249 판결은 경범죄처벌법상 범칙금제도는 형사절차에 앞서 경찰서장 등의 통고처분에 의하여 일정액의 범칙금을 납부하는 기회를 부여하여 그 범칙금을 납부하는 사람에 대하여는 기소를 하지 아니하고 사건을 간이하고 신속・적정하게 처리하기 위하여 처벌의 특례를 마련해 둔 것이라는 점에서 법원의 재판절차와는 제도적 취지 및 법적 성질에서 차이가 있고, 범칙금의 납부에 따라 확정판결에 준하는 효력이 인정되는 범위는 범칙금 통고의 이유에 기재된 당해 범칙행위 자체 및 그 범칙행위의 동일성이 인정되는 범칙행위에 한정되므로 범칙행위와 같은 시간과 장소에서 이루어진 행위라 하더라도 범칙행위의 동일성을 벗어난 형사범죄행위에 대하여는 범칙금의 납부에 따라 확정판결에 준하는 일사부재리의 효력이 미치지 아니한다고 판시하였다.

3) 대법원 2002. 3. 29. 2002도587.

성요건적 공통성이 있음에도 불구하고 동일성을 부정한 점에 비추어, 여기서 말하는 규범적 요소는 피해법익 내지 죄질의 동일성을 요구하는 것이라고 할 수 있다. 대법원이 소방법위반의 범죄사실과 업무상과실치상·업무상실화의 공소사실은 각 위반행위의 내용과 태양 및 책임의 근거, 직접적인 보호법익 등이 다를 뿐만 아니라 그 죄질에도 현저한 차이가 있고,[1] '약사법 위반죄'의 범죄사실과 '보건범죄단속에 관한 특별조치법 위반(부정의약품제조등)'의 공소사실이 그 행위의 태양과 보호법익 및 죄질이 전혀 다르고, 범행일시 및 장소도 극히 일부만 중복될 뿐이므로 상호간에 동일성이 있다고 평가할 수 없다고 판시한 것도 같은 의미라고 할 수 있다.[2]

원래 독일에서 동일성의 판단에 규범적 요소를 고려해야 한다는 규범적 행위개념이론은 자연적 행위개념에 의하는 경우에 보편타당한 기준을 발견할 수 없다는 점 이외에도 본질적으로는 기판력을 제한하여 일정한 경우에 정의감에 일치할 수 없는 일사부재리의 효력을 배제해야 한다는 점에서 주장되었던 것이다.[3] 확정판결에 포함되지 않은 불법에 대하여는 다시 행위자를 처벌하는 것이 정의의 관념에 일치한다고 보았기 때문이다. 따라서 규범적 행위개념이론은 기판력을 제한함으로써 확정판결에서 심판받지 아니한 부분을 새로운 절차의 대상으로 하려고 하는 보충소송이론과 관련을 가지지 않을 수 없다.[4] 대상판결 (2)가 상습사기죄로 처벌받은 전과가 있는 경우에 한하여 그 범죄와 포괄일죄의 관계에 있는 사기범행에 대하여 기판력이 미친다고 판시한 것도 같은 취지라고 할 수 있다. 여기서 정의감을 근거로 기판력을 제한하기 위하여 규범적 요소를 기준으로 동일성을 좁게 해석하는 것이 타당한가를 근본적으로 재검토해 보아야 한다.

(2) 규범적 요소의 필요성

공소사실의 동일성은 공소제기의 효력이 미치는 범위일 뿐만 아니라 공소장변경이 허용되는 한계이고, 또 같은 범위에서 일사부재리의 효력이 미친다.

---

1) 대법원 2005. 1. 13. 2004도6390.
2) 대법원 2010. 10. 14. 2009도4785.
3) Gollwitzer §LR §264, Rn. 10; Gillmeister NStZ 1989, 3; Herzberg 「Ne bis in dem — Zur Sperrwirkung des rechtskräftigen Strafurteils」, JuS 1972, 114.
4) Achenbach 「Strafprozessuale Ergänzungsklage und materielle Rechtskraft」, ZStW 87, 74.

그런데 형사절차에 있어서는 실체적 진실 내지 정의의 이념과 함께 피고인의 이익보호와 법적 안정성이라는 충돌하는 이익을 조정해야 한다. 공소장변경의 한계를 결정함에 있어서는 실질적 정의의 발견과 피고인의 방어의 이익을 조화하여야 하며, 기판력이 미치는 범위에 있어서도 또한 법적 안정성과 실질적 정의의 이념이 조정되어야 한다. 즉 형사소송법이 공소장변경제도를 둔 것은 실질적 정의를 추구하면서도 피고인의 방어권을 보장하기 위한 것이며, 실질적 정의의 이념도 형사소추이익의 완전한 실현을 의미하는 것은 아니다. 일사부재리의 원칙 내지 이중위험의 금지는 피고인의 이익보호를 위하여 실질적 정의의 이념이 후퇴하는 경우라고 할 수 있다. 여기서 법익 또는 구성요건이라는 규범적 요소에 의하여 동일성의 개념을 축소하는 것이 타당한가에 관하여는 다음과 같은 문제점을 검토해 볼 필요가 있다.

1) 공소장변경의 허용한계 공소불가분의 원칙에 의하여 범죄사실의 일부에 대한 공소는 그 전부에 대하여 효력이 미치며(제248조 제 2 항), 법원은 공소사실의 동일성을 해하지 않는 때에는 공소장변경을 허가해야 한다(제298조). 그렇다면 공소제기의 효력이 미치는 전부의 사실이나 공소장변경이 허용되는 범위인 공소사실의 동일성은 역사적으로 한 개의 사건이라고 볼 수 있는가라는 사실적인 문제이며 구성요건이나 불법내용의 동일성과는 구별되지 않으면 안 된다. 공소장변경제도가 피고인에게 방어권을 보장하면서 적정한 형벌권의 발동을 가능하게 하기 위한 제도인 이상, 이를 죄질이나 불법내용의 동일성으로 제한하여 그 범위를 축소하는 것은 공소장변경제도를 무의미하게 한다고 하지 않을 수 없다. 평가의 유사성은 행위의 유사성을 인정할 수 있는 자료는 될 수 있어도 동일성의 기초가 될 수는 없다.[1] 따라서 법원은 공소사실과 동일성이 인정되는 사실에 관하여 공소장변경절차를 거치는 한 대소관계와 불법내용에 있어서 같은 가치가 아닌 경우에도 상호보완적이거나 대립적인 형법적 관점에서 심판할 권한을 가지며,[2] 행위에 대한 법적 평가를 위하여 법원의 이러한 권한을 어떤 방향으로도 제한하는 것은 허용되지 않는다.[3]

1) Herzberg JuS 1972, 116.
2) Gollwitzer LR Rn. 10.
3) Achenbach ZStW 87, 89.

규범적 사실개념이론은 실질적 정의의 이념에 기초하여 기판력의 적용범위를 축소하고자 하는 것이지만 이에 의하는 경우에는 법원의 심판범위까지 제한되지 않을 수 없다. 그러나 공소제기된 사실과 사실적 관점에서 동일성이 인정되는 사실임에도 불구하고 규범적 관점에서 법원의 심판범위에서 제외하는 것은 소송경제나 정의의 관점에서도 부당한 결과를 초래하게 된다.[1] 대상판결 (1)에서 장물취득죄의 공소사실을 강도상해죄로 공소장변경을 하는 경우 또는 반대로 강도상해죄의 공소사실을 장물취득죄로 변경하는 경우나 대상판결 (2)에서 사기죄의 공소사실을 포괄일죄의 관계에 있는 상습사기죄로 변경하는 경우에 공소장변경이 허용되지 않는다고 해석하는 것은 부당하다. 이러한 결과를 피하기 위하여 기판력이 미치는 범위와 공소장변경이 허용되는 동일성의 범위를 다르다고 해석하는 것도 가능하다. 예컨대 Peters에 의하면 소송의 동적·발전적 성격에 비추어 사건 또는 사실의 개념은 점차 축소되지 않을 수 없다고 한다. 즉 절차의 첫 단계에서는 사건은 그 범위와 변경 또는 확장에 제한을 받지 않지만 공소제기와 함께 심리의 범위가 제한되고 판결선고 시에 사건은 종국적 판단의 기초로서 수사나 공소제기 시와는 다른 기능을 가지므로 개별적인 소송행위에 있어서 사건은 다른 의미를 가질 수 있다고 한다.[2] 그러나 범죄사실의 동일성은 법원의 잠재적 심판의 대상이 되는 공소장변경의 한계가 되는 경우이든 기판력이 미치는 범위를 결정하는 경우이든 같은 개념이라고 하지 않을 수 없다.[3] 즉 소송의 동적 성격이라고 할지라도 그것은 소송의 대상이 판결로 발전하는 것이며, 법원이 심판할 수 있었던 사건에 대하여 기판력이 미친다고 할 것이므로 일사부재리의 원칙의 적용범위와 공소장변경의 한계를 동일하게 보지 않는 것은 공평한 재판의 원칙과 정의의 요구에 배치된다고 해야 한다.[4] 이러한 의미에서 동일성의 범위를 규범적 측면에서 제한하는 것은 타당하다고 할 수 없다.

2) 일사부재리의 효력이 미치는 범위 규범적 요소에 의하여 일사부재리

1) Gollwitzer LR Rn. 11.
2) Peters S. 265.
3) Engelhardt KK Rn. 2; Gollwitzer LR Rn. 2; Kleinknecht/Meyer/Goßner Rn. 1; Loos AK Rn. 27; Schlüchter SK Rn. 7.
4) Oehler a.a.O. S. 443.

의 원칙의 적용범위를 제한하는 것도 일사부재리의 원칙을 보장하고 있는 헌법 제13조 제 1 항을 무의미하게 한다.[1] 헌법 제13조 제 1 항이 「모든 국민은 동일한 범죄에 대하여 거듭 처벌받지 아니한다」라고 규정한 것은 영미의 이중위험의 금지와 대륙의 일사부재리의 효력을 포함하는 원칙으로서 피고인의 이익을 보호하기 위하여 형사소송의 일회성의 원칙을 헌법상의 원칙으로 선언한 것이다. 그것은 동일한 사실에 대한 확정판결에 결함이 있는 경우에도 법질서는 형사소추의 이익을 종국적으로 포기한다는 것을 의미한다. 그럼에도 불구하고 죄질 또는 불법내용이 다르다는 이유로 같은 사실을 다시 심판할 수 있게 하는 경우에는 즉결심판이나 약식명령이 확정된 경우는 물론 과실치사나 과실치상으로 확정판결을 선고받은 경우에도 살인 또는 상해사실이 인정되는 때에는 다시 처벌할 수 있다는 부당한 결과가 된다. 이러한 결과가 이중위험금지 내지 일사부재리의 원칙을 무의미하게 하는 것은 당연하다.[2] 뿐만 아니라 규범적 요소에 의하여 일사부재리의 효력의 적용범위를 제한하는 것은 피고인에게 불이익한 재심을 허용하지 않고 있는 형사소송법의 태도와 일치할 수도 없다고 해야 한다.[3] 형사소송법이 이익재심만을 인정한 것은 헌법의 이중위험금지의 원칙과의 관계에서 확정판결의 법적·규범적 측면에서의 잘못은 피고인의 이익이 되는 경우에 한하여 다시 심판하게 하는 취지라고 보아야 하기 때문이다.

규범적 관점에서 기판력의 적용범위를 제한하여 실질적 정의를 실현하려고 하는 때에는 공소장에 기재된 공소사실이 무엇인가에 따라 동일성이 인정되는 사실이 달라지지 않을 수 없다. 예컨대 장물취득죄의 기판력은 강도상해죄에 대하여 미치지 아니하나, 강도상해죄의 확정판결의 효력은 장물취득죄에는 미친다고 해석한다.[4] 그러나 공소사실과 동일성이 인정되는 사실의 범위가 검사의 어떤 사실을 공소사실로 기재하였는가에 따라 달라진다는 것은 타당하다고 할 수 없다.

(3) 보충소송의 문제

보충소송도 규범적 사실개념이론과 관련된 문제이다. 보충소송이란 판

1) Gollwitzer LR Rn. 12; Loos AK Rn. 37.
2) Herzberg JuS 1972, 117.
3) Loos AK Rn. 37; Gillmeisterm NStZ 1989, 5; Herzberg JuS 1972, 117.
4) Wolter GA 1986, 172.

결에 포함되지 않은 사실관계를 확정판결에 의하여 심판되지 않은 부분을 보충하는 새로운 절차의 대상으로 삼아 기판력을 제한하는 것을 말하며, 이러한 보충소송에는 법원이 처음부터 잘못 판단한 부분을 수정하는 수정소송(Berichtigungsklage)과 확정판결 후에 나타난 사정으로 인하여 판결이 부당하게 된 경우인 보완소송(Vervollstandungsklage)이 포함된다. 기판력 내지 일사부재리의 효력은 심판의 대상이 된 범죄의 불법에만 미치므로 행위의 본질적인 불법이 고려되지 않을 때에는 적용되지 않는다는 것을 이유로 한다. 그러나 일사부재리의 효력은 하나의 행위를 소송법상 여러 개의 행위로 나누는 것을 예외 없이 금지하는 것이므로 전법률적인 행위 전체에 미친다고 해야 하며, 보충소송은 수정소송이든 보완소송이든 허용되지 않는다고 해석하는 것이 독일에서도 통설이 되고 있다.[1)]

결국 대상판결의 기본입장이 취하고 있는 바와 같이 기본적 사실동일설을 취하면서 규범적 요소를 고려하거나 기본적 사실동일설 자체를 규범적 사고에 의하여 수정하는 것은 모두 부당하다는 결론이 된다.

Ⅳ. 대상판결의 검토

1. 장물취득죄와 강도상해죄의 동일성

대상판결 (1)은 장물취득죄와 강도상해죄 사이에 동일성이 인정되지 않는다는 판결이다. 같은 재물에 대한 같은 일시·장소에서의 절도죄와 강도죄, 강도죄와 강도상해죄 사이의 동일성은 쉽게 인정할 수 있다. 따라서 여기서는 유사한 문제가 제기되는 절도죄와 장물취득죄 사이의 동일성을 검토한 후에 강도상해죄와 장물취득죄의 동일성을 살펴보기로 한다.

(1) 장물죄와 절도죄 사이의 공소사실의 동일성

우리나라의 판례는 물론 일본과 독일의 판례도 강도죄와 장물취득죄의 사이와는 달리 절도죄와 장물죄 사이에 공소사실의 동일성을 인정하는 데 태도를 같이하고 있다. 절도죄와 장물죄의 범죄사실 사이에 일시와 장소가 일치하

1) Kleinknecht/Meyer/Goßner Einl. Rn. 171; Loos AK 264, Rn. 46; Schlüchter SK Rn. 11; Achenbach ZStW 87, 95, 102.

지 않는 것임에도 불구하고 절도범은 장물을 취득하였다고 변명하는 경우가 많기 때문에 새로운 소송절차를 반복하는 것은 소송경제에 반하고, 절도죄와 장물죄 사이에 죄질에 있어서 큰 차이가 없다는 점 때문이라고 생각된다.

1) 우리나라의 판례　대법원은 일찍이 절도죄와 장물양도죄 사이에 공소사실의 동일성이 인정되는가에 관하여「처음에 어느 물건을 장물인 줄 알면서 남에게 양여하였다고 하여 장물양여(도)죄로 공소를 제기하였다가 나중에 그 물건을 절취한 사실을 이유로 야간주거침입절도나 절도로 공소사실을 변경하는 것은 공소사실의 동일성을 해하는 것이라고 볼 수 없다」고 판시하였다.[1] 다만 이 판결에서 대법원은 두 개의 사실 사이에 공소사실의 동일성이 인정되는 근거를 구체적으로 밝히지는 않았다.

2) 일본의 판례　일본 최고재판소는 1954년(소화 29) 5월 14일의 제2소법정 판결에서 절도죄와 장물보관죄의 소인 사이에 공소사실의 동일성을 인정하였다. 이 사건에서 일본 최고재판소는「피고인은 소화 25. 10. 14. 정강현 장강온천 K호텔에 숙박 중인 A 소유의 감색 양복 상하 1벌 외 잡품 수 점을 절취하였다는 절도의 소인과 피고인은 장물인 정을 알면서 10. 19.경 동경에서 자칭 A로부터 감색 양복 1벌의 처분을 의뢰받아 장물을 보관한 것이다라는 장물보관의 소인은 공소사실의 동일성의 범위 내에 속한다」고 판시하였다.[2] 이 판결은 그 이유로 "위의 두 소인은 모두 A가 절취당한 동인 소유의 양복 1벌에 관한 것으로서 다만 이에 관한 피고인의 소위가 절도인가 또는 사후의 장물보관인가라는 점에 차이가 있는 데 불과하다. 그런데 양자는 죄질상 밀접한 관계가 있을 뿐만 아니라 본건에 있어서는 사안의 성질상 양자 간에 범죄의 일시·장소에 있어서 차이가 있는 것은 피할 수 없다고 할지라도 그 시간의 선후 및 장소의 지리적 관계와 그 쌍방의 근접성에 비추어 보면 일방의 범죄가 인정되는 때에는 다른 범죄의 성립을 인정할 수 없는 관계에 있다고 할 것이므로 이러한 경우에는 양 소인은 기본적 사실관계를 같이 한다고 해석하는 것이 상당하며, 따라서 공소사실의 동일성의 범위 안에 있다고 해야 한다"고 설시하였다. 즉 일본의 최고재판소는 공소사실의 동일성을 판단하는 기준으로 기본적

1) 대법원 1964. 12. 29. 64도664.
2) 日最判 1954(소화 29). 5. 14(刑集 8-5, 676); 刑事訴訟法判例百選(新版) 94面.

사실동일설을 취함을 명백히 하고 기본적 사실관계의 동일성을 인정하는 기준으로는 비양립관계 또는 택일적 처벌관계를 제시한 것이다.

3) **독일의 판례** 독일의 판례도 RG 판결 이래 일관하여 절도죄와 장물죄 사이의 공소사실의 동일성을 인정해 왔으며 이러한 판결은 BGH의 판결에서도 유지되고 있다. 즉 RGSt. 5, 259 판결은 돼지고기의 절도죄의 공소에 대하여 돼지고기를 취득한 장물취득죄로 심판하는 것이 허용된다고 판시하였고, RGSt. 8, 135 판결도 절도죄와 장물취득죄 사이의 공소사실의 동일성을 인정하고 같은 재물에 대한 장물취득죄에 관하여 무죄판결을 받았다는 이유로 주거침입절도의 유죄판결을 파기하였다. RG의 판결이 절도죄와 장물죄 사이의 동일성을 인정한 이유는 구체적·역사적 사실의 동일성을 행위의 택일적 처벌관계(Alternativität)에 의하여 판단하였기 때문이라고 한다.[1] BGH도 공소제기된 절도죄와 사실상 절취 후 1주일이 지나서 범해진 장물죄는 한 개의 소송법적 행위라고 판시하였다.[2] 즉 BGH는 공소제기된 행위의 객체·장소·시간에 의하여 구체화된 절도가 장물로 인한 유죄판결의 기초가 된 때에는 한 개의 행위라는 태도를 일관하고 있으며,[3] 이 경우에 동일한 객체에 대한 행위의 방향이 동일성을 기초짓는 데 본질적인 의미를 가지고 시간과 장소의 차이는 부수적인 것에 불과하다고 하였다.[4]

(2) 동일성판단의 기준으로서의 택일적 처벌관계

역사적으로 한 개의 사건이었는가를 기준으로 하는 사실적 행위관념 또는 기본적 사실동일설에 의하는 경우에는 일시와 장소를 달리하는 두 개의 사실 사이에 동일성을 인정하기 어려운 것으로 보인다. 그럼에도 불구하고 동일한 재물에 대한 절도죄와 장물죄의 관계에 대하여는 어느 나라든 동일성을 인정하고 있다. 일본의 최고재판소는 동일성판단의 기준으로 택일적 처벌관계 내지 비양립관계를 제시하였으며, 이러한 태도는 일본 최고재판소 판례에 의하여 그 후에도 유지되고 있다.[5] 독일의 BGH가 1주일 간격이 있는 두 개의 행

1) Schöneborn「Alternativität der Handlungsvorgänge als Kriterium des strafprozessualen Tatbegriffs」, MDR 1974, 532.
2) BGH, bei Dallinger, MDR 1957, 54.
3) BGHSt. 35, 174(Urt. vom 1987. 12. 22).
4) BGHSt. 13, 320 322; BGHSt. 32, 215 219.
5) 日最判 1959(소화 34). 12. 11(刑集 13-13, 3195).

위를 하나의 과정으로 파악한 것도 역사적 사실의 단일성 때문이 아니라 택일적 처벌관계 때문이라고 한다.[1)] 대법원도 기본적 사실관계가 동일한가를 판단함에 있어서 비양립관계를 기준으로 삼은 바 있다.[2)]

택일적 처벌관계는 택일적 행위과정에 대하여 통일된 판단이 불가결하다는 특수한 소송법적인 관점에서 동일성에 대한 기준으로 제시된 것이며, 특히 절도죄와 장물취득죄의 사이에 역사적 사실의 동일성이 인정되는가를 판결하는 데 있어서 중요한 의미를 가진다.[3)] 택일적 처벌관계를 기준으로 동일성을 판단하는 경우에는 동일한 재물에 대한 절도와 장물취득 사이에는 동일성이 인정되지만, 절도방조와 장물취득의 공소사실 사이에는 양 죄가 경합범의 관계에 있기 때문에 공소사실의 동일성이 인정되지 않는다.[4)] 이러한 의미에서 택일적 처벌관계의 이론은 시간적·장소적 관련을 중심으로 동일성을 판단하는 기본적 사실동일설의 입장과 반드시 일치하는 것은 아니다. 택일적 처벌관계를 동일성의 판단기준으로 삼는 것이 타당한가에 관하여는 독일이나 일본에서도 의견이 나누어지고 있다. 먼저 독일에서는 택일적 처벌관계의 경우에 동일성을 인정하는 것이 소송법상 특수한 문제해결의 명백한 기준을 제시하는

---

1) Schöneborn MDR 1974, 533.

2) 비양립관계를 기준으로 동일성을 판단한 대법원 판결로는 다음의 두 판결을 들 수 있다.

(1) 대법원 1982. 12. 28. 82도2156, 「최초의 공소사실과 변경된 공소사실 간에 그 일시만을 달리하는 경우, 사안의 성질상 두 개의 공소사실이 양립할 수 있다고 볼 사정이 있는 경우에는 그 기본인 사회적 사실을 달리할 위험이 있다고 할 것이므로 그 기본적 사실은 동일하다고 볼 수 없다 할 것이지만, 일방의 범죄가 성립되는 때에는 타방의 범죄의 성립은 인정할 수 없다고 볼 정도로 양자가 밀접한 관계가 있는 경우에는 그 간의 시간적 간격이 긴 경우라도 양자의 기본적 사실관계는 동일한 것이라고 할 것인바, 최초의 공소사실이 피고인은 1981. 1. 14. 19:00경 공소외 甲의 집에서 피해자 乙의 얼굴을 1회 때려 폭행했다는 것인데 그 일시만을 1979. 12. 중순경으로 변경된 경우에 있어서 피고인 및 피해자의 진술과 증언에 의하여 공소사실과 같은 시비나 폭행을 1981. 1. 중순경이 아니고 1979. 12. 중순경에 있었던 일을 경찰에서 잘못 진술했다는 취지로 인정되고, 양 공소사실의 내용에 의하더라도 그 폭행한 장소, 수단, 방법, 부위, 횟수나 피해자가 같아서 양 사실을 별개의 다른 사실이 아니고 1개의 동일한 사실이라고 보지 않을 수 없다면 양 공소사실은 동일성의 범위 안에 있다고 할 것이다.」

(2) 대법원 1989. 9. 26. 88도1677, 「피고인이 피해자로부터 1976. 12. 27. 1,200만 원을 교부받은 외에 별도로 1977. 3. 20. 금 1,500만 원을 받은 두 가지 사실이 양립하고 있는 것이라면 1976. 12. 27. 교부받은 금 1,200만 원을 횡령하였다는 당초의 공소사실과 검사가 변경신청한 1977. 3. 20. 교부받은 금 1,500만 원을 횡령하였다는 사실은 두 개의 공소사실이 양립할 수 있는 것일 뿐 아니라 금원의 교부일시 및 금액에 있어 차이가 있어 공소사실의 동일성이 인정된다고 할 수 없다.」

3) Schöneborn MDR 1974, 531.

4) 日最判 1958(소화 33). 2. 21(刑集 12-2, 288).

것이며 그것은 실체법적 불법에 기초한 행위개념일 뿐만 아니라 자연적 사고에 기초를 둔 기준으로 타당한 결과에 이를 수 있다는 견해도 있으나,[1] 다수 학자들은 택일적 처벌관계이론은 비양립관계만으로 동일성을 인정할 수는 없다는 점에서 동일성을 지나치게 넓게 해석하고 택일관계에 있어야 동일성을 인정하는 것도 부당하다는 점에서 일반적인 기준으로는 부적합하다고 해석하고 있다.[2] 일본에서도 "동일성의 문제는 공소권의 만족 또는 공소권목적의 충족이라는 관점에서 고찰할 필요가 있으며 두 개의 범죄사실이 공소의 객체로서 동일성이 문제되는 경우 그 하나에 대하여 법원의 확정재판이 있으면 공소권의 목적이 객관적으로 만족되며 다른 사실의 공소권이 있을 수 없을 때 양 사실은 소송의 객체로서 동일성이 인정된다고 해야 하므로 비양립관계를 동일성판단의 기준으로 하는 것이 타당하는 견해[3]와 양립되지 않는다고 동일성을 인정하는 것은 불필요하고 잘못된 기준에 불과하다는 비판[4]이 대립되고 있다. 생각건대 택일적 처벌관계 또는 비양립관계라는 이유만으로 시간적·장소적 접근관계를 고려함이 없이 동일성을 인정하거나, 시간적·장소적 관련에 비추어 같은 사실이라고 인정됨에도 불구하고 실체법상 택일적 처벌관계가 아니라는 이유로 동일성을 부정하는 것은 타당하다고 할 수 없다. 즉 비양립관계를 기본적 사실관계의 동일성에 대치되는 독립된 기준으로 삼을 수는 없다. 그러나 비양립관계가 같은 역사적 사건인가, 즉 기본적 사실관계가 동일한가를 판단하기 위한 기준의 하나가 되는 것을 부정할 수는 없다고 해야 한다. 따라서 기본적 사실의 동일성을 판단함에 있어서는 시간적·장소적 밀접관계 또는 택일관계를 고려해야 한다고 생각된다.[5]

(3) 강도상해죄와 장물취득죄의 동일성

대상판결 (1)의 다수의견은 강도상해죄와 장물취득죄의 범죄사실을 범죄의 일시·장소가 다르고, 범행의 수단·방법·상대방 등 범죄사실의 내용이나 행위가 별개이고 피해법익도 다르고 죄질에도 현저한 차이가 있다는 이유로

1) Schöneborn MDR 1974, 535.
2) Loos AK Rn. 43; Gillmeisterm NStZ 1989, 4.
3) 鴨良弼「公訴事實の 同一性」, 總合判例研究叢書 6, 48面.
4) 高田 注解(中) 581面; 中武 刑事訴訟法判例百選(新版) 95面.
5) 筆者, 30 25.

동일성을 부정하였다. 강도상해의 일시·장소가 1992. 9. 23. 23:40경 서울 구로구 구로동 번지불상 앞길이고 장물취득죄의 그것은 1992. 9. 24. 02:00경 서울 서초구 방배동 공중전화박스 옆이라는 점에서 일시와 장소가 일치하지 않는 것은 사실이다. 그러나 범죄의 일시의 차이는 2시간 20분에 불과하여 근접되어 있고 장물취득죄와 본범이 시간적·장소적으로 일치할 수 없다는 것은 당연하다. 두 죄의 객체는 같은 재물이다. 본범의 정범이 장물취득죄를 범할 수 없다는 점에서 같은 장물을 객체로 하는 장물죄와 본범은 비양립관계 또는 택일적 처벌관계에 있으며 이 경우에 시간적·장소적 불일치는 특별히 문제되지 않는다. 범행의 수단·방법·상대방이 다르더라도 기본적 사실관계의 동일성은 인정될 수 있다. 강도상해죄와 장물취득죄는 피고인이 같은 재물을 취득했다는 점에서 기본적으로 동일하기 때문이다. 문제는 강도상해죄에는 재산권 이외에 폭행·협박에 의하여 침해되는 자유권 내지 신체의 완전성이 보호법익으로 추가되기 때문에 피해법익과 죄질이 다르다는 점에 있다. 독일에서 강도죄와 장물취득죄의 동일성을 부정하는 이론은 모두 양 죄의 죄질을 달리한다는 점에 근거를 두고 있다.[1] 그러나 피해법익 또는 죄질의 동일성은 기본적 사실의 동일성이나 공소사실의 동일성을 판단하는 데 고려해야 할 요소가 아니다. 죄질의 동일성을 요구할 때에는 기판력의 적용범위를 축소하여 법적 안정성을 해하고 공소장변경제도를 무의미하게 하고 소송경제에도 반하는 결과를 초래하기 때문이다. 결국 강도상해죄와 장물취득죄의 공소사실은 시간적·장소적으로 밀접하게 접근되어 있고 비양립관계에 있는 피고인이 범한 한 개의 행위이고 같은 재물을 취득한 것을 내용으로 하기 때문에 기본적 사실관계를 같이 하는 사실이며 따라서 공소사실의 동일성이 인정된다고 하지 않을 수 없다.

따라서 피고인이 장물취득죄로 받은 판결이 확정된 이상 강도상해죄의 공소사실에 대하여 면소를 선고하여야 하며, 그럼에도 불구하고 피고인을 강도상해죄로 다시 처벌하는 것은 일사부재리의 원칙에 어긋난다고 해야 한다.

---

1) Kleinknecht/Meyer/Goßner Rn. 2; Schlüchter SK Rn. 39; Wolter GA 1986, 172.

2. 사기죄와 상습사기죄의 동일성

대상판결 (2)는「포괄적 일죄의 관계에 있는 상습범의 일부에 대하여 유죄판결이 확정된 경우에, 그 확정판결의 사실심판결 선고 전에 저질러진 나머지 범죄에 대하여 새로이 공소가 제기되었다면 전의 확정판결에서 당해 피고인이 상습범으로 기소되어 처단되었을 때에만 그 새로운 공소는 확정판결이 있었던 사건과 동일한 사건에 대하여 다시 제기된 데 해당하므로 판결로써 면소의 선고를 하여야 하며, 상습범 아닌 기본 구성요건의 범죄로 처단되는 데 그친 경우에는, 가사 뒤에 기소된 사건에서 비로소 드러났거나 새로 저질러진 범죄사실과 전의 판결에서 이미 유죄로 확정된 범죄사실 등을 종합하여 비로소 그 모두가 상습범으로서의 포괄적 일죄에 해당하는 것으로 판단된다 하더라도 앞서의 확정판결을 상습범의 일부에 대한 확정판결이라고 보아 그 기판력이 그 사실심판결 선고 전의 나머지 범죄에 미친다고 보아서는 아니 된다」고 판시하였다. 즉, 확정판결에서 상습사기죄로 유죄판결을 선고받은 때에만 상습사기죄의 확정판결과 그것과 포괄일죄의 관계에 있는 사기죄의 공소사실 사이에 동일성이 인정되고, 단순사기죄로 유죄판결이 확정된 때에는 상습사기죄의 새로운 공소사실과 동일성이 인정되지 않는다는 것이다. 여기서 공소사실의 동일성은 확정판결이 어떤 범죄로 유죄판결을 선고한 것인가에 따라서 결론을 달리하는 것인가, 또 상습범은 과연 포괄일죄의 관계에 있다고 보아야 할 것인가가 문제된다.

확정판결의 기판력이 미치는 기준시점이 항소심의 판결선고 시라는 점에는 판례와 통설의 태도가 일치한다. 따라서 상습범을 포괄일죄 관계에 있다고 할 때에는 항소심 판결선고 시까지 범한 모든 사기범행에 대하여 상습사기죄의 기판력이 미치게 된다. 그러나 포괄일죄인 상습사기죄의 일부에 대하여 확정판결이 있었던 이상, 그것이 단순사기죄로 처벌된 것인가 또는 상습사기죄로 처벌된 것인가에 따라 기판력이 미치는 범위가 달라진다고 해석하는 것은 타당하다고 할 수 없다. 기판력이 미치는 범위는 확정판결이 있었던 범죄와 새로이 공소제기된 사실 사이에 범죄사실의 동일성이 인정되는가에 따라 결정되는 것이지, 확정판결의 죄명이나 판단내용에 따라 좌우되는 것은 아니기 때문이다. 따라서 상습범의 일부에 대하여 유죄판결이 확정된 경우, 그 확정판결의 사실심판결 선고 전에 저질러진 나머지 범죄에 대하여 새로이 공소가 제기되었다면 확정판결의 죄명이나 내용과 관계없이 새로운 공소는 이미 확정판결이 있었던 사건과 동일한 사건에 대하여 다시 제기된 데 해당하므로 이에 대하여는 판결로써 면소의 선고를 하여야 할 것이다.

문제는 대상판결 (2)가 상습범을 포괄일죄라고 판시한 것이 타당한가에 있다. 대상판결은 「상습성을 갖춘 자가 여러 개의 죄를 반복하여 저지른 경우에는 각 죄를 별죄로 보아 경합범으로 처단할 것이 아니라 그 모두를 포괄하여 상습범이라고 하는 하나의 죄로 처단하는 것이 상습범의 본질 또는 상습범 가중처벌규정의 입법취지에 부합한다」고 판시하고 있으며. 이는 우리나라의 통설과 판례이 일관된 태도이다.[1] 그러나 이는 행위자의 습벽 내지 생활태도만을 근거로 수 개의 독립된 행위를 포괄일죄로 인정하는 것이며, 특수한 범죄에너지를 가진 범죄인에게 부당한 특혜를 주는 것이라고 하지 않을 수 없다. 결국, 상습범을 경합범이라고 해석할 때에는 확정판결이 있었던 범죄사실과 새로이 공소제기된 사실 사이에 상습성이라는 습벽이 인정되는 경우에도 범죄사실의 동일성은 인정되지 아니하여 면소판결을 선고할 수 없게 된다고 할 것이다. 대상판결 (2)는 상습범을 포괄일죄라고 해석하면서 단순사기죄의 확정판결이 있다는 것만으로 항소심의 판결선고 시까지 있었던 상습사기범행에 대하여 기판력이 미치지 않는다고 전개한 논리에는 잘못이 있지만 그 결론에 있어서는 타당하다고 할 수 있다.

1) 대법원 2000. 2. 11. 99도4797; 대법원 2004. 9. 16. 2001도3206 전원합의체판결; 대법원 2007. 6. 29. 2006도7864.

8. 공소장변경의 필요성

[대상판결]

(1) 대법원 2011. 2. 10. 2010도14391

1. 사실관계 및 소송의 경과

피고인은 2010. 5. 30. 16:10경 서울 중구 예장동 소재 사회복지법인 ○○○ 놀이터에서 놀고 있는 피해자 甲(여, 7세)을 보고 성욕을 일으켜 피해자를 추행하기로 마음먹고 “원장 아빠가 너를 부른다”고 거짓말을 하여 피해자를 위 사회복지법인 1번방으로 데려간 다음, 피해자의 바지와 팬티를 벗긴 후 피고인의 손가락을 피해자의 음부에 2회 집어넣는 등 위력으로써 피해자를 추행하였다. 검사는 피고인이 자신의 손가락을 음부에 2회 집어넣는 등 위력으로써 甲을 추행하였다는 내용으로 공소제기하였다. 위 공소사실은 위력 부분을 제외하면 성폭력범죄의 처벌 등에 관한 특례법 제7조 제2항 2호와 제3항에 모두 해당할 수 있는 상황이었다.[1)] 그런데 검사는 피고인을 같은 법 제7조 제5항으로만 공소제기한 채 같은 법 제7조 제2항 2호 또는 제3항 중 그 적용법조를 특정하지 않았고, 제1심은 피고인에게 보다 유리한 같은 법 제7조 제5항, 제3항을 적용하였으며, 검사마저 이를 전제로 형의 양정이 부당하다는 항소이유만을 들어 항소한 탓에 피고인으로서는 법정형이 훨씬 중한 같은 법 제7조 제5항, 제2항 2호의 적용에 따른 불이익이

---

1) 성폭력범죄의 처벌 등에 관한 특례법 제7조 중 해당조문은 아래와 같다.

제7조(13세 미만의 미성년자에 대한 강간, 강제추행 등) ② 13세 미만의 사람에 대하여 폭행이나 협박으로 다음 각 호의 어느 하나에 해당하는 행위를 한 사람은 7년 이상의 유기징역에 처한다.

2. 성기·항문에 손가락 등 신체의 일부(성기를 제외한다)나 도구를 넣는 행위

③ 13세 미만의 사람에 대하여 형법 제298조(강제추행)의 죄를 범한 사람은 5년 이상의 유기징역 또는 3000만원 이상 5000만원 이하의 벌금에 처한다.

⑤ 위계 또는 위력으로써 13세 미만의 사람을 간음하거나 추행한 사람은 제1항에서 제3항까지의 예에 따라 처벌한다.

발생할 수 있는 사정을 예상할 수 없는 상황에 처해 있었다. 원심은 위 적용법조의 변경에 따른 방어권 행사의 기회를 피고인에게 제공하지도 아니한 채 직권으로 위 공소사실에 대하여 같은 법 제7조 제5항, 제2항 2호를 적용하여 처단하였다.

피고인이 상고하였다.

2. 판결요지

가. 피고인의 방어권 행사에 있어서 실질적인 불이익을 초래할 염려가 존재하는지 여부는 공소사실의 기본적 동일성이라는 요소 이외에도 법정형의 경중 및 그러한 경중의 차이에 따라 피고인이 자신의 방어에 들일 노력·시간·비용에 관한 판단을 달리할 가능성이 뚜렷한지 여부 등의 여러 요소를 종합하여 판단해야 한다.

나. 형사소송법 제279조 및 형사소송규칙 제141조 제1항에 의하면, 재판장은 소송지휘의 일환으로 검사, 피고인 또는 변호인에게 석명을 구하거나 입증을 촉구할 수 있는데, 여기에서 석명을 구한다는 것은 사건의 소송관계를 명확하게 하기 위하여 당사자에 대하여 사실상 및 법률상의 사항에 관하여 질문을 하고 그 진술 내지 주장을 보충 또는 정정할 기회를 부여하는 것을 말한다.

다. 피고인이 자신의 손가락을 음부에 2회 집어넣는 등 위력으로써 甲(여, 7세)을 추행하였다는 내용으로 기소된 사안에서, 위력 부분을 제외한 위 공소사실의 행위유형이 성폭력범죄의 처벌 등에 관한 특례법 제7조 제2항 2호와 제3항에 모두 해당할 수 있는 상황에서, 검사는 같은 법 제7조 제5항으로만 공소제기한 채 같은 법 제7조 제2항 2호 또는 제3항 중 그 적용법조를 특정하지 않았고, 제1심이 피고인에게 보다 유리한 같은 법 제7조 제5항, 제3항을 적용하였으며, 검사마저 이를 전제로 형의 양정이 부당하다는 항소이유만을 들어 항소한 탓에 피고인으로서는 법정형이 훨씬 중한 같은 법 제7조 제5항, 제2항 2호의 적용에 따른 불이익이 발생할 수 있는 사정을 예상할 수 없는 상황에 처해 있었다면, 원심이 위 적용법조의 변경에 따른 방어권 행사의 기회를 피고인에게 제공하지도 아니한 채 직권으로 위 공소사실에 대하여 같은 법 제7조 제5항, 제2항 2호를 적용한 것은 피고인의 방어권 행사에 있어서 실질적인 불이익을 초래할 염려가 있는 경우에 해당한다고 볼 수 있고, 이 경우 원심으로서는 제1심과 달리 피고인에게 불리한 적용법조를 직권으로 적용하기 위하여 검사에게 그 부분 석명을 구함과 아울러 위와 같은 취지를 밝히는 방법 등을 통하여 피고인에게 적절한 방어권 행사의 기회를 제공한 다음 비로소 직권판단으로 나아갔어야 하는데도, 이러한 조치 없이 제1심 판결을 직권파기한 후 같은 법 제7조 제5항, 제2항 2호를 적용한 원심판결에는 피고인의 방어권 행사와 관련된 법리를 오해함으로써 필요한 심리 등을 다하지 아니한 위법이 있다.

(2) 대법원 1991. 5. 28. 90도1977

1. 사실관계 및 소송의 경과

피고인은 서울시 산하 구청 시민봉사실 호적계의 호적주임으로 근무하면서 호적의 편제 또는 기재 등의 사무에 관한 구청장의 업무를 보조하는 업무를 담당하던 자이다. 피고인은 행사할 목적으로 허위내용의 호적정정허가신청서를 작성, 행사하였다는 공소사실로 허위공문서작성 및 허위작성공문서 행사죄로 공소제기되었다. 제 1 심과 원심에서 피고인과 변호인은 피고인이 호적계장이나 시민봉사실장과 의논이 되어 호적정정허가신청서를 작성하여 행사한 것이고 위 시민봉사실장은 위 신청서의 정정사유가 허위임을 알면서도 결재한 것이라고 주장하여 왔다. 원심은 공소장변경절차 없이 피고인이 위 호적계장, 시민봉사실장과 공모하여 위의 범행을 하였다고 공동정범으로 인정하였다.

피고인이 상고하였다.

2. 판결요지

가. 형사재판에 있어서 법원의 심판대상이 되는 것은 공소장에 기재된 공소사실과 예비적 또는 택일적으로 기재된 공소사실, 그리고 소송의 발전에 따라 추가 또는 변경된 사실에 한하는 것이고, 공소사실과 동일성이 인정되는 사실이라 할지라도 위와 같은 공소장이나 공소장변경신청서에 공소사실로 기재되어 현실로 심판의 대상이 되지 아니한 사실은 법원이 그 사실을 인정하더라도 피고인의 방어에 실질적 불이익을 초래할 염려가 없는 경우가 아니면 법원이 임의로 공소사실과 다르게 인정할 수 없는 것이며, 이와 같은 사실을 인정하려면 공소장변경을 요한다.

나. 단독범으로 기소된 것을 법원이 다른 사람과 공모하여 동일한 내용의 범행을 한 것으로 인정하는 경우에는 이 때문에 피고인에게 불의의 타격을 주어 그 방어권의 행사에 실질적 불이익을 줄 우려가 있지 아니하는 경우에는 반드시 공소장변경을 필요로 한다고 할 수 없다.

다. 구청 시민봉사실 호적계의 호적주임으로 근무하면서 호적의 편제 또는 기재 등의 사무에 관한 구청장의 업무를 보조하는 피고인이 행사할 목적으로 허위내용의 호적정정허가신청서를 작성, 행사하였다는 공소사실에 대하여 피고인과 변호인이 원심에 이르기까지 피고인은 호적계장이나 시민봉사실장과 의논이 되어 호적정정허가신청서를 작성하여 행사한 것이고 위 시민봉사실장은 위 신청서의 정정사유가 허위임을 알면서도 결재한 것이라고 주장하여 온 바 있다면, 원심법원이 공소장변경절차 없이 피고인이 위 호적계장, 시민봉사실장과 공모하여 위의 범행을 하였다고 공동정범으로 인정하였다고 하여 피고인의 방어권 행사에 불이익을 줄 우려가 있는 경우라고 할 수 없으므로 적법하다.

(3) 대법원 1987. 5. 26. 87도527

1. 사실관계

피고인은 한 개의 강도범행을 하는 기회에 수명의 피해자에게 폭행을 가하여 각 상해를 입혔다. 검사는 위의 범죄사실을 포괄일죄로 기소하였는데, 원심은 공소장변경 없이 동일한 범죄사실을 포괄일죄로 보지 아니하고 실체적 경합관계에 있는 수죄로 인정하였다.

피고인이 상고하였다.

2. 판결요지

가. 강도가 한 개의 강도범행을 하는 기회에 수명의 피해자에게 각 폭행을 가하여 각 상해를 입힌 경우에는 각 피해자별로 수개의 강도상해죄가 성립하며 이들은 실체적 경합범의 관계에 있다.

나. 법원이 동일한 범죄사실을 가지고 포괄일죄로 보지 아니하고 실체적 경합관계에 있는 수죄로 인정하였다고 하더라도 이는 다만 죄수에 관한 법률적 평가를 달리한 것에 불과할 뿐이지 소추대상인 공소사실과 다른 사실을 인정한 것도 아니고 또 피고인의 방어권 행사에 실질적으로 불이익을 초래할 우려도 없으므로 불고불리의 원칙에 위반되는 것이 아니다.

[판례의 연구]

Ⅰ. 문제의 제기

공소장변경제도는 공소장에 적혀 있는 공소사실과 적용법조가 공판의 진행에 따라 사실적 · 법률적으로 변경하는 경우에 공소사실과 동일성이 인정되는 사실도 심판의 대상으로 할 수 있게 하여 심리의 능률과 소송경제를 도모할 뿐만 아니라 피고인의 방어권을 철저히 보호하여 당사자주의적 소송구조를 철저히 하기 위하여 마련된 제도이다. 그러나 공소장에 기재된 공소사실과 법원이 인정하는 사실 사이에 조금이라도 차이가 있으면 피고인의 방어권 행사에 실질적인 지장이 없는 경우에도 언제나 공소장변경이 필요하다고 해석하는 것은 소송의 신속하고 원활한 진행에 반할 뿐만 아니라, 공소장변경제도의 취지에도 반한다. 여기서 공소사실과 법원이 인정하는 사실 사이에 어느 정도 차이가 있으면 법원은 공소장변경 없이 공소장에 기재된 사실과 다른 사실을 인정할 수 있는가가 문제된다. 이를 공소장변경의 필요성 내지 공소장변경의 요부라고 할 수 있다.

대상판결 (1)은 공소장변경의 필요성에 관한 기준, 특히 방어권 행사에 실질적인 불이익을 초래할 염려가 존재하는지에 대한 기준을 제시한 판결이다. 대상판결 (2)는 정범과 공범, 단독범과 공동정범의 관계에 관한 사실인정이 달라질 경우에 공소장변경이 필요한가에 관한 판결이다. 대상판결 (3)은 사실의 변화 없이 법률평가만을 달리할 경우, 특히 죄수에 관한 법적 평가를 달리하는 때에 공소장변경이 필요한가에 관한 판결이다. 여기서는 먼저 공소장변경의 필요성에 관한 기준(Ⅰ)으로서 법률구성설과 사실기재설의 차이를 살펴본 후에 사실기재설에 따르는 경우에 공소장변경 없이 단독범을 공동정범으로 인정할 수 있는가, 그 기준은 무엇인가(Ⅱ)를 검토하고, 죄수에 관한 법적 평가와 공소장변경의 필요성(Ⅲ)의 문제를 분석하면서 대상판결의 의미와 문제점을 제시하고자 한다.

Ⅱ. 필요성판단의 기준

1. 법률구성설과 사실기재설

공소장변경의 필요성을 판단하는 기준에 관하여는 법률구성설과 사실기재설이 대립되고 있다.

(1) 법률구성설

법률구성설은 공소사실의 법률적 구성을 중시하여 구체적 사실관계가 다르다고 할지라도 그 법률구성에 영향이 없을 때에는 공소장변경을 요하지 않고 공소장에 기재된 공소사실과 다른 사실을 인정할 수 있다고 한다. 공소사실의 법률적 평가에 중점을 둔다는 점에서 법률구성설과 공통점을 갖고 있는 견해로 동일벌조설이 있다. 동일벌조설도 공소사실을 어떤 구성요건에 해당하는가라는 법률적 평가라고 이해하여 구체적 사실관계가 다르다고 할지라도 그 벌조 또는 구성요건에 변경이 없는 한 공소장을 변경할 필요가 없다는 견해이다. 이 견해에 의하면 범죄의 일시와 장소가 다를지라도 그 구성요건을 같이하면 법원은 공소장변경 없이 다른 사실을 인정할 수 있으나 절도죄가 횡령죄로, 사기죄가 공갈죄로 바뀌는 경우와 같이 구성요건을 달리하는 때에는 공소장변경을 요한다고 한다. 법률구성에는 구성요건을 포함한다는 의미에서 양자를 합쳐서 넓은 의미의 법률구성설이라고 할 수 있다.

(2) 사실기재설

공소사실을 구성요건에 해당하는 구체적 사실의 주장이라고 파악하여 그 사실적 측면을 강조함으로써 공소장에 기재되어 있는 사실과 실질적으로 다른 사실을 인정할 때에는 공소장변경을 필요로 한다는 견해이다. 그러나 사실기재설을 엄격히 적용하여 조금이라도 사실의 변경이 있으면 공소장변경을 요한다고 해석하는 것은 참을 수 없는 번잡을 초래하고, 현실적이라도고 할 수 없다. 여기서 사실기재설은 사실 사이에 실질적 차이가 있을 때에만 공소장변경을 필요로 한다고 해석하게 된다. 그리고 사실 사이에 실질적 차이가 있는가의 여부는 결국 심판의 대상으로서의 기본적인 성격, 즉 형식적으로는 사실의 변화가 사회적·법률적으로 의미를 달리하고 실질적으로 피고인의 방어권 행사에 불이익을 초래하느냐를 기준으로 판단해야 한다고 한다. 우리나라의 통설[1]과 판례[2]의 태도이다.

1) 배종대/이상돈/정승환/이주원 413면; 백형구 강의 526면; 신동운 533면; 신양균 476면; 이재상 439면; 임동규 330면; 차용석/최용성 439면.
2) 대법원 1994. 12. 9. 94도1888; 대법원 2000. 7. 28. 98도4558; 대법원 2001. 2. 9. 2000도5358.

(3) 비 판

법률구성설은 공소장변경의 요부에 대한 명백한 기준을 제시할 수 있다는 점에서 장점을 가진 이론이다. 그러나 법률구성설에 대하여는 ① 공소장에 구성요건 내지 법률구성에 관하여 별도로 죄명과 적용법조를 기재하도록 하고 있다는 점에 비추어 공소사실은 구성요건에 해당하도록 기재된 사실을 의미한다고 보아야 하며, ② 동일벌조설 또는 법률구성설에 의하면 공소장변경에 관한 제298조가 무의미하게 되어 피고인의 방어권 행사에 불이익을 초래하게 된다는 비판을 면할 수 없다. 현재 우리나라에서 법률구성설을 주장하는 학자는 없다. 공소장에 공소사실을 특정하여 기재하도록 한 것은 당사자에게 공격과 방어의 쟁점을 명확히 하여 피고인의 방어권을 보장하려는 데 그 취지가 있다. 이러한 의미에서 피고인의 방어에 실질적 불이익을 초래할 사실변경이 있으면 공소장변경을 요한다는 사실기재설이 타당하다고 하지 않을 수 없다. 대법원은 종래 일관하여 「피고인의 방어권 행사에 실질적인 불이익을 초래할 염려가 없는 경우에는 법원이 공소장변경절차 없이 일부 다른 사실을 인정하거나 적용법조를 달리한다고 할지라도 불고불리의 원칙에 위배되지 아니하지만,[1] 방어권 행사에 있어서 실질적인 불이익 여부는 그 공소사실의 기본적 동일성이라는 요소 외에도 법정형의 경중 및 그러한 경중의 차이에 따라 피고인이 자신의 방어에 들일 노력·시간·비용에 관한 판단을 달리할 가능성이 뚜렷한지 여부 등의 여러 요소를 종합하여 판단하여야 한다」고 판시하였다.[2] 대상판결 (1)이 제시하는 피고인의 방어권 행사에 실질적인 불이익을 초래할 염려가 없는 경우가 되기 위한 기준은 위의 판결과 일치한다. 여기서 대법원이 제시한 기본적 사실동일성과 방어권 행사에 실질적 불이익을 초래할 위험이 타당한 기준이 될 수 있는가를 검토해 볼 필요가 있다.

1) 사실 사이의 실질적 차이와 기본적 사실동일성 대상판결 (1)은 방어권 행사에 있어서 실질적인 불이익 여부는 그 공소사실의 기본적 동일성이라는 요소를 판단하는 데서 시작해야 한다고 판시하고 있다. 공소장변경의 한계가

1) 대법원 2003. 6. 13. 2003도1060; 대법원 2008. 9. 11. 2008도2409; 대법원 2010. 4. 29. 2010도2414; 대법원 2010. 9. 9. 2010도5975 참조.
2) 대법원 2007. 12. 27. 2007도4749.

되는 공소사실의 동일성이 동시에 공소장변경의 요부를 판단하는 기준이 된다는 의미라고 볼 수 있다. 그러나 기본적 사실동일성과 사실 사이의 실질적 차이를 혼동하여 기본적 사실동일성을 방어권 행사의 요부를 판단하는 기준으로 삼는 것은 옳다고 할 수 없다. 기본적 사실동일성은 죄질이나 구성요건의 공통성과 관계없이 인정될 수 있음에 반하여, 사실 사이에 실질적 차이는 구성요건이 다른 경우에는 축소사실의 인정과 사실을 같이하고 법률평가만을 달리하는 경우가 아니면 인정되지 않는다. 구성요건이 같은 경우에도 공소사실을 특정하는 데 불가결한 사실을 달리하는 때에만 공소장변경이 불필요하다. 따라서 범죄의 일시·장소는 물론 객체나 방법을 달리하는 때에도 기본적 사실동일성은 인정되지만 사실 사이에 실질적 차이가 인정되어 공소장변경이 필요한 경우에 해당한다.[1] 따라서 대상판결이 기본적 사실동일성을 공소장변경의 필요성판단의 기준으로 전제한 것은 타당하다고 할 수 없다.

2) 방어권 행사에 실질적 불이익을 초래할 위험 피고인의 방어에 지장을 초래하는가를 어떻게 판단할 것인가에 관하여 구체적 방어설과 추상적 방어설이 대립하고 있다. 일본에서 주로 논의되고 있는 논쟁이다. 전자는 방어에 지장을 초래하는가를 개개의 사건에 있어서 피고인의 대응 등 소송의 현실적 심리경과 등을 감안하여 판단해야 한다고 함에 반하여, 후설은 이를 사상하고 일반적·유형적으로 판단하면 족하다고 해석한다. 구체적 방어설에 의하면 ① 방어에 지장을 초래하는가의 여부를 개개의 사건마다 판단해야 하기 때문에 기준이 불명확하지 않을 수 없고, ② 공소사실과 인정사실 사이의 변동은 피고인 측의 방어활동에 기인하는 것이 많으므로 이를 철저히 할 때에는 대부분의 경우에 공소장변경이 불필요하게 된다는 이유로 추상적 방어설이 다수설이 되고 있다.[2] 생각건대 피고인의 방어에 실질적 불이익을 초래할 염려가 있는가를 판단함에 있어서는 기본적으로는 구체적인 소송의 경과를 떠나서 공소사실과 인정사실을 비교하여 공소장변경을 거치지 않은 것이 추상적·일반적으로 피고인의 방어에 불이익을 초래할 것인가라는 관점에서 판단해야 하지만(추상

1) 이에 대하여는 infra 2. 참조.

2) 大谷直人「訴因變更の要否」, 刑事訴訟法判例百選(第 7 版) 100面; 井上弘通「訴因變更の要否」, 刑事訴訟法判例百選(第 8 版) 103面; 三井盛「訴因變更の要否」, 刑事訴訟法判例百選(第 9 版) 99面.

적 방어설), 보충적으로는 개개의 사건에 있어서 피고인의 방어 등 구체적 심리의 경과를 고려하는 것도 필요하다고 하겠다(구체적 방어설).[1] 예컨대 절도의 공동정범의 공소사실에 대하여 절도의 방조를 인정하는 경우에 방조행위가 공소사실의 범위 밖이라고 인정될 때에는 공소장변경을 요하지만, 피고인이 공소사실을 부인하고 방조사실을 주장한 때에는 공소장변경을 요하지 않는다고 해야 한다. 즉 피고인의 방어에 실질적인 불이익을 초래할 가능성이 있는가의 여부는 원칙적으로 추상적 방어설의 입장에 의해야 하지만, 피고인이 구체적 사건에서 인정사실에 대하여 이미 방어권을 행사한 경우에는 방어에 불이익을 초래할 위험이 인정되지 않는다는 점에서 구체적 방어설을 고려하는 것이 타당하다고 할 수 있다. 대상판결 (2)가 피고인이 공동정범관계를 인정한 경우에 단독범으로 기소된 것을 법원이 공소장변경 없이 공동정범으로 인정한 것을 적법하다고 판시한 것은 구체적 방어설의 입장을 고려한 것이라고 할 수 있다. 대상판결 (1)도 추상적 방어설과 구체적 방어설을 모두 고려한 태도이다. 법정형의 경중 및 그러한 경중의 차이에 따라 방어에 들일 노력·시간·비용에 관한 판단을 달리할 가능성을 판단기준으로 한 것은 추상적 방어설의 입장임에 반하여, 피고인이 그 사건에서 자신의 방어에 들일 노력·시간·비용을 검토하는 것은 구체적 방어설의 입장이라고 할 수 있기 때문이다.

2. 구성요건이 같은 경우의 판단기준

사실기재설에 따르는 경우의 공소장변경의 필요성을 판단하는 기준은 공소사실과 인정사실 사이에 구성요건을 같이하는 경우와 달리하는 경우를 구별하여 구체화할 필요가 있다. 구성요건을 달리하는 경우는 사실관계도 달라지며, 그 사실의 변경은 피고인의 방어권 행사에 영향을 미치기 때문에, 원칙적으로 공소장변경이 필요하다. 다만, 축소사실의 인정과 법률평가만을 달리하는 경우에는 공소장변경을 요하지 않는다. 대상판결 (2)와 (3)은 법률평가만을 달리하는 경우로서 구성요건을 달리하는 경우에 예외적으로 공소장변경이 필요 없는 때에 해당하는가가 문제되는 경우에 관한 판결이다. 이에 반하여 공소사실과 인정사실이 같은 구성요건에 속하는 때에는 그것이 심판의 대상을 특정

---

1) 池田 修/前田雅英 刑事訴訟法講義(第 4 版) 317面.

하기 위하여 필요불가결한 사실인가 기타의 사실인가에 따라, 전자의 경우에는 공소장변경을 요하지만 후자의 경우에는 요하지 않는다고 해야 한다. 물론 이 경우에도 그것이 피고인의 방어에 중요한 영향을 미치는가의 여부가 고려되어야 한다. 구체적으로 공소장변경의 요부가 문제되는 사실에는 다음과 같은 사실이 있다.

(1) 범죄의 일시 · 장소

대법원은 「일반적으로 범죄의 일시는 공소사실의 특정을 위한 요건이지 범죄사실의 기본적 요소는 아니므로 동일범죄사실에 대하여 약간 다르게 인정하는 경우에도 반드시 공소장의 변경을 요하지 아니하니, 그 범행일시의 차이가 단순한 착오기재가 아니고 그 변경인정이 피고인의 방어에 실질적 불이익을 가져다 줄 염려가 있는 경우에는 공소장의 변경을 요하는 것이고 법원은 공소된 범죄사실을 인정함에 있어 공소사실과 기본적 사실이 같고, 피고인의 방어권 행사에 실질적인 불이익을 초래할 염려가 없는 경우에는 공소장변경의 절차를 거치지 아니하고 다소 다르게 인정할 수 있고 이것이 불고불리의 원칙에 어긋난다고 할 수 없으나, 그렇지 아니한 경우에는 공소장변경절차 없이 공소된 사실과 다른 사실을 인정할 수 없다」는 태도를 취하고 있다.[1] 이러한 전제에서 대법원은 피고인이 1985. 5. 중순경 범죄단체에 가입하였다는 공소사실에 대하여 법원이 가입시기를 1986. 5.경으로 인정하기 위하여는 공소장변경절차를 거쳐야 하고,[2] 범행일시가 1991. 5. 14.이라는 공소사실에 대하여 1991. 6. 14.로 인정한 것도 피해자의 수차례에 걸친 진술과 피고인의 변소내용을 대조하여 볼 때 오기 기타 단순한 오류로 볼 수 없어 위법하다고 판시하였다.[3] 생각건대 범죄의 일시와 장소는 공소사실 그 자체는 아니라고 할지라도 공소사실을 특정하기 위한 불가결한 사실이며, 피고인의 방어권 행사에 실질적인 불이익을 초래할 수 있는 사실이고, 일시 · 장소의 기재가 단순한 오기에 해당하

---

1) 대법원 1992. 10. 27. 92도1824. 이 판결에서 대법원은 「"피고인이 1987. 3.경 신양오비파에 행동대장으로 가입하여 신양오비파를 구성하였다"는 폭력행위 등 처벌에 관한 법률 제4조 제2호의 공소사실에 대하여 법원이 "피고인이 1988. 9.경 신양오비파에 가입하였다"고 같은 조 제3호의 범죄사실로 인정하기 위하여는 공소장변경절차를 거쳐야 한다」고 판시하였다.

2) 대법원 1992. 12. 22. 92도2596.

3) 대법원 1993. 1. 15. 92도2588.

는 것은 예외에 속하므로 원칙적으로 공소장변경을 요한다고 해야 한다. 예외적으로 그 기재가 명백한 오기이고, 피고인이 그것을 주장하여 방어권 행사에 영향이 없다고 인정되는 경우에 한하여 공소장변경을 요하지 않는다고 할 수 있다.

(2) 범죄의 수단 · 방법 및 객체

공소장에는 범죄의 특별구성요건을 밝힐 수 있을 정도로 범죄의 수단과 방법을 특정해서 기재할 것을 요한다. 특히 범죄의 수단과 방법은 공소사실을 특정하기 위한 요소일 뿐만 아니라, 피고인의 방어권 행사에 실질적 불이익을 초래할 수 있는 사항이므로 공소장에 명백하게 기재되어 있을 것을 요한다. 따라서 범죄의 수단 또는 방법이 변경된 경우에도 원칙적으로 공소장변경을 요한다고 해야 한다. 그러므로 살인죄에 있어서의 살해방법이나 강도죄에 있어서 폭행 · 협박의 수단을 변경한 때에도 공소장변경이 있어야 한다. 대법원은 「토지 소유자와 토지매매계약을 체결하기로 약정한 사실이 없음에도 피해자를 기망하였다는 공소사실과 의사들로부터 건물을 분양받아 병 · 의원을 개업하겠다는 제안을 받고 분양계약체결만 앞두고 있는 것처럼 피해자를 기망하였다는 원심 인정의 범죄사실은 그 기망의 내용이나 태양을 달리하는 것이어서, 공소장의 변경 없이 위 범죄사실을 유죄로 인정한 원심의 조치는 위법하다」고 판시하였다.[1] 다만, 뇌물 수수행위의 태양을 보다 상세하게 특정하거나 불명확한 점을 바로 잡은 것에 지나지 않을 때에는 공소장변경을 요하지 않는다고 한다.[2]

범죄의 객체도 범죄의 수단 · 방법에 준하여 원칙적으로 공소장변경을 요한다고 해야 한다. 범죄의 객체는 피고인의 방어권 행사에 영향을 미치는 것이

1) 대법원 2010. 4. 29. 2010도2414.

2) 대법원 2003. 6. 13. 2003도1060, 「피고인이 범한 수뢰후부정처사의 점에 관하여 공소장에는, "피고인은 공소외 1로부터 1회에 30만 원씩 5회에 걸쳐 합계 150만 원을 교부받고"로 되어 있는 것을, 원심판결에서는 "피고인은 공소외 1로부터 직접 또는 위 도박장에서 잔심부름을 하던 공소외 2를 통하여 1회에 금 30만 원씩 5회에 걸쳐 합계 금 150만 원을 교부받고"라고 인정하였으나, 기록에 의하여 살펴보면, 이는 공소사실과 기본적 사실이 동일한 범위 내에서 뇌물 수수행위의 태양을 보다 구체적으로 상세히 특정한 것이거나 또는 불명확한 점을 바로잡은 것에 지나지 아니할 뿐만 아니라, 피고인은 원심 및 제 1 심에서 이 부분의 공소사실을 다투었고, 그에 관하여 심리가 충분히 되어 있음이 인정되므로 피고인의 방어권 행사에 실질적인 불이익이 초래되었다고도 할 수 없다.」

기 때문이다. 다만, 객체가 달라진 경우에도 피고인이 시인하여 방어권에 불이익을 주지 않을 때에는 공소장변경을 요하지 않는다.[1]

(3) 기타 사항

범죄의 객체가 같은 경우에 피해자가 다르더라도 공소장변경을 요하지 않는다. 따라서 사기죄에 있어서 피해자가 다르더라도 공소장변경을 요하지 않는다.[2] 따라서 공소장에 피해업체의 대표가 피해자로 기재되어 있는 것을 법원이 공소장변경 없이 피해자를 법인으로 변경하여 인정하거나, 분양계약서에 매수인으로 제 3 자가 기재된 경우에 위 제 3 자를 피해자로 인정하여도 같다.[3] 단순한 상해정도의 차이나,[4] 뇌물죄에 있어서 뇌물전달사가 다른 경우에도 공소장변경을 요하지 않는다.[5]

3. 단독범을 공동정범으로 인정하는 경우

대상판결 (2)는 「단독범으로 기소된 것을 법원이 다른 사람과 공모하여 동일한 내용의 범행을 한 것으로 인정하는 경우에는 피고인에게 방어권의 행사에 실질적 불이익을 줄 우려가 있지 아니하는 경우에는 반드시 공소장변경을 필요로 한다고 할 수 없다」고 판시하였으며, 「피고인과 변호인이 원심에 이르기까지 피고인은 호적계장이나 시민봉사실장과 의논이 되어 호적정정허가신청서를 작성하여 행사한 것이고 위 시민봉사실장은 위 신청서의 정정사유가 허위임을 알면서도 결재한 것이라고 주장하여 온 바 있다면, 피고인이 위 호적계장 등과 공모하여 범행을 하였다고 공동정범으로 인정하였다고 하여 피고인의 방어권 행사에 불이익을 준 우려가 있는 경우라고 할 수 없다」고 판시하였다. 대법원은 업무상 배임죄에 있어서도 피고인이 객관적 사실관계를 인정하는 이상 단독범으로 기소된 것을 공모공동정범으로 인정한 경우에 방어권의 행사에 불이익을 줄 우려가 없다고 판시하였으며,[6] 필로폰 제조의 공동정범의 공소사

1) 대법원 1984. 9. 25. 84도312.
2) 대법원 1987. 12. 22. 87도2168.
3) 대법원 2010. 9. 9. 2010도5975.
4) 대법원 1980. 11. 11. 80도1074.
5) 대법원 1984. 5. 29. 84도682.
6) 대법원 1991. 5. 28. 90도1977.

실에 대하여 공소장변경 없이 방조사실을 인정한 경우에도 같은 태도를 취하고 있다.[1] 일본의 최고재판소도 피고인이 공소장에 살인죄 등의 실행행위자로 기재된 것을 공소장변경 없이 공소사실과 달리 공모자로 인정한 경우에 공소사실과 인정사실을 비교하면 범행의 태양과 결과에 실질적 차이가 없고, 공모를 한 공범자의 범위에 변화가 없는데 그 중 누가 실행행위자인가라는 점에 차이가 있을 뿐이므로 「① 살인죄의 공동정범의 공소사실로서는 그 실행행위자가 누구인가가 명시되지 않았다는 것만으로 공소사실의 기재가 특정되지 않았다고 할 수는 없으므로 공소사실에 실행행위자가 명시된 경우에 그것과 다른 인정을 했다 하더라도 심판대상의 획정이라는 점에서는 공소장변경이 필요하다고 할 수 없으나, ② 실행행위자가 누구인가는 일반적으로 피고인의 방어에 있어서 중요한 사항이므로 다툼이 있는 경우에는 검사가 쟁점의 명확화를 위하여 이를 명시할 것을 요하고 검사가 공소사실에 실행행위자를 명시한 이상 판결에서 그것과 다른 인정을 함에는 원칙으로 공소장변경을 요한다고 해석함이 상당하고, ③ 실행행위자의 명시는 공소사실의 기재에 불가결한 사실은 아니므로 적어도 피고인의 방어라는 구체적 상황의 심리경과에 비추어 피고인에게 불이익이 없다고 인정되거나 판결에서 인정되는 사실이 공소사실에 비추어 피고인에게 불이익하지 않은 경우에는 예외적으로 공소장변경을 거치지 않고 공소사실과 다른 실행행위자를 인정하여도 위법하다고 할 수 없다」고 판시하였다.[2]

생각건대 공모공동정범에 있어서 공모의 사실은 범죄사실이며, 공소사실을 특정하는 데 불가결한 사실이지만 누가 실행행위자인가는 공소사실을 특정하는 데 불가결한 사실은 아니다. 다만, 실행행위자인가 또는 단순한 공모자인가는 피고인의 방어권 행사에 실질적 불이익을 미칠 수 있는 사실이므로 인정사실이 피고인에게 불이익하지 않을 때에는 공소장변경을 요하지 않는다고 해야 한다. 실행행위자보다는 단순한 공모자가 피고인에게 이익되는 사실이고, 피고인이 공판과정에서 공모에 의하여 허위공문서를 작성하였다고 주장해 온 점에 비추어 보면 대상판결 (2)가 공소장에 단독범으로 기재된 것을 법원이 공

1) 대법원 1982. 6. 8. 82도884.
2) 日最決 2001(평성 13). 4. 11(刑集 55-3, 127).

소장변경 없이 공동정범으로 인정한 것은 위법하다고 할 수 없다고 판시한 것은 타당하다고 하지 않을 수 없다. 피고인의 방어권 행사에 실질적 불이익을 초래할 위험이 있는가에 관하여 추상적 방어설을 기본으로 하면서 구체적 방어설을 고려할 것을 요구하는 대상판결 (1)의 태도와도 일치한다고 할 수 있다.

Ⅲ. 죄수에 대한 법적 평가와 공소장변경의 필요성

1. 법률평가만을 달리하는 경우의 조치

구성요건이 다른 경우에도 사실의 변화 없이 법률평가만을 달리하는 때에는 공소장변경을 요하지 않는다. 사실기재설에 의하는 한 사실의 실질적 변경이 없는 때에는 공소장변경을 요하지 않기 때문이다. 다만, 사실기재설에 의하는 경우에도 공소장변경을 요하지 않는다고 하기 위해서는 피고인에게 충분한 방어권이 보장되어야 한다는 것은 물론이다. 따라서 특정범죄 가중처벌 등에 관한 법률 위반죄에 대하여 수뢰죄 · 관세법위반 또는 절도죄를 인정하는 경우에는 공소장변경을 요하지 않지만, 절취행위에 대하여 형법상의 상습절도죄로 기소한 경우, 비록 구성요건이 동일하더라도 공소장변경 없이 형이 더 무거운 특정범죄 가중처벌 등에 관한 법률 제 5 조의 4 제 1 항, 형법 제329조, 제330조를 적용하여 처벌할 수는 없고,[1] 피고인이 자신의 손가락을 음부에 2회 집어넣는 등 위력으로써 甲(여, 7세)을 추행하였다는 내용으로 기소된 경우, 위력부분을 제외한 위 공소사실의 행위유형이 성폭력범죄의 처벌 등에 관한 특례법 제 7 조 제 2 항 2호와 제 3 항에 모두 해당할 수 있는 상황에서, 검사가 같은 법 제 7 조 제 5 항으로만 공소제기한 채 같은 법 제 7 조 제 2 항 2호 또는 제 3 항 중 그 적용법조를 특정하지 않았음에도 불구하고 원심이 직권으로 위 공소사실에 대하여 같은 법 제 7 조 제 5 항, 제 2 항 2호를 적용한 것은 피고인의 방어권 행사에 있어서 실질적인 불이익을 초래할 염려가 있는 경우에 해당한다고 볼 수 있다.[2] 그런데 대상판결 (2)는 강도가 강도범행을 하는 기회에 수명의 피해자에게 폭행을 가하여 각 상해를 입힌 경우에 각 피해자별로 수 개의

1) 대법원 2007. 12. 27. 2007도4749.
2) 대법원 2011. 2. 10. 2010도14391.

강도상해죄가 성립한다는 전제에서, 「법원이 동일한 범죄사실을 가지고 포괄일죄로 보지 아니하고 실체적 경합관계에 있는 수죄로 인정하였다고 하더라도 이는 다만 죄수에 관한 법률적 평가를 달리한 것에 불과할 뿐이지 소추대상인 공소사실과 다른 사실을 인정한 것도 아니고 또 피고인의 방어권 행사에 실질적으로 불이익을 초래할 우려도 없다」고 판시하였다. 대상판결 (3)의 판결이 과연 타당한가가 검토되어야 한다.

2. 죄수평가와 공소장변경의 요부

죄수평가만을 달리할 경우에 공소장변경을 요하는가에 관하여 학설은 경합범으로 공소제기된 것을 포괄일죄나 상상적 경합으로 인정하는 경우에는 공소장변경을 요하지 않지만, 단순일죄를 포괄일죄로 인정하거나 포괄일죄를 경합범으로 인정하는 때에는 공소장변경을 요한다고 해석하는 견해[1]와 경합범으로 공소제기된 것을 포괄일죄나 상상적 경합으로 인정하는 경우는 물론 포괄일죄의 공소사실을 경합범으로 인정하는 경우에도 공소장변경을 요하지 않는다고 해석하는 견해[2]가 대립되고 있다. 그러나 죄수가 변경된 경우에 공소장변경을 요하는가는 형식적·일률적으로 판단할 것이 아니라 피고인의 방어에 실질적 불이익이 있는가를 기준으로 판단해야 한다고 생각한다. 따라서 첫째, 경합범으로 공소제기된 수 개의 공소사실에 대하여 법원이 일죄라고 인정하는 경우에도 ① 사실에 변경이 없고 인정죄명이 기소죄명보다 법정형이 중하지 않은 경우, 즉 수 개의 공소사실을 동일죄명의 일죄라고 인정하거나, 법정형이 다른 수 개의 공소사실을 동일죄명의 일죄로 인정하는 경우에는 피고인에게 방어의 불이익이 없으므로 공소장변경을 요하지 않지만, ② 수 개의 공소사실을 종합하여 1개의 결합범이나 상습범으로 인정하여 인정사실이 공소사실보다 불이익하게 된 때에는 이 경우에도 공소장변경을 요한다고 해야 한다.[3] 포괄일죄가 되는 경우에 특정범죄 가중처벌 등에 관한 법률이나 특정경제범죄 가중처벌 등에 관한 법률이 적용되는 경우도 같다.

1) 백형구 530면; 신양균 512면; 이은모 430면.
2) 배종대/이상돈/정승환/이주원 417면; 신동운 527면; 이재상 443면.
3) 中谷雄二郎 刑事訴訟法の爭點 第3版, 130面.

둘째, 일죄로 공소제기된 한 개의 공소사실에 대하여 법원이 수 죄를 인정하는 경우에도 일본에서는, 경합범 가중규정에 의하여 처단형의 범위가 피고인에게 불이익하게 되기 때문에 항상 공소장변경을 요한다는 견해와,[1] 죄수평가가 양형에 미치는 영향은 크지 않고 사실에 변경 없이 처단형의 변경만을 이유로 공소장변경을 해야 할 필요성은 없기 때문에 공소장변경을 요하는 것은 사실의 변경을 수반하여 피고인의 방어에 실질적인 불이익을 초래하는 경우에 제한되어야 한다는 견해가[2] 대립되고 있다. 사실기재설에 의하는 한 후설이 타당하다고 생각한다. 따라서 ① 검사가 일죄로 공소제기한 사실에 대하여 법원이 그대로 인정하였으나 죄수판단만을 달리한 경우에는 공소장변경을 요하지 않는다고 해야 한다. 예컨대 조세포탈범의 죄수는 위반사실의 구성요건 충족횟수를 기준으로 하여, 소득세포탈범은 각 과세연도의 소득세마다, 법인세포탈범은 각 사업연도의 법인세마다 그리고 부가가치세의 포탈범은 각 과세기간인 6월의 부가가치세마다 1죄가 성립하는 것이 원칙이나, 특정범죄 가중처벌 등에 관한 법률 제 8 조는 연간 포탈세액이 일정액 이상이라는 가중사유를 구성요건화하여 조세범처벌법 제 9 조 제 1 항과 합쳐서 하나의 범죄유형으로 하고 그에 대한 법정형을 규정한 것이므로 위 법조에 해당하는 경우에는 1죄만이 성립하는데, 피고인이 부정한 방법으로 환급받은 조세는 1980년도 제 1, 2기의 부가가치세에 대한 포탈액, 즉 부정환급액 전부의 합계를 연간 포탈세액으로 계산하여 검사가 부정환급액 전부의 합계액인 47,784,244원의 포괄일죄로 공소제기 하였는데 원심이 이를 경합범으로 인정한 경우에는 공소장변경을 요하지 않는다.[3] 이에 반하여 ② 1개의 행위를 1죄로 하는 공소사실에 대하여 법원이 수 개의 행위를 인정한 경우에 이를 경합범으로 인정하기 위해서는 공소장변경이 필요하다고 해야 한다. 예컨대 공소장에 「피고인은 甲, 乙 및 丙과 공모하여 2010년 12월 하순경 경기 파주시 소재 창고에서 낙면 11포를 절취하였다」고 기재되어 있는데 법원이 공소장변경 없이 「피고인은 甲, 乙과 공모하

1) 高田卓爾 注解 刑事訴訟法(中) 590面.
2) 中谷雄二郎 前揭論文, 130面; 松梱正章 公判法大系 2, 287面.
3) 대법원 1982. 6. 22. 82도938. 대법원은 위 판결에서 원심의 죄수판단이 정당하다고 보지는 않았다.
동지 : 대법원 2005. 10. 28. 2005도5996.

여 2010년 12월 20일 낙면 6포를, 丙과 공모하여 같은 달 25일 낙면 5포를 절취하였다」는 사실을 인정하는 것은 허용되지 않는다고 해야 한다.[1)]

문제는 피고인의 방어에 실질적 불이익을 초래할 우려가 있는 경우에는 법원이 검사와 피고인에게 석명권을 행사하여 석명을 구하거나 입증을 촉구하여 방어의 기회를 주면 공소장변경을 요하지 않게 된다고 할 수 있는가에 있다.[2)] 공소장변경제도를 인정하지 않는 직권주의 형사소송법학에서는 당연한 이론이라고 할 수 있다. 그러나 당사자주의 형사소송체계에서는 공소장에 공소사실을 특정하여 기재케 함으로써 심판의 대상을 명백하게 하고 피고인의 방어권을 보장할 뿐만 아니라, 공소장에 기재된 사실만 법원의 현실적 심판의 대상으로 삼고, 공소사실과 동일성이 인정되는 사실도 공소장변경을 통하여 비로소 현실적 심판의 대상이 될 수 있게 하여 양 당사자의 공격과 방어를 통하여 소송을 진행케 하는 제도이므로 공소장변경을 거쳐야 현실적 심판의 대상이 될 수 있는 사실을 법원에서 석명권을 행사하였다는 이유만으로 공소장변경을 요하지 않는다고 해석하는 것은 허용되지 않는다고 해야 한다.

대상판결 (3)은 「강도가 한 개의 강도범행을 하는 기회에 수명의 피해자에게 각 폭행을 가하여 각 상해를 입힌 경우에 공소장에 포괄일죄로 기재되어 있는 것을 법원이 공소장변경 없이 실체적 경합관계에 있는 수죄로 인정하였다고 하더라도 이는 죄수에 관한 법률적 평가를 달리한 것에 불과할 뿐이므로 피고인의 방어에 불이익을 초래할 염려가 없다」고 판시한 판결이다. 공소장에 강도가 수명의 피해자에게 폭행을 가하여 각 상해를 입힌 사실이 기재되어 있는 이상 소추대상인 공소사실과 다른 사실을 기재한 것이 아니므로 대상판결은 타당하다고 할 수 있다.

Ⅳ. 맺는 글

사실기재설에 의하면 피고인의 방어에 실질적 불이익을 초래할 사실변경

---

1) 日最判 1957(소화 32). 10. 8(刑集 11-10, 2487) 판결은 이 경우에도 피고인의 방어에 실질적 불이익이 없다는 이유로 공소장변경을 요하지 않는다고 하였다.

2) 대상판결 (1)의 판시사항 나는 이를 긍정하는 취지라고 볼 수 있다.

이 있으면 공소장변경을 요한다고 해야 한다. 여기서 대법원은 방어권 행사에 있어서 실질적인 불이익 여부는 「그 공소사실의 기본적 동일성이라는 요소 외에도 법정형의 경중 및 그러한 경중의 차이에 따라 피고인이 자신의 방어에 들일 노력・시간・비용에 관한 판단을 달리할 가능성이 뚜렷한지 여부 등의 여러 요소를 종합하여 판단하여야 한다」고 판시하였으며, 대상판결 (1)도 같은 취지의 판결이다. 대상판결 (1)이 방어권 행사에 실질적 불이익이 있는가를 판단함에 있어서 추상적 방어설과 구체적 방어설을 종합하여 판단할 것을 요구하는 것은 타당하다. 다만, 대상판결이 방어권 행사의 실질적 불이익이 있는가를 판단함에 있어서 공소사실의 기본적 동일성이라는 요소를 기준으로 삼아야 한다고 판시한 것은 타당하다고 할 수 없다. 공소사실의 기본적 동일성은 구성요건이나 죄질과 관계없이 인정됨에 반하여 사실 사이에 실질적 차이가 있는가는 사실이 동일하여 구성요건이 같은 경우에도 사실을 특정하는 데 불가결한 요소가 아닌 사실을 법원이 인정하는 경우에만 문제되므로 기본적 사실동일성보다 좁은 개념이기 때문이다. 공모공동정범에 있어서 공모의 사실은 범죄사실이며 공소사실을 특정하는 데 불가결한 사실이지만, 누가 실행행위자인가는 공소사실을 특정하는 데 불가결한 사실이 아니다. 다만, 단독범인가 또는 단순한 공모자인가는 피고인의 방어권 행사에 실질적 불이익을 미칠 수 있는 사실이므로 인정사실이 피고인에게 불이익하지 않을 때에는 공소장변경을 요하지 않는다고 해야 한다. 그러나 단독범보다는 단순한 공모자가 피고인에게 이익되는 사실이고, 피고인이 공판과정에서 공모에 의하여 허위공문서를 작성하였다고 주장해 온 점에 비추어 보면 대상판결 (2)가 공소장에 단독범으로 기재된 것을 법원이 공소장변경 없이 공동정범으로 인정한 것은 위법하다고 할 수 없다고 판시한 것은 타당하다.

죄수가 변경된 경우에 공소장변경을 요하는가는 형식적・일률적으로 판단할 것이 아니라 피고인의 방어에 실질적 불이익이 있는가를 기준으로 판단해야 한다. 따라서 구성요건이 다른 경우에도 사실의 변화 없이 법률평가만을 달리하는 때에는 공소장변경을 요하지 않는다. 사실기재설에 의하는 한 사실의 실질적 변경이 없는 때에는 공소장변경을 요하지 않기 때문이다. 일죄로 공소제기된 한 개의 공소사실에 대하여 법원이 수죄를 인정하는 경우에도 ① 검사가 일죄로 공소제기한 사실에 대하여 법원이 그대로 인정하였으나 죄수판단만을 달리한 경우에는 공소장변경을 요하지 않지만, ② 1개의 행위를 1죄로 하는 공소사실에 대하여 법원이 수 개의 행위를 인정한 경우에는 이를 경합범으로 인정하여 피고인에게 불이익을 초래할 때에는 공소장변경이 필요하다고 해야 한다. 대상판결 (3)도 옳다고 생각된다.

9. 포괄일죄의 일부에 대한 추가기소와 공소장변경

[대상판결]

(1) 대법원 2012. 1. 26. 2011도15356

1. 사건의 개요

피고인은 과거 자신의 모인 피해자에게 폭력을 행사하여 2006. 9. 29. 춘천지방법원 영월지원에서 존속상해 등으로 징역 1년에 집행유예 2년을, 2008. 4. 21. 같은 법원에서 특수존속협박죄로 벌금 100만원을 각 선고받았다. 그 후 피고인은 2011. 2. 7. 21:10경 다시 유사한 방법으로 피해자에게 먼저 기소된 춘천지방법원 영월지원 2011고단51호(이하 선행사건이라 한다)의 존속상해의 범행을 저질렀고, 선행사건에 관하여 2011. 3. 25. 같은 법원에서 존속상해죄로 징역 8월에 집행유예 2년을 선고받고 항소심에 계속 중이던 2011. 6. 24. 또다시 유사한 방법으로 피해자에게 같은 법원 2011고단241호 사건(이하 후행사건이라 한다)의 폭력행위 등 처벌에 관한 법률(이하 폭처법이라 한다) 위반(상습존속상해)의 범행을 저질렀다.

원심은 그 후 선행사건과 후행사건을 병합하여 심리하고 각 범죄사실을 실체적 경합범으로 보아 경합범가중으로 의율하였다. 그런데 이를 병합하여 심리하는 과정에서 전후에 기소된 각각의 범행이 모두 포괄하여 하나의 폭처법 위반(상습존속폭행)죄의 포괄일죄를 구성하는 것으로 밝혀졌다.

2. 대법원 판결요지

검사가 단순일죄라고 하여 존속상해 범행을 먼저 기소하고 다시 포괄일죄인 폭처법 위반(상습존속상해) 범행을 추가로 기소하였는데, 이를 병합하여 심리하는 과정에서 전후에 기소된 각각의 범행이 모두 포괄하여 하나의 폭처법 위반(상습존속상해)죄를 구성하는 것으로 밝혀진 경우, 이중기소에 대하여 공소기각판결을 하도록 한 형사소송법 제327조 제 3 호의 취지는 동일사건에 대하여 피고인으로 하여금 이중처벌의 위험을 받지 아니하게 하고 법원이 2개의 실체판결을 하지 아니하도록 함에 있으므로, 위와 같은 경우 법원이 각각의 범행을 포괄하여 하나의 폭처법 위반(상습존속상해)죄로 인정한다고 하여 이중기소를 금하는 위 법의 취지에 반하는 것이 아닌 점과 법원은 실체적 경합범으로 기소된 범죄사실에 대하여 그 범죄사실을 그대로 인정하면서 다만 죄수에 관한 법률적인 평가만을 달리하여 포괄일죄로 처단하더라도 이는 피고인의 방어에 불이익을 미치는 것이 아니므로 공소장변경 없이도 포괄일죄로 처벌할 수 있는 점에 비추어 보면, 비록 폭처법 위반(상습존속상해)죄의 포괄일죄로 공소장을 변경하는 절차가 없었다거나 추가기소의 공소장의 제출이 포괄일죄를 구성하는 행위로서 먼저 기소된 공소장에 누락된 것을 추가·보충하는 취지의 것이라는 석명절차를 거치지 아니하였다 하더라도, 법원은 전후에 기소된 범죄사실 전부에 대하여 실체판단을 할 수 있고, 추가기소된 부분에 대하여 공소기각판결을 할 필요는 없다고 할 것이다.

(2) 대법원 2010. 3. 10. 99도2744

1. 사건의 개요

피고인은 상습으로

(1) 1997. 6. 14. 안양시 만안구 안양 4동에 있는 포장마차에서 피해자 甲에게 의자를 집어던져 그에게 3주간의 치료를 요하는 상해를 가하였다는 범죄사실이 있다(A사실).

(2) 한편 피고인은 1998. 8. 11. 인천지방법원에서 폭력행위등처벌에관한법률위반죄로 징역 8월을 선고받았고, 그 판결이 같은 해 11. 11. 확정된 바 있다(B사실).

(3) 그런데 이 사건(A사실)의 공판심리 중에 피고인이 1999. 3. 5. 안양시 만안구 안양 5동에 있는 식당에서 피해자 乙을 밀어 넘어뜨려 폭행을 가하였다는 범죄사실이 추가로 발견되었다(C사실).

2. 소송의 경과

검사는 1997. 범죄사실 A에 대해 공소를 제기하였던바, 제 1 심법원은 유죄판결을 선고하였고, 이에 대하여 피고인은 양형부당을 이유로 항소하였다. 항소심에서 검사는 1999. 범죄사실 C를 공소사실에 추가하는 공소장변경허가신청을 하였으나, 항소심법원은 검사의 공소장변경을 허가하지 아니한 채, 원래의 공소사실에 대하여서만 심리·판단하여 면소판결을 선고하였고, 이에 대하여 검사가 상고하였다.

3. 대법원 판결요지

상습범에 있어서 공소제기의 효력은 공소가 제기된 범죄사실과 동일성이 인정되는 범죄사실의 전체에 미치는 것이므로 상습범의 범죄사실에 대한 공판심리 중에 그 범죄사실과 동일한 습벽의 발현에 의한 것으로 인정되는 범죄사실이 추가로 발견된 경우에 검사는 공소장변경절차에 의하여 그 범죄사실을 공소사실로 추가할 수 있다고 할 것이나, 공소제기된 범죄사실과 추가로 발견된 범죄사실 사이에 그것들과 동일한 습벽에 의하여 저질러진 또 다른 범죄사실에 대한 유죄의 확정판결이 있는 경우에는 전후 범죄사실의 일죄성은 그에 의하여 분단되어 공소제기된 범죄사실과 판결이 확정된 범죄사실만이 포괄하여 하나의 상습범을 구성하고, 추가로 발견된 확정판결 후의 범죄사실은 그것과 경합범 관계에 있는 별개의 상습범이 되므로, 검사는 공소장변경절차에 의하여 이를 공소사실로 추가할 수는 없고 어디까지나 별개의 독립된 범죄로 공소를 제기하여야 한다.

[관련판결]

대법원 1999. 11. 26. 99도3929

1. 사건의 개요

검사는 피고인에 대한 이 사건 범죄사실에 관하여

① 1997. 10. 30. 광주지방법원 97고단3872(98고합118) 부정수표단속법위반 사건(이하 판시라 줄인다), ② 1997. 12. 31. 광주지방법원 97고단4983(98고합560) 사기, 사문서위조, 위조사문서행사사건(판시 1. 나), ③ 1998. 2. 9. 광주지방법원 98고단480(98고합561) 사기사건(판시 1. 사), ④ 1998. 3. 20. 광주지방법원 98고합114(98감고11) 공문서위조, 위조공문서행사, 상습사기, 사문서위조, 위조사문서행사, 보호감호사건(판시 1. 가, 나), ⑤ 1998. 4. 30. 광주지방법원 98고단1837(98고합196) 공문서위조, 위조공문서행사, 사문서위조, 위조사문서행사사건(판시 1. 라, 마), ⑥ 1998. 9. 29. 광주지방법원 98고합599 위조공문서행사, 사문서위조, 위조사문서행사사건(판시 1. 아)으로 수차에 걸쳐 공소제기하였다.

제 1 심은 위 사건들을 모두 병합하여 판결하면서 그 중 ②, ③ 사건의 사기의 점과 ④ 사건의 상습사기의 점을 각각 별개의 죄로 인정하여 이 사건 공소사실을 모두 유죄로 인정하였으며, 원심은 ③ 사건의 사기의 점은 ④ 사건의 상습사기의 점에 포괄하여 일죄로 인정하면서도 ② 사건의 사기의 점은 여전히 별개의 죄로 인정하여 이 사건 공소사실을 모두 유죄로 인정하였다.

그러나 원심이 별개의 단순일죄로 인정한 ② 사건의 사기의 점은 피고인이 그 대금을 결제할 의사나 능력이 없이 공소외 甲 명의의 삼성자동차카드 회원가입신청서를 위조하여 그 명의로 발급받은 신용카드 등을 이용하여 1997. 1. 15.경부터 같은 해 2. 23.경까지 사이에 15회에 걸쳐 물품 등을 구입하고 그 대금을 지급하지 아니하였다는 것이고, 원심이 포괄일죄로 인정한 ③, ④ 사건의 상습사기의 점은 피고인이 1996. 12. 5.경부터 1997. 8. 27.경까지 사이에 7회에 걸쳐 위조된 공문서 또는 사문서를 이용하여 은행 기타 금융기관으로부터 대출금을 받거나 받으려고 하다가 미수에 그쳤다는 것이어서, ② 사건의 사기의 점이 ③, ④ 사건의 상습사기의 범행기간 중에 저질러진 것임이 분명하였다.

2. 대법원 판결요지

가. 상습범에 있어서 공소제기의 효력은 공소가 제기된 범죄사실과 동일성이 인정되는 범죄사실 전체에 미치는 것이며, 또한 공소제기의 효력이 미치는 시적 범위는 사실심리의 가능성이 있는 최후의 시점인 판결 선고시를 기준으로 삼아야 할 것이므로, 검사가 일단 상습사기죄로 공소제기한 후 그 공소의 효력이 미치는 위 기준시까지의 사기행위 일부를 별개의 독립된 상습사기죄로 공소제기를 함은 비록 그 공소사실이 먼저 공소제기를 한 상습사기의 범행 이후에 이루어진 사기 범행을 내용으로 한 것일지라도 공소가 제기된 동일사건에 대한 이중기소에 해당되어 허용될 수 없다.

나. 검사가 단순일죄라고 하여 사기 범행을 먼저 기소하고 포괄일죄인 상습사기 범행을 추가로 기소하였으나 그 심리과정에서 전후에 기소된 범죄사실이 모두 포괄하여 상습사기의 일죄를 구성하는 것으로 밝혀진 경우에는, 검사로서는 원칙적으로 먼저 기소한 사건의 범죄사실에 추가기소의 공소장에 기재한 범죄사실을 추가하여 전체를 상습범행으로 변경하고 그 죄명과 적용법조도 이에 맞추어 변경하는 공소장변경 신청을 하고 추가기소한 사건에 대하여는 공소취소를 하는 것이 형사소송법의 규정에 충실한 온당한 처리라고 할 것이나, 이와 같은 처리에 의하지 않더라도 검사의 추가기소에는 전후에 기소된 각 범죄사실 전부를 포괄일죄로 처벌할 것을 신청하는 취지가 포함되었다고 볼 수 있어 공소사실을 추가하는 등의 공소장변경과는 절차상 차이가 있을 뿐 그 실질에 있어서 별 차이가 없으므로, 석

명에 의하여 추가기소의 공소장의 제출은 포괄일죄를 구성하는 행위로서 먼저 기소된 공소장에 누락된 것을 추가 보충하고 죄명과 적용법조를 포괄일죄의 죄명과 적용법조로 변경하는 취지의 것으로서 1개의 죄에 대하여 중복하여 공소를 제기한 것이 아님이 분명하여진 경우에는 위의 추가기소에 의하여 공소장변경이 이루어진 것으로 보아 전후에 기소된 범죄사실 전부에 대하여 실체판단을 하여야 하고 추가기소에 대하여 공소기각판결을 할 필요는 없다.

[판례의 연구]

Ⅰ. 문제의 제기

대상판결은 포괄일죄로 평가받는 상습범에 대한 범죄사실의 공판심리 중에 그 범죄사실과 동일한 습벽의 발현에 의한 것이라고 인정되는 범죄사실이 추가로 발견된 경우의 처리방법에 관한 판결이다. 대법원은 포괄일죄를 「일반적으로 각기 따로 존재하는 수개의 행위가 당해 구성요건을 한번 충족하여 본래적으로 일죄인 것으로서 이는 수개의 행위가 혹은 흡수되고 혹은 사후행위가 되고, 혹은 위법상태가 상당 정도 시간적으로 경과하는 등 본래적으로 일죄의 관계가 이루어지는 것이므로 별개의 죄가 따로 성립하지 않음은 물론 과형상의 일죄와도 이 점에서 그 개념 등을 달리하는 것」,[1] 「수개의 행위가 포괄적으로 한 개의 구성요건에 해당하여 단순히 하나의 죄를 구성하는 것으로, 수개의 행위가 결합하여 하나의 범죄를 구성하든가, 수개의 동종행위가 동일한 의사에 의하여 반복되든가, 또는 하나의 동일한 법익에 대하여 수개의 행위가 불가분적으로 접속·연속하여 행하여지는 것이므로 구성요건에 해당하는 수개의 행위가 근원적으로 동종의 행위로서 그 구성요건을 같이 함을 전제로 하는 것」,[2] 또는 「동일 죄명에 해당하는 수개의 행위를 단일하고 계속된 범의하에 일정기간 계속하여 행하고 그 피해법익도 동일한 경우를 말한다」고 판시하고 있다.[3]

1) 대법원 1982. 12. 23. 82도2201.
2) 대법원 1985. 9. 24. 85도1686.
3) 대법원 1996. 4. 23. 96도417.

상습범이 포괄일죄에 해당하는가에 대하여는 물론 의문이 없는 것은 아니다. 상습범이라는 행위자의 습벽만을 근거로 독립된 수 개의 행위를 1죄로 할 수 있는가에 관하여 의문이 있기 때문이다.[1] 그러나 판례[2]와 통설[3]은 상습범을 포괄일죄라고 해석하고 있다.

포괄일죄에 대한 검사의 추가기소를 법원이 어떻게 처리할 것인가에 관하여는 ① 검사에게 공소장변경을 요구하는 방안, ② 추가기소의 실질적 의미를 새겨서 공소장변경으로 의제하거나, ③ 검사의 석명을 요구하여 공소장변경의 취지가 분명한 경우에만 공소장변경으로 보는 방안 및 ④ 상습범의 범죄사실에 대한 공판심리 중에 그 범죄사실과 동일한 습벽의 발현에 의한 것으로 인정되는 범죄사실이 추가로 발견된 경우에 검사는 공소장변경절차에 의하여 그 범죄사실을 공소사실로 추가할 수 있다고 할 것이나, 공소제기된 범죄사실과 추가로 발견된 범죄사실 사이에 그것들과 동일한 습벽에 의하여 저질러진 또 다른 범죄사실에 대한 유죄의 확정판결이 있는 경우에는 전후 범죄사실의 일죄성은 그에 의하여 분단되어 공소제기된 범죄사실과 판결이 확정된 범죄사실만이 포괄하여 하나의 상습범을 구성하고, 추가로 발견된 확정판결 후의 범죄사실은 그것과 경합범 관계에 있는 별개의 상습범이 되므로, 검사는 공소장변경절차에 의하여 이를 공소사실로 추가할 수는 없고 어디까지나 별개의 독립된 범죄로 공소를 제기하여야 한다는 방안 등이 있다. 공소불가분의 원칙에 의하여 공소제기의 효과는 공소장에 기재된 공소사실과 동일성이 인정되는 모든 사실에 미치므로 포괄일죄의 일부에 대한 공소제기는 전체사실에 그 효력이 미친다. 공소사실의 동일성은 단일성을 포함하며, 포괄일죄를 포함한 일죄의 경우에 일죄를 구성하는 사실 사이에 단일성이 인정된다는 점에는 이론이 없다. 따라서 포괄일죄의 일부에 대한 공소제기가 있는 때에는 포괄일죄의 모든 범죄사실은 법원의 잠재적 심판대상이 된다. 그러므로 포괄일죄의 잔여부분을 검사가 추가기소한 때에는 이중기소금지의 원칙에 반하므로 법원은 공소기각

---

1) 박상기 484면; 안동준 317면; 이재상 536면; 이정원 480면; 이형국 연구 2, 486면.

2) 대법원 1983. 10. 11. 82도402; 대법원 1999. 11. 26. 99도3929; 대법원 2000. 2. 11. 99도4797; 대법원 2004. 9. 16. 2001도3206; 대법원 2007. 6. 29. 2006도7864.

3) 김일수/서보학 689면; 배종대 662면; 신동운 686면; 임웅 565면; 정성근/박광민 619면; 조준현 350면.

의 판결을 선고하지 않을 수 없다(제327조 3호). 결국 포괄일죄의 일부에 대하여 이미 공소가 제기된 경우에 검사는 원칙적으로 먼저 공소를 제기한 사건에 추후에 밝혀진 범죄사실을 추가하여 전체를 포괄일죄로 변경하는 공소장변경을 신청하여야 한다. 그럼에도 불구하고 검사가 공소장변경을 신청하지 않고 이미 일부 사실이 공소제기되어 있는데도 불구하고 잔여사실을 추가기소한 것은 부적법하다고 하지 않을 수 없다. 즉, 검사의 추가기소는 부적법하다. 대상판결 (1)은 ②의 방안, 대상판결 (2)는 ④의 방안, 그리고 관련판결은 ③의 방안[1]을 취한 것이라고 할 수 있다.

Ⅱ. 추가기소사실에 대한 유죄판결의 가능성

포괄일죄의 일부를 먼저 기소한 후 나중에 발견한 다른 일부에 대하여 공소장변경을 하지 않고 추가기소를 한 경우에 이를 이중기소로 처리하는가, 아니면 공소장변경으로 인정할 수 있는가에 관하여 학설은 공소기각설,[2] 공소장변경의제설[3] 및 석명후 판단설[4]이 대립되고 있다.

1. 학설의 대립

(1) 공소기각판결설

포괄일죄의 일부 범죄사실을 추가기소한 때에는 이중기소금지의 원칙에 반하므로 공소기각의 판결을 선고해야 한다는 견해이다. 공소장변경과 추가기소는 구별해야 하며 추가기소에 대하여 공소기각의 판결을 선고하지 않는 것은 포괄일죄를 사실상 수죄로 취급하는 것이며, 이중기소금지의 법리를 무의미하게 한다는 것을 이유로 한다. 그러나 포괄일죄의 처리에 있어서 일부기소 후 추가기소를 공소장변경으로 의제하는 것은 이중기소금지의 취지와 충돌하는 것이 아니고, 원래 추가기소는 별개의 사건에 대한 공소제기이고 추가기소

1) 대법원 1996. 10. 11. 96도1698 사건의 판결도 같은 취지이다.
2) 성병현 「공소장의 변경」, 사법논집, 1970, 474면.
3) 이재상 형사소송법 연습, 220면.
4) 김만오 「포괄일죄와 이중기소」, 형사재판의 제문제 1, 349면; 이한성 「포괄일죄에 대한 추가기소방식의 공소장변경」, 형사재판의 제문제 1, 364면; 하태훈 「포괄일죄의 추가기소방식의 공소장변경」, 형사판례의 연구 2, 148면.

된 사건이 원래의 사건과 경합범으로 인정되더라도 이중기소금지나 포괄일죄와 전혀 무관하다는 것을 오해했다고 할 수 있다.[1)]

공소기각설을 취하면서도 추가기소된 사실이 처음의 공소제기 이후에 범한 사실인 때에는 예외적으로 추가기소가 가능하다고 해석하는 견해도 있다.[2)]

(2) 공소장변경의제설

포괄일죄의 일부에 대한 추가기소는 실질적으로 공소장변경에 해당하므로 공소장변경절차를 밟지 않아도 추가기소를 공소장변경으로 취급하여 이중기소에 해당하지 않는다고 해석하는 입장이다. 전후의 공소사실을 병합심리하여 실체판단을 해야 한다는 의미에서 실체판단설이라고도 할 수 있다. 일본의 다수설의 태도이다. 추가기소와 공소사실의 추가는 절차상의 차이에 불과하고, 동일사건이 같은 법원에 이중기소된 경우와 포괄일죄의 일부가 추가기소된 경우는 구별해야 한다는 것을 이유로 한다. 대법원은 종래 영업범의 경우 「포괄적 일죄를 구성하는 행위의 일부에 관하여 추가기소하는 것은 일죄를 구성하는 행위 중 누락된 부분을 추가·보충하는 취지로 볼 것이어서 이중기소의 위법이 있다고 할 수 없다」고 판시함으로써 이 입장을 따른 바 있으며,[3)] 최근 다시 「석명절차를 거치지 아니하였다 하더라도 법원은 전후에 기소된 범죄사실 전부에 대하여 실체판단을 할 수 있고, 추가기소된 부분에 대하여 공소기각판결을 할 필요는 없다」고 판시하여 같은 취지로 판결하고 있다.[4)] 일본의 최고재판소 판결도 같은 입장이다.[5)]

(3) 석명후 판단설

절차유지의 원칙이나 소송경제의 요구가 절대적인 것은 아니므로 형식적인 추가기소를 해석에 의하여 공소장변경으로 파악하는 것은 허용되지 않지만, 법정에서 검사의 석명이 있는 때에는 공소장변경으로 인정하는 것이 가능하다고 해석한다. 대법원이 종래 상습범의 일부 공소사실을 추가기소한 경우에 「포괄일죄를 구성하는 일부 범죄사실이 먼저 단순일죄로 기소된 후 그 나머지 범

---

1) 최병각 「포괄일죄에 대한 공소장변경과 추가기소」, 형사판례의 연구 2, 158면.
2) 신양균 「포괄일죄와 이중기소」, 형사판례연구 3, 441면.
3) 대법원 1993. 10. 22. 93도2178.
4) 대법원 2007. 8. 23. 2007도2595.
5) 日最判 1956. 12. 26(刑集 10-12, 1746).

죄사실이 포괄일죄로 추가기소되고 단순일죄의 범죄사실도 추가기소된 포괄일죄를 구성하는 행위의 일부임이 밝혀진 경우라면, 그 추가기소에 의하여 전후에 기소된 각 범죄사실 전부를 포괄일죄로 처벌할 것을 신청하는 취지가 포함되었다고 볼 수 있어, 공소사실을 추가하는 등의 공소장변경과는 절차상 차이가 있을 뿐 그 실질에 있어서 별 차이가 없으므로, 그 경우에 검사의 석명에 의하여 추가기소의 공소장 제출은 포괄일죄를 구성하는 행위로서 먼저 기소된 공소장에 누락된 것을 추가 보충하고 죄명과 적용법조를 포괄일죄의 죄명과 적용법조로 변경하는 취지의 것으로서 1개의 죄에 대하여 중복하여 공소를 제기한 것이 아님이 분명하여진 경우에는, 그 추가기소에 의하여 공소장변경이 이루어진 것으로 보아 전후에 기소된 범죄사실 전부에 대하여 실체판단을 하여야 하고 추가기소에 대하여 공소기각판결을 할 필요가 없다」고 판시한 것은 이러한 입장을 취한 것이라고 할 수 있다.[1)]

2. 학설의 비판

포괄일죄는 일죄이지만 그 중에서 집합범, 특히 상습범의 경우에는 포괄일죄를 구성하는 개별 범죄들의 독자성이 어느 정도 인정된다. 이 경우에 포괄일죄를 구성하는 일부 범죄를 공소제기한 후에 나머지 잔여사실을 추가기소한 때에 후에 기소된 범죄를 이중기소라는 이유로 공소기각하는 것은 법감정과 정의에 현저히 반한다. 뿐만 아니라 포괄일죄의 일부를 공소제기한 후 나머지 사실을 추가기소하는 경우 검사가 전후에 기소된 모든 범죄사실을 처벌하여 줄 것을 청구한다는 점에서 그 실질에 있어서는 공소사실의 추가와 아무런 차이가 없다. 이러한 의미에서 추가기소 부분에 대하여 공소기각의 판결을 선고해야 한다는 견해는 타당하지 않고, 이를 공소장변경신청이 있는 것으로 취급하여 실체판결을 선고해야 한다는 견해가 타당하다고 해야 한다. 죄수에 관한 법률평가를 달리하는 경우에는 피고인의 방어에 불이익을 주는 것이 아니어서 검사의 공소장변경이 없는 경우에도 법원은 공소사실과 다른 사실을 인정할 수 있기 때문이다.

문제는 법원이 추가 기소사실에 대하여 공소장변경으로 인정하기 위해서

1) 대법원 1996. 10. 11. 96도1698.

는 석명권을 행사하여 검사로 하여금 공소장변경임을 석명할 것을 요하는가에 있다. 석명권이란 재판장이 소송관계를 명확하게 하기 위하여 당사자에게 사실상 또는 법률상의 사항에 대하여 질문을 하고 진술 내지 주장을 보충·정정할 기회를 주는 소송지휘권을 말한다. 그러나 포괄일죄의 일부에 대하여 공소제기가 있는 경우에 잔여사실에 대한 추가기소는 포괄일죄의 전체에 대하여 심판을 구하는 것이므로 공소사실의 추가와 같은 취지임은 의문이 있을 수 없다. 결국, 포괄일죄의 일부에 대한 추가기소는 전체범죄사실에 대하여 공소사실과 적용법조를 추가하는 것으로 보아 법원은 유죄 또는 무죄의 실체판결을 선고해야 한다고 생각된다.

Ⅲ. 판례의 검토

포괄일죄의 일부를 먼저 기소한 후 나중에 발견된 다른 일부에 대하여 추가기소를 한 경우에 이를 어떻게 처리할 것인가에 관하여는 공소기각판결설, 공소장변경의제설 및 석명후 판단설이 대립되고 있다. 공소기각판결설은 포괄일죄의 일부 범죄사실을 추가기소한 때에는 이중기소금지의 원칙에 반하므로 공소기각의 판결을 선고해야 한다는 견해이다. 포괄일죄도 일죄인 이상 나머지 사실에 대하여는 공소장을 변경해야 한다는 것을 이유로 한다. 이에 반하여 공소장변경의제설은 포괄일죄의 일부에 대한 추가기소는 실질적으로 공소장변경에 해당하므로 공소장변경절차를 밟지 않아도 추가기소를 공소장변경으로 의제하여 공소기각판결을 선고할 필요가 없다는 견해이다. 추가기소와 공소사실의 추가는 절차상의 차이에 불과하다는 것을 이유로 한다. 추가기소사실에 대하여 석명을 요하지 않는다는 것은 물론이다. 대상판결 (1)은 공소장변경의제설의 입장이다. 공소기각판결설에 의하여 후의 추가기소에 대하여 공소기각의 판결을 선고하는 것은 정의와 법감정에 현저히 반한다는 것을 이유로 한다.

공소장변경을 의제함에 있어서 검사의 석명을 요건으로 하는가가 공소장변경의제설과 석명후 판단설의 차이점이다. 어떤 경우에 검사에 의한 석명권의 행사가 있어야 하는가에 관하여 ① 관련판결은 항상 검사의 석명이 필요하다고 해석하고 있다.[1] 피고인의 방어권을 보호하기 위해서는 검사의 석명이 필요하다는 점을 논거로 한다. 그러나 석명권이란 사건의 내용을 명확히 하기 위하여 당사자에게 사실상・법률상의 사항을 질문하여 그 진술 내지 주장을 보충・정정할 기회를 주고 입증을 촉구하는 것(형사소송규칙 제141조)으로, 그것이 검사의 의무에 속한다고 하기 어렵다. ② 처음의 공소사실과 추가된 공소사실이 하나의 포괄일죄, 특히 상습범임이 기재된 경우에는 석명권의 행사가 실체심판의 요건이 되지 않지만, 공소장에 기재된 공소사실이 수죄로 기재되어 있으나 두 사실을 종합하면 포괄일죄임을 인정할 수 있는 경우에는 포괄일죄로 공소장을 변경하는 데 석명권의 행사가 필요하다는 견해도 있다. 그러나 포괄일죄의 일부와 추가기소 사실에 대하여 이중기소라는 이유로 공소기각판결을 하는 것은 법감정과 정의에 반하고, 이를 공소장변경으로 취급하더라도 피고인의 방어권 행사를 용이하게 하기 위한 공소장변경의 취지에 반하는 것은 아니라고 해야 한다. 검사는 비록 석명권을 행사하지 않는다 할지라도 추가기소한 포괄일죄의 모든 사실에 대하여 심판을 구하는 취지가 명백하다고 해야 하며, 그럼에도 불구하고 석명권을 행사하지 않았다는 이유로 공소기각판결을 선고해야 한다고 해석하는 것은 타당하다고 할 수 없다. 이러한 의미에서 공소장변경의제설의 입장이 타당하다고 생각된다.

---

1) 대법원 1996. 10. 11. 96도1698 판결도 같은 입장이다.

10. 축소사실의 인정과 법원의 심판범위

[대상판결]

대법원 1999. 11. 9. 99도3674

1. 사실관계

피고인은 향정신성 의약품 취급자가 아님에도 불구하고 제 1 심 공동피고인 A와 공모하여, 1998. 11. 중순 일자불상 23:00경 경기 광주읍 소재 포장마차에서 이미 매수한 향정신성의약품인 메스암페타민(속칭 필로폰) 약 0.7g을 맥주컵 2개에 나누어 넣은 다음 각자 한 잔씩 마셔 필로폰을 투약하였다는 공소사실로 기소되었다. 피고인은 검찰에서 자백하였다가 제 1 심 법정 이후 필로폰을 공동으로 매수하기는 하였어도 이를 투약하지 않았다고 주장하면서 공소사실을 부인하였다.

제 1 심 법원은 공소사실에 대해 유죄를 선고하였고, 이에 대하여 피고인은 항소하였다.

2. 원심판결의 요지

원심판결은 검사 작성의 피고인 및 제 1 심 공동피고인 A에 대한 피의자신문조서의 각 진술기재는 위 공소사실을 뒷받침하고 있는 듯하나, A의 제 1 심 법정 및 당심 법정에서의 각 진술 및 수원지방검찰청 마약수사 서기보 작성의 소변 간이시약 결과보고, 소변 감정결과 유선확인보고, 대검찰청 총무부 과학수사과장 작성의 마약류 감정결과통보의 각 기재를 검토하여 보면, A는 제 1 심 법정에서는 공동피고인으로서, 원심법정에서는 증인으로서 각 진술시 피고인은 필로폰을 탄 맥주를 쏟아버려 마시지 않았다고 하였을 뿐 아니라, 피고인의 소변 및 모발에 대한 필로폰 성분 정밀감식결과가 모두 음성으로 나온 점 등에 비추어, 제 1 심이 들고 있는 피고인과 A의 검찰에서의 투약사실을 인정하는 취지의 진술만으로 피고인과 A가 법정에서 위 내용을 모두 부인하는 취지로 한 진술내용 및 모두 음성으로 나온 위 각 검사결과를 배척하고, 피고인이 필로폰을 투약하였다고 단정하기 어려우므로, 결국 위 공소사실은 증명이 없는 때에 해당한다는 이유로 위 공소사실을 유죄로 인정한 제 1 심 판결을 파기하고 무죄를 선고하였다.

검사의 상고에 대하여 대법원은 원심이 공소사실에 부합하는 피고인과 A의 검찰에서의 진술을 배척하고 위 공소사실에 대한 증거가 없다고 판단한 조치에는 심리미진 내지 채증법칙 위반의 위법이 있으므로 상고이유는 이유 있다고 판시하면서, 가사 피고인이 필로폰을 투약하였다는 원심의 판단을 받아들인다고 하더라도, 원심이 위 공소사실에 대하여 무죄를 선고한 조치는 수긍하기 어렵다고 판시하였다. 그러나 대상판결의 판결요지는 축소사실의 인정과 법원의 심판범위에 관한 부분에 관련된다.

3. 대법원 판결요지

가. 법원은 공소사실의 동일성이 인정되는 범위 내에서 공소가 제기된 범죄사실에 포함된 보다 가벼운 범죄사실이 인정되는 경우에 심리의 경과에 비추어 피고인의 방어권 행사에 실질적인 불이익을 초래할 염려가 없다고 인정되는 때에는 공소장이 변경되지 않았더라도 직권으로 공소장에 기재된 공소사실과 다른 범죄사실을 인정할 수 있고, 이와 같은 경우 공소가 제기된 범죄사실과 대비하여 볼 때 실제로 인정되는 범죄사실의 사안이 중대하여 공소장이 변경되지 않았다는 이유로 이를 처벌하지 않는다면 적정절차에 의한 신속한 실체적 진실의 발견이라는 형사소송의 목적에 비추어 현저히 정의와 형평에 반하는 것으로 인정되는 경우라면 법원으로서는 직권으로 그 범죄사실을 인정하여야 한다.

나. 필로폰 투약죄의 기수범으로 기소된 공소사실에 대하여 실행행위에 착수한 사실은 인정되나 기수에 이른 사실은 인정되지 않는 경우, 마약류의 심각한 폐해와 미약사범의 급속한 증가현상에 비추어 볼 때 필로폰 투약의 경우 그 미수범도 기수범에 못지않게 그 사안이 중대하다고 할 것이어서 공소장이 변경되지 않았다는 이유로 이를 처벌하지 않으면 현저히 정의와 형평에 반한다고 여겨지므로, 심리의 경과에 비추어 그 미수의 범죄사실을 인정한다고 하여 피고인의 방어권 행사에 실질적인 불이익을 초래할 염려가 있다고 보여지지 않는다면 법원은 공소사실에 포함된 필로폰 투약 미수의 범죄사실을 유죄로 인정하여야 한다.

[판례의 연구]

Ⅰ. 문제의 제기

공소를 제기함에 있어서 검사는 범죄의 시일, 장소와 방법을 명시하여 사실을 특정할 수 있도록 하여야 한다(제254조 제4항). 공소사실을 특정하게 함으로써 특정된 사실에 대하여 피고인의 방어권을 보장하기 위한 것이다. 그러나 공소제기의 효력은 공소사실과 동일성이 인정되는 모든 사실에 미친다는 점에서 공소제기의 효력과 기판력이 미치는 사실을 법원의 심판의 대상으로 하면서도 피고인의 방어권을 보장할 법적 장치를 마련할 필요가 있다. 그것이 바로 공소장변경제도이다. 즉 검사는 공소사실의 동일성을 해하지 않는 한도에서 법원의 허가를 얻어 공소장에 기재된 공소사실 또는 적용법조를 추가·철회 또는 변경할 수 있다(제298조 제1항). 이와 같이 공소장변경제도는 정당한 형벌권을 실현하게 하면서도 피고인의 방어권을 보장하기 위한 제도이다. 그러나 공소장변경제도가 있다고 해서 공소장에 기재된 공소사실과 조금이라도 달라진 사실이 있을 경우에 반드시 검사의 공소장변경이 있어야 법원이 판단할 수 있는 것은 아니다. 즉 법원은 검사의 공소장변경이 없어도 일정한 범위에서 공소장에 기재된 사실과 다른 사실을 심판할 수 있다. 그 범위가 어디까지인가에 관하여는 공소장변경의 필요성이 문제된다. 그리고 법원이 검사의 공소장변경 없이도 심판할 수 있는 범위의 사실과 법원의 심판대상 내지 법원의 심판의무와의 관계가 문제되지 않을 수 없다.

대상판결의 요지는 공소장변경의 필요성 판단의 기준으로 사실기재설을 취하면서 축소사실을 인정하는 경우에는 공소장변경이 필요하지 않으며, 그 경우에 인정되는 사실에 대하여 무죄를 선고하는 것이 사안의 중요성에 비추어 볼 때 정의와 형평의 원칙에 반한다고 인정되는 때에는 법원이 이를 심판할 의무가 있다는 점으로 요약할 수 있다. 따라서 이 글은 공소장변경의 필요성(Ⅱ), 축소사실의 인정과 법원의 심판대상(Ⅲ), 법원의 심판대상과 심판의무(Ⅳ)의 순서로 검토하고, 대상판결을 분석·검토하기로 한다.

Ⅱ. 공소장변경의 필요성

1. 공소장변경의 필요성의 판단기준

공소장변경의 필요성의 판단기준에 관하여는 동일벌조설과 법률구성설 및 사실기재설이 대립되고 있다. 동일벌조설이 공소사실을 어떤 구성요건에 해당하는가라는 법률적 평가라고 이해하여 구체적 사실관계가 다르다고 할지라도 그 벌조 또는 구성요건에 변경이 없는 한 공소장을 변경할 필요가 없다고 해석함에 반하여, 법률구성설은 구체적 사실관계가 다르다고 할지라도 그 법률구성에 영향이 없을 때에는 공소장변경을 요하지 않는다는 견해이다. 이에 반하여 사실기재설은 공소사실을 구성요건에 해당하는 구체적 사실의 주장이라고 파악하여 그 사실적 측면을 강조함으로써 공소장에 기재되어 있는 사실과 실질적으로 다른 사실을 인정할 때에는 공소장변경을 필요로 한다고 해석한다. 그러나 사실기재설이라고 하여 사실의 변경이 있으면 언제나 공소장변경을 요한다는 것이 아니라 사실 사이에 실질적 차이가 있는 때에만 변경을 필요로 하고, 사실 사이에 실질적 차이가 있는가는 형식적으로 사실의 변화가 사회적·법률적으로 의미를 달리하고 실질적으로 피고인의 방어권 행사에 불이익을 초래하는가를 기준으로 판단해야 한다고 해석한다.

동일벌조설과 법률구성설은 ① 공소장에 공소사실 이외에 죄명과 적용법조를 기재할 것을 요구하고 있음에도 불구하고 공소사실의 법률적 평가를 강조하는 것은 옳지 않으며, ② 이에 의하면 형사소송법 제298조가 무의미하게 되어 피고인의 방어권을 침해한다는 비판을 면할 수 없다. 사실기재설이 통설이며,[1] 지금까지 우리 판례의 일관된 태도라고 할 수 있다.[2] 따라서 공소사실과 인정된 범죄사실이 다른 법률구성 내지 다른 구성요건에 속하는 경우에도

1) 김기두 형사소송법, 254면; 배종대/이상돈/정승환/이주원 413면; 백형구 강의, 526면; 신동운 533면; 신양균 476면; 이재상 439면; 정영석/이형국 273면; 차용석/최용성 형사소송법 439면; 백형구 형사소송법, 227면은 사실적 불이익설, 송광섭 형사소송법원론, 430면은 절충설이 타당하다고 하나 내용에 있어서 차이는 없다.

2) 대법원 1994. 12. 9. 94도1888, "교통사고에 관하여 공소사실과 법원이 인정한 사실 사이에 기본적 사실관계가 동일하고 피고인의 방어권 행사에 불이익을 초래할 염려가 없는 때에는 공소장변경 절차를 거치지 아니하고 공소사실과 다른 사실을 인정할 수 있다." 이와 같이 피고인의 방어권 행사에 불이익이 있었는가를 기준으로 공소장변경의 필요성을 판단하는 것이 이 판결 이외의 모든 대법원의 일관된 태도이다.

피고인의 실질적 방어권에 지장이 없는 때에는 공소장변경을 요하지 않음에 반하여,[1] 같은 구성요건 내지 법률구성의 경우라고 할지라도 방어권 행사에 실질적 불이익을 초래할 염려가 있을 때에는 공소장변경을 필요로 한다고 판시한 것[2]은 모두 사실기재설의 입장과 일치하며, 또한 타당하다고 하지 않을 수 없다. 이 판결이 방어권을 침해하지 않는 한 미수의 범죄사실을 인정할 수 있다고 판시한 것도 사실기재설의 입장이라고 해야 한다.

다만 사실기재설은 피고인의 방어에 실질적인 불이익이 있는가의 여부를 어떻게 판단할 것인가에 관하여 다시 추상적 방어설과 구체적 방어설로 나누어진다. 양설은 공소장변경의 필요성 판단에 있어서 피고인의 방어에 실질적인 불이익을 초래할 염려가 있는가를 기준으로 하는 점에서는 동일하지만, 추상적 방어설은 공소사실과 인정사실을 일반적·유형적으로 대비함으로써 실질적 불이익의 유무를 판단함에 반하여, 구체적 방어설은 피고인의 방어활동 등 구체적인 심리의 경과상황에 비추어 개개의 사건에서 불이익의 유무를 개별적으로 판단해야 한다는 견해를 말한다. 학설은 대체적으로 추상적 방어설을 취하고 있다. 구체적 방어설에 의할 때에는 공소장변경의 필요성을 판단할 기준이 명백하지 않을 뿐만 아니라, 공소사실이 심판의 대상이라는 것을 경시했다는 점에서 기본적으로는 추상적 방어설이 타당하다.[3] 구성요건을 달리하는 사안에 있어서는 추상적 방어설에 의하고 동일 구성요건 상호간 또는 그 수정형식 사이의 공소장변경이 문제된 사안에서는 구체적 방어설에 의한다고 해석하는 견해도 있지만,[4] 구체적 방어설이 같은 구성요건에 대하여만 적용된다는 것은 타당하지 않다. 오히려 추상적 방어설에 의하는 경우에 공소장변경이 필요 없는 경우라고 할지라도 피고인이 예상할 수 없는 방어권 침해의 가능성이 있을 수 있다는 점을 고려하여 피고인의 방어권을 보호하기 위하여 추상적 방어설을 기본으로 하면서도 보충적으로 구체적 방어설을 고려하는 것이 타당하다고 생각된다.[5] 이 판결이 "심리의 경과에 비추어 피고인의 방어권 행사에

1) 대법원 1980. 10. 27. 80도1225; 대법원 1993. 12. 28. 93도3058; 대법원 1996. 5. 10. 96도755.
2) 대법원 1993. 1. 15. 92도2588; 대법원 1997. 5. 23. 96도1185.
3) 石井 刑事訴訟法判例百選(5版) 86面.
4) 松尾 注解 刑事訴訟法, 576面.
5) 大谷 刑事訴訟法判例百選(7版), 101面 참조.

실질적인 불이익을 초래할 염려가 없다고 인정되는 때"라고 판시한 것은 구체적 방어설의 입장이 아닐 수 없다. 대법원도 종래 구체적 방어설을 고려하여 방어의 필요성을 판단해 왔다. 즉「심리의 경과에 비추어 인정사실에 대하여 이미 충분한 심리가 이루어졌거나,」[1]「심리의 과정에 비추어 피고인의 방어권 행사에 실질적 불이익을 초래할 염려가 없다고 인정되고,」[2]「피고인이 스스로 이를 시인하고 있는 이상 피고인의 방어에 불이익을 주었다고 볼 수 없다」[3]고 하거나,「피해자의 수차례의 진술과 피고인의 변소내용에 대조하여 볼 때 범행일시의 차이는 단순한 오기라고 할 수 없다」[4]는 판시내용은 구체적 방어설의 입장이라고 할 수 있다. 이 판결이 구체적 방어설의 입장을 고려하여 피고인의 방어권에 불이익을 초래할 우려가 있었는가를 판단한 것도 타당하다고 생각한다.

2. 필요성의 구체적 판단기준

사실기재설에 의하여 공소장변경의 필요성을 판단하는 경우에도 피고인의 방어권에 불이익을 초래할 염려를 구체화할 필요가 있다. 공소사실과 법원이 인정하는 사실 사이에 구성요건이 같은 경우와 다른 경우를 구별하여 검토할 필요가 있다.

공소사실과 인정되는 범죄사실이 같은 구성요건에 속하는 경우에는 그 차이가 심판의 대상을 특정하기 위하여 필요불가결한 사실인가 아닌가, 또 피고인의 방어에 중요한 의미를 가지는 사실인가에 따라 공소장변경의 필요성이 결정된다. 따라서 범죄의 일시와 장소는 그것이 현저히 다른 때에는 공소사실의 동일성이 인정되지 아니하며, 그것이 범죄의 성부에 관계있고 피고인의 방어에 불이익을 초래할 위험이 있는 때에는 공소장변경이 필요한 반면 이에 이르지 않는 정도의 단순한 오기인 때에는 공소장변경을 요하지 않는다. 판례는 공소장에 기재된 범행일시인 1991. 5. 14.을 1991. 6. 14.로 인정하거나,[5] 1987.

1) 대법원 1996. 5. 10. 96도755.
2) 대법원 1995. 9. 29. 95도456; 대법원 1997. 2. 14. 96도2234.
3) 대법원 1984. 9. 25. 84도312.
4) 대법원 1993. 1. 15. 92도2588.
5) 대법원 1993. 1. 15. 92도2588.

3.경을 1988. 9.경으로 인정함에 있어서 공소장변경을 필요로 한다고 판시하였다.[1] 범죄의 객체도 원칙적으로 공소장변경을 필요로 하지만 피해액수가 공소장에 기재된 그것을 초과하지 않는 경우나[2] 피고인이 시인하여 방어권 행사에 불이익을 주지 않을 경우에는 공소장변경을 요하지 않는다.[3] 범행의 방법도 그것이 피고인의 방어방법을 기본적으로 수정하게 할 정도에 이를 때에는 공소장변경이 필요한 것은 물론이다. 그러나 추상적으로 기재되어 있는 공소사실을 구체적으로 명시하거나[4] 허위공문서를 작성하게 된 경우를 정리·보충하기 위하여 구체적으로 명시한 경우,[5] 교통사고에 있어서 피해차량의 운전상태에 대한 공소장 기재와 다소 다른 기재,[6] 피고인의 과실과 피해자의 사망 사이에 인과관계의 중간경로에 대한 설명이 추가된 경우에는 공소장변경을 필요로 하지 않는다.[7] 판례는 또한 상해의 정도가 4개월 간의 치료를 요한다는 공소장기재를 8개월 간의 치료를 요하는 것으로 기재한 때에도 공소장변경을 요하지 않는다고 한다.[8] 그러나 피해의 정도가 피고인의 죄책을 실질적으로 증대시키는 경우에도 피고인의 방어권을 침해할 우려가 없는가에 대하여는 의문이 없지 않다.

공소사실과 법원이 인정하는 사실이 구성요건을 달리하는 때에는 사실도 변경된다고 해야 하고, 사실이 변경되면 피고인의 방어에 영향을 미친다고 해야 하므로 사실기재설에 의하는 경우에도 공소장변경이 필요하게 된다. 다만 이 경우에도 축소사실을 인정하는 경우와 법률평가만을 달리하는 경우에는 공소장변경을 요하지 않는다. 법률평가만을 달리하는 경우에 이로 인하여 공소장에 기재된 공소사실보다 법정형이 무거운 사실을 인정하는 때에는 공소장변경이 요구되는 것이 당연하다. 이 판결은 기본적 구성요건과 그 수정형식 사이의 공소장변경의 필요성에 관한 사례이나 축소사실의 인정과 함께 검토하기로 한다.

1) 대법원 1992. 10. 27. 92도1824.
2) 대법원 1994. 9. 9. 94도998.
3) 대법원 1984. 9. 25. 84도312.
4) 대법원 1990. 6. 8. 89도1417.
5) 대법원 1994. 12. 27. 94도2527.
6) 대법원 1994. 12. 9. 94도1888.
7) 대법원 1989. 12. 26. 89도1577.
8) 대법원 1984. 10. 23. 84도1803.

3. 축소사실의 인정과 공소장변경의 필요성

공소사실에 기재된 사실의 일부를 인정하는 경우에는 그것이 비록 구성요건을 달리하는 경우라 할지라도 「대는 소를 포함한다」는 원칙에 따라 공소장변경을 요하지 않는다. 축소사실을 인정하는 것은 피고인에게 무거운 형을 가하는 것이 아니고, 공소가 제기된 범죄사실에 포함된 범죄인 이상 방어권을 침해할 가능성도 없기 때문이다. 판례의 일관된 태도이기도 하다. 즉 판례는 ① 특정범죄 가중처벌 등에 관한 법률 제5조의 3 제1항 소정의 죄로 공소제기된 경우에 공소장변경이 없어도 업무상과실치상죄를 인정할 수 있고,[1] ② 상해치사의 공소사실에 대하여 공소장변경 없이 폭행을 인정하거나[2] 폭행치사의 공소사실에 대하여 공소장변경 없이 폭행죄를 인정할 수 있으며,[3] ③ 폭력행위 등 처벌에 관한 법률 제2조 제3항의 죄의 공소사실에 대하여도 공소장변경 없이 같은 조 제2항의 죄를 인정할 수 있고,[4] ④ 형법 제309조 제2항의 허위사실적시 출판물에 의한 명예훼손의 공소사실 중에는 동조 제1항 소정의 사실적시 출판물에 의한 명예훼손의 공소사실이나 같은 법 제307조 제1항의 명예훼손의 공소사실도 포함되어 있으므로, 피고인에게 적시한 사실이 허위사실이라는 인식이 없었다면 법원은 공소장변경절차 없이도 같은 법 제309조 제1항의 사실적시 출판물에 의한 명예훼손죄를 인정할 수 있고, 또 비방의 목적이 인정되지 아니하면 같은 법 제307조 제1항의 명예훼손죄로 인정할 수도 있으며,[5] 또 ⑤ 강간치상죄의 공소사실에는 강간죄의 공소사실도 포함되어 있으므로 공소장의 변경절차 없이 강간죄를 심판할 수 있고,[6] 강간치사의 공소사실에 대하여 공소장변경절차 없이 강간이나 강간미수로 인정할 수 있으며,[7] ⑥ 강제추행치상죄의 공소사실을 공소장변경 없이 강제추행죄로 축

1) 대법원 1990. 12. 7. 90도1283.
2) 대법원 1990. 10. 26. 90도1229.
3) 대법원 1984. 11. 27. 84도2089. 다만, 대법원 1971. 1. 12. 70도2216 판결은 폭행치상죄의 공소사실에 대하여 폭행죄로 단죄할 수 없다고 판시한 바 있다. 폭행치상죄의 공소에 폭행죄가 포함되어 있다고 해석하기 어렵다는 것을 이유로 들고 있으나, 이해할 수 없는 판결이다.
4) 대법원 1997. 4. 11. 95도1637.
5) 대법원 1997. 2. 14. 96도2234.
6) 대법원 1980. 10. 27. 80도1225; 대법원 1988. 3. 8. 87도2673.
7) 대법원 1969. 2. 18. 68도1601.

소인정할 수 있고,[1] ⑦ (구) 성폭력범죄의 처벌 및 피해자보호등에 관한 법률의 특수강도강간미수의 공소사실 중에는 특수강도죄의 공소사실도 포함되어 있으므로 공소장변경 없이 특수강도죄를 인정할 수 있으며,[2] ⑧ 강도상해의 공소사실에 대하여 공소장변경 없이 주거침입죄 및 상해죄로 처단할 수 있다[3]고 판시하였다.

기본적 구성요건과 그 수정형식 및 수정형식 상호 간에 있어서도 축소사실의 인정의 경우와 같은 이론이 적용된다. 따라서 기수의 공소사실을 미수로 인정하고 미수를 예비로 인정하는 데에는 공소장변경이 필요 없다. 판례는 공동정범으로 공소제기된 것을 방조로 인정하는 데에는 공소장변경이 필요하지 않음에 반하여,[4] 단독범으로 기소된 것을 방조범으로 인정하는 데에는 방어권 행사에 실질적 불이익을 초래할 우려가 있으면 공소장변경을 필요로 한다고 판시하고 있다.[5] 구체적 방어설에 의하여 피고인의 실질적 불이익을 구제하기 위한 것이라고 이해할 수 있다.[6] 이 판결은 필로폰 투약죄의 기수의 공소사실을 공소장변경 없이 미수로 인정할 수 있다는 것이므로 이는 축소사실의 인정 내지 포함된 범죄의 이론을 적용할 때 당연한 판결이라고 하지 않을 수 없다.

Ⅲ. 축소사실의 인정과 법원의 심판대상

1. 판례의 기본태도

축소사실의 인정에 있어서는 공소장변경이 필요 없다고 할지라도, 판례는 공소장변경이 없는 경우에 반드시 축소사실을 인정해야 하는 것은 아니라고 판시해 왔다. 그러나 대상판결에서 대법원은 공소가 제기된 범죄사실과 대비하여 볼 때 실제로 인정되는 범죄사실의 사안이 중대하여 공소장이 변경되지 않았다는 이유로 이를 처벌하지 않는다면 적정절차에 의한 신속한 실체적 진

1) 대법원 1999. 4. 15. 96도1922 전원합의체판결.
2) 대법원 1996. 6. 28. 96도1232.
3) 대법원 1996. 5. 10. 96도755.
4) 대법원 1995. 9. 29. 95도456.
5) 대법원 1997. 5. 23. 96도1185.
6) 다만 축소사실의 인정을 법원의 의무라고 해석할 때에는 이는 법원의 심판의 대상이므로 법원이 피고인에게 방어의 기회를 주고 심판하는 것이 타당하다고 할 수 있다.

실의 발견이라는 형사소송의 목적에 비추어 현저히 정의와 형평에 반하는 것으로 인정되는 경우라면 법원으로서는 직권으로 그 범죄사실을 인정하여야 한다는 전제에서 필로폰 투약죄의 미수를 인정하는 것이 법원의 의무라고 판시하였다. 법원의 판결의무가 인정되는 기준으로 정의와 형평이라는 관념을 제시한 것이며, 이는 또한 1990년 이후의 종래 대법원의 판결태도와 일치한다. 여기서 축소사실에 대하여 법원의 심판의무를 부정한 경우와 인정한 경우를 분석해 보려고 한다.

(1) 법원의 심판의무를 인정하지 않은 판결

1) 대법원 1984. 11. 27. 84도2089 "폭행치사죄로 기소된 사건에서 공소장변경 없이 폭행죄로 인정하지 않은 것이 위법이라고 할 수 없다."

2) 대법원 1990. 11. 27. 90도1090 "피고인과 甲이 공동하여 피해자에게 폭행을 가하여 동인을 사망케 하였다고 상해치사죄로 공소가 제기된 사건에서, 피해자의 사망은 甲의 폭행으로 인한 것이며 피고인이 폭행한 사실은 인정되나 사망과는 관련이 없고 甲의 범행에 공동가공한 바도 없는 경우에 공소장변경절차가 없었다면 피고인에게 상해죄 또는 폭행죄를 인정하지 아니하였다고 해서 위법하다 할 수 없다."

3) 대법원 1990. 11. 27. 90도2189 "야간에 폭행치사죄를 범한 것이라고 하여 공소가 제기되었으나 폭행과 사망과의 사이에 인과관계가 입증되지 아니한 경우에는 범죄사실의 증명이 없는 때에 해당하므로 무죄를 선고하여야 하는 것이며, 폭행사실이 인정된다고 하여 검사의 공소장변경 없이 폭력행위등처벌에 관한 법률에 의하여 처벌할 수 있는 것은 아니다."

4) 대법원 1990. 10. 26. 90도1229 "법원은 공소가 제기된 범죄사실에 포함된 보다 가벼운 범죄사실이 인정되는 경우에 심리의 경과에 비추어 피고인의 방어권 행사에 실질적인 불이익을 초래할 염려가 없다고 인정되는 때에는 공소장이 변경되지 않았더라도 직권으로 공소장에 기재된 공소사실과 다른 범죄사실을 인정할 수 있지만, 이와 같은 경우라고 하더라도 공소가 제기된 범죄사실과 대비하여 볼 때 실제로 인정되는 범죄사실의 사안이 중대하여 공소장이 변경되지 않았다는 이유로 이를 처벌하지 않는다면 적정절차에 의한 신속

한 실체적 진실의 발견이라는 형사소송의 목적에 비추어 현저히 정의와 형평에 반하는 것으로 인정되는 경우가 아닌 한 법원이 직권으로 그 범죄사실을 인정하지 아니하였다고 하여 위법한 것이라고까지 볼 수는 없다. 따라서 상해치사로 공소제기되었으나 폭행사실만 인정되는 경우라면 원심이 공소장이 변경되지 않았다는 이유로 유죄로 인정하지 아니한 것이 인정되는 사실과 공소사실을 대비하여 볼 때 현저히 정의와 형평에 반하는 것이라고 할 수 없다."

5) 대법원 1991. 5. 28. 91도676 "피고인의 행위가 관세 등 포탈죄의 정범에는 해당하지 아니하나 관세 등 포탈죄의 방조행위에는 해당하고, 심리과정에서 이에 관한 언급이나 공소장변경이 없는 경우, 그대로 유죄로 인정하는 것이 피고인의 방어권 행사에 실질적인 불이익을 초래할 염려가 없다고 보기 어려울 뿐만 아니라, 관세 등 포탈의 방조사실을 유죄로 인정하지 아니하는 것이 현저히 정의와 형평에 반하는 것이라고도 인정되지 않으므로 피고인에게 무죄를 선고한 원심법원의 조치는 적법하다."[1)]

6) 대법원 1993. 12. 28. 93도3058 "폭력행위 등 처벌에 관한 법률위반(상해) 공소사실에 대하여 가사 피고인이 손전등의 불을 켜서 피해자의 눈에 비춘 사실만은 인정된다고 하더라도 공소가 제기된 상해의 공소사실과 대비하여 볼 때 원심이 그와 같은 폭행 범죄사실을 유죄로 인정하지 아니한 것이 현저히 정의와 형평에 반하는 것이라고는 인정되지 아니한다."

7) 대법원 1997. 2. 14. 96도2234 "(1) 법원이 공소사실의 동일성이 인정되는 범위 내에서 공소가 제기된 범죄사실에 포함된 이보다 가벼운 범죄사실을 공소장변경 없이 직권으로 인정할 수 있는 경우라고 하더라도 공소가 제기된 범죄사실과 대비하여 볼 때 실제로 인정되는 범죄사실의 사안이 중대하여 공소장이 변경되지 않았다는 이유로 이를 처벌하지 않는다면 적정절차에 의한 신속한 실체적 진실의 발견이라는 형사소송의 목적에 비추어 현저히 정의와 형평에 반하는 것으로 인정되는 경우가 아닌 한 법원이 직권으로 그 범죄사실을 인정하지 아니하였다고 하여 위법한 것이라고까지 볼 수는 없다.

(2) 형법 제309조 제 2 항의 허위사실적시 출판물에 의한 명예훼손으로 공소제기된 사건에서 공소장변경 없이 같은 법 제309조 제 1 항의 사실적시 출판

1) 대법원 1996. 2. 23. 94도1684 판결도 같은 취지이다.

물에 의한 명예훼손으로 처벌하지 아니하고 무죄를 선고하였다고 하여 위법한 것이라고까지는 볼 수 없다."

8) 대법원 1997. 8. 26. 97도1452 "(구) 성폭력범죄의 처벌 및 피해자 보호등에 관한 법률위반죄를 심리한 결과 강간의 점은 인정되지 아니하나 상해의 점은 인정되는 경우라고 하여도 공소장 변경이 없는 이상 이를 상해의 죄로 처벌하지 않는 것이 현저히 정의와 형평에 반하는 것이라고 보이지는 아니하므로(대법원 1993. 12. 28. 93도3058, 대법원 1996. 2. 23. 94도1684 참조), 원심판결에 판단유탈의 위법이 있다고 할 수 없다."

9) 대법원 2001. 12. 11. 2001도4013 "(1) 법원은 공소사실의 동일성이 인정되는 범위 내에서 공소가 제기된 범죄사실에 포함된 보다 가벼운 범죄사실이 인정되는 경우에 심리의 경과에 비추어 피고인의 방어권 행사에 실질적 불이익을 초래할 염려가 없다고 인정되는 때에는 공소장이 변경되지 않았더라도 직권으로 공소장에 기재된 공소사실과 다른 범죄사실을 인정할 수 있지만, 이와 같은 경우라고 하더라도 공소가 제기된 범죄사실과 대비하여 볼 때 실제로 인정되는 범죄사실의 사안이 중대하여 공소장이 변경되지 않았다는 이유로 이를 처벌하지 않는다면 적정절차에 의한 신속한 실체적 진실의 발견이라는 형사소송의 목적에 비추어 현저히 정의와 형평에 반하는 것으로 인정되는 경우가 아닌 한 법원이 직권으로 그 범죄사실을 인정하지 아니하였다고 하여 위법한 것이라고까지 볼 수는 없다.

(2) 특수강도의 공소사실은 인정할 수 없으나 공동 폭행·협박 또는 특수강도의 종범에 관한 범죄사실은 인정할 수 있다 하더라도 이를 유죄로 인정하지 아니한 원심의 조치가 위법하지는 않다."

10) 대법원 2006. 3. 9. 2004도206 "법원이 공소사실의 동일성이 인정되는 범위 내에서 공소가 제기된 범죄사실에 포함된 이보다 가벼운 범죄사실을 공소장변경 없이 직권으로 인정할 수 있는 경우라고 하더라도 공소가 제기된 범죄사실과 대비하여 볼 때 실제로 인정되는 범죄사실의 사안이 중대하여 공소장이 변경되지 않았다는 이유로 이를 처벌하지 않는다면 적정절차에 의한 신속한 실체적 진실의 발견이라는 형사소송의 목적에 비추어 현저히 정의와 형평에 반하는 것으로 인정되는 경우가 아닌 한 법원이 직권으로 그 범죄사실

을 인정하지 아니하였다고 하여 위법한 것이라고까지 볼 수는 없다(대법원 1993. 12. 28. 93도3058, 대법원 1997. 2. 14. 96도2234, 대법원 2001. 12. 11. 2001도4013, 대법원 2004. 6. 10. 2003도6964 등 참조). 가사 상고이유의 주장과 같이 피고인들의 행위가 방송법 위반의 방조행위에 해당된다고 하더라도, 방송법 위반의 공동정범으로 공소가 제기된 이 사건에서 방송법 위반의 방조행위를 유죄로 인정하지 아니하는 것이 현저히 정의와 형평에 반하는 것이라고 보이지도 아니한다. 따라서 원심이 방송법 위반의 공동정범으로 기소된 공소사실에 대하여 무죄를 선고한 것은 정당하다.

(2) 법원의 심판의무를 인정한 판결

대상판결 이외에도 법원에 대하여 축소사실에 대한 심판의무를 긍정한 판결에는 다음과 같은 판결이 있다.

1) 대법원 1990. 4. 24. 90도401 "야간에 흉기를 휴대하여 형법 제319조(주거침입・퇴거불응)의 죄를 범한 자"라고 하여 (구) 폭력행위 등 처벌에 관한 법률 제 3 조 제 2 항, 제 1 항, 제 2 조 제 1 항, 형법 제319조 제 1 항 위반으로 공소를 제기한 공소사실 중에는 형법 제319조 제 1 항의 주거침입죄의 공소사실도 포함되어 있는 것이라고 보아야 할 것이고, 이 경우 법원이 주거침입의 사실을 인정하더라도 피고인의 방어에 실질적 불이익을 초래할 염려는 없는 것이므로 흉기휴대사실이 인정되지 아니할 때에는 법원은 공소장 변경절차 없이도 형법 제319조 제 1 항 위반의 공소사실에 관하여 심리・판단하여야 할 것이다."

2) 대법원 1990. 12. 7. 90도1283 "특정범죄 가중처벌 등에 관한 법률 제 5 조의 3 제 1 항 소정의 죄는 형법 제268조의 죄를 범한 자가 피해자를 구조하지 아니하고 도주한 때에 성립하는 것으로서 형법 제268조 소정의 업무상과실치상죄는 위 특정범죄 가중처벌 등에 관한 법률 제 5 조의 3이 정한 죄에 포함되어 있다고 보아야 할 것이므로 특정범죄 가중처벌 등에 관한 법률 위반죄로 공소가 제기된 경우 법원이 사건을 심리한 결과 위 범죄는 인정되지 아니하나 업무상과실치상죄가 인정된다면 공소장변경절차 없이도 그 죄로 처단되어야 한다."[1)]

1) 대법원 1990. 3. 13. 89도2360 판결도 같은 취지에서 특정범죄 가중처벌 등에 관한 법률 위반의 공소사실을 심리한 결과 도주사실이 인정되지 않더라도 업무상과실치상죄가 인정되면 유죄

3) 대법원 1988. 3. 8. 87도2673 "강간치상죄로 공소제기가 된 사건에 있어서 그 치상의 점에 관하여 증명이 없더라도 강간의 점에 관하여 증명이 있으면 법원으로서는 강간의 점에 대하여 유죄인정을 할 수 있다 할 것이므로 이 경우에 있어 제 1 심판결 선고 전에 그 소추요건인 고소의 취소가 있었다면 형사소송법 제327조 제 5 호에 의하여 공소기각의 판결을 선고하여야 할 것이지 범죄의 증명이 없는 것으로 보아 무죄의 선고를 할 수는 없다."

4) 대법원 2002. 7. 12. 2001도6777 "강간치상죄는 강간죄의 결과적 가중범으로서 강간치상의 공소사실 중에는 강간죄의 공소사실도 포함되어 있는 것이어서 강간치상죄로 공소가 제기된 사건에 있어서 그 치상의 점에 관하여 증명이 없더라도 법원으로서는 공소장 변경절차 없이 강간의 점에 대하여 심리 판단할 수 있다고 할 것인데, 다만 이 경우에 있어서 공소제기 전에 그 소추요건인 고소의 취소가 있었다면, 형사소송법 제327조 제 2 호에 의하여 공소기각의 판결을 선고하여야 할 것이지 범죄의 증명이 없다고 하여 무죄의 선고를 할 수는 없다."

5) 대법원 2002. 11. 8. 2002도3881 "(1) 법원은 공소사실의 동일성이 인정되는 범위 내에서 공소가 제기된 범죄사실에 포함된 보다 가벼운 범죄사실이 인정되는 경우에 심리의 경과에 비추어 피고인의 방어권 행사에 실질적인 불이익을 초래할 염려가 없다고 인정되는 때에는 공소장이 변경되지 않았더라도 직권으로 공소장에 기재된 공소사실과 다른 범죄사실을 인정할 수 있고, 이와 같은 경우 공소가 제기된 범죄사실과 대비하여 볼 때 실제로 인정되는 범죄사실의 사안이 중대하여 공소장이 변경되지 않았다는 이유로 이를 처벌하지 않는다면 적정절차에 의한 신속한 실체적 진실의 발견이라는 형사소송의 목적에 비추어 현저히 정의와 형평에 반하는 것으로 인정되는 경우라면 법원으로서는 직권으로 그 범죄사실을 인정하여야 한다.

(2) 향정신성의약품을 제조·판매하여 영리를 취할 목적으로 그 원료가 되는 물질을 소지한 것이라는 공소사실에 대하여 비록 영리의 목적이 인정되

판결을 하고, 공소권이 없으면 공소기각판결을 하는 것이지 법원에서 업무상과실치사상죄의 부분이 공소된 것인지 여부를 석명하여 그 결과에 따라 판결을 해야 하는 것은 아니라고 판시하였다.

지 않더라도 무죄를 선고할 것이 아니라 위 공소사실에 포함된 향정신성의약품을 제조할 목적으로 그 원료가 되는 물질을 소지한 범죄사실을 공소장 변경 없이 유죄로 인정하여야 한다."

6) 대법원 2003. 5. 13. 2003도1366 "공소제기된 장물취득의 점과 실제로 인정되는 장물보관의 범죄사실 사이에는 법적 평가에 차이가 있을 뿐, 공소사실의 동일성이 인정되는 범위 내에 있으므로 따로 공소사실의 변경이 없더라도 법원이 직권으로 장물보관의 범죄사실을 유죄로 인정하여야 한다."

7) 대법원 2009. 5. 14. 2007도616 "(1) 법원은 공소사실의 동일성이 인정되는 범위 내에서 심리의 경과에 비추어 피고인의 방어권 행사에 실질적인 불이익을 초래할 염려가 없다고 인정되는 때에는 공소장이 변경되지 않았더라도 직권으로 공소장에 기재된 공소사실과 다른 범죄사실을 인정할 수 있고, 이와 같은 경우 공소가 제기된 범죄사실과 대비하여 볼 때 실제로 인정되는 범죄사실의 사안이 가볍지 아니하여 공소장이 변경되지 않았다는 이유로 이를 처벌하지 않는다면 적정절차에 의한 신속한 실체적 진실의 발견이라는 형사소송의 목적에 비추어 현저히 정의와 형평에 반하는 것으로 인정된다면 법원으로서는 직권으로 그 범죄사실을 인정하여야 한다(대법원 2003. 5. 13. 2003도1366 등 참조).

(2) 원심판결 이유와 기록에 의하면 원심은 공소사실 중 '피고인이 피해자를 베란다로 끌고 간 후 베란다 창문을 열고 피해자를 난간 밖으로 밀어 12층에서 떨어지게 하였다는 점'을 제외한 나머지 공소사실은 모두 인정된다고 판단하였고, 피고인도 피해자를 때리고 양쪽 손과 발목을 테이프로 묶었다는 등 살인의 점을 제외한 나머지 공소사실을 전부 시인하고 있어 이 부분 범죄사실을 유죄로 인정하여도 피고인의 방어권 행사에 실질적인 불이익을 초래할 염려가 없다. 그렇다면 원심으로서는 검사의 공소장 변경이 없더라도 공소제기된 범죄사실에 포함된 그보다 가벼운 다른 범죄사실인 폭행이나 상해, 체포·감금 등의 죄에 해당하는지를 판단하여 그 죄로 처단하였어야 할 것임에도 불구하고 이에 이르지 아니한 채 피고인에게 무죄를 선고하였으니, 이러한 원심판결에는 공소장변경 없이 심판할 수 있는 범위에 관한 법리를 오해한 위법이 있다."

2. 법원의 축소사실 심판의무의 판단기준

결국, 대법원은 1991년 이후 공소가 제기된 범죄사실과 대비하여 볼 때 실제로 인정되는 범죄사실의 사안이 가볍지 아니하여 공소장이 변경되지 않았다는 이유로 이를 처벌하지 않는다면 적정절차에 의한 신속한 실체적 진실의 발견이라는 형사소송의 목적에 비추어 현저히 정의와 형평에 반하는 것으로 인정되는 경우라면 법원으로서는 직권으로 그 범죄사실을 인정하여야 한다는 태도를 일관하고 있다. 즉, ① 인정되는 사실과 공소사실 사이의 가치대비(사안이 가볍지 않아야 한다)를 통하여, ② 인정되는 사실을 처벌하지 않는다면 현저히 정의와 형평에 반하는 경우에 법원은 직권으로 그 범죄사실을 인정해야 한다는 것이다. 정의와 형평을 기준으로 법원이 범죄사실을 심판하는가를 판단하는 것에 관하여는 ① 공소사실과의 가치대비와 정의와 형평이라는 기준에 따라 사안이 중대하지도 않고 굳이 처벌하지 않는다고 하여 정의와 형평에 어긋난다고 볼 수도 없는 경우에 법원의 심판권이 검사의 기소권에 의하여 좌우되는 불고불리의 원칙을 법원이 피해갈 수 있는 길을 열어둠으로써 판결편의주의를 인정하는 것은 적정하다고 평가하는 견해도 있다.[1] 그러나 검사의 기소독점주의가 형사소송법에 의하여 명문으로 인정되고 있음에 반해 판사의 판결편의주의란 형사소송법상 인정될 수 없는 원칙이며, 기소편의주의에 관해서는 공소제기는 물론 불기소처분에 대하여도 충분한 규제장치가 마련되어 있음에 반하여 판사의 판결편의주의를 인정할 때에는 법관의 자의적인 판단의 여지를 막을 수 없다. ② 검사의 공소에는 공소사실이 전부가 인정되지 않을 경우에는 인정되는 일부사실만이라도 심판해 달라는 의사가 포함된다고 할 것이고, 예외적으로 축소사실만을 대상으로 해서는 처음부터 기소의사가 없다고 추측되는 경우도 있을 수 있으므로 축소사실에 대한 검사의 기소의사를 추정하여 축소된 사실만이라면 기소하지 않았을 것이라는 검사의 의사가 명백한 경우에는 그 부분에 대한 심판이 불필요하다는 견해도 있다.[2] 그러나 법원의 심판의 대상이 검사의 의사에 좌우된다고 해석하는 것은 직권주의적 사고의 잔재라고

1) 정동욱 「소위 축소사실에 대한 유죄인정범위」, 형사판례연구 3, 401면 이하.
2) 박일환 「법원이 심판의무」, 대법원판례해설, 제14호(1991), 501면 이하.

하지 않을 수 없다. 검사의 의사를 기준으로 할 때에는 검사는 항상 공소사실의 전부가 인정되지 않는 경우에 인정되는 일부사실만이라도 심판해 달라는 의사였다고 할 수 있으므로 법원은 공소장변경이 없는 경우에도 항상 유죄판결을 선고해야 한다는 결과를 초래하기 때문이다. 여기서 대법원이 축소사실에 대한 법원의 심판의무의 판단기준으로 제시한 정의와 형평의 개념을 분석해 보기로 한다.

(1) 사안의 중대성과 정의와 형평의 관념

대법원이 축소사실의 심판의무에 대한 기준으로 제시한 것은 무죄판결을 하는 것이 현저히 정의와 형평에 반하는가의 여부이다. 정의와 형평의 판단기준은 첫째, 사안의 중대성이며, 둘째는 적정절차에 의한 신속한 실체적 진실의 발견이다. 사안의 중대성의 판단대상은 인정되는 사실이며, 판단기준은 공소사실과의 대비와 적정절차에 의한 실체진실의 발견이라는 형사소송의 목적이다. 여기서 대법원 판결들이 위의 기준을 충족했는가를 분석해 볼 필요가 있다.

대법원이 정의와 형평의 관념에 비추어 법원의 심판의무를 인정한 판결로는 ① 필로폰 투약죄의 기수범으로 기소된 공소사실에 대하여 그 미수범이 인정되는 경우에 미수범에 대하여 심판하지 않는 것은 정의와 형평에 반한다고 하면서도(대상판결), 특수강도의 공소사실에 대하여 특수강도의 종범이 인정되는 경우,[1] 관세법 위반의 공소사실에 대하여 관세포탈의 종범이 인정되는 경우,[2] 방송법 위반의 공소사실에 대하여 방송법 위반의 방조행위가 인정되는 경우에 이를 심판하지 않은 것은 위법이라고 할 수 없다고 판시하였다.[3] 또한 ② 야간에 흉기를 휴대하여 형법 제319조(주거침입 퇴거불응)의 죄를 범한 자라고 하여 (구) 폭력행위 등 처벌에 관한 법률 제 3 조 제 2 항, 제 1 항, 제 2 조 제 1 항, 형법 제319조 제 1 항 위반으로 공소를 제기한 공소사실에 대하여 형법 제319조 제 1 항의 주거침입죄가 인정되는 경우,[4] ③ 특정범죄 가중처벌 등에 관한 법률위반죄의 공소사실에 대하여 업무상과실치상죄가 인정되는 경우,[5]

1) 대법원 2001. 12. 11. 2001도4013.
2) 대법원 1991. 5. 28. 91도676.
3) 대법원 2006. 3. 9. 2004도206.
4) 대법원 1990. 4. 24. 90도401.
5) 대법원 1990. 12. 7. 90도1283.

④ 강간치상죄로 공소제기가 된 사건에 있어서 강간죄가 인정되는 경우에는 법원의 심판의무가 인정된다고 하였다.[1] 이에 반하여 폭행치사죄의 공소사실에 대하여 폭행죄가 인정되는 경우,[2] 폭력행위 등 처벌에 관한 법률위반(상해)의 공소사실에 대하여 폭행이 인정되는 경우,[3] 상해치사죄의 공소사실에 대하여 상해가 인정되는 경우에는 법원의 심판의무가 인정되지 아니한다.[4] ⑤ 향정신성의약품을 제조·판매하여 영리를 취할 목적으로 그 원료가 되는 물질을 소지한 것이라는 공소사실에 대하여 향정신성의약품을 제조할 목적으로 그 원료가 되는 물질을 소지한 범죄사실이 인정되는 경우,[5] ⑥ 장물취득죄의 공소사실에 대하여 장물보관의 범죄사실이 인정되는 경우에는 법원에 심판의무가 인정됨에 반하여,[6] 형법 제309조 제 2 항의 허위사실적시 출판물에 의한 명예훼손으로 공소제기된 사건에서 같은 법 제309조 제 1 항의 사실적시 출판물에 의한 명예훼손을 인정하지 않거나,[7] (구) 성폭력범죄의 처벌 및 피해자보호 등에 관한 법률위반죄를 심리한 결과 강간의 점은 인정되지 아니하나 상해의 점은 인정되는 경우,[8] 이에 대하여 유죄판결을 하지 않아도 정의와 형평에 반하지 않는다고 판시하였다.

대법원이 정의와 형평의 개념을 심판의무의 유무를 판단하는 기준으로 제시한 것은 정의와 형평이라는 기준에 따라 사안이 중대하지도 않고 굳이 처벌하지 않는다고 하여 정의와 형평에 어긋난다고 볼 수도 없는 경우에 법원의 심판의무를 강제할 필요가 없다는 점에 근거한다고 볼 수 있다. 그러나 어떤 경우에 법원이 굳이 처벌하지 않더라도 정의와 형평에 반한다고 볼 수 없는가에 대한 기준이 명백하지 않으며, 이를 판단할 수 있는 권한이 법원에 부여되어 있는 것도 아니다. 업무상과실사치상죄에 대하여는 법원이 심판하여야 함에 반하여, 왜 상해죄나 폭행죄는 처벌하지 않아도 정의와 형평에 반하지 않는 경우인가, 필로폰 투약의 미수범은 처벌해야 함에도 불구하고, 특수강도의 중범

1) 대법원 1988. 3. 8. 87도2673; 대법원 2002. 7. 12. 2001도6777.
2) 대법원 1990. 11. 27. 90도2189.
3) 대법원 1993. 12. 28. 93도3058.
4) 대법원 1990. 11. 27. 90도1090.
5) 대법원 2002. 11. 8. 2002도3881.
6) 대법원 2003. 5. 13. 2003도1366.
7) 대법원 1997. 2. 14. 96도2234.
8) 대법원 1997. 8. 26. 97도1452.

이나 관세법 위반의 종범 또는 방송법 위반의 방조행위는 처벌하지 않아도 정의와 형평에 반하지 않는가. 강간치상죄의 공소사실에 대하여 강간죄가 인정되는 경우에는 유죄판결을 해야 함에도 불구하고 특수강도의 공소사실에 대하여 특수강도의 종범을 인정하지 않아도 정의와 형평에 반하지 않는가. 장물취득죄의 공소사실에 대하여 장물보관죄가 인정되는 경우에는 법원의 심판의무가 인정됨에도 불구하고, 출판물에 의한 허위사실 적시 명예훼손의 공소사실에 대하여 사실적시 명예훼손이 인정되는 때에는 법원의 심판의무가 인정되지 않는가. 공소사실과 인정되는 사실 사이에 형벌이 같을 것을 요건으로 하지도 않는다는 점에서 볼 때, 정의와 형평을 기준으로 법원의 심판의무를 판단하는 명백한 기준을 제시하는 것은 불가능하다. 결국, 정의와 형평의 관념을 기준으로 할 때에는 법원의 심판의무의 유무가 구체적인 사건에 따라 달라질 수밖에 없어 그 기준을 불명확하게 할 뿐이라고 해야 한다.

(2) 적정절차에 의한 실체진실의 발견

대법원은 정의와 형평의 관념을 판단함에 있어서는 인정되는 사건의 중대성과 함께 적정절차에 의한 신속한 실체진실의 발견이라는 형사소송의 목적을 고려해서 판단할 것을 요구하고 있다. 그러나 적정절차에 의한 실체진실의 발견과 정의와 형평을 기준으로 한 법원의 심판의무 사이에는 아무런 관계가 없다. 공소장변경의 요부는 공소사실과 법원이 인정하는 사실 사이에 실질적 차이가 없고, 피고인의 방어권 행사에 지장을 초래하지 않는 경우에 법원이 공소장변경 없이 공소장에 기재된 사실과 다른 사실을 인정할 수 있도록 하는 제도이다. 즉 피고인의 방어권 행사에 장애를 초래하지 않고 사실 사이에 실질적 차이가 없는 경우에 한하여 법원이 공소사실과 다른 사실을 인정할 수 있게 하기 위한 것이므로 제도 자체가 적정절차에 의해 신속하게 실체진실을 발견하기 위한 것이라고 할 수 있다. 법원에 공소사실과 다른 사실을 심판할 의무가 있는가, 어느 범위에서 이를 인정해야 할 것인가는 적정절차에 의한 실체진실의 발견이라는 형사소송의 목적과 아무런 관련이 없다.

Ⅳ. 법원의 심판대상과 심판의무

법원은 검사가 공소제기한 사실을 심판해야 할 권리와 의무를 가진다. 즉 법원의 심판의무는 심판대상에 따라서 결정되며, 공소제기한 사실이 중대한 사건인가, 또 이를 처벌하는 것이 정의와 형평의 관념에 일치하는가에 따라 심판의무가 결정되는 것은 아니다. 따라서 법원의 심판의무의 범위를 판단하기 위해서는 심판의 대상이 무엇인가를 살펴보아야 한다.

법원의 심판의 대상이 무엇인가에 관하여도 학설이 대립되고 있다. 공소사실대상설은 공소장에 기재된 공소사실과 단일성 및 동일성이 인정되는 모든 사실이 심판의 대상이 된다고 해석한다.[1] 즉 공소사실과 단일성 및 동일성이 인정되는 사실에 대하여는 일부에 대한 공소라고 할지라도 그 효력이 전부에 미치므로 공판심리의 인적 범위는 불고불리의 원칙에 의하여 한정되고 물적 범위는 공소불가분의 원칙에 의하여 결정된다는 것이다. 범죄사실대상설이라고도 한다. 소인대상설은 심판의 대상은 범죄가 되는 사실, 즉 구성요건에 해당하는 사실의 기재를 의미하는 소인이고 공소사실은 실체개념이 아니라 소인변경을 한계짓는 기능개념에 불과하다고 한다.[2] 이에 반하여 절충설은 현실적 심판의 대상은 소인이고 공소사실은 잠재적 심판의 대상이라고 해석한다.[3] 소인변경에 의하여 현실적 심판의 대상이 잠재적 심판의 대상의 범위 안에서 확장·이동하는 것이며, 법원은 현실적 심판의 대상에 제약되어 소인 이외의 사실을 심리할 수 없고 소인 이외의 사실을 인정할 수도 없다고 한다. 이에 반하여 이원설은 공소장에 기재된 공소사실이 현실적 심판의 대상이고 공소장 기재 공소사실과 동일성이 인정되는 사실이 잠재적 심판의 대상이 된다고 해석한다. 우리나라의 통설의 태도이다.[4] 소인대상설과 절충설은 소인개념을 인정하는 것을 전제로 한다. 즉 검사가 공소제기의 대상으로 삼은 구체적 범죄사실의 주장을 소인이라고 하고, 소인은 피고인에게 방어의 기회를 보장할 뿐만 아

1) 김기두 251면; 신동운 형사소송법 1, 391면.
2) 강구진 형사소송법원론, 296면; 차용석 545면.
3) 서일교 형사소송법, 309면.
4) 배종대/이상돈 366면; 백형구 519면; 신현주 417면; 송광섭 424면; 이재상 379면; 정영석/이형국 265면.

니라 심판의 내용을 구속하는 것이라고 한다. 그러나 공소사실은 소인을 명시하여 기재하여야 한다는 명문의 규정을 두고 있는 일본 형사소송법의 경우(제256조 제3항)와는 달리 우리 형사소송법에는 소인제도에 대한 명문의 규정이 없으며 또 소인개념을 인정해야 할 필요성도 없다. 소송사실대상설에 의할 때에는 심판의 대상이 공소제기의 효력이 미치는 범위와 공소장변경의 한계 및 확정판결의 기판력이 미치는 범위와 일치하게 되는 장점이 있으나, 이에 의할 때에는 피고인의 방어권에 대한 중대한 위험이 초래될 뿐만 아니라 형사소송법이 공소장변경제도를 둔 취지가 무의미하게 된다. 결국 통설인 이원설이 타당하다고 해야 한다.

이원설에 의하면 법원의 현실적 심판의 대상은 공소장에 기재된 공소사실이며, 공소사실과 동일성이 인정되는 사실은 공소장변경이 있을 때 비로소 심판의 대상이 된다는 점에서 잠재적 심판의 대상에 불과하다. 판례도 또한 "법원의 심판의 대상은 공소사실과 공소장에 예비적 또는 택일적으로 기재되거나 소송의 발전에 따라 추가 또는 변경된 사실에 한한다고 할 것이므로 공소사실과 동일성이 인정되는 사실일지라도 소송진행에 의하여 현실로 심판의 대상이 되지 아니한 이상 이를 심판할 수 없다"고 판시함으로써 이원설의 입장을 지지하고 있다.[1] 이원설에 의할 때에는 공소사실과 동일성이 인정되는 사실은 공소장변경에 의하여 비로소 현실적 심판의 대상이 된다. 그런데 법원이 공소장변경 없이 공소사실과 달리 인정할 수 있는 사실은 엄격한 의미에서 공소장에 기재된 사실도, 공소장변경에 의하여 법원의 현실적 심판의 대상이 된 사실도 아니다. 그러나 그것은 공소장에 기재된 공소사실과 실질적으로 같은 사실이며, 공소장변경 없이 법원이 인정하여도 피고인의 방어권을 침해할 가능성이 없는 공소장 기재 공소사실에 포함된 사실이라는 의미에서 공소장에 기재된 사실이다. 즉 그것은 법원의 잠재적 심판의 대상인 사실이 아니라 현실적 심판의 대상이 되는 사실이다. 현실적 심판의 대상이 되는 사실에 대하여 법원은 심판해야 할 권리를 가질 뿐만 아니라 이를 심판하는 것이 법원의 의무이기도 한다.

---

1) 대법원 1983. 11. 8. 82도2119; 대법원 1997. 5. 23. 96도1185.

V. 대상판결의 검토

대상판결이 피고인의 방어에 실질적 불이익을 초래할 염려가 없는 한, 필로폰 투약의 공소사실에 대하여 미수의 범죄사실을 인정할 수 있다고 판시한 것은 사실기재설의 입장과 일치한다. 사실기재설에 의하는 경우에 실질적 불이익이 있는가를 판단함에 있어서 필로폰 투약의 경우 미수범도 기수범에 못지 않게 그 사안이 중대하다는 점을 기초로 하면서, 심리의 경과에 비추어 그 미수의 범죄사실을 인정한다고 하여 피고인의 방어권 행사에 실질적인 불이익을 초래할 염려가 있다고 보여지지 않는다면 공소사실과 다른 사실을 인정할 수 있다고 판시한 것도 추상적 방어설을 기본으로 하면서 구체적 방어설을 고려해야 한다고 본 점에서 타당하다고 해야 한다. 대상판결이 축소사실을 인정하는 경우와 같이 필로폰 투약 기수범의 공소사실에 대하여 그 미수범이 인정되는 경우에 공소장변경이 없더라도 이에 대하여 심판해야 된다고 판단함으로써 법원의 심판의무를 인정한 것은 타당하다.

그러나 대상판결이 공소장변경의 필요성에 관하여 공소장변경이 없는 경우에 언제 공소사실과 다른 사실을 인정할 수 있는가에 대하여 일관된 판례의 태도에 따라 정의와 형평의 관념과 적정절차에 의한 신속한 진실의 발견이라는 기준을 제시한 것은 타당하다고 할 수 없다. 대법원이 축소사실의 심판의무에 대한 기준으로 제시한 것은 무죄판결을 하는 것이 현저히 정의와 형평에 반하는가의 여부이다. 정의와 형평의 판단기준은 첫째, 사안의 중대성이며, 둘째는 적정절차에 의한 신속한 실체적 진실의 발견이다. 사안의 중대성의 판단대상은 인정되는 사실이며, 판단기준은 공소사실과의 대비와 적정절차에 의한 실체진실의 발견이라는 형사소송의 목적이다. 그러나 정의와 형평을 기준으로 하는 사안의 중대성이나 적정절차에 의한 신속한 실체적 진실의 발견이 법원의 심판의무를 판단할 명백한 기준이 되지는 못한다.

첫째, 대상판결은 사안의 중대성을 공소가 제기된 범죄사실과 대비하여 볼 때 실제로 인정되는 범죄사실의 사안이 중대하여 공소장이 변경되지 않았다는 이유로 이를 처벌하지 않는다면 현저히 정의와 형평에 반하는 경우에 법원의 심판의무를 인정한다. 즉, 사안의 중대성에 대한 판단대상은 인정되는 사실이며, 인정사실의 중대성은 공소사실과의 가치대비를 통하여 긍정될 수 있다고 한다. 그러나 인정사실이 어느 정도의 범죄여야 사안의 중대성이 인정되는가는 명백하지 않다. 대법원은 대상판결과 같이 인정사실이 공소제기된 범죄의 미수범이거나 강간죄인 경우뿐만 아니라, 업무상과실치사상죄나 주거침입죄 또는 장물보관죄의 경우에도 법원의 심판의무를 인정하고 있기 때문이다. 인정사실과 공소사실의 법정형이 같아야 사안의 중대성이 인정되는 것도 아니다. 대법원은 장물취득죄의 공소사실에 대하여 장물보관죄를 인정하는 경우나 미수범의 성립을 인정하는 경우뿐만 아니라, 특정범죄 가중처벌 등에 관한 법률의 공소사실에 대하여 업무상과실치사상죄가 인정되는 경우 또는 폭력행위 등 처벌에 관한 법률위반의 공소사실에 대하여 주거침입죄가 인정되는 경우에는 법정형에 큰 차이가 있음에도 불구하고 법원의 심판의무를 긍정한다. 이에 반하여 공소사실에 해당하는 범죄의 종범이나, 폭행치사죄나 상해치사죄의 공소사실에 대하여 폭행 또는 상해의 범죄사실이 인정되는 경우에는 사안의 중대성을 인정하지 않는다.

둘째, 대상판결은 현저히 정의와 형평에 반하는가에 대한 판단기준으로 적정절차에 의한 신속한 실체적 진실의 발견이라는 형사소송의 목적을 고려할 것을 요구하고 있다. 공소장변경의 필요성은 공소사실과 법원의 인정사실 사이에 실질적 차이가 없고, 피고인의 방어권의 행사에 지장을 초래하지 않는 한 공소장변경이 없어도 공소사실과 다른 사실을 인정할 수 있게 하여 적정절차에 의한 신속한 진실발견을 가능하게 하는 제도이다. 그렇다면 적정절차에 의한 신속한 실체적 진실의 발견이 사안의 중대성이나 정의와 형평에 반하는가를 판단할 기준이 될 수는 없다고 해야 한다.

법원은 검사가 공소를 제기한 현실적 심판의 대상이 되는 사실을 심판해야 할 의무가 있다. 이원설에 의하는 한 법원의 현실적 심판의 대상은 공소장에 기재된 공소사실이며, 공소사실과 동일성이 인정되는 사실은 공소장변경이 있을 때 비로소 심판의 대상이 된다는 점에서 잠재적 심판의 대상이 되는 사실이다. 그런데 법원이 공소장변경 없이 공소사실과 달리 인정할 수 있는 사실은 공소장에 기재된 공소사실과 실질적으로 같은 사실이며, 공소장변경 없이 법원이 인정하여도 피고인의 방어권을 침해할 가능성이 없는 공소장 기재 공소사실에 포함된 사실이라는 의미에서 공소장에 기재된 사실이다. 즉 그것은 법원의 잠재적 심판의 대상인 사실이 아니라 현실적 심판의 대상이 되는 사실이다. 현실적 심판의 대상이 되는 사실은 법원이 반드시 심판해야 한다. 따라서 사안의 중대성이나 적정절차에 의한 신속한 실체적 진실의 발견이라는 형사소송의 이념에 비추어 정의와 형평의 관념에 반하는가와 관계 없이 공소장변경을 요하지 않는 사실에 대하여 법원은 언제나 심판해야 한다고 해석하는 것이 타당하다고 생각된다.

11. 공동피고인의 증인적격

[대상판결]

대법원 2008. 6. 26. 2008도3300

1. 사안의 내용

피고인은 게임장 종업원, 공소외 1은 게임장 운영자로서 공모하여 관할관청의 허가를 받지 않고 게임장 영업행위를 하였다는 게임산업진흥에 관한 법률 위반의 공소사실로 공소외 1과 공동으로 기소되어 심리가 진행되고 있었다. 피고인은 제 1심인 수원지방법원 성남지원 2007고단1674호 사건에서 공소외 1과 피고인의 변론이 분리되지 아니한 상태에서 공소외 1에 대한 공소사실에 관하여 증인으로 채택되어 선서한 후 기억에 반하는 진술을 하였다.

2. 원심의 판단

원심은 위 성남지원 2007고단1674호 사건에서 피고인과 공소외 1에 대한 공소사실에 관하여 심리가 진행되던 중, 제 4 회 공판기일에 피고인과 공소외 1에 대한 변론이 분리되지 아니한 상태에서 피고인이 공소외 1에 대한 공소사실에 관한 증인으로 채택되어 선서한 후 증언한 사실을 충분히 인정할 수 있고, 피고인이 자신에 대한 공소사실과 밀접한 관련이 있는 공범인 다른 공동피고인에 대한 공소사실에 관하여는 변론의 분리 여부와 관계 없이 증인적격이 없음을 전제로, 피고인이 수원지방법원 성남지원 2007고단1674 게임산업진흥에 관한 법률 위반 사건에서 공범인 공소외 1에 대한 공소사실에 관하여 증인으로 출석하여 선서한 다음 증언함에 있어 기억에 반하는 허위의 진술을 하였다고 하더라도 위증죄가 성립하지 아니한다고 판단한 것은 잘못이라고 판시하였다.

3. 판결요지

공범인 공동피고인은 당해 소송절차에서는 피고인의 지위에 있으므로 다른 공동피고인에 대한 공소사실에 관하여 증인이 될 수 없으나, 소송절차가 분리되어 피고인의 지위에서 벗어나게 되면 다른 공동피고인에 대한 공소사실에 관하여 증인이 될 수 있다 할 것이다(대법원 1999. 9. 17. 선고 99도2449 판결, 대법원 2007. 11. 29. 선고 2007도2661 판결, 대법원 2012. 3. 29. 선고 2009도11249 판결 등 참조).

[판례의 연구]

Ⅰ. 문제의 제기

병합심리를 받고 있는 복수의 피고인을 공동피고인(Mitbeschuldigte)이라고 한다. 수인의 피고인이 한 장의 공소장에서 기소된 경우와 별개로 공소제기된 피고인에 대한 사건의 변론이 병합된 경우가 여기에 해당한다. 공동피고인은 소송법상의 개념이라는 점에서, 실체법상의 개념인 공범자와 구별된다. 따라서 공범자라고 할지라도 공동피고인이 아닌 경우가 있는가 하면, 반대로 공범자가 아닐지라도 관련사건으로 변론이 병합된 때에는 공동피고인이 된다. 즉, 공동피고인에는 공범인 공동피고인과 공범 아닌 공동피고인이 있다. 여기서 공범이란 형법상의 공범, 즉 공동정범·교사범 및 종범뿐만 아니라 필요적 공범의 형태인 대향범도 포함한다. 따라서 판례는 절도범과 장물범은 공범이 아니라고 하고 있다.[1] 이에 반하여 수뢰자와 증뢰자,[2] 배임수재자와 배임증재자 사이에는[3] 공범이 성립한다고 하고 있다. 공동피고인에 대하여는 심리가 동일한 절차에서 진행된다. 소송행위의 효과는 원칙으로 각 피고인에게 공통된다. 공동피고인에게 공통된 증거에 대하여는 1회 조사하면 족하다. 공동피고인에 대하여 변론을 병합하여 공동심리함에 의하여 사실의 획일적 확정이 용이하고 형의 균형을 유지할 수 있을 뿐만 아니라, 소송경제에도 도움이 되는 장점이

1) 대법원 2006. 1. 12. 2005도7601, 「공동피고인인 절도범과 그 장물범은 서로 다른 공동피고인의 범죄사실에 관하여는 증인의 지위에 있다 할 것이므로, 피고인이 증거로 함에 동의한 바 없는 공동피고인에 대한 피의자신문조서는 공동피고인의 증언에 의하여 그 성립의 진정이 인정되지 아니하는 한 피고인의 공소범죄사실을 인정하는 증거로 할 수 없다.」

2) 대법원 1985. 6. 25. 85도691.

3) 대법원 2005. 1. 14. 2004도6646.

있다.

공동피고인의 법률관계에 있어서 해석론상 문제되는 것은 특히 공동피고인의 진술을 어떤 방법으로 획득할 수 있는가의 문제이다. 甲과 乙이 공범자인 경우에, 甲의 진술을 乙에 대한 증거로 사용하는 방법으로는 ① 甲이 증인으로 진술하는 경우, ② 甲이 공동피고인으로 공판정에서 진술하는 경우, ③ 공판정 외에서의 甲의 진술(진술조서)을 증거로 사용하는 경우가 있다. 첫 번째의 방법과 관련하여 공동피고인의 증인적격을 인정할 것인가의 문제가 제기되며, 두 번째의 방법도 이와 관련되어 있다. 그런데 공동피고인의 공판정에서의 자백은 자기사건에서는 피고인의 자백이지만 상피고인에 대한 관계에서는 제 3 자의 진술이라는 성격을 가지고 있다. 만약 공동피고인에게 증인적격이 인정된다면 공동피고인은 반드시 증인으로 신문해야 하며, 증인신문의 절차에 따르지 아니한 공판정에서의 진술은 증거로 할 수 없게 된다. 대상판결은 바로 공동피고인의 증인적격을 인정할 것인가에 대한 판결이다. 이 판결에서 대법원은 「공범인 공동피고인은 당해 소송절차에서는 피고인의 지위에 있으므로 다른 공동피고인에 대한 공소사실에 관하여 증인이 될 수 없으나, 소송절차가 분리되어 피고인의 지위에서 벗어나게 되면 다른 공동피고인에 대한 공소사실에 관하여 증인이 될 수 있다」고 판시하였다. 이 외에도 공범이 아닌 공동피고인, 즉 자기의 피고사건과 실질적 관련성이 없는 사건에 대하여 공동피고인에게 증인적격을 인정할 수 있는가도 문제된다.

Ⅱ. 학설의 대립과 그 검토

1. 학설의 대립

피고인에 대하여도 증인적격을 인정하는 영미의 형사절차와는 달리 독일 형사소송법에서는 물론,[1] 우리 형사소송법학에서도 형사소송법 제146조가 「법원은 누구든지 증인으로 신문할 수 있다」고 하여 원칙상 누구에 대하여도 증

1) Beulke *Strafprozessrecht* 6. Aufl. 10 185; Kindhäuser *Strafprozessrecht* 21 Rn. 16; KK/Senge Vor §48 Rn. 6; Lutz Meyer－Goßner StPO Vor §48 Rn. 20; Roxin *Strafverfahrensrecht* 25. Aufl. 26 4; Zipf *Strafprozessrecht* S. 169.

인적격을 인정하는 것처럼 규정하고 있음에도 불구하고 피고인의 증인적격을 부정하는 데 견해가 일치한다. 피고인의 증인적격을 인정할 때에는 피고인에게 보장된 진술거부권이 무의미하게 될 우려가 있기 때문이다. 공동피고인의 증인적격에 대하여도 같은 문제가 제기된다. 공동피고인에 대하여도 피고인의 진술거부권과 증인의 진술 및 진실의무가 충돌한다는 점에서 피고인의 경우와 차이가 없기 때문이다. 특히 공동피고인에 있어서는 첫째, 병합된 심리가 다시 분리될 수 있고, 그 경우에 피고인은 더 이상 공동피고인이 되지 아니하여 서로가 증인으로 신문될 수 있는가, 둘째 심리가 병합된 사건에 대하여 피고인에게 혐의가 없는 경우에는 증인으로 신문하는 것이 가능한가라는 문제가 제기된다.[1)]

공동피고인의 증인적격을 인정할 것인가에 관하여는 부정설과 긍정설 및 절충설이 대립되고 있다.

(1) 부 정 설

공동피고인은 공범관계에 있는가의 여부를 불문하고 변론을 분리하지 않는 한 증인적격을 인정할 수 없다는 견해이다.[2)] 즉, 사건이 병합심리되고 있는 한 공동피고인이라도 피고인으로서 진술거부권을 가지므로 반대신문을 할 수 없기 때문에 증인으로 신문할 수 없고, 공동피고인을 공범인 상피고인의 증인으로 신문하는 것은 법원이 피고인으로 하여금 자신의 진술거부권을 포기하고 진실을 말하도록 강제하는 것이 되어 부당하다는 것이다. 독일의 다수설이 취하고 있던 견해이다.[3)] 이에 의하면 동일한 소송절차에서 심리를 받고 있는 공동피고인은 자기의 공소사실은 물론 상대방의 공소사실에 대하여도 증인이 될 수 없기 때문에, 공범이 아닌 공동피고인일지라도 상대방의 공소사실에 대하여는 변론을 분리해야만 증인이 될 수 있다.

그러나 부정설에 대하여는 다음과 같은 비판이 제기될 수 있다. 첫째, 변론을 병합하는가 또는 분리하는가에 따라 공동피고인의 증인적격이 좌우된다

1) Kindhäuser 21 Rn. 17.

2) 강구진 446면; 정영석/이형국 394면; 주석 형사소송법 (1)/박일환 2009, 610면; 강동범 「공동피고인의 증인적격」, 한국형사법학의 이론과 실천(정성진박사 고희기념논문집), 658면.

3) KK/Senge Vor §48 Rn. 7; Lutz Meyer-Goßner StPO Vor §48 Rn. 22; Pfeiffer Vor §48 Rn. 3; Roxin *Strafverfahrensrecht* 26 5; Zipf *Strafprozessrecht* S. 169.

고 하는 것은 타당하다고 할 수 없고, 공동피고인의 증인적격을 인정하기 위해서 심리를 분리하는 것을 허용하는 것도 옳지 않다.[1] 둘째, 피고인의 진술거부권과 증인의 증언거부권을 동일하다고 볼 수는 없는바, 사건이 병합심리되고 있는 한 공동피고인이라도 피고인으로서 진술거부권을 가지므로 반대신문을 할 수 없기 때문에 증인으로 신문할 수 없다는 것은 부당하다. 셋째, 공범자인 공동피고인의 진술은 다른 공동피고인의 공소사실에 대하여도 증거능력이 있으므로 공동피고인을 증인으로 신문할 필요가 없으나, 자기의 피고사건과 다른 사건으로 공소가 제기된 공범자 아닌 공동피고인은 실질적으로 증인에 불과하므로 그가 공판정에서 선서 없이 한 진술은 증거능력이 없다는 점에 비추어 볼 때, 공범자인 공동피고인은 증인적격이 없지만 단순히 병합심리를 받고 있는 공범자 아닌 공동피고인에게는 증인적격을 인정해야 한다는 것이다.

(2) 긍 정 설

동일한 소송절차에서 병합심리를 받고 있는 공동피고인은 다른 피고인에 대한 관계에서는 제3자이므로 공범 여부를 불문하고 변론을 분리할 필요없이 공동피고인도 증인으로 신문할 수 있다는 견해이다.[2] 이와 같이 공동피고인의 증인적격을 인정하는 근거로는, ① 공동피고인이라도 각 피고인은 자기의 사건에 관하여만 피고인이 되고 상피고인에 대한 사건에서는 피고인이 아닌 제3자에 불과하고, 피고인의 증인적격이 부정되는 근거도 자기의 범죄사실에 관한 문제이므로 타인인 상피고인의 범죄사실에 관하여는 증인이 될 수 있고, ② 변론의 병합이나 분리 여부에 따라 공동피고인의 지위가 피고인 또는 증인으로 바뀌는 것은 부당하고, ③ 공동피고인이 공범인 상피고인의 증인으로 진술하게 되더라도 형사상 자기에게 불리한 사실에 대하여는 증언을 거부할 수 있으므로 증인이 되는 공동피고인의 진술을 강요당할 염려가 없다는 점에 있다.

그러나 긍정설에 대하여도 첫째, 긍정설은 공동피고인 상호 간에 이해관계가 공통되는 사건에 대하여도 일률적으로 증인적격을 인정하여 공동피고인의

1) Lutz Meyer−Goßner StPO Vor §48 Rn. 22; Grünwald 「Die Verfahrensrolle des Mitbeschuldigten」, Klug FS S. 494.
2) 김기두 162면; 서일교 197면; 차용석/최용성 630면.

피고인의 지위와 증인의 지위가 갖는 모순관계를 경시하고,[1] 둘째, 공동피고인 상호 간에 이해관계가 공통되는 공범사건에 대하여도 증인적격을 인정할 경우 공동피고인에게 진술을 강요하게 되어 진술거부권을 침해하는 결과가 야기되고, 셋째, 공범관계에 있는 공동피고인의 일방이 진술거부권을 행사하지 않고 공판정에서 자백하고 충분한 반대신문이 행하여진 경우까지 공동피고인의 증인적격을 문제삼아 증인으로 신문할 필요는 없고, 또 공범관계에 있지 않는 공동피고인은 제3자로서 증인이 되어야 할 자이므로 이러한 공동피고인의 공판정에서의 진술을 그대로 증거로 사용할 수 있다고 하는 것도 선서 없는 증인의 증언에 증거능력을 인정하는 결과가 되어 부당하다는 비판이 제기된다.

(3) 절 충 설

공범자인 공동피고인은 다른 피고인에 대한 판세에서 승인적격이 없으나, 자기의 피고사건과 실질적 관련성이 없는 사건에 대하여는 공동피고인이라도 증인적격을 가진다는 견해이다. 우리나라의 다수설의 태도이다.[2] 이 견해는 다시 공범 아닌 공동피고인은 증인적격이 있지만 공범자인 공동피고인은 변론을 분리하여야 증인적격을 가진다는 견해[3]와 공범자인 공동피고인은 증인적격이 없으나 자기의 피고사건과 실질적 관계가 없는 사건이나 공동피고인 상호 간에 이해관계가 상반되는 경우에는 공동피고인이라도 증인이 될 수 있다는 견해[4]로 나누어진다. 이를 실질적 절충설이라고도 한다.[5] 절충설은 독일 형사소송법학에서의 형식적·실질적 공동피고인개념(Der formell-materielle Mitbeschuldigtenbegriff)과 관련된 이론이다. 즉, 형식적·실질적 공동피고인개념에 의하면 하나의 소송절차에서 심리를 받고 전체적으로 한 개의 소송법상의 행위를 심판의 대상으로 할 때 공동피고인으로서 증인적격을 가질 수 없게 된다는 것이다.[6]

1) 신이철「공동피고인 진술의 증거법적 규제」, 형사법연구 21-2, 107면.
2) 배종대/이상돈/정승환/이주원 479면; 백형구 719면; 신동운 793면; 신양균 646면; 이은모 487면; 임동규 594면.
3) 이 견해를 변론분리 후 허용설(신동운 793면) 또는 형식적 절충설(강동범 앞의 글, 65면 참조)이라고도 한다.
4) 배종대/이상돈/정승환/이주원 479면; 임동규 597면.
5) 강동범 앞의 글, 652면.
6) Beulke Rn. 185; Kindhäuser 21 Rn. 21; KK/Senge Vor §48 Rn. 7; Lutz Meyer/Goßner Vor §48 Rn. 21; Roxin 26 Rn. 6.

절충설에 대하여도 ① 공범 아닌 공동피고인은 제3자적 지위에 있어 피고인이 아닌 증인이라고 하지만 공범 아닌 자 역시 공동피고인임을 부정할 수 없으므로 증인적격을 부정하는 것이 당연하고,[1] ② 공범자인 공동피고인에 대하여 변론을 분리할 때에는 증인적격을 인정하여 피고인의 진술거부권을 박탈하기 위해 변론의 분리가 이용될 수 있도록 하는 것은 옳지 않다는 비판이 제기될 수 있다.

2. 학설의 검토

부정설은 공범인 공동피고인은 물론 공범 아닌 공동피고인도 변론을 분리하여 각각 분리된 별개의 소송절차에서 심리를 받아 피고인의 지위를 벗어나야 다른 피고인에 대한 증인적격을 가진다고 한다. 그러나 공범자인 공동피고인의 진술은 다른 공동피고인의 공소사실에 대하여도 증거능력이 있으므로 공동피고인을 증인으로 신문할 필요가 없음에 반하여, 공범자 아닌 공동피고인에게는 증인적격을 인정해야 한다는 점에서 타당하다고 할 수 없다. 피고인이나 공동피고인은 형식적으로 볼 때 모두 피고인인 이상 그 실질을 무시하고 진술거부권이 보장되어야 한다는 형식논리도 타당하다고 할 수 없다. 이에 반하여 긍정설도 공동피고인 상호 간에 이해관계가 공통되는 사건에 대하여도 일률적으로 증인적격을 인정하여 공동피고인에게 진술을 강요하여 진술거부권을 침해하는 결과가 된다는 점에서 문제가 있다. 따라서 절충설이 타당하다고 하지 않을 수 없다.

절충설에 의할 때, 공동피고인은 ① 공범관계가 인정되지 아니하여 소송법상 다른 행위가 심판의 대상이 되었고, ② 변론을 분리하지 아니한 채 병합심리하여 동일한 소송절차에서 심리를 받게 되었을 때 증인적격을 갖게 된다. 공동피고인 상호 간에 공범관계가 인정되지 아니하고 범죄사실 사이에 실질적 관련성이 인정되지 아니할 때 공동피고인은 실질상 증인에 불과하므로 증인적격을 갖게 된다는 점에는 의문이 없다. 문제는 공범인 공동피고인이라고 할지라도 변론을 분리하면 증인적격을 갖게 될 수 있는지, 나아가 오로지 공동피고인의 증인적격을 인정하기 위한 변론의 분리를 어떻게 인정할 것인가에

1) 강동범 앞의 글, 658면.

있다. 물론 변론의 분리여부는 법원의 재량에 속한다. 그러나 공동피고인에 대한 변론을 일시적으로 분리하기만 하면 증인적격을 인정할 때에는 변론의 분리가 피고인의 진술거부권을 부정하기 위한 수단으로 남용될 수 있으므로 이는 허용되지 않는다고 할 수밖에 없다. 따라서 공동피고인에 대한 변론의 분리는 「공동피고인의 자발적인 신청이 있는 경우에 한하여, 그것도 절차상의 이유로 일시적으로 행해져 실질적으로 공동피고인의 피고인으로서의 지위가 상실되지 않는 거짓분리가 아니라 법관을 달리하는 진정한 변론분리를 한 경우에 한하여 증인적격을 인정해야 한다」는 주장을 이해할 수 있게 된다.[1)]

Ⅲ. 판례의 검토

대법원은 종래 「피고인과 별개의 범죄사실로 기소되어 병합심리 중인 공동피고인은 피고인의 범죄사실에 관하여 증인의 지위에 있다 할 것이므로 선서 없이 한 공동피고인의 법정진술이나 피고인이 증거로 함에 동의한 바 없는 공동피고인에 대한 피의자신문조서는 피고인에 대한 공소범죄사실을 인정하는 증거로 쓸 수 없다」고 판시하여 왔다.[2)] 공범 아닌 공동피고인에게는 증인적격이 인정된다는 판결이다. 다만, 이들 판결에서는 공범인 공동피고인에게 어떤 전제에서 증인적격을 인정할 것인가에 관하여는 아무런 언급이 없다. 공범인 공동피고인의 증인적격을 인정할 수 없다는 취지의 판결이라면 다수설인 절충설의 입장과 일치한다고 볼 수 있다. 대상판결은 「공범인 공동피고인은 당해 소송절차에서는 피고인의 지위에 있으므로 다른 공동피고인에 대한 공소사실에 관하여 증인이 될 수 없으나, 소송절차가 분리되어 피고인의 지위에서 벗어나게 되면 다른 공동피고인에 대한 공소사실에 관하여 증인이 될 수 있다」고 판시함으로써 위의 판결과 결합하여 절충설의 입장을 명백히 한 판결이라고 할 수 있다.

공동피고인의 증인적격에 관하여 대법원이 절충설의 입장을 취한 것은 타당하다. 절충설에 의할 때에는 「공범이 아닌 공동피고인은 실질상 증인에 불

1) 신이철 앞의 글, 107면.
2) 대법원 1979. 3. 27. 78도1031; 대법원 1982. 9. 14. 82도1000; 대법원 2006. 1. 12. 2005도7601.

과하므로 변론을 분리하지 않는 경우에도 증인적격을 갖지만, 공범인 공동피고인 사이에서는 공동피고인에 대한 소송절차가 분리되어 피고인의 지위에서 벗어나게 되면 다른 공동피고인에 대한 공소사실에 관하여 증인이 될 수 있다」고 판시한 것도 당연하다. 그러나 대상판결에서 대법원이 공범인 공동피고인 사이에서는 변론을 분리하여 피고인의 지위에서 벗어나게 되면 다른 공동피고인에 대한 공소사실에 관하여 증인이 될 수 있다고 판시한 것은 의문이다. 단순히 공동피고인의 증인으로서의 지위를 인정하기 위해서 단기간에 걸쳐 변론을 분리하는 것을 허용할 때에는 공동피고인의 진술거부권을 부정하는 결과를 초래할 것임에도 불구하고 대상판결은 공동피고인의 변론을 분리하기 위한 요건에 관하여는 아무런 언급이 없기 때문이다. 따라서 공범인 공동피고인의 증인적격을 인정하기 위해서는 「공동피고인의 자발적인 신청이 있거나, 법관을 달리하는 진정한 변론분리를 한 경우에 한하여 증인적격을 인정해야 한다」는 요건이 추가되어야 한다고 생각한다.

12. 진술거부권을 고지하지 않고 얻은 자백의 증거능력

[대상판결]

대법원 1992. 6. 23. 92도682

1. 사안의 개요

피고인들은 1985. 7.경 부산 중구 남포동, 부평동 일대의 오락실을 장악하기 위하여 두목, 행동대장, 행동대원으로 구분되어 지휘통솔체제를 갖추고 있는 범죄단체인 "신 이십세기파"를 조직하고 그 수괴로서 조직전체를 통솔하고 관리하는 역할을 담당하였다. 검사는 피고인들을 폭력행위 등 처벌에 관한 법률 제4조 제1호 소정의 범죄단체조직죄로 공소제기하였다.

2. 사건의 경과

제1심 법원(1991. 10. 25. 91고합473, 637 판결)은 피고인들에 대한 공소사실을 유죄로 인정하고 피고인들에게 각 징역 8년의 형을 선고하였다. 제1심인 부산지방법원은 이 사건 유죄인정의 증거로 부산지방법원 90고합1410호 비디오 검증조서를 들었다. 그러나 위 검증조서에는 검사가 피고인 甲에게 미리 진술거부권이 있음을 고시한 사실이 전혀 없었다. 제1심판결에 대하여 피고인들은 채증법칙위배, 증거취사 및 판단잘못과 양형부당 등을 이유로 항소하였고, 검사도 양형부당을 이유로 항소하였다.

제2심인 부산고등법원(1992. 2. 14. 91노1468 판결)에서는 검사 및 피고인들의 항소이유 중 사실오인의 점에 대한 항소를 기각하고, 피고인들의 양형부당에 대한 항소를 인정하여 피고인들에게 각 징역 5년을 선고하였다. 피고인들이 각 상고하였다.

3. 판결요지

가. 형사소송법 제200조 제2항은 검사 또는 사법경찰관이 출석한 피의자의 진술을 들을 때에는 미리 피의자에 대하여 진술을 거부할 수 있음을 알려야 한다고 규정하고 있는바, 이러한 피의자의 진술거부권은 헌법이 보장하는 형사상 자기에 불리한 진술을 강요당하지 않는 자기부죄거부의 권리에 터잡은 것이므로 수사기관이 피의자를 신문함에 있어서 피의자에게 미리 진술거부권을 고지하지 않은 때에는 그 피의자의 진술은 위법하게 수집된 증거로서 진술의 임의성이 인정되는 경우라도 증거능력이 부인되어야 한다.

나. 공범으로서 별도로 공소제기된 다른 사건의 피고인 甲에 대한 수사과정에서 담당 검사가 피의자인 甲과 그 사건에 관하여 대화하는 내용과 장면을 녹화한 비디오테이프에 대한 법원의 검증조서는 이러한 비디오테이프의 녹화내용이 피의자의 진술을 기재한 피의자신문조서와 실질적으로 같다고 볼 것이므로 피의자신문조서에 준하여 그 증거능력을 가려야 할 것이다.

그런데 기록을 살펴보아도 검사가 위 사건(90고합1410호) 피고인의 진술을 들음에 있어 동인에게 미리 진술거부권이 있음을 고지한 사실을 인정할 자료가 없으므로 위 녹화내용은 위법하게 수집된 증거로서 증거능력이 없는 것으로 볼 수밖에 없고, 따라서 이러한 녹화내용에 대한 검증조서기재는 유죄증거로 삼을 수 없는데도 원심이 위 검증조서를 유죄증거로 채용한 것은 채증법칙에 위반한 위법한 처사로서 이 점에 관한 논지는 이유 있다. 그러나 원심채용증거 중 위 검증조서를 제외하고 나머지 증거만으로도 피고인들의 이 사건 범죄사실을 인정하기에 넉넉하므로 위 검증조서의 증거채용에 관한 위법은 원심의 유죄결론에는 결국 영향이 없다.

[관련판결]

대법원 2009. 8. 20. 2008도8213

1. 사실의 개요

원심은, 검사가 2006. 8. 16. 공소외 1에 대하여 국가보안법위반죄로 구속영장을 청구하여 2006. 8. 18. 서울중앙지방법원으로부터 구속영장을 발부받았는데, 그 구속영장의 범죄사실에는 공소외 1이 연계된 공범들과 공모하여 국가보안법을 위반하였다는 등의 내용이 포함되어 있었던 사실, 그 후 검사는 공소외 1에 대한 피의자신문을 하면서 공범들과의 조직구성 및 활동 등에 관하여 신문을 하였으나, 공소외 1이 진술을 거부한 사실, 검사는 2006. 9. 12. 공소외 1을 국가보안법위반죄 등으로 구속 기소한 이후, 2006. 9. 19. 공소외 1을 재차 소환하여 피고인 등 공범들과의 조직구성 및 활동 등에 관한 신문을 하면서 피의자신문조서의 형식이 아니라 일반적인 진술조서의 형식으로 위 진술조서를 작성한 사실을 인정한 다음, 위 공소외 1에 대한 진술조서가 진술조서의 형식을 취하였다고 하더라도 그 내용은 피의자의 진술을 기재한 피의자신문조서와 실질적으로 같고, 그런데도 기록상 검사가 공소외 1의 진술을 들음에 있어 공소외 1에게 미리 진술거부권이 있음을 고지한 사실을 인정할 만한 아무런 자료가 없으므로, 진술의 임의성이 인정되는 경우라도 위법하게 수집된 증거로서 증거능력이 없어 피고인에 대한 유죄의 증거로 쓸 수 없으며, 나아가 검사가 제출한 나머지 증거들만으로 피고인이 공소외 2, 공소외 1 등과 공모하여 2005. 11.경 대학가에 주체사상을 유포시키고 주사파 양성을 위한 전국적 단일 조직의 중앙지도부를 결성하고, 이를 위하여 대학가에 주체사상 학습CD 등을 조직적으로 제작·배포하는 한편 이를 학습·토론함으로써 이적 활동을 찬양·동조하였다는 위 공소사실을 인정하기에는 부족하고, 달리 이를 인정할 만한 아무런 증거가 없다고 판단하였다.

검사는 원심의 사실인정과 증거능력에 관한 법리오해 등에 위법이 있다는 이유로 상고하였다.

2. 판결요지

피의자의 진술을 녹취 내지 기재한 서류 또는 문서가 수사기관에서의 조사과정에서 작성된 것이라면, 그것이 '진술조서, 진술서, 자술서'라는 형식을 취하였다고 하더라도 피의자신문조서와 달리 볼 수 없고(대법원 2004. 9. 3. 선고 2004도3588 판결 등 참조), 한편 형사소송법이 보장하는 피의자의 진술거부권은 헌법이 보장하는 형사상 자기에 불리한 진술을 강요당하지 않는 자기부죄거부의 권리에 터잡은 것이므로 수사기관이 피의자를 신문함에 있어서 피의자에게 미리 진술거부권을 고지하지 않은 때에는 그 피의자의 진술은 위법하게 수집된 증거로서 진술의 임의성이 인정되는 경우라도 증거능력이 부인되어야 한다(대법원 1992. 6. 23. 선고 92도682 판결 등 참조).

[판례의 연구]

Ⅰ. 문제의 제기

헌법 제12조 7항은「피고인의 자백이 고문·폭행·협박·구속의 부당한 장기화 또는 기망 기타의 방법에 의하여 자의로 진술한 것이 아니라고 인정될 때에는 유죄의 증거로 삼을 수 없다」고 규정하고 있다. 또 형사소송법 제309조는 이에 따라「피고인의 자백이 고문·폭행·협박·신체구속의 부당한 장기화 또는 기망 기타의 방법으로 임의로 진술한 것이 아니라고 의심할 만한 이유가 있는 때에는 이를 유죄의 증거로 하지 못한다」고 규정하고 있다. 임의성에 의심 있는 자백의 증거능력을 부정하는 자백배제법칙 내지 자백의 증거능력을 선언한 규정이다. 또 헌법은 제12조 제 2 항에서「모든 국민은 고문을 받지 아니하며, 형사상 자기에게 불리한 진술을 강요당하지 아니한다」고 규정하여 자기부죄거부의 특권 내지 진술거부권을 국민의 기본적 인권으로 보장하고 있으며, 형사소송법도 이에 따라 피고인의 진술거부권(제283조의 2)과 피의자의 진술거부권(제244조의 3)을 규정하면서, 제308조의 2에서는「적법한 절차에 따르지 아니하고 수집한 증거는 증거로 할 수 없다」고 규정하여 위법수집증거배제법칙을 규정하고 있다.

진술거부권이란 피고인 또는 피의자가 공판절차 또는 수사절차에서 법원 또는 수사기관의 신문에 대하여 진술을 거부할 수 있는 권리를 말한다. 영미의 자기부죄거부의 특권(privilege against self-incrimination)에서 유래하는 권리이며, 증인의 증언거부권(the witness privilege)과 피의자·피고인의 진술거부권(right to silence)을 내용으로 한다. 자기부죄거부의 특권은 역사적으로 17세기 말 스튜어트 왕조시대에 독재 왕정에 반대하는 사람을 처벌하기 위하여 고문을 통하여 자백을 얻고, 이 자백을 근거로 유죄판결을 하는 것을 반대하기 위하여 시작되어, 미국 헌법 수정 제 5 조가「누구든지 형사사건에 있어서 자기의 증인이 되는 것을 강요받지 아니한다(No person shall be compelled in any criminal case to be a witness against himself)」라고 규정한 데서 유래한다. 피의자·피고인의 진술거부권을 인정하는 근거는 세 가지로 요약할 수 있다. 첫째, 진술거부권은 피의자·피고인의 인권을 보장하고 사생활 보호와 개인의사의 자기결정권의 확장을 위하여 인정된다. 즉, 피의자나 피고인이 진술을 할시 여부를 결정하는 것은 오직 피의자나 피고인 스스로의 의사결정에 따라야 하며, 이에 반하여 진술을 할 의무를 부과할 수는 없다는 것이다. 둘째, 진술거부권은 당사자주의의 전제인 무기평등의 원칙을 실질적으로 실현하고 무죄추정의 원칙과 공정한 재판의 원칙을 실현하기 위한 수단으로 인정된다. 피의자·피고인에게 진술의 의무를 인정할 때에는 검사에게 공격의 무기를 제공하게 되어 무기평등의 원칙은 실현될 수 없고, 무죄추정의 원칙상 피의자·피고인은 검사가 입증을 할 때까지 아무런 대답을 하지 않을 수 있어야 하며 그렇지 않으면 무죄추정의 원칙이 손상되지 않을 수 없다는 것이다. 이러한 의미에서 진술거부권은 강제된 자백에 대한 인도적 보장책(humane safeguard)이며, 당사자가 제공해야 할 진실을 제한하는 실정법적 규준이 된다고 할 수 있다.[1] 셋째, 진술거부권을 인정할 때에 피의자 또는 피고인의 믿을 수 있는 진실한 진술이 가능하고, 이로 인하여 억울한 사람이 유죄판결을 받지 않을 수 있게 된다. 피의자나 피고인은 형사재판에 있어서 유죄판결이 선고되면 형사처벌을 받게 되는 직접적 이해당사자이므로 거짓말을 할 가장 강력한 동기를 갖고 있다. 진술거부권이 인정되지 않을 경우에 피의자 또는 피고인은 진술을 해야 한다. 이 경우에 피의자나 피고인은 진실을 말하여 처벌을 받거나, 거짓말을 하여 처벌을 면하려고 한다. 오히려 후자의 가능성이 많다고 할 수 있다. 이에 반하여 진술거부권이 인정되는 경우에는 피의자나 피고인은 진술 자체를 거부함으로써 거짓말을 하지 않아도 되며, 수사절차나 재판에서 진실이 통용될 수 있게 된다.

진술거부권을 고지하지 않고 강요에 의하여 획득한 피의자·피고인의 자백에 증거능력을 인정할 수 없다는 점에는 견해가 일치한다. 문제는 이러한 자백의 증거능력을 부정하는 이론적 근거가 형사소송법 제309조의 자백에 임의성이 인정되지 않는다는 자백배제법칙 때문인가, 또는 위법하게 수집된 증거의 증거능력을 배제하는 제308조의 2의 위법수집증거배제의 원칙에 있는가에 있다. 대상판결과 관련판결은 대법원이 모두 후자의 입장을 명백히 한 판결이다.

1) Lave/Israel/King *Criminal Procedure* 4th. edition, p. 1136.

Ⅱ. 진술거부권의 고지와 그 내용

대상판결은 공범으로서 별도로 공소제기된 다른 사건의 피고인 甲에 대한 수사과정에서 담당 검사가 진술거부권을 고지하지 않고 피의자인 甲과 그 사건에 관하여 대화하는 내용과 장면을 녹화한 비디오테이프에 대한 법원의 검증조서에 관한 것이고, 관련판결은 수사기관에서의 조사과정에서 작성된 피의자의 진술을 녹취 내지 기재한 서류 또는 문서의 증거능력에 관한 판결이다. 대법원은 이들 조서 또는 서류도 실질적으로 피의자의 진술을 기재한 피의자신문조서와 실질적으로 같다고 볼 것이므로 피의자신문조서에 준하여 그 증거능력을 가려야 한다고 판시하고 있다. 따라서 이들 조서 또는 서류를 작성함에 있어서 수사기관이 진술거부권을 고지한 때에는 피의자신문조서의 증거능력에 관한 제312조의 요건을 충족한 때에 증거능력을 가질 수 있지만, 진술거부권을 고지하지 않거나 그 조서가 적법한 절차와 방식에 따라 작성된 것이 아닐 때에는 제312조의 요건을 충족했는가와 관계 없이 진술거부권을 고지하지 않았다는 이유만으로 증거능력을 부정해야 한다는 것은 명백하다. 여기서 대상판결과 관련판결의 증거능력에 관하여도 진술거부권을 고지하지 않고 받은 자백의 증거능력만을 검토하면 족하다고 할 것이다.

1. 진술거부권의 고지

(1) 자백의 허용성의 판단기준

초기 보통법하에서 자백은 제한 없이 허용되었으며, 따라서 고문에 의하여 획득된 진술도 증거능력이 인정되었다. 그러나 17세기 중엽 이전에 영국법원은 자백의 증거능력을 제한하기 시작했으며, 때로는 피고인의 자백이 이익의 약속에 의하여 유혹되었는가 또는 해악으로 위해를 가할 것인가의 문제로 다루어져 왔다. 그러나 그 후 영국과 미국의 최고법원은 임의성(voluntariness)을 자백을 허용하는 기준으로 판단하였다.[1] 1961년의 Rogers 사건에서도 법원은 「자백에 임의성이 없고, 따라서 피고인은 자백시에 완전히 자유롭지 못했

1) Lave/Israel/King p. 315; Rolando V. del Carmen *Criminal Prosedure* p. 320.

다」는 이유로 증거능력을 부정했다.[1] 그러나 임의성의 원칙에 의한 자백을 둘러싼 상황의 전체판단(totality of circumstances)은 내용이 불명확하여 경찰활동에 대한 기준을 제시하지 못한다는 비판을 면할 수 없었다.[2] 여기서 자백의 허용성을 피고인의 자기부죄거부특권과 연결시켜 진술거부권의 불고지에 그 근거를 찾은 판결이 바로 1966년의 Miranda 판결이다.[3]

(2) 진술거부권의 고지내용

피고인 또는 피의자에게 고지해야 할 진술거부권의 고지내용은 나라에 따라 차이가 있다. 미국에서 진술거부권의 고지는 Miranda 경고문을 경찰관이 피의자에게 읽어주는 방법으로 행하여진다. 이 경우에 미란다 경고문은 자백의 허용성에 대한 명백한 기준(a bright line rule for admissibility)이 되며,[4] 경찰활동의 일상과정으로 이해된다. 미란다 경고에 의하여 피의자에게는

1. 당신은 진술을 거부할 권리가 있다.
2. 당신이 진술한 사실은 공판정에서 당신에게 불이익하게 사용될 수 있다.
3. 당신은 변호인을 출석케 할 권리가 있다.
4. 당신이 변호인을 선임할 수 없을 때에는 신문 전에 변호인을 선정받을 수 있다.
5. 당신은 언제나 신문을 중단할 것을 요구할 권리가 있다는 사실을 고지해야 한다.

---

1) Rogers v. Richmond, 365 U.S. 534(1961).

2) del Carmen p. 324; Lave/Israel/King p. 321.

3) Miranda v. Arizona, 384 U.S. 436(1966), 사실관계는 아래와 같다. Ernesto Mirands는 1963. 3. 13. Arizona 주 Phoenix 시에 있는 집에서 체포되어 강간과 유괴죄로 신문을 받기 위하여 경찰서에 구금되었다. 당시 Miranda는 23세의 가난한 청년으로 9학년을 중퇴한 상태였다. 경찰관들은 2시간 동안 그를 신문하였고, 신문실에서 자백한 후 Miranda에 의하여 서명한 자백서를 받아 내었다. 피고인의 자백은 공판정에서 증거 채택되었고, Miranda는 강간과 유괴죄로 유죄평결을 받고, 각 징역 20년의 형을 선고받았다. Arizona 주 최고법원은 제1심법원의 유죄평결을 인정하였다. Miranda는 이 판결에 대하여 미국 최고법원에 상고하였다. 미국 최고법원은 「우리는 개인이 구금되거나 달리 경찰관에 의하여 자유가 박탈된 상태에서 신문을 받게 된 때에는 자기부죄금지의 특권이라는 절차적 보장책이 마련되어야 한다고 믿는다. 그는 신문을 받기 전에 진술을 거부할 수 있고(a right to remain silent), 그가 진술한 바는 불이익한 증거가 될 수 있고, 변호인을 입회시킬 권리가 있고, 변호인을 선임할 수 없을 때에는 원하는 경우에는 신문을 받기 전에 변호인을 선정해 줄 수 있다는 사실을 고지받아야 한다」고 판시함으로써, 피의자가 먼저 자기부죄거부의 특권과 변호인선임권을 고지받지 않은 때에는 경찰에 의한 피의자의 구금상태에서의 신문과정에서 획득된 증거는 공판정에서 사용할 수 없다고 판시하였다.

4) del Carmen p. 324.

여기서 미란다 경고의 제 1, 2 항은 자기부죄거부의 특권, 제 3 내지 5항은 변호인선임권을 경고하는 것이지만, 원래는 강제적인 자기부죄로부터 피의자 또는 피고인을 보호하기 위한 것이라고 할 수 있다.[1] 다만, 미란다 경고의 내용은 항상 문자 그대로 읽어줄 필요는 없고, 그 취지가 피의자 또는 피고인에게 전달되면 족하다. 따라서 고지사항 제 4 항 대신에 「피의자가 원하는 경우에는 법정에서 국선변호인의 조력을 받을 수 있다」고 고지한 경우에도 미란다 고지의 위반이 되는 것은 아니다.

영국에서는 진술거부권의 고지내용이 수사준칙(Codes of practice) C와 G에 규정되어 있다.[2] 이에 의하면 경찰관이 범죄의 혐의가 있다고 인정되는 자에 대하여 질문하거나, 계속하여 질문하고자 할 때에는 피의자의 진술이나 묵비권의 행사가 후에 검찰에서 증거로 사용될 수 있다는 점을 고지해야 한다. 영국에서는 진술거부가 때로는 불이익하게 추정될 수 있다는 점에 특색이 있다. 즉, ① 변호인의 조력이 있는 경우에는 불이익추정금지가 적용되지 않지만, 변호인의 조력을 원하였으나 받지 못한 경우, ② 다른 사람의 진술서에 의하여 인정되는 범죄사실에 대하여 피의자를 상대로 조사하는 경우에는 불이익추정금지가 적용된다. ③ 물건이나 표시 등이 피의자의 몸, 옷이나 신발, 피의자의 소지품 또는 피의자가 체포된 장소에 있는데 피의자가 그 물건이나 표시 등에 대하여 진술을 하지 않는 경우와 범죄가 발생하였다고 판단되는 장소나 시간에 피의자가 발견되었는데 피의자가 그에 대하여 진술을 거부하는 경우에는 불이익추정금지가 적용되지 않는다.[3] 불이익추정금지가 적용되지 않을 때에는 피의자가 그 시간에 그 장소에 있었다는 등 적절한 추정이 가능하게 된다.[4] 일반적으로 불이익추정이 적용되는 때에는 「당신은 아무 말도 진술할 필요가 없습니다. 그러나 당신이 질문에 대하여 대답하지 않는다면 그것은 나중에 당신이 법정에서 당신을 방어하려 할 때 지장을 초래할 수 있습니다. 당신이 말한 것은 나중에 증거로 사용할 수 있습니다」라고 고지한다. 불이익추정금지가 적용되는 때에는 「당신은 아무 말도 진술할 필요가 없습니다. 당신이 말한 것

1) del Carmen p. 328.
2) 안성수 「진술거부권과 진술거부권 불고지의 효과」, 형사판례연구 16, 261면.
3) Code C 10. 10. Annex C.
4) 안성수 앞의 글, 262면.

은 나중에 증거로 사용될 수 있습니다」라고 고지한다. 일본과 독일 형사소송법에는 진술거부권의 고지내용이 법정되어 있지 않다. 즉, 일본 형사소송법에서는 피의자신문에 있어서는 「피의자에 대하여 자기의 의사에 반하여 진술할 필요가 없다」고 고지하면 족하며(제198조 제 2 항), 독일 형사소송법에서도 피의자에 대하여 피의사실의 요지를 고지하면 족하다(독일 형사소송법 제136조 제 1 항, 제163조의 a 제 4 항).

우리 형사소송법은 피고인에 대한 진술거부권과 피의자에 대한 진술거부권의 고지내용을 별도로 규정하고 있다. 피고인에 대하여는 재판장이 피고인이 진술하지 아니하거나 개개의 질문에 대하여 진술을 거부할 수 있다고 고지하면 족함에 반하여(제283조의 2 제 2 항), 피의자에 대하여는 검사 또는 사법경찰관이 피의자를 신문하기 전에 ① 일체의 진술을 하지 아니하거나 개개의 질문에 대하여 진술을 하지 아니할 수 있다는 것 이외에, ② 진술을 하지 아니하더라도 불이익을 받지 아니한다는 것, ③ 진술을 거부할 권리를 포기하고 행한 진술은 법정에서 유죄의 증거로 사용될 수 있다는 것, ④ 신문을 받을 때에는 변호인을 참여하게 하는 등 변호인의 조력을 받을 수 있다는 것을 알려 주어야 한다(제244조의 3 제 1 항). 피의자에 대한 진술거부권의 고지내용을 미국의 경우와 비교할 때에는 진술을 하지 아니하더라도 불이익을 받지 아니한다는 것이 추가된 점에 차이가 있다. 피의자에게 진술거부권을 보장해야 하지만, 진술거부권의 행사를 권고하는 것은 옳다고 할 수 없다. 형사소송법이 피의자에 대하여 진술을 하지 아니하더라도 불이익을 받지 아니하고, 진술을 거부할 권리를 포기하고 행한 진술은 유죄의 증거로 사용될 수 있다고 고지하는 것은 피의자에게 진술거부권을 행사할 것을 권고하는 것에 지나지 않는다. 입법론상 의문이다.

(3) 진술거부권 고지의 요건

미국에서 Miranda 고지를 위해서는 일정한 요건을 필요로 한다. 즉, 미란다 경고는 ① 피의자 또는 피고인이 구금 중에 있고, ② 수사기관이 신문을 하는 경우에 한하여 할 수 있다.

1) 피의자가 구금 중(in Custody)에 있어야 한다. 따라서 피의자 또는 피고

인이 구금되어 있지 않은 때에는 미란다 고지는 필요로 하지 않는다. 여기서 구금이란 피의자가 형식적으로 체포되었거나(under arrest), 체포된 것은 아니지만 형식적인 체포에 이를 정도로 자유가 제한된 경우를 말한다.[1] 미란다 원칙은 피의자나 피고인이 구금되면 구금 자체의 성질상 본질적으로 심리적 억압상태가 발생한다는 점에 착안하여 수사기관이 이러한 상태를 이용하여 증거를 취득하는 것을 방지하기 위한 것이기 때문이다.[2] 피의자가 집에서 신문을 받은 경우에도 자유로운 상태에서 질문을 한 경우에는 Miranda 원칙이 적용되지 않는다.[3]

2) 경찰관의 신문(interrogation)이 있어야 한다. 여기서 신문이란 수사기관에 의한 질문을 말한다. 즉, 미란다 원칙이 적용되기 위해서는 경찰관이 먼저 신문해야 한다.[4] 수사기관의 범죄에 대한 어떤 종류의 질문도 신문에 해당한다. 수사기관이 피의자의 변명을 듣거나, 피의자가 먼저 자발적으로 진술한 경우에는 미란다 원칙이 적용되지 않는다. 따라서 피의자가 먼저 자발적으로 진술을 시작한 경우에 경찰관이 이를 막으면서 미란다 경고를 할 필요는 없다.[5] 경찰관이 공공의 안전(the public safety)을 위하여 신문한 경우에도 미란다 원칙은 적용되지 않는다. 따라서 경찰관이 강간피의자를 체포하여 총을 어디에 두었는가를 신문하는 때에는 미란다 고지는 필요 없다.[6]

미국의 경우와는 달리 영국이나 일본 및 독일에서는 진술거부권의 고지에 피의자가 체포 또는 구금되어 있을 것을 요하지 않는다. 우리 형사소송법에 있어서도 같다. 독일 형사소송법에서는 진술거부권은 최초의 신문 전에 고지하면 족하다.

2. 진술거부권의 내용

진술거부권은 피고인 또는 피의자가 법원이나 수사기관의 신문에 대하여

---

1) New York v. Quarles, 467 U.S. 649, 655(1984).
2) 안성수 앞의 글, 253면.
3) Beckwith v. U.S., 425 U.S. 341(1976).
4) del Carmen p. 345.
5) del Carmen p. 347; Robert M. Bloom and Mark S. Brodin *Criminal Procedure* 5th. edition, p. 254.
6) New York v. Quarles, 467 U.S. 649(1984).

진술을 거부할 수 있는 권리를 내용으로 한다. 여기서 거부할 수 있는 진술의 의미와 그 범위를 명백히 할 필요가 있다.

(1) 거부할 수 있는 진술의 의미

헌법 제12조 제2항은 모든 국민에게 진술거부권을 보장하고 있으며, 형사소송법은 피고인뿐만 아니라 피의자에게 진술거부권을 보장하고 있다. 따라서 피고인뿐만 아니라 피의자도 진술거부권을 가지고 있음은 명백하다. 의사무능력자인 피고인 또는 피의자의 대리인(제26조)도 진술거부권의 주체가 된다. 피고인인 법인의 대표자는 물론, 외국인에게도 진술거부권이 인정된다.

진술거부권은 형벌 기타의 제재에 의한 진술강요의 금지를 본질적 내용으로 한다. 따라서 피고인 또는 피의자는 수사기관은 물론 법원에 대하여도 진술할 의무가 없다. 즉, 피고인은 진술하지 아니하거나 개개의 질문에 대하여 진술을 거부할 수 있고(제283조의 2), 피의자도 또한 같다(제244조의 3).

강요당하지 않는 것은 진술에 한한다. 따라서 지문과 족형의 채취, 신체의 측정, 사진촬영이나 신체검사에 대하여는 진술거부권이 미치지 않는다. 도로교통법에 의한 음주측정의 경우에도 같다. 그러나 진술인 이상 구두의 진술에 한하지 아니하고, 이에 갈음하는 서면에 대하여도 진술거부권이 적용된다. 따라서 피의자는 수사기관의 진술서 제출요구를 거부할 수 있다.

(2) 거부할 수 있는 진술의 범위

헌법은 형사상 자기에게 불리한 진술의 강요를 금지하고 있다. 여기서 불리한 진술이란 형사책임에 관한 것이며 민사책임은 포함되지 않지만, 형사책임에 관한 한 범죄사실 또는 간접사실뿐만 아니라 범죄사실 발견의 단서가 되는 사실도 포함한다고 해석된다. 그러나 형사소송법 제283조의 2는 피고인은 진술하지 아니하거나 개개의 진술에 대하여 진술을 거부할 수 있다고 규정하고 있을 뿐이며, 진술의 내용을 불이익한 진술에 제한하지 않고 있다. 피의자에 대한 제244조의 3의 규정도 같다. 따라서 형사소송법에 의하여 피의자 또는 피고인에게 인정되는 진술거부권의 진술의 내용은 이익·불이익을 불문하고, 이러한 의미에서 형사소송법은 헌법상의 진술거부권의 범위를 확장하였다고 할 수 있다.

진술거부권이 인정되는 진술의 범위에 관하여 인정신문에 대해서도 진술을 거부할 수 있는가가 특히 문제된다. 이에 관하여 소극설은 성명·연령·직업·주거·본질 등에 대한 인정신문은 피고인이나 피의자에게 불이익한 진술이 아니므로 인정신문에는 진술거부권이 인정되지 않는다고 해석한다.[1] 영국에 있어서는 물론,[2] 일본의 최고재판소 판례도 인정신문은 진술거부권의 대상이 되지 않는다고 판시한 바 있다.[3] 적극설은 진술거부권의 범위에는 제한이 없으므로 인정신문에 대하여도 진술을 거부할 수 있다고 한다. 우리나라의 다수설의 입장이다.[4] 이에 반하여 절충설은 인정신문에 대하여는 원칙적으로 진술거부권이 적용되지 않지만, 성명이나 직업 등의 진술에 의하여 범인임이 확인되거나 증거수집의 계기를 만들어 주는 경우에는 진술거부권이 인정된다고 해석한다.[5] 미국의 판례도 마약운반선을 발견하고 승객에게 그 국적을 묻는 경우,[6] 또는 불법체류자에 대하여 출생지와 체류 신분상태를 묻는 경우에는[7] 미란다 원칙이 적용된다고 판시하였다.

생각건대, ① 피고인과 피의자가 거부할 수 있는 진술은 이익·불이익을 불문하고, ② 진술이 불이익한가를 판단할 객관적 기준이 없으며 이를 피고인과 피의자의 주관에 의하여 판단할 때에는 절충설은 사실상 적극설과 같은 결과를 초래하며, ③ 인정신문을 위한 진술의 강요를 허용하는 것은 진술거부권을 인정한 취지에 반할 뿐만 아니라, ④ 형사소송법이 인정신문에 앞서 피고인에게 진술거부권을 고지하게 규정한 점에서 볼 때 인정신문에 대하여도 진술거부권을 인정하는 적극설이 타당하다고 해야 한다.

Ⅲ. 진술거부권의 불고지와 자백배제법칙의 관계

진술거부권과 자백배제법칙의 관계는 피고인 또는 피의자에게 진술거부권

1) 서일교 254면.
2) 안성수 앞의 글, 268면.
3) 日最判 1957. 2. 20.(刑集 11-2, 802).
4) 배종대/이상돈/정승환/이주원 333면; 백형구 621면; 신현주 131면; 이은모 91면; 이재상 122면; 임동규 364면; 김희옥 「진술거부권을 논함」(월간고시 84. 11), 43면.
5) 김기두 60면; 신양균 508면.
6) U.S. v. Doe, 878 F. 2d 1546(1989).
7) U.S. v. Gonzales Sandoval, 894 F. 2d 1043(1990).

을 고지하지 아니한 채 자백을 받은 경우에 그 자백의 증거능력의 배제가 임의성 없는 자백의 증거능력을 부정하는 자백배제법칙으로 인한 것인가, 또는 위법수집증거배제법칙 때문인가의 문제를 말한다. 진술거부권과 자백배제법칙의 관계에 관하여는 견해가 대립되고 있다. 진술거부권과 자백의 임의성법칙은 엄격히 구별해야 하는 별개의 법칙이라고 해석하는 견해도 있다.[1] 이에 의하면 진술거부권을 고지하지 않고 획득한 자백은 위법수집증거배제법칙에 의하여 증거능력이 배제되는 결과가 된다. 이는 ① 진술거부권이 17세기에 확립되었음에 반하여 자백의 임의성법칙은 18세기에 보통법(common law)에 의하여 확립된 것으로 역사적 연혁을 달리하고, ② 진술거부권은 진술의 내용을 문제삼지 않는 증거법칙임에 반하여 자백이 임의성법칙은 허위배제를 존재이유로 하는 진실발견을 위한 증거법칙이므로 원리를 달리하고, ③ 진술거부권이 진술의무를 과하여 진술을 강요하는 것을 금하는 것임에 반하여 자백의 임의성법칙은 폭행·협박·기망 등의 사실상의 불법행위에 의한 자백강요를 금하는 것이므로 실제적 효과가 다르며, ④ 진술거부권은 공판정에 출석한 피고인을 대상으로 하는 것이나 자백의 임의성법칙은 여기에 제한되지 않는다는 점을 이유로 한다. 대상판결과 관련판결도 「수사기관이 피의자를 신문함에 있어서 피의자에게 미리 진술거부권을 고지하지 않은 때에는 그 피의자의 진술은 위법하게 수집된 증거로서 진술의 임의성이 인정되는 경우라도 증거능력이 부인되어야 한다」고 판시한 점에서 이 견해에 입각하였다고 하지 않을 수 없다. 즉, 피고인의 자백은 자백배제법칙이 아니라 위법수집증거배제법칙에 의하여 증거능력이 부정된다는 것이다. 자백배제법칙의 이론적 근거에 관한 허위배제설과 인권옹호설 또는 절충설에 의할 때에도 같은 결과를 초래하게 됨은 물론이다.

진술거부권과 자백의 임의성법칙(Voluntariness Test)이 역사적 연혁을 달리하는 것을 부정할 수는 없다.[2] 그러나 1960년대 이후 미국에서의 자백배제법칙의 전개는 임의성 없는 자백을 배척하는 근거가 허위배제에 있는 것이 아니

1) 배종대 강의 42면; 신동운 852면; 권광중 「진술거부권의 고지 없이 얻은 피의자진술의 증거능력」, 법과 정의 272면.
2) LaFave/Israel/King p. 315, 1136; Cleary *McCormick on Evidence* 5th. edition, p. 177, 216.

라 적정절차를 위반하였다는 점에 있고, 따라서 임의성 없는 자백은 자백획득과정이 적정절차에 위반하였다는 이유로 배척되는 것으로 파악하게 되었다.[1) 특히, 1964년의 Escobedo 사건에서 변호인의 도움을 받을 권리를 침해하여 얻은 자백의 증거능력을 부정하고,[2) 1966년 Miranda 사건에서 연방법원이 수사기관에서 진술거부권을 고지하지 않고 획득한 자백의 증거능력을 배척함에 따라, 수사에는 자백배제법칙 · 공판에는 진술거부권이라는 도식관계는 근거를 잃게 되었고 진술거부권이 금지하는 강요의 의미도 사실상의 강요를 포함하는 것으로 변화하지 않을 수 없게 되었다. 자백배제법칙의 증거금지화, 허위배제설로부터 위법배제설로의 발전에 따라 양자는 공통의 원리에 의하여 일체화되었다고 할 수 있다.[3) 이와 같이 자백배제법칙의 이론적 근거를 위법배제설에서 찾을 때에는 자백배제법칙은 위법수집증거배제법칙의 특칙이 되고, 자백에 대하여 적용되는 위법수집증거배제법칙이 자백배제법칙이라고 할 수 있게 된다. 또 진술거부권을 고지하지 않고 획득한 자백의 증거능력에 관하여는 위법수집증거배제법칙이 적용되는 것이 아니라 자백배제법칙이 적용되며, 임의성 없는 자백이기 때문이 아니라 제309조의 임의성에 의심이 있는 자백이기 때문에 증거능력이 부정된다고 할 수 있게 된다.

Ⅳ. 맺는 글

대상판결과 관련판결들이 진술거부권을 고지하지 않고 획득한 자백의 증거능력을 부정한 것은 당연하며, 그 타당성에 대하여도 의문의 여지가 없다. 그러나 이들 판결이 자백의 증거능력을 부정하는 이론적 근거로 「수사기관이 피의자를 신문함에 있어서 피의자에게 미리 진술거부권을 고지하지 않은 때에는 그 피의자의 진술은 위법하게 수집된 증거로서 진술의 임의성이 인정되는 경우라도 증거능력이 부인되어야 한다」고 판시함으로써 위법수집증거배제법칙에 의하여 자백의 증거능력이 부정된다고 판시한 것은 타당하다고 할 수 없

1) LaFave/Israel/King p. 316; McMormick p. 219.

2) Escobedo v. Illinois, 378 U.S. 478(1964).

3) 배종대/이상돈/정승환/이주원 331면; 이영란 167면; 이은모 89면; 임동규 363면; 차용석/최용성 111면.

다. 자백배제법칙의 이론적 근거로 제시되는 위법배제설은, 자백배제의 기준을 임의성에 두고 있는 허위배제설이나 인권옹호설 또는 절충설에 의할 때에는 자백배제의 적정한 객관적 기준을 설명하지 못한다는 점을 고려하여, 이에 대한 명백하고 객관적인 기준을 제시하기 위하여 자백을 획득하는 절차의 위법을 자백배제의 이유로 제시한 것에 불과하다. 형사소송법 제309조는 임의성 없는 자백뿐만 아니라 임의로 진술한 것이 아니라고 의심할 만한 이유가 있는 자백의 증거능력을 부정하고 있다. 따라서 피고인의 자백에 임의성이 인정된다고 할지라도 임의성에 의심이 있는 경우에는 제309조에 의하여 증거능력이 배제된다고 해야 한다. 자백배제법칙은 위법수집증거배제법칙의 특칙에 불과하므로 임의성에 의심이 있는 경우에는 자백인 이상 자백배제법칙에 의하여 증거능력이 부정되는 것이다. 이러한 의미에서 진술거부권을 고지하지 않고 획득한 자백의 증거능력은 자백배제법칙에 의하여「기타의 방법으로 임의성에 의심이 있는 자백」에 해당하기 때문에 증거능력이 부정된다고 해야 한다. 대상판결들은 이러한 관점에서 타당하다고 할 수 없다.

13. 사법경찰관 수사과정의 고문과 검사 작성 피의자신문조서의 임의성

[대상판결]

대법원 1981. 10. 13. 81도2160

1. 사건의 개요

피고인들은 각 대일 활선어 수출선인 제 2 거문호의 선장 및 선원인 자로서

(1) 1978. 8. 22. 제 2 거문호로 목포항을 출발하여 그 달 24일 일본 시모노세끼 항에서 금괴를 적재하고 그 해 9. 13. 목포항에 입항 양륙시켜 밀수입함으로써 관세 7,333,464원을 포탈하고,

(2) 1979. 9. 20. 제 2 거문호로 목포항을 출발하여 그 달 23. 일본 시모노세끼 항에서 미리 내통된 재일교포 甲에게 물품대금을 미리 지급한 후 시모노세끼 서남방 약 40마일 대마도근해 해상에서 일본산 녹용 9관 등을 인수하여 그 달 25. 그 중 일부를 피고인 乙이 대기시킨 어선에 분선하고 목포항에 입항 양륙시켜 밀수입함으로써 관세 12,929,849원(피고인 乙은 이 중 8,052,655원)을 포탈하였다.

2. 소송의 경과

피고인들은 공소사실에 대하여 사법경찰관 및 검사 앞에서 자백하였으나, 제 1 심 이래 범행을 부인하였고, 원심에서는 1심 판결이 임의성 없는 검찰에서의 자백을 토대로 유죄로 인정한 것은 채증법칙에 위반하였다고 주장하였다. 원심에서는 기록을 살펴보면 1심의 증거조사 내용을 기재한 증거목록에 피고인들이 모두 검사 작성의 피의자신문조서에 관하여 그 임의성을 인정한 것으로 기재되어 있고, 기록상 피고인들의 검찰에서의 자백이 임의로 진술한 것이 아니라고 의심할 만한 이유를 찾아볼 수 없다고 판시하였다. 다만, 원심은 피고인들이 검사 이전의 수사기관의 조사과정에서 고문 등으로 임의성 없는 진술을 하고 그 후 검사의 조사단

계에 이르러서도 임의성 없는 심리상태가 계속되어 동일한 내용의 진술을 하였다면 비록 검사 앞에서 조사받을 당시는 고문 등 자백을 강요당한 바가 없었다고 하여도 검사 앞에서의 자백은 결국 임의성 없는 진술이 될 수밖에 없으니, 피고인들이 검사 이전의 수사기관에서의 고문으로 임의성이 없는 자백을 하였음을 주장하면서 검사 앞에서의 동일한 내용의 자백을 부인하고 있다면 이는 결국 검사 작성의 피의자신문조서의 임의성을 부인하는 취지라고 보아야 할 것이므로, 원심으로서는 위 피고인들의 검찰에서의 자백이 과연 임의로 된 것인지를 조사 확정하여야 할 것임에도 불구하고 이러한 조치를 취함이 없이 증거능력을 인정하였음은 임의성에 관한 법리를 오해하여 증거능력의 판단을 그르친 것이라고 아니할 수 없다고 판시하고 원심판결을 파기하고 이를 원심에 환송하였다.

3. 판결이유

대법원은 원심판결을 파기하면서, 「피고인이 검사 이전의 수사기관의 조사과정에서 고문 등으로 임의성 없는 진술을 하고, 그 후 검사의 조사단계에서도 임의성 없는 심리상태가 계속되어 동일한 내용의 진술을 하였다면 비록 검사 앞에서 조사받을 당시는 고문 등 자백 강요를 당한 바가 없었다고 하여도 검사 앞에서의 자백은 결국 임의성 없는 진술이 될 수밖에 없으니, 피고인이 검사 이전의 수사기관에서 고문으로 임의성 없는 자백을 하였음을 주장하면서 검사 앞에서의 동일한 내용의 자백을 부인하고 있다면, 이는 결국 검사 작성의 피의자신문조서의 임의성을 부인하는 취지라고 보아야 한다」고 판시하였다.

[판례의 연구]

Ⅰ. 문제의 제기

이 판결에서 대법원은 첫째, 피고인이 검사 이전의 수사과정에서 고문 등으로 임의성 없는 진술을 하고 검사의 조사과정에서도 임의성 없는 심리상태가 계속되어 동일한 내용의 진술을 한 때에는 검사 앞에서의 진술도 임의성 없는 진술이 될 수밖에 없고, 둘째 피고인이 검사 작성의 피의자신문조서의 진술의 임의성을 인정한 경우에도 검사 이전의 수사기관에서 임의성 없는 자백을 하였음을 주장하면서 검사 앞에서의 자백을 부인하고 있다면 검사 작성의 피의자신문조서의 임의성을 부인하는 취지라고 보아야 한다고 판시하였다. 이 판결은 대법원이 사법경찰관의 자백강요가 검사에 대한 자백에 미치는 영향에 관하여 그 입장을 밝힌 판결이라고 할 수 있다.

형사소송법 제309조는 「피고인의 자백이 고문 · 폭행 · 협박 · 구속의 부당한 장기화 또는 기망 기타의 방법으로 임의로 진술한 것이 아니라고 의심할 만한 이유가 있는 때에는 이를 유죄의 증거로 하지 못한다」고 규정하여 임의성에 의심이 되는 자백의 증거능력을 부정하는 자백배제법칙을 규정하고 있다. 경찰에서의 자백에 의하여 피고인이 자백한 경우에 경찰에서의 피고인의 자백이 배제되는 것은 당연하다. 그러나 경찰에서의 고문에 의한 자백이 검찰에서의 자백에 미치는 영향은 자백배제법칙의 이론적 근거와 고문 등 위법절차와 자백 사이에 인과관계가 필요한가를 검토해야 밝혀질 문제이다. 자백배제법칙이 이론적 근거에 관하여 위법배제설이 타당하다고 보는 입장에서는 이 판결이 위법배제설과 일치할 것을 요구하는 것은 물론이다. 그러나 이 판결에서 대법원이 자백배제법칙의 이론적 근거로 어떤 견해를 채택했는가에 관하여 명백한 태도를 밝힌 바 없다. 오히려 이 판결에서 대법원은 자백의 임의성을 자백배제법칙의 판단기준으로 삼고 있다는 점에서 전통적인 허위배제설이나 절충설의 입장에 서 있다고 볼 수 있다. 허위배제설의 입장이라고 해석하는 근거는 이 판결에 이르기까지 대법원이 자백의 진실성을 임의성판단의 기준으로 삼고 있었다는 점에 있다.[1] 한편 절충설의 입장이라고 볼 때에는 이 사건의 자백이 제309조 전단의 자백이라는 점에서 진술의 자유를 문제삼는 인권옹호설의 입장과 일치한다고 볼 수 있다.

Ⅱ. 자백배제법칙의 이론적 근거

1. 학설과 판례의 태도

자백의 증거능력에 관한 법적 규제는 영미의 자백배제법칙에서 유래한다. 원래 영미에서의 자백배제법칙은 임의성 없는 자백의 증거능력을 배제하는 원

---

1) 대법원 1968. 5. 7. 68도379; 대법원 1977. 4. 26. 77도210.

칙이었으며, 여기서는 임의성(voluntariness)이 증거배제의 기준이 되고 있었다. 그리고 임의성 없는 자백이 배제되는 전통적 근거는 자백의 진실성과 신뢰성의 결여에 있다고 보았다. Wigmore가 자백이 배제되는 것은 자백취득과정의 위법성이나 자기부죄금지의 특권과 관련된 것이 아니라고 한 것은 이러한 의미라고 할 수 있다.[1] 여기서 자백배제법칙의 이론적 근거에 관한 학설로는 허위배제설과 인권옹호설 및 절충설과 위법배제설이 대립되고 있다.

(1) 허위배제설

임의성 없는 자백에는 허위가 숨어들 위험성이 크고 진실의 발견을 저해하기 때문에 증거능력이 배제된다는 견해이다. 영미의 common law에서 임의성 없는 자백의 증거능력을 부정한 전통적인 근거이다.[2] 이에 의하면 임의성 없는 자백이란 허위의 진술을 할 염려가 있는 상황에서 행하여진 자백을 의미한다.[3] 그러나 허위배제설에 의하면 ① 자백의 임의성이 자백의 진실성에 의하여 좌우되는 결과 자백의 증거능력과 증명력을 혼동하는 결과가 되고, ② 임의성 없는 자백의 진실성이 증명되거나, 다른 증거에 의하여 자백의 진실성이 확인된 때에는 강제나 고문에 의한 자백이라 할지라도 배제해야 할 이유를 설명할 수 없다는 비난을 면할 수 없다. 다시 말하면 허위배제설은 허위의 자백에 대한 규제책은 될 수 있어도 고문에 의하여 획득한 진실한 자백의 증거능력을 배제하지 못한다는 비난을 면할 수 없게 된다.

(2) 인권옹호설

자백배제법칙을 묵비권 보장의 증거법적 측면으로 파악하여 그 이론적 근거를 피고인의 인권보호에 있다고 이해한 이론이다. 허위배제설과의 결별을 선언한 미국의 판례에 의하여 주장되어, 독일 형사소송법 제136조의 a의 금지

---

1) Israel/Kamisar/LaFave *Criminal Procedure and Constitution* 1993, p. 257.

2) LaFave/Israel/King p. 315; McCormick p. 216.

3) 대법원이 종래 「피고인의 자백은 진실에 부합하는 임의성 있는 진술인 심증을 파악함에 족하고」(대법원 1959. 10. 31. 4292형상257), 「피고인의 자술서나 피고인에 대한 피의자신문조서의 기재가 능히 그 진실성을 담보하고 있다고는 볼 수 없으므로 임의성이 없고」(대법원 1968. 5. 7. 68도379), 「피고인의 자백진술이 객관적으로 합리성이 결여되고 범행현장과 객관적 상황의 중요부분이 부합되지 않는 등의 특별사정이 있는 경우 다소의 폭행 또는 기타의 방법으로 자백을 강요하여 임의로 진술한 것이 아니라고 의심할 사유가 있다」고 판시한 것은(대법원 1977. 4. 26. 77도210) 모두 허위배제설의 입장이라고 할 수 있다.

된 신문방법(verbotene Vernehmungsmethoden) 내지 증거금지에 관한 규정도 인권옹호설의 입장과 일치한다. 이에 의하면 임의성 없는 자백은 진술의 자유, 즉 의사결정의 자유와 의사활동의 자유가 없기 때문에 배제되어야 한다고 해석한다.[1] 그러나 인권옹호설에 대하여도 ① 자백배제법칙을 묵비권의 보장과 동일시하는 것은 타당하다고 할 수 없고, ② 약속이나 기망에 의한 자백은 진술의 자유 내지 묵비권의 침해라는 이유로 설명할 수 없다는 비판을 받게 되었다.

(3) 절 충 설

자백배제법칙의 이론적 근거를 허위배제설과 인권옹호설의 결합에 의하여 찾으려고 하는 견해이다. 즉, 임의성 없는 자백은 허위일 위험성이 많을 뿐 아니라 자백강요의 방지라는 인권옹호를 위해서도 증거능력이 배제된다는 것이다. 이에 의하면 임의성 없는 자백이란 허위의 진술을 할 염려 있는 상황에서 행하여진 자백 또는 위법·부당한 압박하에서 행하여진 자백을 의미하는 것이 된다. 허위배제설과 인권옹호설의 결합에 관하여는 제309조 전단의 고문·폭행·협박·신체구속의 부당한 장기화에 의한 자백은 인권침해에 의한 자백을 규정한 것이고, 기망 기타의 방법에 의한 자백은 허위배제설에 입각한 것이라고 한다. 우리나라의 다수설의 입장이며,[2] 대법원도 임의성 없는 자백의 증거능력을 부정하는 이유가 「오판의 소지와 기본적 인권의 침해를 막기 위한 것이다」라고 판시하여 절충설의 입장을 명백히 하고 있다.[3] 그러나 절충설에 의하는 경우에도 ① 허위배제설과 인권옹호설을 제309조 전단과 후단으로 분리하여 적용하는 것은 자백배제법칙을 두 개의 별도의 제도로 분리한 것이고, ② 임의성의 유무가 전체상황을 고려하여 주관적 기준으로 판단하지 않을 수 없다는 비판을 받고 있다.

(4) 위법배제설

자백배제법칙을 자백취득과정에 있어서의 적정절차의 보장을 확보하기 위하여 due process에 위반하여 위법하게 취득된 자백을 금지하는 실천적인 증거법상의 원칙으로 파악하여, 자백배제법칙은 자백취득과정의 위법성으로 인

---

1) KK(Diemer) §136 a, Rn. 8; SK(Rogal) Rn. 4; Lutz Meyer-Goßner §136 a Rn. 5.
2) 김기두 134면; 백형구 442면; 서일교 176면; 신동운 1172면; 신양균 694면; 정영석 147면.
3) 대법원 1998. 4. 10. 97도3234; 대법원 1999. 1. 29. 98도3584; 대법원 2000. 1. 21. 99도4940.

하여 위법수집증거배제법칙에 의하여 증거능력이 부정된다고 해석하는 견해이다. 따라서 위법배제설에 의하면 자백배제법칙은 임의성의 원칙에서 탈피하여 임의성의 판단을 요하지 않고 위법수집증거이기 때문에 배제되는 것이 된다.[1] 위법배제설은 ① 사백배제법칙에 의하여 배제할 수있는 자백의 범위를 확대할 뿐만 아니라, ② 증거능력의 표준을 객관화하여 명백히 하고자 하는 이론이라고 할 수 있다.

2. 검 토

허위배제설과 인권옹호설 및 절충설에 의할 때 자백배제법칙의 기준은 임의성이 되지 않을 수 없으며, 임의성의 유무는 전체상황(totality of the circumstance)을 고려하여 판단하지 않으면 안 된다. 그러나 임의성은 배제해야 할 자백의 기준이 되는 것이 아니라 경찰이 허용되지 않는 신문방법을 사용하였다는 결론에 지나지 않으며, 임의성이라는 용어도 부정확하다는 비판이 제기된다.[2] 전체상황에 의한 판단도 경찰이 고문과 같은 육체적 강제를 사용한 경우 이외에는 어떤 사실이나 정황도 임의성을 판단할 자료가 되지 못한다.[3] 특히 영미 증거법에 있어서 자백배제법칙은 1964년 이래 전통적인 임의성의 법칙에서 이탈하여 임의성이 인정되는 경우에도 위법한 방법에 의하여 수집한 자백은 배제되어야 한다는 의미로 발전하게 되었다. 여기에 결정적인 영향을 미친 사건이 1964년의 Escobedo v. Illinois 사건과 1966년의 Miranda v. Arizona 사건의 판결이었다. Escobedo 사건에서 법원은 피고인이 살인사건 혐의로 체포되어 경찰서에서 수 시간 동안 신문을 받으면서 변호인과의 접견을 요구하였으나 거절당한 채 자백한 경우에 변호권(right to counsel)을 침해하고 받은 자백은 허용될 수 없다고 판시하였다.[4] 이에 따라 변호권을 침해하고 받은 자백은 임의성 있는 자백이라 할지라도 증거능력을 인정할 수 없게 되었다. 자백의 증거능력을 판단하는 획기적이고 명확한 기준을 제시하여 피의자신문에 있어서

1) 배종대/이상돈/정승환/이주원 596면; 손동권 524면; 이은모 591면; 이재상 554면; 임동규 447면; 정영석/이형국 336면; 정웅석 821면; 차용석/최용성 517면.
2) Israel/Kamisar/LaFave op. cit., p. 217; del Carmen p. 320.
3) John N. Ferdico *Criminal Procedure* 4th. edition, p. 297.
4) Escobedo v. Illinois, 378 U.S. 748(1964).

끼어들기 쉬운 강제를 일소하기 위한 적절한 대책을 강구하지 않은 자백을 배제하도록 한 판결이 바로 Miranda 판결이다. 이 사건에서 미국의 최고법원은 경찰에서의 구금상태에서 받은 자백은 수사기관이 피의자에게 진술거부권이 있다는 사실과 변호인의 도움을 받을 수 있다는 사실을 고지하지 않았을 때에는 증거로 사용할 수 없다고 판시하였다. 진술거부권을 고지하지 아니한 자백의 증거능력을 부정하였다는 점에서 이 판결은 자백배제법칙과 자기부죄거부의 특권을 용해시켰으며,[1] 이들 판결에 의하여 자백배제법칙은 임의성 없는 자백의 증거능력을 부정하는 것을 넘어 임의성과의 관련을 떠나 위법한 방법으로 획득한 자백의 증거능력을 부정하는 의미를 갖게 되었다.

1960년대 이후 영미의 자백법칙의 전개과정에 부응하여 자백배제법칙을 자백취득과정에 있어서의 적정절차의 보장을 확보하기 위하여 위법하게 취득된 자백을 금지하는 실천적 증거원칙으로 판단하는 견해가 위법배제설이며, 이에 의하여 자백배제법칙의 판단기준이 객관화될 수 있고, 자백배제법칙의 적용범위가 적절히 확대될 수 있게 되었다. 대법원도 이미 변호인과의 접견이 부당하게 제한된 상태에서 작성된 검사 작성의 피의자신문조서와[2] 진술거부권을 고지하지 않은 피의자의 자백은 증거능력이 없다고 판시한 바 있다. 이러한 자백과 형사소송법 제309조의 자백을 구별해야 할 이유가 없다는 점에서 자백배제법칙의 이론적 근거는 위법배제설에 따라 이해하는 것이 타당하다고 생각된다.

Ⅲ. 사법경찰관의 고문과 검찰자백의 증거능력

1. 고문 등 선행 위법절차와 자백의 인과관계

사법경찰관 앞에서의 고문이 검찰에서의 자백의 증거능력에 어떤 영향을 미치는가는 고문 등의 선행 위법절차와 자백 사이에 인과관계가 있어야 하는가에 따라 결론을 달리하게 된다. 고문·폭행·협박 또는 신체구속의 부당한 장기화와 임의성 없는 자백 사이의 인과관계에 관하여는 적극설과 소극설이

1) Israel/Kamisar/LaFave p. 283.
2) 대법원 1990. 8. 24. 90도1285.

대립되고 있다. 소극설은 고문・폭행 등의 위법행위는 절대로 방지되어야 하며, 인과관계의 입증이 곤란하고 자백의 임의성은 의심되기만 하면 증거능력이 부정된다는 점을 근거로 인과관계를 필요로 하지 않는다고 해석한다.[1] 이에 의하면 경찰에서의 고문이 있으면 검찰에서의 자백도 증거능력을 부정하지 않을 수 없게 된다. 이에 반하여 적극설은 자백과 임의성에 영향을 미치는 사실 사이에 인과관계가 있어야 자백배제법칙이 적용될 수 있다고 해석한다.[2] 생각건대 허위배제설에 의하면 고문 등의 사유와 허위자백 사이에 인과관계가 있어야 하고, 인권옹호설에 의할 때에는 고문 등과 진술의 자유를 침해한 자백 사이의 인과관계를 요한다고 해석하는 것이 당연하다. 인권옹호설을 취한 것으로 해석되는 독일 형사소송법의 증거금지에 있어서도 금지된 증거방법의 사용과 진술 사이에 인과관계가 있어야 하며, 이러한 인과관계는 금지된 신문방법이 의사의 자유를 침해하고 이러한 의사의 자유의 침해가 진술의 원인이 될 것을 요한다는 점에서 이중의 인과관계를 요한다고 한다.[3] 이에 반하여 위법배제설에 의하는 경우에는 인과관계를 요하지 않는다고 해석하는 견해도 있다.[4] 위법배제설을 철저히 하면 고문・강제・협박 등에 의한 자백의 경우에는 강제 등이 없으면 자백이 없었다는 인과관계는 필요하지 않고 강제 등과 자백 사이에 전후관계가 있으면 족하며, 신체구속의 부당한 장기화에 의한 자백에 있어서도 인과관계의 문제는 부당한 장기화의 문제에 포섭되어 별도로 음미할 필요가 없기 때문이라고 한다. 그러나 위법배제설에 의하는 경우에도 자백배제법칙이 적용되기 위하여 선행 위법절차와 자백 사이에 인과관계가 있어야 하는 것은 허위배제설이나 인권옹호설의 경우와 차이가 없다고 해야 한다. 다만, 위법배제설은 임의성 없는 자백을 요건으로 하는 것이 아니므로 고문 등의 위법절차와 자백 사이의 인과관계가 있으면 족하고 위법절차와 임의성 없는 자백 사이의 인과관계를 요하는 것은 아닌 점에 차이가 있을 뿐이다. 임의성 없는 자백의 증거능력을 부정하고 있는 대법원도 이 판결 이후에 「피고인의

1) 배종대/이상돈/정승환/이주원 605면; 백형구 446면; 서일교 177면; 손동권 529면; 이은모 598면; 임동규 453면; 정영석/이형국 340면; 정웅석 828면.

2) 김기두 135면; 신동운 1179면; 신양균 699면; 정영석 199면.

3) KK(Diener) Rn. 38; Lutz Meyer/Goßner § 136 a Rn. 38; Pfeiffer Rn. 13; SK(Rogall) Rn. 84.

4) 신동운 1178면.

자백에 임의성이 없다고 의심할 만한 사유가 있는 때에 해당한다 할지라도 그 임의성이 없다고 의심하게 된 사유들과 피고인의 자백 사이에 인과관계가 존재하지 않는 것이 명백한 때에는 그 자백은 임의성이 있는 것으로 인정된다」고 판시하여, 고문 등의 사유와 임의성 없는 자백 사이에 인과관계를 필요로 한다고 판시하였다.[1] 결국, 고문 등의 위법사유와 자백 사이에 인과관계가 있어야 하는 것이 명백한 이상, 경찰에서 고문 등이 있었던 경우에 검찰에서의 자백의 증거능력에 어떤 영향을 미칠 것인가의 문제도 이러한 관점에서 해결되어야 할 것이다.

2. 경찰에서의 고문과 검사 앞에서의 자백의 증거능력

대상판결에서 대법원은 검사 이전의 수사기관의 조사과정에서 고문으로 인하여 임의성 없는 진술을 하고 검사의 조사단계에서도 임의성 없는 심리상태가 계속되어 동일한 내용의 진술을 한 때에는 검사 앞에서의 진술도 임의성 없는 진술이 될 수밖에 없다고 판시하였다. 대법원의 이러한 태도는 자백배제법칙에 관한 절충설이 근거하고 있는 인권옹호설을 취하면서, 위법수사와 임의성 없는 진술 사이의 인과관계를 요구하는 견해와 가장 잘 조화될 수 있다고 생각된다. 독일 형사소송법의 해석에 있어서도 「위법절차와 진술 사이의 인과관계는 스스로 금지된 신문방법을 사용하지 아니한 경우에도 다른 수사기관의 금지위반이 피고인의 의사의 자유를 계속 침해하고 있는 때에는 인정된다」고 해석하고 있으며, 이를 증거금지의 계속효(Fortwirkung)라고 한다.[2] 다만, 위법한 신문이라고 할지라도 반복된 적법한 신문시에 피고인에게 진술거부권이 고지되고 진술의 자유가 보장된 때에는 증거로 사용할 수 있는 것이 당연하다.[3] 대상판결이 임의성 없는 심리상태가 계속될 것을 조건으로 검사 앞에서의 진술의 임의성을 부정한 것은 독일 형사소송법학에서의 계속효의 문제와 일치한다고 볼 수 있다. 문제는 경찰에서의 고문을 이유로 임의성 없는 심리상태에서 한 검사 앞에서의 자백의 증거능력을 배제하는 것이 위법배제설의 입장과 일치할 수 있겠는가에 있다. 그러나 위법배제설도 자백배제법칙이 적용되기 위

1) 대법원 1984. 11. 27. 84도2252; 대법원 1985. 2. 8. 84도2630.
2) KK(Diener) Rn. 42; Lutz Meyer/Goßner § 136 a Rn. 42; Pfeiffer Rn. 13; SK(Rogall) Rn. 84.
3) KK(Diener) Rn. 41; Lutz Meyer/Goßner § 136 a Rn. 30; SK(Rogall) Rn. 86.

해서는 수사절차의 위법과 자백 사이의 인과관계가 있음을 요구하고, 이러한 인과관계는 반드시 같은 수사기관에 대해서만 인정되는 것은 아니므로 경찰에서의 고문으로 인하여 자백한 것이라고 볼 수 있는 때에는 증거능력을 부정하지 않을 수 없게 된다는 점에서 대상판결의 내용은 위법배제설의 태도와 조화될 수 있다고 해야 한다. 한편 고문 등의 위법절차와 임의성 없는 자백 사이의 인과관계를 요하지 않는다는 입장에서 검찰수사는 경찰수사의 연장이며, 검찰자백은 경찰자백의 결과적 산물이라는 이유로 검사에 대한 자백의 증거능력을 부정해야 한다고 해석하는 견해도 있다.[1] 이에 의하면 경찰관의 고문에 의하여 자백을 한 피의자가 검사에게 동일한 자백을 한 때에는 무조건 증거능력을 부정하지 않을 수 없게 된다. 그러나 위법한 수사절차가 있었다는 이유로 수사기관의 모든 자백에 대하여 계속효를 인정하는 것은 다당하나고 할 수 없다. 임의성 있는 심리상태에서 자유의사에 의하여 행한 자백에 대하여는 증거능력을 인정해야 한다는 점에서, 위법절차의 계속효는 인과관계 또는 임의성 없는 심리상태를 통하여 제한하는 것이 타당하다고 생각된다.

3. 일본과 독일판례의 태도

대상판결의 판시사항은 자백배제법칙에 관한 절충설 또는 위법배제설의 입장과 조화될 뿐만 아니라 일본과 독일판례의 태도와도 일치한다. 여기서 대상판결과 같은 취지라고 볼 수 있는 외국의 판례를 검토해 보기로 한다.

(1) 일본의 판례

1) 일본 최고재판소 1952. 3. 7.(刑集 6-3, 387) 「검사에 대한 피고인의 자백이 그 전날 경찰에서 형사의 신문시에 장시간에 걸친 육체적인 고통을 수반하는 신문의 결과로 한 자백을 반복한 것이 아닌가라는 의문이 기록상 농후하므로 경찰에서의 육체적 고통과 검사에 대한 자백과의 사이에 인과관계가 있는가에 대하여 심리하여야 할 것임에도 불구하고 이 판결을 사실인정의 증거로 한 것은 심리미진의 위법이 있다.」

2) 일본 최고재판소 1957. 7. 19.(刑集 11-7, 1882) 「피고인 甲, 乙의 경찰

1) 백형구 강의 627면.

관에 대한 자백이 강요에 의한 것으로서 그 임의성이 인정되지 않는 경우, 이 사실만으로 그 후에 있었던 두 사람의 검사 및 예심판사에 대한 자백까지 당연히 임의성을 잃는다고 단정할 수는 없다. 그러나 피고인의 경찰에서 영장에 의하지 않고 억류되어 그 사이에 자백을 강요받은 본건에 있어서 그 후에 적법한 구류가 행하여져 자백강요의 사실이 존재하지 않는다 할지라도 그 직전까지 계속된 경찰의 불법유치가 그 사이의 자백강요로부터 아무런 영향을 받지 아니한 임의의 자백이라고 단정할 수는 없다.」

(2) 독일의 판례

1) BGHSt. 17, 364(1962. 7. 13. 제 4 형사부 판결) 피고인이 자신의 아들을 살해한 사건에서, 수사 중 경찰관이 피고인이 부인할 때에는 아들의 시체 앞으로 데려가겠다고 위협하여 자백을 받고, 그 다음날 예심판사의 신문에서도 자백한 사안이다. 경찰관의 협박의 내용은 피고인에게 특별히 고통을 가하는 것으로서 의사결정의 자유를 침해함에 족하다고 인정되었다.

법관의 신문에 대한 피고인의 자백을 증거로 할 수 있는가에 관하여 BGH는「피고인의 진술이 이전에 동일한 절차에서 행해진 허용되지 않는 협박의 계속효에 의하여 영향받은 때에는 사용할 수 없다」고 판시하였다. 이 판결에서 BGH는「형사절차에서 피고인은 도덕적으로 책임 있는 독립된 인격체로 취급받아야 한다. 그는 진술을 할 것인가, 또 어떤 진술을 할 것인가를 자유롭게 판단할 수 있어야 한다. 의사결정과 의사활동의 자유가 형사소송법 제136조의 a에 규정된 수단으로 침해되어서는 안 된다. 이러한 고려는 같은 사건의 앞에 있었던 허용되지 않는 학대나 협박에 피고인에 대한 정신적 협박을 계속하는 방법으로 뒤따른 신문에 영향을 미친 경우에도 형사소송법 제136조의 a의 요건이 충족된다는 결론에 이르게 된다. 형사소송법 제136조의 a에 의하여 의사결정과 활동의 자유가 보장되어야 하므로 신문에 있어서 스스로 협박을 가하였는가 또는 선행된 협박의 효력이 계속되었는가는 진술의 평가가능성의 문제에 아무런 차이가 있을 수 없다. 어느 경우든 형사소송법이 보장하려고 한 피고인의 자유는 동일하게 침해된다. 협박의 효력은 일반적으로 그 후의 신문에도 영향을 미쳐서 그 후의 신문시에 피고인의 자유를 침해하거나 배제한다는 것은 생활경험과 일치한다」라고 설시하였다.

2) BGHSt. 22, 129(1968. 4. 30. 제1형사부 결정) 「피고인이 경찰이나 검찰에 의한 이전의 신문시에 적법한 권리를 고지받지 않고 동일한 내용의 자백을 한 경우에도 그 후에 피고인이 경찰 앞에서 적법한 고지를 받고 한 자백은 증거로 사용할 수 있다.」

3) BGHNStZ. 81, 94(1979. 4. 24. 제5형사부 판결) 「수사절차에서 허용되지 않는 약속은 공판절차에서도 이 시점까지 의사결정의 자유가 침해되고 있는 때에는 계속 효력을 가진다고 생각된다. 그러나 이러한 사실이 그대로 인정되는 것은 아니다. 따라서 피고인은 수사절차에서의 허용되지 않는 수사방법이 공판절차에서의 신문시에 영향을 받았는가를 상고이유에서 주장했어야 한다.」

4. 대상판결이 판례형성에 미친 영향

대상판결은 환송 후의 판결에서 피고인들이 검찰에서 강압에 못 이겨 허위로 자백하였다거나 강압이 계속된 상태에서 허위로 자백한 것이라고 인정되지 않는다는 이유로 유죄판결이 선고되었으므로[1] 경찰에서의 고문을 이유로 검찰에서의 자백의 증거능력을 직접 부정한 것은 아니다. 그러나 대상판결은 검사 이전의 수사기관에서 임의성 없는 진술을 하고 검사 앞에서 임의성 없는 심리상태가 계속되어 동일한 내용의 진술을 한 때에는 검사 앞에서의 진술도 임의성 없는 진술이 된다는 점을 처음으로 판시한 점에서 중요한 의미를 가진다고 할 것이며, 이러한 판시사항은 그 후 대법원에 의하여 일관하여 유지되고 있다.[2]

여기서 대법원이 검사 앞에서의 신문에 이르기까지 임의성 없는 심리상태가 유지되었는가의 여부를 판단하는 기준을 살펴볼 필요가 있다. 먼저, 임의성 없는 심리상태가 계속된 것으로 보아야 할 대표적인 경우는 자백을 강요한 수사경찰관이 동행한 상태에서 검사 앞에서 피고인이 자백한 경우이다. 즉,

1) 서울고등법원 1981. 2. 17. 81노2781.

2) 대법원 1982. 2. 23. 81도3324; 대법원 1983. 9. 27. 83도1953; 대법원 1983. 11. 8. 83도2436; 대법원 1984. 5. 15. 84도472; 대법원 1992. 3. 10. 91도1; 대법원 1992. 11. 24. 92도2409.

대법원은 피고인이 검사 앞에서 조사받을 때에는 자백을 강요당한 바가 없었다고 하여도 경찰에서의 자백이 폭행이나 신체구속의 부당한 장기화에 의하여 임의로 진술한 것이 아니라고 의심할 만한 상당한 이유가 있고, 경찰에서 피고인을 조사한 경찰관이 검사 앞에까지 피고인을 데리고 간 상태에서 자백한 경우에는 검사 작성 피고인에 대한 제 1 회 피의자신문조서는 임의성 없는 심리상태에서 진술한 것이라고 판시하였다.[1] 한편 검사의 피의자신문조서가 경찰로부터 사건을 송치받은 당일 작성되었다는 이유만으로는 경찰에서의 임의성 없는 심리상태가 계속되었다고는 할 수 없어도,[2] 검사의 피의자에 대한 제 1 회 피의자신문조서가 경찰이 피의자의 신병과 함께 사건을 검찰에 송치한 그날 작성되었고 자백의 내용도 사법경찰관 작성 의견서 기재 범죄사실을 모두 인정한다는 취지로 기재되어 있는 때에는 경찰에서의 임의성 없는 심리상태가 계속된 상태에서 자백한 것으로 보고 있다.[3] 이에 반하여 피고인이 검찰에서 6회에 걸쳐 신문을 받으면서 공소사실에 대하여 조리정연하고 소상하게 진술하면서 잘못된 진술을 정정하기까지 한 경우에는 수사기관에서의 임의성 없는 심리상태가 검찰 수사과정에 영향을 미쳤다고 볼 수 없다고 판시하였다.[4]

Ⅳ. 임의성의 조사

대상판결은 증거목록에 피고인들이 검사 작성의 피의자신문조서의 진정성립과 임의성을 인정하고 있는 경우에도 피고인이 검사 이전의 수사기관에서 임의성 없는 자백을 하였다고 주장하면서 검사 앞에서의 동일한 내용의 자백을 부인하고 있다면 결국 검사 작성의 피의자신문조서의 임의성을 부인하는 취지로 보아야 하므로 피고인의 검찰진술의 임의성을 조사해야 한다고 판시하였다. 자백의 임의성에 대한 거증책임이 검사에게 있다는 점에는 의문이 없다. 그런데 대법원은 자백의 임의성에 상당하고 합리적인 정도의 의심이 있을 때

1) 대법원 1992. 3. 10. 91도1.
2) 대법원 1984. 5. 29. 84도378.
3) 대법원 1992. 11. 24. 92도2409.
4) 대법원 1983. 11. 8. 83도2436.

에만 검사에게 이에 대한 거증책임이 돌아간다고 해석하고 있다.[1] 피고인이 검찰에서의 자백에 대하여 임의성을 부인하고 있고, 검찰에서의 진술도 경찰에서의 의견서 기재내용과 일치할 때에는 임의성에 의심 있는 경우에 해당하지 않을 수 없다. 따라서 이 경우에 피고인이 제1심에서 검사 작성의 피의자신문조서의 임의성을 인정한 것은 피고인이 검사 앞에서 직접 검사로부터 자백을 강요받은 것은 아니라는 의미에 불과하다고 해야 한다.

대법원이 자백의 임의성에 합리적이고 상당한 정도의 의심이 있는 때에는 그 거증책임이 검사에게 돌아간다고 판시한 것도 타당하다고 할 수 없다. 자백의 임의성에 대한 거증책임은 검사에게 있고, 임의성에 의심이 있는 경우에는 증거능력이 없음에도 불구하고 임의성에 합리적인 의심이 있어야 비로소 검사에게 거증책임이 돌아간다고 하는 것은 임의성의 거증책임이 검사에게 있다는 것을 무의미하게 하기 때문이다. 대법원도 그 후 피고인이 임의성을 다투는 경우에는 검사에게 임의성에 대한 거증책임이 있다는 것을 명백히 하였다.[2]

Ⅴ. 맺는 글

대상판결은 피고인이 검사로부터 직접 고문 등으로 자백을 강요받은 일이 없는 경우에도 검사 작성의 피의자신문조서의 임의성이 부정될 수 있음을 명백히 한 판결로서, 그 후의 대법원의 일관된 판례에 깊이 영향을 미친 점에서 중요한 의미를 가지고 있다고 할 수 있다. 이 판결에서 대법원이 임의성을 자백의 증거능력의 유무를 판단하는 기준으로 삼은 점에서는 자백배제법칙을 전통적·고전적 의미로 이해한 것이라고 보지 않을 수 없다. 그러나 검사 앞에서 자백을 강요당한 일이 없는 경우에는 검사 이전의 수사기관에서의 고문으로 인하여 임의성 없는 심리상태가 계속될 것을 조건으로 검찰 자백의 증거능력을 부정함으로써 고문 등의 위법절차와 자백 사이의 인과관계를 요구하여 배제되는 자백의 범위를 명백히 한 것은 타당한 태도라고 해야 한다. 대상판결이 이러한 태도는 임의성 없는 심리상태라는 표현에 의하여 의사결정과 활동의

1) 대법원 1984. 8. 14. 84도1139.

2) 대법원 1994. 12. 22. 94도2316; 대법원 1998. 4. 10. 97도3234; 대법원 2000. 1. 21. 99도4940.

자유가 침해된 것을 요구한다는 점에서 자백배제법칙의 근거에 대한 절충설 내지 인권옹호설의 태도와 일치하지만, 위법수사와 자백 사이의 인과관계를 요구하는 위법배제설의 입장에 의할 때에는 위법한 수사절차와 자백 사이에 인과관계가 있어야 한다는 결론이 된다. 자백배제법칙의 본질과 이에 대한 독일이나 일본의 판례와 같은 태도를 취한 판결이라고 할 수 있다.

14. 불법한 긴급체포와 철야조사에 의하여 얻은 자백의 증거능력

[대상판결]

(1) 대법원 2002. 6. 11. 2000도5701

1. 사실의 개요

검사는 1999. 11. 29. 피고인 1에게 뇌물을 주었다는 피고인 3 및 관련 참고인들의 진술을 먼저 확보한 다음, 현직 군수인 피고인 1을 소환・조사하기 위하여 검사의 명을 받은 검찰주사보 甲이 1999. 12. 8. 16:40경 경기 광주읍 소재 광주군청 군수실에 도착하였으나 위 피고인 1이 군수실에 없어 도시행정계장인 乙에게 군수의 행방을 확인하였더니, 위 피고인이 검사가 자신을 소환하려 한다는 사실을 미리 알고 자택 옆에 있는 초야농장 농막에서 기다리고 있을 것이니 수사관이 오거든 그 곳으로 오라고 하였다고 하므로, 같은 날 17:30경 甲이 위 乙과 같이 위 초야농장으로 가서 그 곳에서 수사관을 기다리고 있던 위 피고인 1을 긴급체포하고, 그 후 같은 달 11. 구속영장을 발부받을 때까지 위 피고인을 유치하면서 검사가 같은 달 9.과 10.에 이 사건 각 피의자신문조서를 작성하였다. 원심은 피고인 1이 피고인 3으로부터 현금 5,000만 원의 뇌물을 받았다는 이 사건 공소사실에 부합하는 피고인 3의 검찰진술의 신빙성에 대하여, 그 진술은 판시와 같이 여러 사항에 대하여 일관성이 결여되어 있고, 그 진술태도도 이례적이며, 뇌물공여의 명목에 관한 진술도 진실성이 의심되고, 뇌물자금의 출처도 불분명한 점 및 그 진술 당시 피고인 3은 별건의 특정경제범죄 가중처벌 등에 관한 법률위반(사기)등 고소사건으로 구속되어 수사를 받고 있었고 위 검찰진술 이후 그 고소사건 중 사안이 상대적으로 가벼운 사문서위조죄 부분만에 대하여 분리기소되었을 뿐, 공소사실에 대체로 부합하는 피고인 3의 검찰 및 제 1 심법정에서의 진술을 믿지 아니하고, 乙의 검찰에서의 진술과 예금거래실적증명서의 기재만으로는 위 공소사실을 인정하기에 부족하다는 이유로 이 부분 공소사실에 대하여 무죄를 선고하였다.

2. 소송의 경과

제1심 법원은 피고인1에 대한 검찰피의자신문조서는 불법한 긴급체포상태에서 작성된 것이기에 위법수집증거로 증거능력이 배제된다고 판시하였고, 반면 피고인2의 진술의 경우는 그 진술의 임의성과 신빙성을 모두 인정하고, 피고인1의 뇌물수수와 2의 뇌물공여의 점에 대하여 유죄를 선고하였다. 한편 항소법원은 피고인1의 검찰피의자신문조서의 증거능력 배제는 정당하다는 입장을 유지하면서, 피고인2의 진술의 경우는 그 임의성은 인정되지만 신빙성이 없다고 판단하여, 피고인1의 뇌물수수와 2의 뇌물공여의 점에 대하여 무죄를 선고하였다. 대법원은 항소심법원의 입장에 동의하였다.

3. 대법원 판결요지

가. 긴급체포는 영장주의원칙에 대한 예외인 만큼 형사소송법 제200조의 3 제1항의 요건을 모두 갖춘 경우에 한하여 예외적으로 허용되어야 하고, 요건을 갖추지 못한 긴급체포는 법적 근거에 의하지 아니한 영장 없는 체포로서 위법한 체포에 해당하는 것이고, 여기서 긴급체포의 요건을 갖추었는지 여부는 사후에 밝혀진 사정을 기초로 판단하는 것이 아니라 체포 당시의 상황을 기초로 판단하여야 하고, 이에 관한 검사나 사법경찰관 등 수사주체의 판단에는 상당한 재량의 여지가 있다고 할 것이나, 긴급체포 당시의 상황으로 보아서도 그 요건의 충족 여부에 관한 검사나 사법경찰관의 판단이 경험칙에 비추어 현저히 합리성을 잃은 경우에는 그 체포는 위법한 체포라 할 것이고, 이러한 위법은 영장주의에 위배되는 중대한 것이니 그 체포에 의한 유치 중에 작성된 피의자신문조서는 위법하게 수집된 증거로서 특별한 사정이 없는 한 이를 유죄의 증거로 할 수 없다.

나. 뇌물죄에 있어서 수뢰자로 지목된 피고인이 수뢰사실을 시종일관 부인하고 있고 이를 뒷받침할 금융자료 등 물증이 없는 경우에 증뢰자의 진술만으로 유죄를 인정하기 위하여는 증뢰자의 진술이 증거능력이 있어야 함은 물론 합리적인 의심을 배제할 만한 신빙성이 있어야 하고, 신빙성이 있는지 여부를 판단함에 있어서는 그 진술내용 자체의 합리성, 객관적 상당성, 전후의 일관성 등뿐만 아니라 그의 인간됨, 그 진술로 얻게 되는 이해관계 유무, 특히 그에게 어떤 범죄의 혐의가 있고 그 혐의에 대하여 수사가 개시될 가능성이 있거나 수사가 진행중인 경우에는 이를 이용한 협박이나 회유 등의 의심이 있어 그 진술의 증거능력이 부정되는 정도에까지 이르지 않는 경우에도 그로 인한 궁박한 처지에서 벗어나려는 노력이 진

술에 영향을 미칠 수 있는지 여부 등도 아울러 살펴보아야 한다.

(2) 대법원 2002. 10. 8. 2001도3931

1. 사실의 개요

피고인은 1997. 2.경 서울 강남구 논현동 소재 실반주점에서 피고인과 평소 친분이 있는 서울시장이나 부시장에게 청탁하여 삼풍백화점 붕괴사고 이후 주식회사 삼풍건설산업으로부터 재산관리처분 권한을 위임받아 서울시에서 매각입찰을 추진 중에 있던 제주 서귀포시 소재 여미지 식물원을 주식회사 1에서 수의계약으로 매입할 수 있도록 해 달라는 취지의 부탁과 함께 주식회사 2의 사장 공소외 2로부터 주식회사 1의 대표이사 공소외 1이 제공하는 3,000만 원을 교부받아 공무원의 직무에 속한 사항의 알선에 관하여 금품을 수수하였다는 사실로 공소제기되었다.

2. 소송의 경과

검사는 B · C 및 D를 별건으로 구속수사하면서 그들의 진술을 통하여 이 사건을 인지하였다. 그 수사과정에서 강압과 회유에 의한 수사방법이 사용되었다. 검찰은 C로부터 공소사실에 부합하는 진술을 받아내는 과정에서 14일 사이에 11회 소환조사를 벌였으며, 각각의 소환조사는 08:00경 경찰청에 소환되어 다음날 04:00 또는 07:00까지 밤샘 조사 방식으로 계속되었다. C는 법정에서 그 진술내용은 수사관들의 폭행과 폭언을 당한 상태에서 이루어졌고, 그 후유증으로 정신과 치료를 받았다고 진술하였다. D 역시 구속기소된 상태에서 약 10일 사이에 9회 소환조사를 받았으며, 각각의 소환조사는 아침부터 자정을 넘긴 시각까지 계속되었다. D도 법정에서 검사가 자신의 진술은 믿어주지 않고, 또 다른 범죄로 기소하겠다고 하여 진실과 다른 진술을 하였다고 진술하였다. D 또한 별건으로 구속기소된 상태에서 약 38일 간 28회 소환조사를 받으면서 공소사실에 부합하는 진술을 하였다. 피고인 Y는 C와 D 등으로부터 3,000만 원을 받은 사실을 인정하면서, 그 돈은 검사 주장과 같은 청탁의 명목으로 돈을 받은 것이 아니고, 종전부터 자신을 후원하던 C와 D 등으로부터 대통령후보 경선후원금으로 받은 것이라고 주장하였다. 원심은 B · C · D의 검찰진술의 증거능력을 모두 긍정하여 공소사실을 유죄로 인정하였다. 피고인은 원심의 증거능력 및 신빙성에 대한 법리오해의 위법이 있다는 이유로 상고하였다.

3. 대법원 판결요지

가. 임의성 없는 진술의 증거능력을 부정하는 취지는, 허위진술을 유발 또는 강요할 위험성이 있는 상태하에서 행하여진 진술은 그 자체가 실체적 진실에 부합하지 아니하여 오판을 일으킬 소지가 있을 뿐만 아니라 그 진위 여부를 떠나서 진술자의 기본적 인권을 침해하는 위법 부당한 압박이 가하여지는 것을 사전에 막기 위한 것이므로, 그 임의성에 다툼이 있을 때에는 그 임의성을 의심할 만한 합리적이고 구체적인 사실을 피고인이 입증할 것이 아니고 검사가 그 임의성의 의문점을 해소하는 입증을 하여야 한다.

나. 공소외 1, 공소외 2와 공소외 4는 모두 별건으로 구속되어 있는 상태였는데다가 소환의 횟수와 빈도, 조사시간 등으로 보아 과도한 육체적 피로, 수면 부족, 심리적 압박감 속에서 진술을 한 것으로 보여지고, 공소외 2와 공소외 4가 제 1 심 법정에서 위에서 본 바와 같은 수사과정의 물리적 · 정신적 강압상태를 진술하고 있는 사정에 비추어 보면, 검사가 작성한 공소외 2와 공소외 1에 대한 각 진술조서와 공소외 4에 대한 제 3 회 진술조서는 모두 그 임의성을 의심할 만한 사정이 있다고 할 것인데 검사가 그 임의성의 의문점을 해소하는 입증을 하지 못하였으므로 증거능력이 없다.

다. 공소외 4에 대한 제 3 회 진술조서는 보석으로 석방된 다음날인 1998. 8. 15. 오전 8시경 검찰청에 소환되어 작성된 것으로서 구속되어 조사 받던 당시의 육체적 피로, 수면 부족, 심리적 압박감 및 물리적 · 정신적 강압상태가 계속된 상태에서 작성된 것으로 의심되고 위 진술조서가 보석으로 석방된 다음 날 작성된 것이라는 사정만으로는 위 진술조서 작성시의 임의성에 대한 의문점이 해소되었다고 볼 수 없으므로 증거능력이 없다고 할 것이고, 공소외 2의 제 5 회 진술조서는 공소외 2가 보석으로 석방된 후 작성된 것이지만 구속 수사 중의 심리적 강압상태가 상당기간 유지되었을 것으로 보이고 더욱이 공소외 2가 구속 수사 중의 정신적 압박감의 후유증으로 정신과 치료를 받던 중에 작성된 것이어서 위 진술조서 작성시의 임의성에 대한 의문점이 해소되었다고 볼 수 없으므로 이 진술조서 역시 증거능력이 없다고 할 것이다.

(3) 대법원 1998. 4. 10. 97도3234

1. 사실의 개요

피고인은 강화군청 계장으로 근무하면서 부하직원인 A로부터 동인이 공사업자들로부터 받은 금원 중 1,000만 원을 근무 · 감독의 편의를 제공하여 주는 대가로 교부받은 혐의로 기소되어 1심과 2심에서 모두 유죄를 선고받았다.

피고인은 검찰에 구인되어 조사받는 과정에서 부하직원인 A로부터 뇌물을 상납받은 사실이 없다고 극구 결백을 주장하였음에도 위 A가 이미 자백하였다면서 그 외의 대질신문도 거절당한 채 이틀 동안 자백을 강요하는 신문을 계속 당하였고, 조사가 진행되는 동안 밤에는 인대로 눈을 가린 채로 철제 의자에 앉히고 잠을 재우지 아니하는 바람에 불안한 상태가 계속된 나머지 자포자기의 심정이 되어 어쩔 수 없이 묻는 대로 고개만 끄떡이거나 범행을 시인하는 진술을 한 결과 뇌물수수의 각 범행을 허위로 자백하는 결과가 되었다고 주장하며 상고하였다.

2. 대법원 판결요지

피고인들이 검찰에서 이 사건 범행을 자백한 경위, 그 구체적 내용 및 자백 후의 정황 등을 기록에 의하여 살펴보면, 피고인들은 1997. 3. 29. 11:00 각 긴급체포되어 체포 당일에는 공무원으로서의 근무경력을 기재한 진술서만을 작성하였고 그 다음날에는 피고인들은 자신들의 평소 업무내용 및 포장공사와의 관계 및 내역 등 간단한 진술서만을 작성하였을 뿐이며, 체포된 지 이틀 후인 같은 달 31.에 이르러서야 비로소 뇌물수수의 범행을 자백하는 내용이 들어 있는 진술조서 또는 피의자신문조서가 작성되기 시작한 점, 그런데 피고인 1에 대한 피의자신문조서의 경우, 거기에 기재된 근무경력이 위 1997. 3. 29.자 진술서나 공무원인사기록카드에 기재된 내용과 다를 뿐만 아니라 당초에 금품수수 사실을 부인한 이유가 강화군청과 자신에게 불명예를 안겨주기 싫었기 때문이라고 진술한 반면, 금품을 교부받은 일시와 관련업체, 횟수 및 금액이 원심에서 유죄로 인정한 위 범죄사실과 상당한 차이가 있고, 그 후에도 같은 해 4. 1. 및 같은 달 15. 제 2 회 및 제 3 회 각 피의자신문조서가 작성되었으나 근무경력이나 뇌물수수의 일시 및 금액 등에 관한 종전의 진술이 전혀 정정되지 아니한 점, 특히 뇌물수수의 동기에 관하여 피고인 1은 시공업체로서는 위 원심 공동피고인이 피고인 1의 계에 소속하여 있음에도 준공검사관이 되어 자리를 비우게 되면 본연의 업무가 그 만큼 지연되는 데에 대한 일종의 보상차원에서 금품을 제공하고 위 원심 공동피고인으로서는 업무지연에 대한 미안한 마음과 근무감독권을 가진 자신에게 잘 봐달라는 취지에서 이를 교부하는 것이라고 진술한 점, 피고인들은 제 1 회 공판기일부터 그 공소사실을 전부 부인함과 아울러 증거조사시에 위 각 피의자신문조서의 임의성을 부인하였을 뿐더러 한결같이 조사과정에서 벽을 마주한 채 철제의자에 앉히고 야간에도 전혀 잠을 자지 못하게 하는 등 계속하여 자백을 강요하는 강압적 수사를 받았다고 진술한 점을 엿볼 수 있다.

그런데 임의성 없는 자백의 증거능력을 부정하는 취지가 허위진술을 유발 또는 강요할 위험성이 있는 상태하에서 행하여진 자백은 그 자체로 실체적 진실에 부합하지 아니하여 오판의 소지가 있을 뿐만 아니라 그 진위 여부를 떠나서 자백을 얻기 위하여 피의자의 기본적 인권을 침해하는 위법부당한 압박이 가하여지는 것을 사전에 막기 위한 것이므로 그 임의성에 다툼이 있을 때에는 그 임의성을 의심할 만한 합리적이고, 구체적인 사실을 피고인이 입증할 것이 아니고 검사가 그 임의성의 의문점을 해소하는 입증을 하여야 할 것이다. 이 사건에 있어서 피고인들은 체포 후 줄곧 범행을 부인하다가 금품수수의 상대방과 대질신문을 벌였다거나 특별한 증거가 제시되지 아니하였음에도 갑자기 그 동안 지켜온 명예감정을 포기하고 순순히 범행 일체를 자백하였다는 것은 지극히 이례적인 것으로서 선뜻 납득하기 어려운데다가, 그 진술내용도 범행사실은 물론 굳이 허위진술의 필요가 없는 기본적인 사항마저도 부정확한 내용이 포함되어 있고 피고인 1의 경우 준공검사의 결재과정에 관여할 여지가 없는데도 준공검사와 관련하여 부정한 금품이 수수된다는 것은 경험칙상 뇌물을 수수한 동기로 인정하기 미흡한 점, 피고인들은 모두 제 1 회 공판정에서부터 그 범행을 전면 부인한 점 등에 비추어 볼 때, 피고인들의 검찰에서의 자백은 그들 주장대로 잠을 재우지 아니한 채 신문을 계속한 것이 사실이라면 강요와 회유를 거듭한 끝에 받아낸 것일 뿐 임의로 진술한 것이 아니라고 의심할 만한 상당한 이유가 있어, 피고인들이 검찰에서 행한 위 각 자백은 이 사건에서 문제되는 철야조사가 있어 그 때문인지 여부를 심리 · 판단하지 아니하고는 결국 유죄의 증거로 삼을 수 없다고 할 것이고, 이와 달리 위 판시 이유만으로 그 임의성을 인정하여 이를 유죄의 증거로 인정한 원심판단은 잘못이라고 할 것이다.

[판례의 연구]

Ⅰ. 문제의 제기

형사소송법 제309조는 「고문·폭행·협박·신체구속의 부당한 장기화 또는 기망 기타의 방법으로 임의로 진술한 것이 아니라고 의심할 만한 이유가 있는 때에는 이를 유죄의 증거로 하지 못한다」고 규정하고, 제308조의 2에서는 「적법한 절차에 따르지 아니하고 수집한 증거는 증거로 할 수 없다」고 규정하고 있다. 전자를 자백배제법칙, 후자를 위법수집증거배제법칙이라고 한다. 양자는 모두 국가기관의 자백강요를 금지하고, 자백취득과정에서의 위법수사를 억제하기 위한 원칙이라고 할 수 있다. 특히, 불법한 신체구속 내지 철야조사를 통하여 획득한 자백은 위법한 절차에 의하여 수집한 증거이기 때문에 증거능력을 부정해야 한다는 점에 의문이 없다. 먼저 철야조사에 의하여 얻은 자백이 영장주의에 위반하여 수집한 증거이기 때문에 위법수집증거배제법칙에 의하여 증거능력이 배제되는 것은 당연하다. 이에 반하여 불법한 긴급체포에 의하여 획득한 자백이 자백배제법칙에 의하여 증거능력이 부정되는가 또는 임의성은 인정되지만 위법한 절차에 의하여 수집한 증거이기 때문에 위법수집증거배제법칙에 의하여 증거능력이 배제되는가, 또 철야조사에 의하여 얻은 자백이 위법수집증거배제법칙에 의하여 증거능력이 부정되는가 또는 자백배제법칙에 의하여 증거능력을 부정해야 하는가는 의문이다.

Ⅱ. 불법한 긴급체포 중에 작성된 피의자신문조서의 증거능력

1. 긴급체포의 요건

긴급체포란 중대한 죄를 범하였다고 의심할 만한 상당한 이유가 있는 피의자를 수사기관이 법관의 영장을 발부받지 않고 체포하는 것을 말한다. 현행범인의 체포와 함께 체포에 있어서 영장주의의 예외가 인정되는 경우이다. 형사소송법은 피의자의 체포에 있어서도 체포영장에 의한 체포, 즉 통상체포를 원칙으로 하면서도 현행범인의 체포와 긴급체포의 경우에 그 예외를 인정하고 있다.

형사소송법 제200조의 3 제 1 항은 「검사 또는 사법경찰관은 피의자가 사형 · 무기 또는 장기 3년 이상의 징역이나 금고에 해당하는 죄를 범하였다고 의심할 만한 상당한 이유가 있고, 제70조 제 1 항, 제 2 항 및 제 3 호에 해당하는 사유가 있는 경우에 긴급을 요하여 지방법원 판사의 체포영장을 받을 수 없는 때에는 그 사유를 알리고 영장 없이 피의자를 체포할 수 있다」고 규정하여 긴급체포의 요건을 정하고 있다.

긴급체포의 요건은 다음과 같다.

(1) 범죄의 중대성

피의자가 사형 · 무기 또는 장기 3년 이상의 징역이나 금고에 해당하는 죄를 범하였다고 의심할 만한 상당한 이유가 있어야 한다. 긴급체포와 통상체포의 경우의 혐의의 정도에 차이가 있는 것은 아니다. 통상체포에 필요한 범죄의 혐의도 현저한 혐의 또는 객관적 혐의가 필요하기 때문이다.

(2) 체포의 필요성

피의자가 증거를 인멸할 염려가 있거나 도망 또는 도망할 염려가 있어야 한다(동조 제 1 항). 즉 긴급체포를 위해서는 구속사유가 존재할 것을 요한다. 긴급체포의 경우에 체포영장을 받을 것을 요하지 않는 대신 그 요건을 엄격히 한 것이며, 긴급체포의 남용을 막기 위한 규정이다.

(3) 체포의 긴급성

긴급을 요하여 지방법원 판사의 체포영장을 받을 수 없을 것을 요한다. 긴급을 요한다 함은 피의자를 우연히 발견한 경우 등과 같이 체포영장을 받을 여유가 없는 때를 말한다(동조 제 1 항). 이를 위하여는 판사의 체포영장을 받아서는 체포할 수 없거나 체포가 현저히 곤란할 것을 요한다. 반드시 체포영장에 의한 체포가 객관적으로 불가능해야 하는 것이 아니라 검사 또는 사법경찰관의 합리적 판단에 의하여 체포의 목적이 위험하게 된다고 인정되면 족하다. 따라서 체포 당시 범죄혐의가 인정되지 않는 사람을 긴급체포한 경우는 물론, 조사를 받기 위하여 수사기관에 자진 출석한 피의자를 긴급체포한 경우에도 긴

급체포는 위법하다고 해야 한다.[1)]

대상판결 (1)에서 대법원은 「긴급체포의 요건을 갖추었는지 여부는 사후에 밝혀진 사정을 기초로 판단하는 것이 아니라 체포 당시의 상황을 기초로 판단하여야 하고, 긴급체포 당시의 상황으로 보아서도 그 요건의 충족 여부에 관한 검사나 사법경찰관의 판단이 경험칙에 비추어 현저히 합리성을 잃은 경우에는 그 체포는 위법한 체포라 할 것이고, 이러한 위법은 영장주의에 위배되는 중대한 것이니 그 체포에 의한 유치 중에 작성된 피의자신문조서는 위법하게 수집된 증거로서 특별한 사정이 없는 한 이를 유죄의 증거로 할 수 없다」고 판시하였다. 그렇다면 피고인에 대한 이 사건 긴급체포는 긴급체포의 요건을 갖추지 못한 위법한 체포에 해당한다고 해야 한다.

2. 불법한 긴급체포와 증거배제의 근거

불법한 긴급체포는 영장주의에 위배되는 중대한 위법으로 긴급체포된 경우를 말하며, 그 체포 중에 작성된 피의자신문조서의 증거능력이 배제되어야 한다는 점에는 이견이 없다. 문제는 이러한 신체구속의 부당한 장기화, 내지 부당한 구속에 의한 자백의 증거능력이 배제되는 근거가 자백배제법칙에 있는가 또는 위법수집증거배제법칙에 있는가에 있다. 불법한 긴급체포에 의하여 유치중인 자에 대한 피의자신문조서의 증거능력이 배제되는 근거는 자백배제법칙의 이론적 근거에 관하여 위법배제설의 색채가 뚜렷이 나타나는 경우이다. 자백배제법칙에 관한 허위배제설과 인권옹호설 및 절충설에 의할 때, 임의성 없는 자백의 본질은 허위배제와 의사결정의 자유 및 양자의 결합에서 찾아야 한다. 이 경우의 임의성(voluntariness test)은 전체판단의 방법에 의하여 결정해야 한다. 그러나 ① 임의성의 원칙은 수사기관의 신문방법에 대하여 명백한 기준을 제시하지 못할 뿐만 아니라, ② 전체상황의 판단에 의하는 것도 임의성을 법관의 주관적 판단에 맡기는 것이 되어 자의적 판단을 초래할 뿐이다. 따라서 배제해야 할 자백의 범위는 위법배제설에서 구할 때 자백배제법칙의 객관적 적용기준을 확보할 수 있고, 자백배제법칙의 통일된 해석원리를 찾을 수 있다고 해야 한다.

자백에 대한 법적 규제는 영미 증거법의 자백배제법칙에서 유래한다. 영국

---

1) 대법원 2006. 9. 8. 2006도148.

에서도 17세기까지 자백은 아무런 제한을 받지 않고 증거로 허용되고 있었다. 그러나 18세기 후반부터 영국에서는 이익에 의하여 유인되거나 협박에 의한 자백의 허용성을 제한하기 시작하여, 이후 약 반세기에 걸쳐 조그마한 유인이라도 있는 자백은 모두 배제되기에 이르렀고, 이러한 의미에서 영국의 형사사법에는 자백에 의하지 않는 사실인정법칙이 확립되었다고 할 수 있다. 이와 같이 임의성 없는 자백을 배제하는 자백의 임의성법칙은 자백의 신뢰성(reliability) 내지 진실성의 보장에 근거를 두고 있었다. 그러나 1897년 Bram 사건에서 미국의 연방대법원은 임의성의 근거가 자기부죄거부의 특권을 규정한 미국헌법 수정 제5조에 있다고 하였으며,[1] 1936년의 Brown 사건에서는 폭력에 의한 자백이 수정 제14조에 규정된 피고인의 due process의 권리를 침해한 것이라고 판시함으로써[2] 자백배제법칙이 확립되기에 이르렀다. 한편 1940년대부터 1950년대까지 미국의 연방대법원은 임의성 없는 자백의 신뢰성결여이론에서 위법배제이론으로 발전하게 된다. 즉, 1943년의 McNabb 사건에서 연방대법원은 「피체포자를 신속히 법관의 면전에 인도하지 않고 불법구속 중에 얻은 자백의 증거능력은 없다」고 하였고,[3] 1957년의 Mallory 사건에서도 「체포 후 법관에게 인치하지 않고 30시간 구금 중에 받은 자백에 대하여 물리적·심리적 강제의 유무와 관계없이 불법지체사실만으로 자백을 배제함으로써,[4] McNabb-Mallory 법칙이 확립되었다. 그 후 1964년에는 변호인과의 접견·교통권을 침해하여 획득한 자백의 허용성을 부정한 Escobedo 판결을 거쳐,[5] 1966년 Miranda 판결에 의하여 변호인선임권과 접견교통권 및 진술거부권을 고지하지 않은 상태에서 이루어진 자백은 배제된다는 소위 Miranda 법칙이 형성되기에 이르렀다.[6] 이와 같이 미국의 자백배제법칙은 common law의 임의성의 원칙을 초월하여, 채취과정에 위법이 있는 자백을 배제하는 의미를 가지게 되었으며,[7] 이에 따라 자백배제법칙의 적용범위는 현저히 확대되었다.

---

1) Bram v. U.S., 168 U.S. 532(1897).
2) Brown v. Mississippi, 297 U.S. 278(1936).
3) McNabb v. U.S., 318 U.S. 332(1943).
4) Mallory v. U.S., 354 U.S. 449(1957).
5) Escobedo v. Illinois, 378 U.S. 478(1964).
6) Miranda v. Arizona, 384 U.S. 436(1966).
7) Carmen *Criminal Procedure* p. 403.

대상판결 (1)은 「위법한 긴급체포에 의하여 유치 중에 작성된 피의자신문조서는 위법하게 수집된 증거로서 임의성은 인정되지만 위법하게 수집된 증거이기 때문에 위법수집증거배제법칙에 의하여 증거능력이 배제된다」고 판시함으로써 그 근거를 위법수집증거배제법칙에서 찾고 있다. 그러나 형사소송법상 임의성 없는 자백과 임의성에 의심 있는 자백, 임의성 없는 자백과 임의성은 있지만 위법한 긴급체포 사이의 차이를 인정할 수는 없다. 절차에 위법이 있으나 임의성이 인정되는 자백도 생각할 수 없다. 그리고 불공정하게 획득된 자백은 이미 임의성에 의심이 있는 자백이며, 임의성에 의심 있는 자백을 임의성 있는 자백이라고 할 수 없다.[1] 신체구속의 부당한 장기화로 인한 자백이란 부당하게 장기간에 걸친 구속 후의 자백을 의미한다. 그것은 자백의 임의성을 문제삼지 않고 구속의 위법성 때문에 증거능력이 배제되는 경우를 말하며, 자백배제의 본질에 관한 위법배세설의 입장이 명백히 나타나는 경우이다. 따라서 부당한 장기구속인가의 여부도 구속 자체의 위법성을 기준으로 판단해야 한다.[2]

Ⅲ. 반복된 심야조사로 획득한 진술의 증거능력

1. 반복된 심야조사 중에 이루어진 진술의 임의성

형사소송법은 「피고인의 자백이 임의로 진술한 것이 아니라고 의심할 만한 이유가 있는 때에는 이를 유죄의 증거로 하지 못하며」(제309조), 「피고인 또는 피고인 아닌 자의 진술이 임의로 된 것이 아닌 것은 증거로 하지 못한다」고 규정하여(제317조 제1항), 임의성 없는 자백 또는 진술의 증거능력을 부정하고 있다. 여기서 반복된 심야수사 중에 이루어진 진술의 임의성을 어떻게 인정할 것인가가 문제된다.

수사에 있어서 어느 정도의 추궁은 수사의 본질상 당연히 허용된다. 따라서 이론적 추궁에 의한 신문은 위법하다고 할 수 없으며, 야간신문도 그 자체

---

1) Rogge 「Confession and Self－Incrimination」, in Stuart S. Nagel *The Right of the Accused* p. 66.

2) 배종대/이상돈/정승환/이주원 600면; 신동운 1173면; 이재상 558면.

가 위법하다고 할 수 없다. 그러나 잠을 재우지 않는 정도의 신문, 즉 철야신문이나 연일 계속된 야간신문을 통하여 이루어진 진술의 경우에는 임의성이 문제된다. 따라서 ① 수사기관의 오랜 시간 동안 잠을 재우지 아니한 상태에서의 신문에 의한 자백,[1] ② 피의자를 밤새도록 잠을 재우지 아니하고 계속적인 조사를 진행하여 심신이 지친 끝에 자유의사가 억압되어 자백에 이르게 된 경우, ③ 피의자가 장시간 잠을 재우지 아니하여 피로로 인하여 정상적인 판단능력을 잃을 정도에 이를 때에는 자백의 증거능력은 부정되어야 한다.[2]

2. 판례의 태도

(1) 우리 판례의 태도

판례는 반복된 심야수사의 경우에 자백의 임의성이 인정되는가에 관하여, 「① 피고인 1에 대하여 검찰에서 30여 시간 잠을 재우지 않고 꿇어앉히고 폭언과 폭행을 하면서 외부와 연락을 하지 못하게 한 채 계속하여 신문을 하였고, 피고인 2에 대하여 독일에서 12시간 이상 비행기를 타고 온 피고인을 검찰에서 48시간 이상 잠을 재우지 않고 욕설과 폭언을 하면서 밤샘조사를 한 것으로 강하게 의심되는 경우에는 임의성을 인정할 수 없고,[3] ② 피고인들의 검찰에서의 자백이 잠을 재우지 아니한 채 이루어진 것이 사실이라면 강요와 회유를 거듭한 끝에 받아낸 것일 뿐, 임의로 진술한 것이 아니라고 의심할 만한 상당한 이유가 있을 때에는 그 자백이 철야조사 때문인지의 여부를 심리・판단하지 아니하고는 유죄의 증거로 삼을 수 없다.[4] ③ 피고인의 검찰에서의 자백이 검사 2명이 잠을 재우지 아니한 채 교대로 신문하면서 회유한 끝에 받아낸 것이 아닌가 하는 강한 의심을 가지게 한 경우 증거능력이 없다」고 판시하였다.[5]

(2) 독일・미국 및 일본의 판례

1) BGHSt. 13, 60, 30시간 동안 잠 잘 기회를 주지 않고 신문을 계속하

1) 송광섭 176면.
2) 배종대/이상돈/정승환/이주원 603면.
3) 대법원 1999. 1. 29. 98도3584.
4) 대법원 1998. 4. 10. 97도3234.
5) 대법원 1997. 6. 27. 95도1964.

여 받은 자백의 증거능력은 부정된다.

2) 미국의 판례 잠을 재우지 않고 2일 동안 계속 신문한 끝에 얻은 자백의 증거능력은 부정된다.

3) 일본의 판례 일본의 하급심 판결에는 다음과 같은 판결들이 있다. ① 체포 후 6일간 연일 밤늦게까지 동일한 것을 반복한 조사가 정신적 · 육체적으로 커다란 고통을 준다는 것을 인식한 후에 된 자백은 임의성에 의심이 간다.[1] ② 장시간 의자에 앉아 있으면 신체적 고통이 있어서 장시간의 조사를 받지 않기 위하여 자백을 하였다는 피고인의 변소를 부정하기 어려운 때에는 자백의 임의성에는 의심이 있다.[2] ③ 구속 중의 피고인에 대하여 검찰관의 조사가 연일연야에 미치고 더구나 집요한 추궁이 행하여진 때의 자백은 임의성에 의심이 있다.[3] ④ 임의동행된 자를 밤부터 이른 아침까지 철야로 소지품의 출처 등에 관하여 조사한 것은 임의수사의 한도를 일탈하여 그것에 의하여 얻은 자백은 특별한 사정이 없는 한 임의성에 의심이 있다.[4]

3. 판례의 검토

임의성 없는 진술에 대한 증거능력배제의 법리와 심야수사로 획득한 자백의 증거능력을 부정한 일관된 판례의 흐름에 비추어 보면 이 사건에서 대법원이 참고인의 검찰진술의 임의성을 부인하고 그 증거능력을 배제한 것은 당연하다고 할 수 있다.[5] 그러나 형사소송법 제308조의 2와 제309조는 별개의 의미를 가지는 독립된 조항이다. 제309조가 자백 중 임의성에 의심이 있는 경우의 증거능력에 관한 규정임에 반하여 제308조의 2의 규정은 임의성과 관련되지 아니한 절차적 위법이 있을 때의 증거능력에 관한 규정이라고 해야 한다.[6] 뿐만 아니라, 이 사건에서 대법원이 부적으로 석방된 후에 작성된 진술조서에 대해서까지 구속되어 조사받던 당시의 육체적 피로, 수면부족, 심리적 압박감

1) 山形地裁 1956. 7. 19.
2) 東京地裁 1964. 12. 7.
3) 宇都宮地裁 1970. 11. 11.
4) 大阪高裁 1988. 2. 17.
5) 박철 「반복된 심야수사와 변론방해 중에 이루어진 진술의 증거능력과 신빙성」, 형사재판의 제문제 5, 470면.
6) 안성수 「진술거부권 불고지로 인한 위법수집증거배제와 그 불복방법」, 형사판례연구 17, 494면.

및 물리적·정신적 강압상태가 계속된 상태에서 작성된 것으로 의심된다는 이유로 임의성을 부인한 점에는 의문이 있다.

Ⅳ. 철야조사에 의하여 얻은 자백의 증거능력

1. 철야조사의 개념

야간조사는 일몰 후 일출 전에 이루어지는 수사를 말한다. 철야조사도 야간조사의 일종이다. 그러나 철야조사와 야간조사는 구별해야 한다. 철야조사는 야간조사 중에서도 밤 12시를 넘어서까지 계속되는 수사, 이른바 밤샘수사를 말한다고 할 수 있다. 한편 철야조사는 「잠안재우기 수사」와도 구별해야 한다. 철야조사를 할 경우에는 피조사자가 잠을 자지 않는 상태에서 조사가 이루어지지만, 이 경우에 조사자가 피조사자에 대하여 잠을 재우지 않으려는 의도가 있는 경우에만 「잠안재우기 수사」가 될 수 있다. 주간에 잠을 자지 못하게 하고 수사하는 경우에는 「잠안재우기 수사」가 될 수는 있어도 철야조사가 될 수는 없는 것이다. 「잠안재우기 수사」는 고문수사이며, 「잠안재우기 수사」에 의하여 얻은 자백은 당연히 증거능력이 없게 된다.

2. 철야조사에 의하여 얻은 자백의 증거능력

철야조사는 그 자체만으로 불법하다고 할 수 없고, 철야조사에 의하여 얻은 자백의 증거능력을 형식적 기준에 의하여 제한하는 것도 옳지 않다. 철야조사가 불가피하게 필요한 경우도 있다. ① 야간에 현행범인으로 검거되거나 긴급체포된 경우, ② 피의자를 현행범체포 또는 긴급체포하여 형사소송법이 정한 48시간 내에 구속영장을 청구하는 경우, ③ 철야조사를 하지 않으면 다른 사람의 생명이나 신체에 급박한 위험을 가져올 경우, ④ 신속한 수사에 의한 사건의 조기해결을 위하여 피의자를 집중조사할 필요가 있는 경우, ⑤ 피조사자가 야간근무자이거나 개인적 사정으로 야간조사를 원하는 경우가 그 예이다.[1] 대상판결 (3)은 「피고인들의 검찰에서의 자백이 오랜 시간 잠을 재우지 아니한 채 신문을 계속 받으면서 강요와 회유를 거듭한 끝에 받아낸 것이어서

1) 봉욱 「철야조사에 의하여 얻은 자백의 증거능력」, 형사판례연구 7, 433면.

임의로 진술한 것이 아니라고 의심할 만한 상당한 이유가 있고, 같은 날 수사검사가 변경되면서 2명의 검사들이 번갈아 가면서 수사를 진행하였고, 피고인들이 범죄혐의를 완강히 부인하고 있다가 대질신문이나 별도의 증거도 제시됨이 없이 갑자기 진술을 변경하여 자백하고 있어, 자백을 할 동기가 석연치 아니한 점 등에 미루어 검찰에서 행한 위 각 자백은 이 사건에서 문제되는 철야조사가 있었다는 이유로 유죄의 증거로 삼을 수 없다」고 판시한 것은 타당하다고 할 것이다. 다만 철야조사는 피조사자의 인권을 침해할 가능성이 큰 조사방법이라고 할 것이므로, 철야조사에 대한 필요성과 합리성, 피조사자의 동의, 피조사자에게 적정한 휴식과 자유의사가 보장되는 등 조사방법의 적정성이 인정될 때에는 이로 인한 자백의 증거능력을 인정해야 하는 것은 당연하다.[1)]

V. 맺는 글

불법한 긴급체포는 영장주의에 위배되는 중대한 위법으로 긴급체포된 경우를 말하며, 그 체포 중에 작성된 피의자신문조서는 증거능력이 배제된다. 이 경우에 피의자신문조서의 증거능력이 배제되는 근거에 관하여는 자백배제법칙의 근거에 관한 위법배제설의 색채가 뚜렷이 나타나는 경우이다. 형사소송법상 임의성 없는 자백과 임의성에 의심 있는 자백, 임의성 없는 자백과 임의성은 있지만 위법한 긴급체포 사이의 차이를 인정할 수는 없다. 불공정하게 획득된 자백은 이미 임의성에 의심 있는 자백이며, 임의성에 의심 있는 자백은 임의성 있는 자백이라고 할 수 없다. 신체구속의 부당한 장기화로 인한 자백은 부당하게 장기간에 걸친 구속 후의 자백을 말한다. 그것은 자백의 임의성을 문제삼지 않고 구속의 위법성 때문에 증거능력이 배제되는 경우이다.

수사에 있어서 어느 정도의 추궁은 불가피하며, 이론적 추궁에 의한 신문은 위법하다고 할 수 없다. 야간신문도 그 자체가 위법하다고 할 수 없다. 그러나 잠을 재우지 않는 정도의 신문, 즉 철야신문이나 연일 계속되는 야간신문을 통하여 이루어진 진술의 경우에는 임의성이 문제되며, 이 경우에는 자백의 증거능력은 부정되어야 한다. 판례는 ① 피고인에 대하여 잠을 재우지 않고 꿇어

1) 봉욱 앞의 글, 434면.

앉히고 폭행과 폭언을 하면서 밤샘조사를 한 경우, ② 잠을 재우지 않고 강요와 회유를 거듭한 끝에 받아낸 자백, ③ 검사 2명이 교대로 신문하면서 회유한 끝에 받아낸 자백의 경우에도 증거능력이 배제된다. 철야조사에 의하여 얻어낸 자백의 증거능력도 같다. 잠안재우기 수사와는 달리 철야조사는 인권을 침해할 가능성이 큰 조사방법이다. 따라서 철야조사는 철야조사에 있어서의 필요성과 합리성, 피조사자의 동의, 피조사자에게 적정한 휴식과 자유의사가 보장되는 등 조사방법의 적정성이 인정되지 않는 경우에 한하여 증거능력이 배제된다고 해야 한다.

15. 위법수집증거배제법칙과 독수의 과실이론

[대상판결]

대법원 2007. 11. 15. 2007도3061 전원합의체판결

1. 사건의 개요

제주도 지사인 피고인이 지방선거를 앞두고 자신의 선거운동의 기획에 다른 공무원을 활용함으로써 불법 선거운동을 기획한 혐의에 대하여 공직선거법위반으로 공소제기된 사건이었다.

검찰은 도지사의 정책특별보좌관이 사용하던 사무실을 압수·수색하는 과정에서 그곳을 방문한 도지사 비서관이 들고 있던 도지사 업무일지, 각종 메모, 도지사에 관한 선거관련 보고문서 등을 압수한 후 이를 공소사실을 입증하는 증거로 제출하였다. 검찰이 법원으로부터 발부받은 압수·수색영장은 그 장소를 제주도지사 정책특보실, 압수를 필요로 하는 범죄사실은 TV 토론회 준비와 관련된 공직선거법 위반행위, 압수대상자는 피내사자인 정책특보 등 3명으로 한정되었다. 그런데 검찰은 정책특보실이 아닌 비서실장실에서, 제3자인 비서관으로부터 TV 토론회 준비와 관련 없는 사실을 담은 문건을 압수하였다.

문제는 이 사건 압수·수색이 그 자체로 위법한 것이어서 위법수집증거배제법칙에 의하여 증거능력이 배제되어야 할 것인가에 있다.

2. 대법원 판결요지

[다수의견] 가. 기본적 인권 보장을 위하여 압수·수색에 관한 적법절차와 영장주의의 근간을 선언한 헌법과 이를 이어받아 실체적 진실 규명과 개인의 권리보호 이념을 조화롭게 실현할 수 있도록 압수·수색절차에 관한 구체적 기준을 마련하고 있는 형사소송법의 규범력은 확고히 유지되어야 한다. 그러므로 헌법과 형사소송법이 정한 절차에 따르지 아니하고 수집한 증거는 기본적 인권 보장을 위해

마련된 적법한 절차에 따르지 않은 것으로서 원칙적으로 유죄 인정의 증거로 삼을 수 없다. 수사기관의 위법한 압수·수색을 억제하고 재발을 방지하는 가장 효과적이고 확실한 대응책은, 이를 통하여 수집한 증거는 물론 이를 기초로 하여 획득한 2차적 증거를 유죄 인정의 증거로 삼을 수 없도록 하는 것이다.

나. 다만, 법이 정한 절차에 따르지 아니하고 수집한 압수물의 증거능력 인정 여부를 최종적으로 판단함에 있어서는, 실체적 진실 규명을 통한 정당한 형벌권의 실현도 헌법과 형사소송법이 형사소송 절차를 통하여 달성하려는 중요한 목표이자 이념이므로, 형식적으로 보아 정해진 절차에 따르지 아니하고 수집한 증거라는 이유만을 내세워 획일적으로 그 증거의 증거능력을 부정하는 것 역시 헌법과 형사소송법이 형사소송에 관한 절차 조항을 마련한 취지에 맞는다고 볼 수 없다. 따라서 수사기관의 증거 수집 과정에서 이루어진 절차 위반행위와 관련된 모든 사정, 즉 절차 조항의 취지와 그 위반의 내용 및 정도, 구체적인 위반 경위와 회피가능성, 절차 조항이 보호하고자 하는 권리 또는 법익의 성질과 침해 정도 및 피고인과의 관련성, 절차 위반행위와 증거수집 사이의 인과관계 등 관련성의 정도, 수사기관의 인식과 의도 등을 전체적·종합적으로 살펴볼 때, 수사기관의 절차 위반행위가 적법절차의 실질적인 내용을 침해하는 경우에 해당하지 아니하고, 오히려 그 증거의 증거능력을 배제하는 것이 헌법과 형사소송법이 형사소송에 관한 절차 조항을 마련하여 적법절차의 원칙과 실체적 진실 규명의 조화를 도모하고 이를 통하여 형사 사법 정의를 실현하려 한 취지에 반하는 결과를 초래하는 것으로 평가되는 예외적인 경우라면, 법원은 그 증거를 유죄 인정의 증거로 사용할 수 있다고 보아야 한다. 이는 적법한 절차에 따르지 아니하고 수집한 증거를 기초로 하여 획득한 2차적 증거의 경우에도 마찬가지여서, 절차에 따르지 아니한 증거 수집과 2차적 증거 수집 사이 인과관계의 희석 또는 단절 여부를 중심으로 2차적 증거 수집과 관련된 모든 사정을 전체적·종합적으로 고려하여 예외적인 경우에는 유죄 인정의 증거로 사용할 수 있다.

[관련판결]

(1) 대법원 2011. 6. 30. 2009도6717

1. 사건의 개요

유흥주점 업주와 종업원인 피고인들이 영업장을 벗어나 시간적 소요의 대가로 금품을 받아서는 아니 되는데도, 피고들은 이른바 '티켓영업' 형태로 성매매를 하면서 금품을 수수하였다고 하여 구 식품위생법 위반으로 기소하였다. 경찰은 피고인 아닌 甲, 乙을 사실상 강제연행하여 불법체포한 상태에서 甲, 乙 간의 성매매행위나 피고인들이 유흥업소 영업행위를 처벌하기 위하여 甲, 乙에게서 자술서를 받고 甲, 乙에 대한 진술조서를 작성하였다. 문제는 위 각 자술서와 진술조서는 헌법과 형사소송법이 규정한 체포·구속에 관한 영장주의 원칙에 위배하여 수집된 것으로서 수사기관이 피고인 아닌 자를 상대로 적법한 절차에 따르지 아니하고 수집한 증거에 해당하여 형사소송법 제308조의 2에 따라 증거능력이 부정된다는 이유로, 이를 피고인들에 대한 유죄 인정의 증거로 삼을 수 있는가에 있다.

2. 대법원 판결요지

가. 형사소송법 제199조 제1항은 임의수사 원칙을 명시하고 있는데, 수사관이 수사과정에서 동의를 받는 형식으로 피의자를 수사관서 등에 동행하는 것은, 피의자의 신체의 자유가 제한되어 실질적으로 체포와 유사한데도 이를 억제할 방법이 없어서 이를 통해서는 제도적으로는 물론 현실적으로도 임의성을 보장할 수 없을 뿐만 아니라, 아직 정식 체포·구속단계 이전이라는 이유로 헌법 및 형사소송법이 체포·구속된 피의자에게 부여하는 각종 권리보장 장치가 제공되지 않는 등 형사소송법의 원리에 반하는 결과를 초래할 가능성이 크므로, 수사관이 동행에 앞서 피의자에게 동행을 거부할 수 있음을 알려 주었거나 동행한 피의자가 언제든지 자유로이 동행과정에서 이탈 또는 동행장소에서 퇴거할 수 있었음이 인정되는 등 오로지 피의자의 자발적인 의사에 의하여 수사관서 등에 동행이 이루어졌다는 것이 객관적인 사정에 의하여 명백하게 입증된 경우에 한하여, 동행의 적법성이 인정된다고 보는 것이 타당하다.

나. 형사소송법 제308조의 2는 「적법한 절차에 따르지 아니하고 수집한 증거는 증거로 할 수 없다」고 규정하고 있는데, 수사기관이 헌법과 형사소송법이 정한 절차에 따르지 아니하고 수집한 증거는 유죄 인정의 증거로 삼을 수 없는 것이 원

칙이므로, 수사기관이 피고인 아닌 자를 상대로 적법한 절차에 따르지 아니하고 수집한 증거는 원칙적으로 피고인에 대한 유죄 인정의 증거로 삼을 수 없다.

(2) 대법원 2011. 4. 28. 2009도2109

1. 사건의 개요

피고인이 운전 중 교통사고를 내고 의식을 잃은 채 병원 응급실로 호송되자, 출동한 경찰관이 법원으로부터 압수 · 수색 또는 검증 영장을 발부받지 아니한 채 피고인의 동서로부터 채혈동의를 받고 의사로 하여금 채혈을 하도록 한 사안에서, 원심이 적법한 절차에 따르지 아니하고 수집된 피고인의 혈액을 이용한 혈중알콜농도에 관한 국립과학수사연구소 감정서 및 이에 기초한 주취운전자적발보고서의 증거능력을 부정한 것은 정당하고, 음주운전자에 대한 채혈에 관하여 영장주의를 요구할 경우 증거가치가 없게 될 위험성이 있다거나 음주운전 중 교통사고를 야기하고 의식불명 상태에 빠져 병원에 후송된 자에 대해 수사기관이 수사의 목적으로 의료진에게 요청하여 혈액을 채취한 사정이 있다고 하더라도 이러한 증거의 증거능력을 배제하는 것이 형사사법 정의를 실현하려고 한 취지에 반하는 결과를 초래하는 예외적인 경우에 해당한다고 볼 수 없다는 이유로, 무죄를 선고하였다.

2. 대법원 판결요지

가. 형사소송법 제308조의 2는 「적법한 절차에 따르지 아니하고 수집한 증거는 증거로 할 수 없다」고 선언하고 있고, 기본적 인권 보장을 위하여 압수 · 수색 · 검증 및 감정처분에 관한 적법절차와 영장주의의 근간을 선언한 헌법과 이를 이어받아 실체적 진실 규명과 개인의 권리보호 이념을 조화롭게 실현할 수 있도록 압수 · 수색 · 검증 및 감정처분절차에 관한 구체적 기준을 마련하고 있는 형사소송법의 규범력은 확고히 유지되어야 하므로, 헌법과 형사소송법이 정한 절차에 따르지 아니하고 수집한 증거는 물론 이를 기초로 하여 획득한 2차적 증거 역시 기본적 인권 보장을 위해 마련된 적법한 절차에 따르지 않은 것으로서 원칙적으로 유죄 인정의 증거로 삼을 수 없다. 다만 위법하게 수집한 압수물의 증거능력 인정 여부를 최종적으로 판단할 때에는 수사기관의 증거 수집 과정에서 이루어진 절차 위반행위와 관련된 모든 사정, 즉 절차 조항의 취지와 위반의 내용 및 정도, 구체적인 위반 경위와 회피가능성, 절차 조항이 보호하고자 하는 권리 또는 법익의 성질과 침해 정도 및 피고인과의 관련성, 절차 위반행위와 증거 수집 사이의 인과관계 등

관련성의 정도, 수사기관의 인식과 의도 등을 전체적·종합적으로 살펴볼 때 수사기관의 절차 위반행위가 적법절차의 실질적인 내용을 침해하는 경우에 해당하지 아니하고, 오히려 그 증거의 증거능력을 배제하는 것이 헌법과 형사소송법이 형사소송에 관한 절차 조항을 마련하여 적법절차의 원칙과 실체적 진실 규명의 조화를 도모하고 이를 통하여 형사사법 정의를 실현하려고 한 취지에 반하는 결과를 초래하는 것으로 평가되는 예외적인 경우라면, 법원은 그 증거를 유죄 인정의 증거로 사용할 수 있다고 보아야 한다. 이는 적법한 절차에 따르지 아니하고 수집한 증거를 기초로 하여 획득한 2차적 증거의 경우에도 마찬가지여서, 절차에 따르지 아니한 증거 수집과 2차적 증거 수집 사이에 인과관계가 희석 또는 단절되었는지 여부를 중심으로 2차적 증거 수집과 관련된 사정을 전체적·종합적으로 고려하여 볼 때 위와 같은 예외적인 경우에 해당한다고 볼 수 있으면 유죄 인정의 증거로 사용할 수 있다.

나. 형사소송법 제215조 제 2 항, 제216조 제 3 항, 제221조, 제221조의 4, 제173조 제 1 항의 규정을 위반하여 수사기관이 법원으로부터 영장 또는 감정처분허가장을 발부받지 아니한 채 피의자의 동의 없이 피의자의 신체로부터 혈액을 채취하고 사후적으로도 지체 없이 이에 대한 영장을 발부받지도 아니한 채 강제채혈한 피의자의 혈액 중 알콜농도에 관한 감정이 이루어졌다면, 이러한 감정결과보고서 등은 형사소송법상 영장주의 원칙을 위반하여 수집되거나 그에 기초한 증거로서 그 절차 위반행위가 적법절차의 실질적인 내용을 침해하는 정도에 해당하고, 이러한 증거는 피고인이나 변호인의 증거동의가 있다고 하더라도 유죄의 증거로 사용할 수 없다.

[판례의 연구]

Ⅰ. 문제의 제기

위법수집증거배제법칙(The Exclusionay Rule)이란 상당하지 않은 압수와 수색에 대하여 미국헌법 수정 제 4 조에 위배하여 정부에 의하여 수집된 증거는 형사소추에 있어서 유죄의 증거가 될 수 없다는 원칙을 말한다. 형사소송법 제308조의 2가 「적법한 절차에 따르지 아니하고 수집한 증거는 증거로 할 수 없다」고 규정한 것은 바로 위법수집증거배제법칙을 선언한 규정이다. 증거수집 방법의 위법을 이유로 한 증거의 배제는 현대 증거법의 역사에 있어서 가장 중요한 발전으로 평가되고 있으며,[1] 그것은 미국에 기원을 두고 있는 미국 최고법원의 산물이다.[2]

증거에는 진술증거와 비진술증거가 있다. 진술증거, 특히 자백에 대해서는 헌법 제12조 제 7 항과 형사소송법 제309조에서 증거능력을 제한하는 규정을 두고 있다. 그러나 비진술증거인 증거물에 대해서는 이러한 명문의 규정이 없을 뿐만 아니라, 압수절차에 위법이 있다고 하여도 그 증명력에는 아무런 영향을 미치지 않는다. 위법수집증거배제법칙이 주로 증거물의 증거능력에 관한 문제로 다루어지고 있는 이유도 여기에 있다. 그러나 자백배제법칙의 이론적 근거를 위법배제에 있다고 볼 때에는, 자백배제법칙도 위법수집증거배제법칙의 일부에 지나지 않으며, 위법수집증거배제법칙도 비진술증거뿐만 아니라 진술증거에 대하여도 적용된다고 해야 한다. 다만, 자백의 증거능력에 관하여는 별도의 규정을 두고 있으므로 위법수집증거배제법칙은 위법한 절차에 의하여 수집된 비진술증거와 자백 이외의 진술증거에 대하여만 적용된다. 위법수집증거의 증거능력을 인정할 것인가에 관하여 영장주의에 위배하여 수집한 증거의 증거능력에 관하여 「압수물은 압수절차가 위법하다고 하더라도 물건 자체의 성질·형상에 변경을 가져오는 것은 아니므로 증거능력이 있다」고 판시하여,[3] 그 증거능력을 일관되게 긍정하여 왔다. 대상판결과 관련판결 (1)은 「헌법과 형사소송법이 정한 절차에 따르지 아니하고 수집한 증거와 이를 기초로 하여 획득한 2차적 증거는 기본적 인권 보장을 위해 마련된 적법한 절차에 따르지 않은 것으로서 원칙적으로 유죄 인정의 증거로 삼을 수 없다」고 판시함으로써 위법수집증거배제법칙과 독수의 과실이론을 긍정하고 있다. 여기서 대상판결을 통하여 위법하게 수집된 증거와 그 증거를 기초로 획득한 2차적 증거의 증거능력을 인정할 것인가를 검토할 필요가 있다. 다만, 관련판결 (2)는 「수사기관의 절차 위반행위가 적법절차의 실질적인 내용을 침해하는 경우에

---

1) McCormick p. 243.

2) del Carmen *Criminal Procedure* p. 85.

3) 대법원 1987. 6. 23. 87도705; 대법원 1994. 2. 8. 93도3318.

해당하지 아니하고, 오히려 그 증거의 증거능력을 배제하는 것이 헌법과 형사소송법이 형사소송에 관한 절차 조항을 마련하여 적법절차의 원칙과 실체적 진실 규명의 조화를 도모하고 이를 통하여 형사사법 정의를 실현하려고 한 취지에 반하는 결과를 초래하는 것으로 평가되는 예외적인 경우라면, 법원은 그 증거를 유죄 인정의 증거로 사용할 수 있다고 보아야 한다. 적법한 절차에 따르지 아니하고 수집한 증거를 기초로 하여 획득한 2차적 증거의 경우에도 마찬가지여서, 적법한 절차에 따르지 아니한 증거 수집과 2차적 증거 수집 사이에 인과관계가 희석 또는 단절되었는지 여부를 중심으로 2차적 증거 수집과 관련된 사정을 전체적·종합적으로 고려하여 볼 때 위와 같은 예외적인 경우에 해당한다고 볼 수 있으면 유죄 인정의 증거로 사용할 수 있다」고 판시하여, 독수과실이론의 예외의 경우를 명시하고 있다.

Ⅱ. 위법수집증거배제법칙의 형성

1. 미국의 위법수집증거배제법칙

미국에서 연방 차원의 위법수집증거배제법칙은 1886년의 Boyd 사건에서 「범죄의 증거가 되는 서류에 대한 강제적인 압수·수색은 피의자의 헌법상의 권리를 침해한 것이고, 그러한 서류들은 법원에서 증거로 받아들일 수 없다」고 판시한 데서 처음으로 등장하였다.[1] 1914년의 Weeks 사건에서[2] 연방대법원이 우편을 위법하게 이용한 연방법 위반사건에 대하여, 「위법하게 압수된 물건을 시민인 피고인에게 불이익한 증거로 이용하는 것을 인정한다면 불합리한 압수·수색을 받지 않을 권리를 시민에게 보장하는 미국 헌법 수정 제 4 조는 무의미하게 된다」고 하여 배제법칙이 연방헌법의 요구임을 명백히 하여, 연방차원에서 증거배제법칙이 확립되었다. 1961년 Mapp 사건에서는[3] 그 후 「수정 제 4 조의 privacy의 권리는 제14조의 due process 조항의 본질적 내용을 이루므로 위법수집증거배제법칙은 주에도 적용된다」고 판시함으로써 위법수집

1) Boyd v. U.S., 116 U.S. 616(1886).
2) Weeks v. U.S., 232 U.S. 388(1914).
3) Mapp v. Ohio, 367 U.S. 643(1961).

증거배제법칙은 연방법원뿐만 아니라 주법에서도 움직일 수 없는 원칙으로 확립되었다.

2. 독일 형사소송법의 증거금지

독일 형사소송법에는 진술증거의 경우와 달리 위법하게 수집된 증거의 사용을 금지하는 명문의 규정이 없다. 따라서 형사소송법 제136조의 a와 같은 일반적 증거금지의 규정은 이 경우에 적용되지 않으며, 판례는 위법하게 수집된 증거라고 할지라도 적법한 강제처분에 의하여 발견될 수 있었을 것인 때에는 원칙적으로 사용할 수 있다고 판시하였다.[1] 다만, 기본권보호에 대한 시민의 이익이 형사소추의 이익에 우선할 때, 즉 인격의 불가침한 핵심 내지 인간의 존엄이 침해된 때에는 사용금지가 적용된다고 한다.[2] 전화대화를 비밀녹음한 녹음테이프 판결과[3] 일기장을 절취하여 법원에 제출한 일기장 사건이 그 대표적인 판결이다.[4] 이들 판결은 독일 기본법상의 인간의 존엄과 인격권의 침해를 근거로 증거사용을 금지하는 것이므로 헌법적 증거금지론이라고 한다.[5] 다만, 이 경우에도 독일 형사소송법 제136조의 a는 증거사용금지의 먼거리 효과에 불과하다고 한다.

3. 일본의 위법수집증거배제법칙

일본의 판례는 종래 압수절차가 위법하다고 할지라도 물건 자체의 성질이나 형상에는 변경이 없으므로 증거가치를 인정해야 한다는 태도를 유지하고 있었다. 그러나 학설은 미국 판례의 영향 아래 위법한 절차에 의하여 수집된 증거가 배제되어야 한다는 점에 견해의 일치를 보이고 있었다. 여기서 최고재판소도 1978. 9. 7.의 판결을 통하여 배제법칙을 선언하기에 이르렀으며,[6] 이에 따라 일본의 위법수집증거배제법칙은 통설과 판례를 통하여 확립되기에 이르렀다.

---

1) BGHSt. 24, 130.
2) Lutz/Meyer-Goßner §94 Rn. 21; KK(Nack) §94 Rn. 20; Roxin S. 191.
3) BGHSt. 14, 358(1960).
4) BGHSt. 19, 325(1964).
5) 조국 위법수집증거배제법칙, 120면.
6) 日最判 1978. 9. 7(刑集 32-6, 1672).

Ⅲ. 위법수집증거배제법칙의 근거

형사소송법은 「적법한 절차에 의하지 아니하고 수집한 증거는 증거로 할 수 없다」는 규정을 신설하여(제308조의 2), 위법수집증거배제법칙을 명문으로 규정하고 있다. 이러한 위법수집증거배제법칙의 근거는 일반적으로 적정절차의 보장과 위법수사의 억지라는 두 가지 이유에 있다고 설명되고 있다. 전자가 배제법칙의 이론적 근거임에 대하여, 후자는 그 정책적 근거로 이해된다.

1. 위법수집증거배제법칙의 이론적 · 정책적 근거

(1) 적정절차의 보장

위법수집증거배제법칙의 이론적 근거는 위법하게 수집된 증거는 적정절차의 보장이라는 관점에서 그 증거능력이 부정되어야 하고, 이에 의하여 사법의 염결성(judicial integrity)과 재판의 공정이 유지된다는 점에 있다. 즉, 진실의 발견은 적정한 절차에서 행하여질 것을 요하므로 헌법상 허용될 수 없는 절차에 의하여 수집된 증거에 대하여는 진실발견을 위한 자격을 박탈하는 것이 당연하며, 법을 지켜야 할 수사기관이 국민의 기본적 인권을 침해하고 위법하게 수집한 증거를 허용하는 것은 법원이 위법한 행위에 가담하는 것과 같은 결과가 되어 사법의 염결성을 해한다는 것이다.

(2) 위법수사의 억지

배제법칙의 원래의 목표는 경찰의 위법수사를 억제하는 데(to deter police misconduct) 있다. 즉, 위법수집증거의 배제는 위법수사를 방지 · 억제하기 위한 가장 효과적인 방법(an effective deterent to illegal police action)이라는 점에 그 정책적 근거가 있다. 물론 위법수집증거배제법칙의 억제력에 대해서는 현재 미국에서도 의문이 제기되고 있다. 그러나 위법수사를 행한 자에 대한 형사상의 제재나 민사책임이 위법수사를 억제하기 위한 충분한 수단이 될 수 없는 이상 위법수집증거배제법칙이야말로 이를 위한 가장 효과적인 방법이라고 보아야 한다.[1]

---

1) LaFave/Israel/King p. 109.

2. 위법수집증거배제법칙에 대한 비판

위법수집증거배제법칙에 대하여는 미국에서도 이를 위법수사를 억제하기 위한 수단에 지나지 않는다고 보아 비판이 제기되고 있다. 1995년의 Evans 사건에서도 법원은 배제법칙이 일반적 억제효과에 의하여 수정 제 4 조의 원리에 대한 장래의 침해를 방지하기 위한 사법적으로 창설된 제도(judicially created remedy)로 기능한다고 판시하였다.[1] 비판의 핵심은 이 법칙으로 인하여 ① 신용성 있는 증거를 상실하게 되고, ② 이를 보충하기 위해서는 막대한 비용이 필요하고, ③ 일반의 지지(public support)를 잃고 있다는 점에 있다. 그러나 위법수집증거배제법칙에 의하여 수사방법의 적법이 사법심사의 대상이 되어 장래의 적법한 수사와 due process 사상의 발전이 기대될 수 있다는 점에서 위법수집증거배제법칙을 부정할 수는 없다고 해야 한다.

Ⅳ. 위법수집증거배제법칙의 적용범위

1. 배제의 기준

위법수집증거배제법칙이라고 하여 어떤 절차의 위법이라도 있으면 증거능력이 배제된다는 의미는 아니다. 위법의 정도가 경미한 경우까지 증거능력을 부정해야 할 이유는 없기 때문이다. 형사소송법의 위법수집증거배제법칙의 판단기준에 관하여 미국에서의 위법수집증거가 증거수집과정에 절차위반이 있으면 원칙적으로 증거능력이 부정되거나 판사의 재량의 여지가 없이 자동적으로 증거능력이 배제됨에 반하여, 형사소송법은 「적법한 절차에 의하지 아니하고 수집한 증거」라고 규정하여 그 내용과 범위가 불명확하기 때문에 법원에 광범위한 해석의 여지를 주고 있어 미국에서의 배제법칙의 적용기준과 구별된다고 해석하는 견해도 있다.[2] 즉, 미국의 위법수집증거배제법칙이 「위법수집

---

1) Arizona v. Evans, 514 U.S. 1(1995).

2) 김종근 「미국의 위법수집증거배제법칙의 운용실태」, 한국 형사법학의 이론과 실천, 738면; 안성수 「위법수집증거물의 증거능력」, 형사판례연구 15, 333면; 이윤제 「위법수집증거배제법칙의 적용기준에 대한 비교법적 연구」, 형사판례연구 18, 443면; 전주혜 「위법수집증거물의 증거능력」, 형사판례연구 16, 399면.

증거의 증거능력을 부정하는 원칙」임에 반하여, 우리나라의 위법수집증거배제법칙은 「적법한 절차에 따르지 아니하고 수집한 증거는 증거로 할 수 없다」는 증거법칙으로 정의해야 한다는 것이다. 위법수집증거배제법칙에 있어서 적법한 절차의 개념에 관하여 중대위법설과 위법설을 구별하여, 대상판결이 위법설의 입장이라고 해석하는 견해도[1] 같은 태도라고 할 수 있다. 대상판결이 「수사기관의 증거 수집 과정에서 이루어진 절차 위반행위와 관련된 모든 사정, 즉 절차 조항의 취지와 그 위반의 내용 및 정도, 구체적인 위반 경위와 회피가능성, 절차 조항이 보호하고자 하는 권리 또는 법익의 성질과 침해 정도 및 피고인과의 관련성, 절차 위반행위와 증거수집 사이의 인과관계 등 관련성의 정도, 수사기관의 인식과 의도 등을 전체적·종합적으로 살펴볼 때, 수사기관의 절차 위반행위가 적법절차의 실질적인 내용을 침해하는 경우에 해당하지 아니하고, 오히려 그 증거의 증거능력을 배제하는 것이 헌법과 형사소송법이 형사소송에 관한 절차 조항을 마련하여 적법절차의 원칙과 실체적 진실 규명의 조화를 도모하고 이를 통하여 형사사법 정의를 실현하려 한 취지에 반하는 결과를 초래하는 것으로 평가되는 예외적인 경우라면, 법원은 그 증거를 유죄 인정의 증거로 사용할 수 있다고 보아야 한다」고 판시하고 있는 것도 위법수집증거배제법칙을 「중대한 위법」이 있는 경우에만 제한하고자 하는 취지라고 할 수 있다. 결국, 형사소송법 제308조의 2에서 규정하고 있는 「적법한 절차에 따르지 아니하고 수집한 증거」도 「중대한 위법」내지 「본질적 증거절차규정에 위반한 경우」를 의미한다는 점에서 미국에서의 배제법칙과 차이가 없으며, 여기서 「중대한 위법」이란 「due process의 기본이념에 반하는 경우」 또는 「정의감에 반하고 문명사회의 양심에 충격을 주는 것」을 의미하고, 배제법칙이 적용되는 범위도 침해된 법익과 위법의 정도를 고려하여 구체적·개별적으로 판단해야 한다고 해석하지 않을 수 없다. 대상판결이 「수사기관의 증거 수집 과정에서 이루어진 절차 위반행위와 관련된 모든 사정, 즉 절차 조항의 취지와 그 위반의 내용 및 정도, 구체적인 위반 경위와 회피가능성, 절차 조항이 보호하고자 하는 권리 또는 법익의 성질과 침해 정도 및 피고인과의 관련성, 절차 위반행위와 증거수집 사이의 인과관계 등 관련성의 정도, 수사기관의 인식과 의

1) 이윤제 앞의 글, 447면.

도 등을 전체적 · 종합적으로 살펴볼 때, 수사기관의 절차 위반행위가 적법절차의 실질적인 내용을 침해하는 경우에 해당하지 아니하고, 오히려 그 증거의 증거능력을 배제하는 것이 헌법과 형사소송법이 형사소송에 관한 절차 조항을 마련하여 적법절차의 원칙과 실체적 진실 규명의 조화를 도모하고 이를 통하여 형사사법 정의를 실현하려 한 취지에 반하는 결과를 초래하는 것으로 평가되는 예외적인 경우라면, 법원은 그 증거를 유죄 인정의 증거로 사용할 수 있다고 보아야 한다」고 판시한 것은 이러한 의미에서 타당하다고 해야 한다.

2. 위법수집증거의 유형

위법수집증거배제법칙의 적용이 문제되는 것으로 다음과 같은 경우를 들 수 있다.

(1) 헌법정신에 반하여 수집한 증거

1) 영장주의의 위반 영장주의에 위반하여 수집한 증거물의 증거능력은 부정된다. 따라서 ① 영장 없이 압수 · 수색 · 검증한 증거물[1]뿐만 아니라, 영장 기재의 압수물건에 포함되지 않은 다른 증거물을 압수 · 수색한 경우,[2] ② 영장 자체에 하자가 있는 경우, ③ 체포현장의 요건을 결한 압수 · 수색, ④ 체포현장에서 영장 없이 압수하고 압수 · 수색영장을 발부받지 않은 경우, ⑤ 직무질문에 수반해서 한 동의 없는 소지품 검사 등에 의하여 수집한 증거의 증거능력은 부정되어야 한다. 같은 이유로 도청과 비밀녹음의 결과도 증거능력이 없다고 할 것이다. 영장이 발부된 경우에도 압수대상물이 특정되지 않은 경우에는 실질적으로 영장주의에 위반한 경우이므로 압수된 증거의 증거능력은 부

1) 대법원 2011. 4. 28. 2009도2109, 「수사기관이 법원으로부터 영장 또는 감정처분허가장을 발부받지 아니한 채 피의자의 동의 없이 피의자의 신체로부터 혈액을 채취하고 사후적으로도 지체 없이 이에 대한 영장을 발부받지도 아니한 채 강제채혈한 피의자의 혈액 중 알콜농도에 관한 감정이 이루어졌다면, 이러한 감정결과보고서 등은 형사소송법상 영장주의 원칙을 위반하여 수집되거나 그에 기초한 증거로서 그 절차 위반행위가 적법절차의 실질적인 내용을 침해하는 정도에 해당하고, 이러한 증거는 피고인이나 변호인의 증거동의가 있다고 하더라도 유죄의 증거로 사용할 수 없다.」

2) 대법원 2007. 11. 15. 2007도3061 전원합의체판결, 대상판결은 압수 · 수색의 장소를 제주도지사 정책특보실, 압수를 필요로 하는 범죄사실은 TV 토론회 준비와 관련된 공직선거법 위반행위, 압수대상자는 피내사자인 정책특보 등 3명으로 한정된 압수 · 수색영장으로 검찰이 정책특보실이 아닌 비서실장실에서, 제 3 자인 비서관으로부터 TV 토론회 준비와 관련 없는 사실을 담은 문건을 압수하였다. 대법원은 영장 없는 압수물의 증거능력을 부정하였다.

정되어야 한다. 그러나 영장의 방식 또는 집행방식의 단순한 위법은 증거능력에 영향이 없다.

2) 적정절차의 위반 야간 압수·수색금지규정(제125조, 제219조)에 위반한 압수·수색, 당사자의 참여권을 보장하지 않은 검증(제121조, 제145조)과 감정(제176조, 제183조), 의사나 성년의 여자를 참여시키지 않은 여자의 신체검사(제141조 제3항)의 결과도 증거로 할 수 없다. 당사자의 참여권과 신문권을 침해한 증인신문(제163조, 제161조의 2)의 결과도 증거능력이 없다고 해야 한다. 위법한 함정수사의 결과로 수집한 증거도 증거로 할 수 없다.

(2) 형사소송법의 효력규정에 위반하여 수집한 증거

증거조사절차가 위법하여 무효인 경우에도 이로 인하여 수집한 증거는 증거능력이 없다. 따라서 거절권(제110조 내지 제112조, 제219조)을 침해한 압수·수색, 선서 없는 증인신문(제156조), 감정·통역·번역(제170조, 제183조)의 결과 및 증언거부권을 증인에게 고지하지 않은 경우에는 증거로 할 수 없다. 이에 반하여 증인의 소환절차에 잘못이 있거나 위증의 벌을 경고하지 않고 선서한 증인의 증언은 증거능력에 영향이 없다.

V. 독수의 과실이론

1. 독수의 과실이론의 의의

독수의 과실(Fruit of the Poisonous Tree)이론이란 위법하게 수집된 증거(독수)에 의해서 발견된 제2차 증거(과실)의 증거능력을 배제하는 이론을 말한다.[1] 대상판결과 관련판결 (2)는 「헌법과 형사소송법이 정한 절차에 따르지 아니하고 수집한 증거는 물론 이를 기초로 하여 획득한 2차적 증거 역시 기본적 인권 보장을 위해 마련된 적법한 절차에 따르지 않은 것으로서 원칙적으로 유죄 인정의 증거로 삼을 수 없다」고 판시하여, 위법하게 수집된 증거뿐만 아니라 그 과실의 증거능력까지 부정함으로써 독수의 과실이론을 긍정하고 있다.

위법수집증거의 증거능력을 인정하는 경우에 그 과실의 증거능력을 긍정할 것인가에 관하여 위법수집증거가 배제되더라도 과실의 증거능력이 인정되

1) Silverthrone Lumber Co. v. U.S., 251 U.S. 385(1920).

면 배제법칙은 무의미하게 되므로 증거로 허용해서는 안 된다는 견해,[1] 임의성 없는 자백에 의하여 수집된 증거의 증거능력만 부정해야 한다는 견해,[2] 및 임의성 없는 자백 가운데에서도 강제에 의해 수집된 증거의 증거능력만 부정해야 한다는 견해 등이 대립되고 있다.[3] 그러나 위법수집증거의 증거능력을 부정하는 이상 이로 인한 과실의 증거능력도 배제하는 것이 당연하다고 생각된다. 대상판결이 「위법수집증거에 의하여 획득된 2차적 증거도 유죄의 증거로 삼을 수 없다」고 판시하여 독수의 과실이론을 긍정하고 있는 것은 이러한 의미에서 타당하다고 생각한다. 다만, 압수의 위법의 정도가 증거배제를 요구할 정도에 이르지 않을 때에는 이로부터 파생한 증거의 증거능력을 배제할 필요는 없다고 해야 한다.[4]

위법하게 수집된 증거에 의하여 수집된 증거라고 할지라도 수사기관이 독립된 자료에 의하여 과실의 존재를 파악하고 있거나, 위법수집증거와 과실 사이에 인과관계가 인정되지 않을 때에는 이 원칙이 적용되지 않는다. 미국 증거법에서 인정되고 있는 독수의 과실이론에 대한 예외에는 다음과 같은 경우가 있다.[5]

2. 독수의 과실이론의 예외

(1) 선의의 예외이론

선의의 예외이론(The Good Faith Exeptions)은 미국 최고법원에 의하여 인정되고 있는 위법수집증거배제법칙에 대한 예외이다.[6] 위법하게 수집된 증거라 할지라도 그 위법이 경찰관에 의하여 범해지지 않았거나, 경찰관에 의하여 범해진 경우에도 경찰관이 정직하고 합리적인 때에는 증거로 허용된다는 원칙이다. 미국의 최고법원은 1984년 Leon 사건[7]과 Sheppard 사건[8]에서 법관에

1) 강구진 509면; 김기두 136면; 손동권 551면; 신동운 1156면; 신양균 685면; 이영란 712면; 이은모 574면; 임동규 442면; 정웅석 837면; 차용석/최용성 509면.
2) 백형구 437면, 강의 584면; 정영석/이형국 328면.
3) 정영석 152면.
4) 조국 「독수과실의 원리」, 형사판례연구 17, 462면.
5) Carmen p. 91 ff.
6) Carmen p. 115; McCormick p. 271.
7) U.S. v. Leon, 468 U.S. 897(1984).
8) Massachusetts v. Sheppard, 468 U.S. 981(1984).

의하여 발부된 수색영장에 대한 이성적 신뢰에서 수집한 증거는 후에 상당한 이유가 인정되지 아니하여 영장이 무효인 경우에도 허용된다고 판시하여 선의의 예외이론을 인정하였다. 위법은 경찰관에게 있는 것이 아니라 판사에게 있고, 배제법칙은 판사가 아닌 경찰관의 행위를 통제하기 위한 것이므로 이 경우에 위법수집증거배제법칙은 적용될 수 없다는 것이다.

미국에서 선의의 예외법리는 ① 위법이 경찰이 아닌 법관에 의하여 범해진 경우에 인정되지만 여기에 한하지 않고, ② 위법이 법원 직원에 의하여 행해진 경우,[1] ③ 경찰이 위법을 행하였으나 압수·수색영장을 신청하기 위한 보고서가 정확하고 정직하고 이성적이라고 믿은 경우,[2] ④ 경찰관이 가옥에 들어오게 한 사람이 동의할 권한이 있다고 이성적으로 믿은 경우,[3] ⑤ 경찰관의 행위가 후에 위헌결정된 법률에 근거한 경우에 인정되고 있다.[4]

선의의 예외법리에 관하여는 수사기관이 선의였다고 하여 헌법상의 권리가 침해되었다는 점에는 차이가 없고, 수사기관이 선의로 행동하였다는 객관적인 증거를 찾기 어렵다는 이유로 그것이 위법수집증거배제법칙을 붕괴시키고 그 적용을 약화시킨다는 비판도 있다. 그럼에도 불구하고 미국의 법원은 앞으로도 선의의 예외법리가 조심스럽게 계속 적용될 것으로 전망하고 있으며,[5] 한편으로는 예외를 신뢰할 수 있는 객관적인 기초가 있는 경우에 제한되어야 한다고 한다.

(2) 오염순화에 의한 예외이론

오염순화에 의한 예외이론(The Purged Taint Exception)이란 후에 피고인이 자의에 의하여 행한 행위는 위법성의 오염을 희석한다는 것을 말한다. 위법희석의 원리라고도 한다. 피고인이 자유의사에 의하여 위법한 경찰행위와 오염된 증거 사이의 인과관계가 단절된다는 것을 이유로 한다. 예컨대 경찰관이 위법하게 피의자의 집에 침입하여 자백을 받은 경우에도 피의자가 며칠 후에 경찰서에 출석하여 자백서에 서명한 때에는 자유의사에 의한 것임이 명백하므로

1) Arizona v. Evans, 514 U.S. 1(1995).
2) Marland v. Garrison, 480 U.S. 79(1987).
3) Illinois v. Rodriguez, 497 U.S. 177(1990).
4) Illinois v. Krull, 480 U.S. 340(1987).
5) Carmen p. 121.

위법성으로 인하여 오염된 증거는 순화된다는 것이다.1) 대법원이 ① 강도 현행범으로 체포된 피고인에게 진술거부권을 고지하지 아니한 채 강도범행에 대한 자백을 받고, 이를 기초로 여죄에 대한 진술과 증거물을 확보한 후 진술거부권을 고지하여 피고인의 임의자백 및 피해자의 피해사실에 대한 진술을 수집한 사안에서, 제 1 심 법정에서의 피고인의 자백은 진술거부권을 고지받지 않은 상태에서 이루어진 최초 자백 이후 40여 일이 지난 후에 변호인의 충분한 조력을 받으면서 공개된 법정에서 임의로 이루어진 것이고, 피해자의 진술은 법원의 적법한 소환에 따라 자발적으로 출석하여 위증의 벌을 경고받고 선서한 후 공개된 법정에서 임의로 이루어진 것이므로, 「진술거부권을 고지하지 않은 것이 단지 수사기관의 실수일 뿐 피의자의 자백을 이끌어내기 위한 의도적이고 기술적인 증거확보의 방법으로 이용되지 않았고, 그 이후 이루어진 신문에서는 진술거부권을 고지하여 잘못이 시정되는 등 수사 절차가 적법하게 진행되었다는 사정, 최초 자백 이후 구금되었던 피고인이 석방되었다거나 변호인으로부터 충분한 조력을 받은 가운데 상당한 시간이 경과하였음에도 다시 자발적으로 계속하여 동일한 내용의 자백을 하였다는 사정, 최초 자백 외에도 다른 독립된 제 3 자의 행위나 자료 등도 물적 증거나 증인의 증언 등 2차적 증거 수집의 기초가 되었다는 사정, 증인이 그의 독립적인 판단에 의해 형사소송법이 정한 절차에 따라 소환을 받고 임의로 출석하여 증언하였다는 사정 등은 통상 2차적 증거의 증거능력을 인정할 만한 정황에 속하며,」2) ② 사전에 구속영장을 제시하지 아니한 채 구속영장을 집행하고, 그 구속 중 수집한 피고인의 진술증거 중 피고인의 제 1 심 법정진술은, 피고인이 구속집행절차의 위법성을 주장하면서 청구한 구속적부심사의 심문 당시 구속영장을 제시받은 바 있어 그 이후에는 구속영장에 기재된 범죄사실에 대하여 숙지하고 있었던 것으로 보이고, 구속 이후 원심에 이르기까지 구속적부심사와 보석의 청구를 통하여 구속집행절차의 위법성만을 다투었을 뿐, 그 구속 중 이루어진 진술증거의 임의성이나 신빙성에 대하여는 전혀 다투지 않았을 뿐만 아니라, 변호인과의 충분한 상의를 거친 후 공소사실 전부에 대하여 자백한 경우, 「수사기관이 헌법

1) Wong Sun v. U.S., 371 U.S. 471(1963).
2) 대법원 2009. 3. 12. 2008도11437.

제12조 제3항, 형사소송법 제85조 제1항, 제209조에 반하여 사전에 영장을 제시하지 아니한 채 구속영장을 집행한 경우, 그 구속 중 수집한 2차적 증거들인 구속 피고인의 진술증거가 유죄 인정의 증거로 사용될 수 있는지 역시 위와 같은 법리에 의하여 판단되어야 한다」고 판시한 것도 대법원이 오염순화에 의한 예외이론을 선언한 것이라고 해야 한다.[1)]

(3) 불가피한 발견의 예외

위법한 행위와 관계없이 합법적인 수단에 의할지라도 증거를 불가피하게 발견하였을 것임을 증명할 수 있었을 때에는 증거로 허용될 수 있다는 이론을 불가피한 발견의 예외이론(inevitable discovery exception)이라고 한다. 수집된 증거가 무기 또는 신체, 특히 시체인 경우에 인정되는 이론이다. 따라서 살인사건을 수사하던 경찰관이 피의자의 권리를 침해하고 신문한 결과, 시체이 소재를 알게 된 때에 경찰관이 다른 방법에 의하여도 시체를 발견했을 것이라는 점을 증명한 때에는 증거로 할 수 있다.[2)] 그러나 이 예외이론의 문제점은 법원으로 하여금 추측에 입각하여 결정을 내리도록 한다는 점에 있다. 법원은 만일 위법한 압수와 수색 또는 인신구속이 없었더라면 무슨 일이 발생했을 것인지를 판단해야 하며, 불법행위가 없었더라도 종국적으로 합법적인 방법으로 해당 증거가 발견되었을 것이라는 사실을 증거의 우위(preponderous of evidence)에 의하여 입증해야 하는 것이다.

(4) 독립된 오염원의 예외

위법한 압수·수색과 관계없는 독립된 근원에 의하여 수집될 수 있었던 증거임을 증명할 수 있을 때에는 증거로 허용된다는 이론을 독립된 오염원의 예외(independent untainted source exception) 또는 독립출처의 이론이라고 한다. 수색이 위법할 때에는 수색으로 인하여 수집된 모든 증거를 오염시키지만, 독립된 근원에 의하여 발생한 증거는 허용된다는 것이다.[3)] 따라서 위법한 수색에 의하여 피고인의 집에서 유괴된 소녀를 발견한 경우, 유괴된 소녀의 진술은 증거로 허용될 수 있게 된다. 경찰관이 피고인으로부터 코카인을 구입했다는

1) 대법원 2009. 4. 23. 2009도526.
2) Nix v. Williams, 467 U.S. 431(1984).
3) U.S. v. Crews, 445 U.S. 463(1980).

코카인 소지범의 진술을 확보하고 피고인의 집에 불법적으로 들어가 코카인 소지혐의로 피고인을 체포하고 다른 경찰관이 수색영장을 받아올 때까지 19시간 동안 위 집에서 피고인과 함께 기다리다가 영장에 의하여 집을 수색하여 코카인과 마약거래 장부를 발견한 경우도 같다. 이 경우 선행하는 위법한 수색 또는 압수와 해당 증거의 발견 사이에 실질적인 인과관계가 존재하지 않아 그 증거가 독수과실에 해당하지 않기 때문이다. 위법행위가 없었더라면 취득하지 않았을(but for actual causation test) 모든 증거를 배제하는 독수과실이론으로부터 논리적으로 파생하는 원리이다.

여기서 독립된 오염원의 예외의 적용요건으로는 ① 경찰관이 증거를 발견하였을 때 불법적으로 해당 장소에 있었을 것, ② 경찰관이 수색영장을 발부받지는 않았지만 영장을 발부받을 수 있었을 정도의 상당한 이유가 있었을 것, ③ 불법수색 없이도 경찰관이 영장을 신청하려 하였고 불법수색이 영장신청을 촉진하지 않았을 것, ④ 영장이 추후에 발부되었을 것 등을 필요로 한다고 할 수 있다.[1)]

Ⅵ. 맺는 글

위법수집증거배제법칙이란 위법한 절차에 의하여 수집된 증거의 증거능력을 부정하는 원칙이다. 영미의 증거법에서 유래하는 법원칙이다. 형사소송법 제308조의 2는 「적법한 절차에 따르지 아니하고 수집한 증거는 증거로 할 수 없다」고 규정하여 명문으로 위법수집증거배제법칙을 규정하고 있다. 다만, 영미의 배제법칙이 위법한 절차에 의하여 수집한 증거의 증거능력을 자동적으로 배제하는 증거법칙임에 반하여, 형사소송법의 위법수집증거배제법칙은 증거수집절차에 중대한 위법이 있는 경우에만 증거능력을 부정하는 것이라는 점에서 양자가 구별된다고 해석하는 견해도 있으나, 미국의 위법수집증거배제법칙도 중대한 위법이 있는 경우에만 증거능력을 배제하는 증거법칙이라는 점에서 양자 사이에는 아무런 차이가 없다. 요컨대 위법수집증거배제법칙에 있어서 위법이란 「중대한 위법」 내지 「본질적 증거절차규정에 위반한 경우」를 의미하

1) 김종근 앞의 글, 755면; 조국 앞의 글, 462면.

며, 여기서 중대한 위법은 「due process의 기본이념에 반하는 경우」 또는 「정의감에 반하고 문명사회의 정의감에 충격을 주는 것」을 의미하며, 배제법칙이 적용되는 법칙도 침해된 법익과 위법의 정도를 고려하여 구체적·개별적으로 판단해야 한다. 대상판결과 관련판결 (2)가 「헌법과 형사소송법이 정한 절차에 따르지 아니하고 수집한 증거와 이를 기초로 하여 획득한 2차적 증거는 원칙적으로 유죄의 증거로 삼을 수 없다」고 규정한 것은 바로 위법수집증거배제법칙과 독수의 과실이론을 긍정한 판결이다. 판례의 태도는 타당하다.

독수의 과실(Fruit of the Poisonous Tree) 이론이란 위법하게 수집된 증거(독수)에 의하여 발견된 제 2 차 증거(과실)의 증거능력을 배제하는 이론을 말한다. 대상판결과 관련판결 (2)는 독수의 과실이론을 긍정하는 판결이다. 위법수집증거의 증거능력을 부정하는 이상 이로 인한 과실의 증거능력도 배제하는 것은 당연하다. 이러한 의미에서 대상판결이 독수의 과실이론을 긍정하고 있는 것은 타당하다고 생각된다. 다만, 독수의 과실이론에 있어서도 압수의 위법의 정도가 증거배제를 요구할 정도에 이르지 않을 때에는 이로부터 파생된 증거의 증거능력은 배제할 필요가 없다. 미국 증거법에서 인정하고 있는 독수의 과실이론에 대한 예외에는 ① 선의의 예외이론, ② 오염순화에 의한 예외이론, ③ 불가피한 발견의 예외, ④ 독립된 오염원의 예외가 있다. 오염순화에 의한 예외이론이란 후에 피고인이 자의에 의하여 행한 행위는 위법성의 오염을 희석한다는 이론이다. 대법원 2009. 3. 12. 2008도11437 판결과 대법원 2009. 4. 23. 2009도526 판결은 오염순화에 의한 예외를 긍정한 판결이다. 위법한 압수·수색과 관계없는 독립된 근원에 의하여 수집될 수 있었던 증거임을 증명할 수 있을 때에는 증거로 허용된다는 이론을 독립된 오염원의 예외라고 한다. 위법행위가 없었더라면 취득하지 않았을 모든 증거를 배제하는 독수과실이론으로부터 독립적으로 파생하는 원리라고 할 수 있다.

16. 사인(私人)의 증거수집과 위법수집증거배제법칙

[대상판결]

(1) 대법원 2010. 9. 9. 2008도3990

1. 사안의 내용

甲의 남편 丙은 피고인 甲과 乙의 간통범행을 고소하였다. 丙은 甲의 주거에 침입하여 혈흔이 묻은 휴지들 및 침대시트를 수집한 후 수사기관에 제출하였다. 이를 목적으로 한 감정회보서에 의하여 丙은 甲이 그 주거에서 실제상 거주를 종료한 이후에 甲의 주거에 침입하였고, 위 회보는 피고인들에 대한 형사소추를 위하여 반드시 필요한 증거로 인정되었다. 원심은 위 회보의 증거능력을 인정하고 피고인들에게 유죄판결을 선고하였다. 원심판결에 대하여 피고인들이 상고하였다.

2. 대법원 판결요지

국민의 인간으로서의 존엄과 가치를 보장하는 것은 국가기관의 기본적인 의무에 속하는 것이고 이는 형사절차에서도 당연히 구현되어야 하는 것이지만, 국민의 사생활 영역에 관계된 모든 증거의 제출이 곧바로 금지되는 것으로 볼 수는 없으므로, 법원으로서는 효과적인 형사소추 및 형사소송에서의 진실발견이라는 공익과 개인의 인격적 이익 등의 보호이익을 비교형량하여 그 허용 여부를 결정하여야 한다.

(2) 대법원 1997. 9. 30. 97도1230

1. 사안의 내용

甲은 1993. 11. 초순경 자신이 경영하는 실크로드 단란주점의 내부 수리공사를

乙에게 맡겼고, 그로부터 2주 간의 공사기간 중에 乙을 자주 접하게 된 후, 1994. 2. 초순경 인근 여관에 들어가 乙과 부적절한 관계를 가졌다. 乙은 甲과 부적절한 관계를 가진 후 甲으로부터 금품을 갈취할 목적으로 甲의 나체를 사진촬영한 후, 며칠 뒤에 甲을 찾아와서 자신이 촬영한 사진을 보여주며 사진을 甲의 남편과 단란주점의 손님들에게 공개하겠다고 협박하며 돈 2000만 원을 요구하였고, 가정이 파탄될 것을 두려워 한 甲은 1600만 원을 乙에게 빼앗겼다. 그 후 乙은 1994. 12. 23. 경 연탄가스로 인한 일산화탄소중독증으로 한강성심병원 중환자실에 입원하였으며, 식물인간의 상태로 있다가 1995. 10. 16. 사망하였다. 한편 乙의 배우자인 丙은 1995. 3. 15.경 甲이 경영하는 단란주점에 찾아가서 乙이 촬영한 사진을 丙에게 보여주며 남편과 간통을 하였으니 돈을 내놓지 않으면 징역을 살도록 해주겠다는 취지의 협박을 하였고, 그 후 수차 丙의 협박에 甲이 응하지 않자 서울가정법원에 乙을 상대로 이혼소송을 제기하고, 같은 해 4. 11. 甲과 乙을 간통죄로 고소하면서 위 사진을 간통죄의 증거로 제출하였다.

2. 제 1 심과 원심법원의 판단

제 1 심 판결은 피고인의 동의하에 촬영된 나체사진의 존재만으로 피고인의 인격권과 초상권을 침해하는 것으로 볼 수 없고, 가사 사진을 촬영한 제 3 자가 그 사진을 이용하여 피고인을 공갈할 의도였다고 하더라도 사진의 촬영이 임의성이 배제된 상태에서 이루어진 것이라고 할 수는 없으며, 그 사진은 범죄현장의 사진으로서 피고인에 대한 형사소추를 위하여 반드시 필요한 증거로 보이므로, 공익의 실현을 위하여는 그 사진을 범죄의 증거로 제출하는 것이 허용되어야 하고, 이로 말미암아 피고인의 사생활의 비밀을 침해하는 결과를 초래한다 하더라도 이는 피고인이 수인하여야 할 기본권의 제한에 해당된다는 이유로 증거능력을 인정하고, 피고인에게 유죄판결을 선고하였다.

원심법원인 서울지방법원은 「헌법은 기본권으로서 인간의 존엄 및 행복추구권, 사생활보호권을 보장하고 있으며, 제12조에서 적법절차의 원리를 규정하고 있고, 이에 따라 형사소송법 제309조와 제317조는 임의성 없는 자백과 진술의 증거능력을 부정하고 있는바, 이는 위법한 목적 · 상태 · 절차에 의하여 얻어진 증거는 그 증거능력을 부인하여 유죄의 증거에서 완전하게 배제하여야 함을 의미한다. 특히 국가기관이 아닌 사인의 사진촬영이라 할지라도 상대방의 명시적 의사에 반한 임의성 없는 촬영의 경우나 상대방이 범죄행위에 사용한다는 사실을 모르는 상태에서 촬영되는 경우와 같이 인격권이나 초상권 등의 기본권을 중대하게 침해하는 경우에는 증거능력이 부인된다고 할 것이고, 사인이 부정한 목적에 사용하기 위하여 촬영한 사진을 국가기관이 증거로 사용하는 것은 상대방의 기본권에 대한 새로운 침해를 의미한다고 할 것이므로 이 점에서도 증거능력을 부인하는 것이 타당하다」고 판시하면서 제1심판결을 파기하고 피고인에게 무죄판결을 선고하였다. 원심판결에 대하여 검사가 상고하였다.

3. 대법원 판결요지

모든 국민의 인간으로서의 존엄과 가치를 보장하는 것은 국가기관의 기본적인 의무에 속하는 것이고, 이는 형사절차에서도 당연히 구현되어야 하는 것이기는 하나 그렇다고 하여 국민의 사생활 영역에 관계된 모든 증거의 제출이 곧바로 금지되는 것으로 볼 수는 없고, 법원으로서는 효과적인 형사소추 및 형사소송에서의 진실발견이라는 공익과 개인의 사생활의 보호이익을 비교형량하여 그 허용 여부를 결정하고, 적절한 증거조사의 방법을 선택함으로써 국민의 인간으로서의 존엄성에 대한 침해를 피할 수 있다고 보아야 할 것이므로, 피고인의 동의하에 촬영된 나체사진의 존재만으로 피고인의 인격권과 초상권을 침해하는 것으로 볼 수 없고, 가사 사진을 촬영한 제3자가 그 사진을 이용하여 피고인을 공갈할 의도였다고 하더라도 사진의 촬영이 임의성이 배제된 상태에서 이루어진 것이라고 할 수는 없으며, 그 사진은 범죄현장의 사진으로서 피고인에 대한 형사소추를 위하여 반드시 필요한 증거로 보이므로, 공익의 실현을 위하여는 그 사진을 범죄의 증거로 제출하는 것이 허용되어야 하고, 이로 말미암아 피고인의 사생활의 비밀을 침해하는 결과를 초래한다 하더라도 이는 피고인이 수인하여야 할 기본권의 제한에 해당된다.

(3) 대법원 1997. 3. 28. 96도2417

1. 사건개요

고등학교 교사인 피고인이 자신의 수업시간을 이용하여 학생들에게 학생들에게 반국가단체인 북한이나 그 구성원의 활동을 찬양·고무하고 그에 동조하여 반국가단체를 이롭게 하였다는 공소사실로 기소되었다. 검사가 위 공소사실을 입증하기 위하여 제출한 이 사건 녹음테이프는 위 학교의 교사인 공소외 A가 학생인 甲, 乙, 丙 등을 집으로 불러 사적인 대화를 나누면서 그 대화를 상대방인 학생들 모르게 녹음한 것으로서, 여기에 녹음된 대화 내용 중에는 피고인이 수업시간에 공소사실과 같은 취지의 발언을 하는 것을 들었다는 학생들의 진술이 포함되어 있고,

제 1 심법원이 이 사건 녹음테이프에 대하여 실시한 검증의 결과를 기재한 것이 위 검증조서이다. 이 판결에서는 사인이 피고인 아닌 자의 진술을 비밀녹음한 녹음테이프 및 그에 대한 검증조서의 증거능력을 인정하기 위한 요건이 무엇인가가 문제되었다.

2. 대법원 판결요지

피고인의 동료 교사가 학생들과의 사적인 대화 중에 피고인이 수업시간에 학생들에게 북한을 찬양·고무하는 발언을 하였다는 사실에 대한 학생들의 대화 내용을 학생들 모르게 녹음한 녹음테이프에 대하여 실시한 검증의 내용은 녹음테이프에 녹음된 대화의 내용이 검증조서에 첨부된 녹취서에 기재된 내용과 같다는 것에 불과하여 증거자료가 되는 것은 여전히 녹음테이프에 녹음된 대화의 내용이라고 할 것인바, 그 중 위와 같은 내용의 학생들의 대화의 내용은 실질적으로 형사소송법 제311조, 제312조 규정 이외의 피고인 아닌 자의 진술을 기재한 서류와 다를 바 없으므로, 피고인이 그 녹음테이프를 증거로 할 수 있음에 동의하지 않은 이상 녹음테이프의 녹음내용 중 위와 같은 내용의 학생들의 진술 및 이에 관한 검증조서의 기재 중 학생들의 진술내용을 공소사실을 인정하기 위한 증거자료로 사용하기 위하여서는 형사소송법 제313조 제 1 항에 따라 공판준비나 공판기일에서 원진술자인 학생들의 진술에 의하여 이 사건 녹음테이프에 녹음된 각자의 진술내용이 자신이 진술한 대로 녹음된 것이라는 점이 인정되어야 한다.

(4) 대법원 2001. 10. 9. 2001도3106

1. 사건개요

고소인이 외국에 있다가 귀국한 후 처와 피고인 사이에 성관계가 있었다는 사실을 알고 집 전화의 통화내역을 조사하는 등, 증거를 수집하고 피고인들을 추궁하여 피고인들 사이에 성관계가 있었다는 취지의 말을 들었으나, 처가 상간자와의 성관계는 강간에 의한 것이라고 주장하며 상간자를 강간죄로 고소하였고, 이에 대하여 검찰에서 무혐의 결정이 이루어진 후에 이들을 간통죄로 고소하였다. 고소인은 처와 상간자 사이의 전화를 녹음하거나 자신이 처와 대화한 내용을 녹음하였다.

2. 대법원 판결요지

통신비밀보호법은 누구든지 이 법과 형사소송법 또는 군사법원법의 규정에 의하지 아니하고는 우편물의 검열 또는 전기통신의 감청을 하거나 공개되지 아니한 타인간의 대화를 녹음 또는 청취하지 못하고(제3조 본문), 이에 위반하여 불법검열에 의하여 취득한 우편물이나 그 내용 및 불법감청에 의하여 지득 또는 채록된 전기통신의 내용은 재판 또는 징계절차에서 증거로 사용할 수 없고(제4조), 누구든지 공개되지 아니한 타인 간의 대화를 녹음하거나 전자장치 또는 기계적 수단을 이용하여 청취할 수 없고(제14조 제1항), 이에 의한 녹음 또는 청취에 관하여 위 제4조의 규정을 적용한다(제14조 제2항)고 각 규정하고 있는바, 녹음테이프 검증조서의 기재 중 피고인과 공소외인 간의 대화를 녹음한 부분은 공개되지 아니한 타인 간의 대화를 녹음한 것이므로 위 법 제14조 제2항 및 제4조의 규정에 의하여 그 증거능력이 없고, 피고인들 간의 전화통화를 녹음한 부분은 피고인의 동의없이 불법감청한 것이므로 위 법 제4조에 의하여 그 증거능력이 없다. 또한, 녹음테이프 검증조서의 기재 중 고소인이 피고인과의 대화를 녹음한 부분은 타인 간의 대화를 녹음한 것이 아니므로 위 법 제14조의 적용을 받지는 않지만, 그 녹음테이프에 대하여 실시한 검증의 내용은 녹음테이프에 녹음된 대화의 내용이 검증조서에 첨부된 녹취서에 기재된 내용과 같다는 것에 불과하여 증거자료가 되는 것은 여전히 녹음테이프에 녹음된 대화의 내용이라 할 것인바, 그 중 피고인의 진술내용은 실질적으로 형사소송법 제311조, 제312조 규정 이외에 피고인의 진술을 기재한 서류와 다를 바 없으므로, 피고인이 그 녹음테이프를 증거로 할 수 있음에 동의하지 않은 이상 그 녹음테이프 검증조서의 기재 중 피고인의 진술내용을 증거로 사용하기 위해서는 형사소송법 제313조 제1항 단서에 따라 공판준비 또는 공판기일에서 그 작성자인 고소인의 진술에 의하여 녹음테이프에 녹음된 피고인의 진술내용이 피고인이 진술한 대로 녹음된 것이라는 점이 증명되고 그 진술이 특히 신빙할 수 있는 상태하에서 행하여진 것으로 인정되어야 한다.

[판례의 연구]

Ⅰ. 문제의 제기

위법수집증거배제법칙이란 위법한 절차에 의하여 수집한 증거, 즉 위법수집증거(illegall obtained evidence)의 증거능력을 부정하는 법칙을 말한다. 위법수집증거배제법칙은 미국의 증거법에서 유래하는 미국 최고법원의 창조물이다. 형사소송법 제308조의 2도「적법한 절차에 따르지 아니하고 수집한 증거는 증거로 할 수 없다」고 규정하여 위법수집증거배제법칙을 명문으로 규정하여, 국가기관이 증거를 수집할 경우에 발생할 수 있는 기본권침해를 예방하고 통제하기 위하여 그 사전적 통제장치로서 영장주의를 채택하는 등 적법절차규정을 명시하고 있으며, 사후적 통제장치로서 절차를 위반하여 수집한 증거에 대하여 증거능력을 배제하거나 공무집행방해죄의 성립을 부정하여 왔다. 위법수집증거배제법칙은 위법하게 수집된 증거는 적정절차의 보장이라는 관점에서 그 증거능력이 배제되어야 하고, 장래 수사기관의 위법수사를 억지(deterrence)하려는 데 그 목적이 있었다. 따라서 미국의 위법수집증거배제법칙은 원래 국가기관이 증거수집의 주체인 경우에만 적용되던 원칙이었다. 따라서 미국 연방헌법상 적법절차의 조항은 사인에게는 미치지 않는다고 해석되었고, 미국 연방대법원도 사인이 위법하게 수집한 증거에는 위법수집증거배제법칙이 적용되지 않으며, 증거로 사용할 수 있다고 해석하였다.[1] 여기서 형사소송법 제308조의 2의 규정이 사인에게도 적용되는가, 이 규정의 적용범위 밖의 사안에 대하여도 헌법상의 기본권의 침해가 있는 경우에 증거능력을 배제할 수 있는가가 문제된다. 대상판결은 모두 위법수집증거배제법칙이 사인의 증거수집행위에 대하여도 적용될 수 있는가와 관련되는 판결이다. 대상판결 (1)은 사인인 남편이 처의 주거에 침입하여 간통사건의 증거물로 획득한 혈흔이 묻은 휴지 및 침대시트의 증거능력, 대상판결 (2)와 (3)은 사인이 피고인과 간통한 후 피고인으로부터 금원을 갈취할 목적으로 간통현장을 비밀촬영한 나체사진의 증거능력, 대상판결 (4)는 사인이 비밀녹음한 녹음테이프의 증거능력을 묻는 판결이다. 이상의 쟁점들을 순서에 따라 검토해 보기로 한다.

Ⅱ. 사인의 증거수집과 위법수집증거배제법칙

사인의 증거수집행위에 대하여 위법수집증거배제법칙이 적용될 것인가에 관하여는 미국과 독일 및 일본의 판례와 학설상 견해가 대립되고 있다.

---

1) Burdeau v. Mcdowell, 256 U.S. 465(1921).

1. 미국의 판례와 학설

(1) 미국 연방대법원의 판례

사인이 위법하게 수집한 증거에 제 4 차 수정헌법이 적용되는지 여부에 관한 미국 연방대법원의 리딩 케이스가 바로 1921년의 Burdeau v. McDowell 사건이다. 이는 회사의 대표와 사립탐정이 부적절한 영업행위로 해고되었던 전직 회사직원 McDowell의 금고를 부수어 열고, 범죄를 입증할 서류를 훔쳐서 미연방 당국에 넘겼던 사건이다. 이 판결에서 연방대법원은 「타인의 물건을 훔치는 데 있어서 저질러진 어떤 잘못이 사인에 의하여 행해진 것이라면, 제 4 차 수정헌법이 보장하고 있는 안전에 대한 침해가 없었다는 것은 명백하다」고 판결했다.[1] 이 사건에서 미국 연방대법원은 「제 4 차 수정헌법은 위법한 수색과 압수에 대한 보호를 규정한 것이며, 그러한 보호는 정부기관의 행위에 적용된다. 제 4 차 수정헌법의 기원과 역사는 이 규정이 주권 있는 당국(sovereign authority)의 행위에 제약을 가하려고 의도된 것이며, 정부기관 이외의 다른 자에 대하여 제약을 가하려고 의도된 것이 아니라는 것을 명백히 보여준다」고 판시하였다.[2]

Burdeau v. McDowell 사건에서 확립된 이론은 그 후의 미국법원의 판결에서 계속 받아들여지고 있다. 즉, 미국 연방대법원은 Coolidge v. New Hampshire 사건에서도 「제 4 차 수정헌법의 근거에 놓여 있는 정책 중 어느 부분도 일반 시민들이 능력껏 범인의 체포를 돕는 것을 단념하게 하려는 것은 없다」고 판결하였다.[3] 또한 미 법원은 사적 경비원이 탈의실의 칸막이 밑에 누워서 탈의실 내부를 훔쳐봄으로써 발견한 상습절도의 증거가 증거능력이 있는 것으로 판결하였으며,[4] 민간항공기 안전요원이 승객을 강제로 항공기에서 끌어낸 후 수색한 결과 얻어진 위조 영수증의 증거능력을 인정하였다.[5]

---

1) 김종구 「사인이 수집한 형사사건의 증거와 증거배제법칙」, 형사법연구 20-2(2008), 209면.
2) del Carmen p. 105.
3) Coolidge v. New Hampshire, 430 U.S. 443(1971).
4) People v. Randazzo, 220 Cal. App. 2d 268.
5) People v. Trimarco, 245 N.Y.S 2d 795.

(2) 긍 정 설

미국의 학설 가운데는 프라이버시의 침해 여부는 침해자의 지위에 따라 판단할 것이 아니라, 보호가 필요한 이익의 정당성이라는 관점에서 판단되어야 한다는 이유로 의도적인 수색과 압수에 관여하는 개인도 수사기관과 마찬가지로 형사절차상의 적법절차원칙을 준수하고, 개인의 기본권 침해가 없도록 해야 한다는 견해가 있다.[1] 제 4 차 수정헌법의 목적은 프라이버시의 이익을 모든 비이성적인 수색으로부터 보호하는 데 있으며, 따라서 위법한 사적 수색의 경우에도 증거배제법칙을 적용하여 법정에서 그 증거의 사용을 배제해야만 피해자의 프라이버시를 온전히 보호할 수 있다는 것이다.[2] 미국 헌법의 개성에 있어서 프라이버시 보호를 위한 최선의 방법은 증거수집의 주체가 누구인가에 관계 없이 위법하게 수집된 증거를 법정에서 사용할 수 없도록 형사소송법 규정을 개정하는 것이라는 견해도 있다.[3]

2. 독일의 증거금지

독일에서는 증거수집의 배제가 위법수집증거배제법칙에 의해서가 아니라 증거사용금지(Beweisverwertungsverbot)에 의하여 실현되고 있다. 그러나 증거평가금지의 수명자는 형벌소추의 권한을 가진 국가기관에 제한되고, 형사소송법은 형사소추기관에 대하여만 적용된다. 즉 개인에게는 수사기관에 비교할 만한 의무가 부과되지 않기 때문에 제136조의 a 제 1 항에 규정된 증거금지가 적용될 여지가 없다. 이와 같이 독일의 증거금지도 사인을 수명자로 하지 않는다는 점에서 미국의 위법수집증거배제법칙과 일치한다.[4] 극단적인 인권침해의 경우만 이 원칙에 대한 유일한 예외가 될 수 있다고 한다.[5]

독일에서 사인이 불법하게 수집한 증거물이 피고인의 인격권과 프라이버시를 중대하게 침해한 때에는 증거능력이 배제된다고 판시한 판결로는 일기장

1) David L. DeNinno *Private Searches and Seazures* p. 448; 김종구 앞의 글, 211면.
2) Marco Caffuzi 「Private Police and Personal Policy」, New York Law School *Law Review* vol. 40, p. 249.
3) Marco Caffuzi p. 228.
4) Lutz－Meyer/Goßner § 136 a, Rn. 2; Pfeiffer § 136 a, Rn. 2; Roxin 25 48.
5) Lutz－Meyer/Goßner § 136 a, Rn. 2; Kindhäuser 23 33; Pfeiffer § 136 a, Rn. 2; Roxin 25 48.

과 관련된 두 개의 판결을 들 수 있다. 첫 번째는 1964년 2월 21일의 일기장 판결이다.[1] 이 사건에서 피고인 甲은 위증죄로 기소되었고, 그 증거로 甲의 정부(情夫) 乙이 절취하여 수사기관에 제출한 일기장과 편지가 수사기관에 제출되었다. BGH는 일기는 작성자의 인격과 밀접한 관련이 있으며, 일기장을 수사기관에 제출하는 것은 독일 기본법상의 인간의 존엄과 인격권에 대한 침해라고 규정하면서 그 증거능력을 배제하였다. 그러나 BGH는 1987년 7월 9일의 일기장과 관련된 판결에서는 다른 판결을 내렸다.[2] 이 사건에서 피고인은 피해자 乙의 살해혐의로 수사를 받고 있었는데 수사기관이 피고인의 방에서 살해범행의 동기가 적혀 있는 일기장을 발견하고 이를 증거로 제출하였다. 이 사건에서 BGH는 일기장에 대한 인격권의 보호가치를 인정하면서도, 형사사법의 요청과의 이익형량을 고려하여 일기장의 증거사용을 인정하였다.

3. 우리나라의 학설

사인의 증거수집행위에 대하여 위법수집증거배제법칙이 적용되어야 한다는 견해로 우리나라에서는 권리범위설과 이익형량설이 대립되고 있다.

(1) 권리범위설

권리범위설(Rechtkreistheorie)은 침해되는 권리의 중요성을 기준으로 하여, 기본권의 핵심적 영역을 침해하는 경우에 사인의 증거수집행위에 대하여도 위법수집증거배제법칙을 적용해야 한다는 견해이다.[3] 독일에서 극단적인 인권침해행위에 대하여만 사인에 대하여도 예외적으로 증거사용금지를 적용해야 한다는 견해도[4] 여기에 해당한다.

(2) 이익형량설

이익형량설(Abwägungslehre)은 피고인의 개인적인 이익과 효과적인 형사소추의 이익을 교량하여 사인의 증거수집행위에 대하여도 이 원칙이 적용되는가의 여부를 판단해야 한다는 이론이다.[5] 증거금지의 적용범위에 관한 독일의

---

1) BGHSt, 19, 325.
2) BGHSt. 34, 397.
3) 노명선/이완규 501면; 하태훈「사인에 의한 증거수집과 그 증거능력」, 형사법연구 12, 44면.
4) Kindhäuser 23 35; Roxin S. 195.
5) 신동운 1143면; 조국 위법수집증거배제법칙(2005), 458면.

통설의 태도이기도 하다.[1] 대상판결 (1) 및 (2)에서 대법원이 증거능력을 인정한 것은 이익형량설의 입장이다.

형사소송법은 국가적 형사소추기관을 대상으로 하며, 사인은 형사소송법의 수명자가 아니다. 생각건대 ① 권리범위설과 이익형량설은 독일 형사소송법의 증거금지의 적용기준에 관한 이론으로 증거금지가 예외적으로 사인에 대하여 적용될 수 있는 범위를 정하는 데 기준이 될 수 있을 뿐이다. ② 그런데 독일에서 권리범위설에 의하여 사인에 대하여도 적용되어야 한다는 대표적인 경우인 도청에 의하여 수집된 증거에 대하여 우리나라에서는 통신비밀보호법에 증거능력을 배제하는 특별규정을 두고 있으므로(동법 제14조 제1항, 제4조) 특별히 이 경우에 위법수집증거배제법칙을 인정해야 할 필요가 없으며, ③ 이익형량설은 불명확한 기준으로 인하여 예견할 수 없는 결과를 초래한다는 비판을 면하지 못한다.[2] 따라서 사인이 수사기관에 고용되었거나 수사기관의 위임에 의하여 위법하게 증거를 수집한 경우가 아닌 한 위법수집증거배제법칙은 사인에 대하여는 적용되지 않는다고 해석하는 것이 타당하다. 대상판결 (3)도 부정설의 입장과 일치한다고 할 수 있다.

Ⅲ. 사진과 비디오테이프의 증거능력

대상판결 (2)는 사인의 위법한 사진촬영, 대상판결 (3)은 사인이 위법하게 녹취한 녹음테이프의 증거능력에 관한 판결이다. 사진과 녹음테이프의 증거능력에 관하여는 사진, 특히 사인이 촬영한 사진과 녹음테이프의 법적 성격을 검토한 후에, 사진과 녹음테이프의 증거능력을 인정하기 위한 요건을 살펴볼 필요가 있다.

1. 사진촬영과 녹취한 비디오테이프의 법적 성질

사진은 어떤 사실을 필름 또는 인화지에 그대로 인화지에 재생시킨 증거방법이므로 신용성과 증거가치가 높다는 점에서 범죄사실을 증명하기 위한 중

1) Gössel LR Einleitung K Rn. 140; KK/Senge Vor §48, Rn. 27.
2) Kindhäuser 23 27.

요한 증거방법으로 활용되고 있다. 특히, 범행현장의 사진이나 피해자의 상해부위의 사진 등과 같이 사진에 촬영되어 있는 형상의 존부·상태가 요증사실을 이루는 독립증거로서의 사진은 독립된 비진술증거로서의 성격을 가진다.[1] 수사방법으로서의 사진촬영이 허용되는가는 수사기관의 사진촬영이 임의수사인가 또는 강제수사인가에 따라 결론을 달리한다. 강제수사설에 의하면 사진촬영을 허용하는 규정이 없는 이상 강제수사법정주의와 영장주의에 의하여 영장 없는 사진촬영은 허용되지 않음에 반하여, 임의수사설에 의하는 경우에는 사진촬영은 법적 규제로부터 자유로운 영역에 속하게 된다. 다만, 강제수사설에 의하는 경우에도 사진촬영이 종래의 전통적·고전적 강제처분에 포함되지 않는 새로운 강제처분이라는 점에 비추어 엄격한 요건하에서 영장 없는 사진촬영을 허용하고 있으며, 그 요건으로는 ① 범죄의 혐의가 명백할 것, ② 증거로서의 필요성이 높을 것, ③ 증거보전의 긴급성이 있을 것, ④ 촬영방법이 상당할 것을 요구하고 있다.[2] 대법원도 상대방의 동의 없는 사진촬영을 강제수사에 해당한다는 입장을 취하고 있다.[3] 대상판결 (2)에서 대법원은 비록 사인이 공갈 목적으로 촬영한 나체사진이더라도 피촬영자의 동의하에 촬영된 것이라면 효과적인 형사소추 및 형사소송에서의 진실발견이라는 공익과 개인의 사생활의 보호이익을 비교형량하여 그 허용여부를 결정해야 한다는 이익형량설의 관점에서 피고인의 동의하에 촬영된 나체사진의 증거능력을 인정하였다.[4] 따라서 사진촬영이 강제수사라는 이유로 위법하게 촬영되었다고 단정하는 것은 옳다고 할 수 없다. 수사기관의 사진이나 비디오촬영의 경우에 비하여 사인이 비밀촬영한 사진이나 녹음테이프는 위법수집증거라고 할지라도 증거능력이 인정될 가능성이 넓어진다.

2. 위법한 사진촬영과 비디오테이프 녹취의 증거능력

사인에 의하여 공개된 장소에서 행하는 사진촬영과 비밀녹취, 예컨대 일반

---

1) 따라서 사진과 비디오테이프에 대하여는 비진술증거로서 전문법칙이 적용되지 않는다는 견해가 있다. 김대휘 「사진과 비디오테이프의 증거능력」, 형사판례연구 6, 443면.
2) 대법원 1999. 9. 3. 99도2317.
3) 대법원 1989. 3. 14. 88도1399.
4) 신동운 「위법수집증거배제법칙과 나체사진의 증거능력」, 형사재판의 제문제 3, 249면; 하태훈 「사인에 의한 증거수집과 그 증거능력」, 형사법연구 12, 30면.

공중에 의하여 항시 목격될 수 있는 장소에서의 비디오녹화는 일반적으로 인정될 수 있다. 행위자도 그의 행위가 공개된 장소에서 행한다는 사실을 알고 있고, 이 경우에는 비디오녹화를 금지시키고 증거능력을 부정할 정도로 중대한 기본권침해는 존재하지 않기 때문이다. 수사기관이 피고인들에 대한 국가보안법위반의 혐의를 상당히 포착한 상태에서 그 회합의 증거를 확보하기 위해서 피고인의 주거지 밖에서 담장 및 2층 계단을 통하여 피고인의 집에 출입하는 사람들의 모습을 비디오로 촬영한 이른바 '영남위원회' 사건에서, 대법원이 「누구든지 자기의 얼굴 기타 모습을 함부로 촬영당하지 않을 자유를 가지나 이러한 자유도 국가권력의 행사로부터 무제한으로 보호되는 것은 아니고 국가의 안전보장·질서유지·공공복리를 위하여 필요한 경우에는 상당한 제한이 따르는 것이고, 수사기관이 범죄를 수사함에 있어 현재 범행이 행하여지고 있거나 행하여진 직후이고, 증거보전의 필요성 및 긴급성이 있으며, 일반적으로 허용되는 상당한 방법에 의하여 촬영을 한 경우라면 위 촬영이 영장 없이 이루어졌다 하여 이를 위법하다고 단정할 수 없다」고 판시한 것이나,[1] 무인장비에 의하여 제한속도 위반차량의 차량번호 등을 촬영한 사진의 증거능력에 관한 판결에서, 「수사, 즉 범죄혐의의 유무를 명백히 하여 공소를 제기·유지할 것인가의 여부를 결정하기 위하여 범인을 발견·확보하고 증거를 수집·보전하는 수사기관의 활동은 수사 목적을 달성함에 필요한 경우에 한하여 사회통념상 상당하다고 인정되는 방법 등에 의하여 수행되어야 하는 것인바, 무인장비에 의한 제한속도 위반차량 단속은 이러한 수사활동의 일환으로서 도로에서의 위험을 방지하고 교통의 안전과 원활한 소통을 확보하기 위하여 도로교통법령에 따라 정해진 제한속도를 위반하여 차량을 주행하는 범죄가 현재 행하여지고 있고, 그 범죄의 성질·태양으로 보아 긴급하게 증거보전을 할 필요가 있는 상태에서 일반적으로 허용되는 한도를 넘지 않는 상당한 방법에 의한 것이라고 판단되므로, 이를 통하여 운전 차량의 차량번호 등을 촬영한 사진을 두고 위법하게 수집된 증거로서 증거능력이 없다고 말할 수 없다」고 판시한 것은 이러한 의미에서 이해할 수 있다.[2] 대상판결 (2)의 판결도 같은 취지라고

1) 대법원 1999. 9. 3. 99도2317.
2) 대법원 1999. 12. 7. 98도3329.

볼 수 있다. 한편 비공개된 장소, 예컨대 특정 주거지에서 주거에 침입하여 비디오 촬영을 하는 경우에 피촬영자의 동의가 없는 경우에도 사진과 비디오 촬영은 원칙적으로 위법하다고 할 수 없고, 이러한 위법행위에 근거한 사진촬영과 비디오 녹화는 증거능력이 없다고 할 수 없다.

Ⅳ. 사인이 몰래 녹음한 녹음테이프의 증거능력

1. 수사기관에 의한 비밀녹음

통신비밀보호법은 원칙적으로 법률의 규정에 의하지 아니한 전기통신의 감청이나 공개되지 아니한 타인간의 대화의 녹음・청취를 금지하고(제3조 본문), 예외적으로 동법 제5조에 규정된 특정한 범죄의 수사를 위하여 검사가 청구하여 법원이 발부한 통신제한조치의 허가에 의하여 감청할 수 있도록 하고 있다(제5조 및 제6조 참조). 그리하여 통신비밀보호법에 의한 법원의 통신비밀제한조치 허가서를 발부받지 아니하고 불법감청에 의하여 지득 또는 채득된 전기통신의 내용은 재판 또는 징계절차에서 증거로 사용할 수 없으므로(동법 제4조), 수사기관이 전화 등 전기통신을 비밀녹음한 녹음테이프는 증거능력이 부인된다. 따라서 수사기관이 통신비밀보호법이 정한 절차에 의하지 아니하고 전기통신을 감청・녹음한 경우에는 통신비밀보호법(제4조)에 의하여, 전기통신이 아닌 대화나 진술을 비밀녹음한 경우에는 위법수집증거배제법칙에 의하여 각 녹음테이프의 증거능력이 부인된다고 할 것이다. 다만, 통신비밀보호법의 해석상 제3조 제1항과 제14조 제1항이 규율객체를 「누구든지」라고 규정하고 있는데 여기에 수사기관뿐만 아니라 사인도 포함되는가, 공개되지 아니한 타인 간의 대화는 당사자 일방이 동의하거나 또는 일반 당사자가 대화내용을 녹음하는 경우에도 해당하는가가 문제된다. 그러나 통신비밀보호법 제4조는 수사기관이나 사인을 불문하고 누구든지 같은 법 제3조와 제14조 제1항의 방법으로 타인 간의 대화를 몰래 녹음하거나 청취한 경우에는 그 내용을 증거로 사용할 수 있다고 명문화하였다. 따라서 통신비밀보호법의 규율객체는 수사기관뿐만 아니라 사인도 당연히 포함한다고 보아야 한다.[1)]

---

1) 대법원 2001. 10. 9. 2001도106.

2. 사인에 의한 비밀녹음

사인의 비밀녹음에 의한 녹음테이프의 증거능력을 인정할 것인가의 문제는 대화당사자의 프라이버시 보호와 사인에 의한 수사권대행을 통한 국가형벌권의 실현이라는 두 개의 이익 중 어느 것을 우선할 것인가에 달려 있다고 한다. 따라서 사인의 비밀녹음에 의한 녹음테이프의 증거능력의 문제는 녹음자와 녹음내용의 관련성에 따라 다음과 같이 나누어 살펴보아야 한다.

① 대화당사자가 아닌 자에 의하여 비밀녹음된 녹음테이프는 증거로 사용할 수 없다. 이 경우에는 통신비밀보호법(제3조, 제14조)을 위반하였을 뿐만 아니라 동법에 규정된 범죄(제16조 제1항)에 해당하며, 이러한 방법에 의하여 사인이 범죄의 증거를 수집할 권한이나 의무는 없기 때문이다. ② 대화당사자에 의한 비밀녹음이 결과가 증거로 사용될 수 있는가에 관하여 대법원은 대화당사자가 비밀녹음한 녹음테이프의 증거능력을 인정하고 있다.[1] 이에 관하여 대화당사자의 프라이버시를 침해한 것이 명백한 이상 증거능력을 부정해야 한다는 견해[2]와 대화당사자의 녹음과 제3자의 녹음은 구별해야 하므로 증거능력을 인정해야 한다는 견해[3]가 대립되고 있다. 생각건대 대화당사자 사이에는 프라이버시 보호의 필요성이 없거나 약화되고, 통신비밀보호법도 타인 간의 대화비밀만을 보호하고 있기 때문에 당사자에 의한 공개는 현행법상 위법하다고 할 수 없다는 점에 비추어 비밀녹음한 녹음테이프가 모두 증거능력이 없다고 해석하는 것은 타당하다고 할 수 없다. ③ 대화당사자의 일방이 범죄의 직접적인 관련자로서 자신의 범죄관련대화를 비밀녹음한 경우에는 위법하지 않다. 이러한 관점에서 「피고인이 범행 후 피해자에게 전화를 걸어오자 피해자가 증거를 수집하려고 그 전화내용을 녹음한 경우, 그 녹음테이프가 피고인 몰래 녹음된 것이라 하여 이를 위법하게 수집된 것이라고 할 수 없다」고 판시한 대법원판결[4]은 타당하다고 생각된다.

---

1) 대법원 1997. 3. 28. 96도2417; 대법원 2005. 2. 18. 2004노6323; 대법원 2006. 10. 12. 2006도4981.
2) 강동범 앞의 글, 474면.
3) 김대휘 앞의 글, 448면; 하태훈 앞의 글, 44면.
4) 대법원 1997. 3. 28. 97도240.

V. 대상판결의 분석

위법수집증거배제법칙이란 위법한 절차에 의하여 수집한 증거, 즉 위법수집증거의 증거능력을 배제하는 원칙이다. 형사소송법 제308조의 2는 「적법한 절차에 따르지 아니하고 수집한 증거는 증거로 할 수 없다」고 규정하여 위법수집증거배제법칙을 명문으로 규정하고 있다. 미국의 위법수집증거배제법칙은 원래 국가기관이 증거수집의 주체인 경우에만 적용되던 원칙이었다. 따라서 사인이 위법하게 수집한 증거에는 이 원칙이 적용되지 않는다고 해석되어 왔으며, 여기서 위법수집증거배제법칙이 사인에 대하여도 적용되는가는 이 원칙과 관련된 핵심적인 문제가 되지 않을 수 없다. 대상판결은 모두 위법수집증거배제법칙을 사인이 위법하게 수집한 증거수집행위에 대하여도 적용할 수 있는가와 관련되는 판결이다.

대상판결 (1)은 사인인 남편이 처의 주거에 침입하여 간통사건의 증거물로 획득한 혈흔이 묻은 휴지 및 침대시트의 증거능력에 관한 판결이다. 사인의 증거수집행위에 대하여 위법수집증거배제법칙이 적용되어야 하는가에 관하여는 부정설 이외에도 권리범위설과 이익형량설이 대립되고 있으며, 이익형량설은 독일의 판례의 입장이다. 대상판결 (1)도 이익형량설과 일치한다. 형사소송법은 국가적 형사소추기관을 대상으로 하며, 사인은 형사소송법의 수명자가 아니다. 그런데 ① 권리범위설과 이익형량설은 증거금지가 예외적으로 사인에 대하여 적용될 수 있는 범위를 정하는 기준이 되는 이론에 불과하고, ② 독일에서 권리범위설에 의할 때 사인에 대하여도 적용되어야 한다는 대표적인 경우인 도청에 의하여 수집된 증거에 대하여 우리나라에서는 통신비밀보호법에 특별규정을 두고 있으므로 이 경우에 특별히 위법수집증거배제법칙을 인정해야 할 필요가 없고, ③ 이익형량설도 그 기준이 명확하지 못하다는 점에서 이 원칙은 사인에 대하여는 적용되지 않는 것이 타당하다고 해야 한다. 대상판결 (2)는 사인의 위법한 사진과 비디오테이프의 증거능력에 관한 판결이다. 수사방법으로 사진촬영이 허용되는가는 수사기관의 사진촬영이 임의수사인가 또는 강제수사인가에 따라 결론을 달리한다. 대상판결 (2)에서 대법원은 이익형량설의 입장에서 피고인의 동의하에 촬영된 나체사진의 증거능력을 인정하였다.

따라서 사진촬영이 강제수사라는 이유로 위법하게 촬영되었다고 단정하는 것은 옳다고 할 수 없다. 사인에 의하여 공개된 장소에서 행하는 비디오녹화는 일반적으로 인정할 수 있다. 사인이 대화내용을 몰래 녹화한 경우에는 그 증거능력을 인정해도 무방하다.

대상판결 (3)과 (4)는 사인의 비밀녹음에 의한 녹음테이프의 증거능력에 관한 판결이다. 이에 의하면 녹음테이프의 증거능력의 문제는 녹음자와 녹음내용의 관련성에 따라 결론을 달리한다. 즉, ① 대화당사자가 아닌 자에 의한 비밀녹음인 경우에는 녹음테이프는 통신비밀보호법에 따라 증거능력이 없다. ② 대화당사자 사이에는 프라이버시 보호의 필요성이 없거나 약화되고 통신비밀보호법도 타인간의 대화비밀만을 보호하고 있으며 당사자에 의한 공개만 위법하다고 할 수 없으므로 증거능력이 없다고 할 수 없다. ③ 대화당사자의 일방이 범죄의 직접관련자로서 자신의 범죄관련 대화를 비밀녹음한 경우에는 위법하지 않다.

결국, 대법원이 대상판결 (1)에서 사인이 위법하게 수집한 증거물, 대상판결 (2)에서 상대방의 동의하에 촬영한 나체사진, 대상판결 (3)에서 공개된 장소에서의 사인에 의한 비밀녹음의 경우에 그 녹음테이프의 증거능력을 인정한 것은 타당하다고 해야 한다. 대상판결 (4)에서 처와 상간자 사이의 대화를 녹화한 녹음테이프의 증거능력을 부정한 것도 타당하다. 다만, 대상판결 (1) 및 (2)에서 대법원이 사인의 증거수집행위에 대한 증거능력을 이익형량설에 따라 판시한 것은 옳다고 할 수 없다. 이익형량설은 증거능력의 판단에 대한 명백한 기준을 제시하지 못하는 이론이기 때문이다. 사인에 의한 증거수집의 경우에도 위법수집증거배제법칙이 적용되는가는 위법수집증거배제법칙의 본질과 통신비밀보호법의 합리적 해석에 의하여 해결될 수 있는 문제이다.

17. 검사 작성 피고인이 된 피의자신문조서의 증거능력

[대상판결]

(1) 대법원 2004. 12. 16. 2002도537 전원합의체판결

1. 공소사실

피고인 甲은 교통사고로 부상을 당하여 입원하였다가 퇴원한 후 의사인 피고인 乙에게 부탁하여 乙로 하여금 甲에 대한 허위진단서(후유장애진단서)를 작성하게 한 후 이를 행사하여 보험회사로부터 보험금을 편취하였다.

2. 사건의 경과

검사의 피의자신문 시에 甲은 공소사실을 부인하였으나 乙은 자백하였고, 이에 따라 검사 작성 乙에 대한 피의자신문조서에는 乙이 甲의 부탁에 따라 허위진단서를 발급하였다는 내용이 기재되어 있었다. 한편 참고인 A(보험회사 직원)도 甲에 대한 공소사실에 부합하는 진술을 하여 검사 작성의 A에 대한 진술조서에 그 내용이 기재되어 있었다.

공판기일에 피고인 甲은 범행을 부인하면서 피고인 乙에 대한 검사 작성 피의자신문조서와 A에 대한 진술조서에 부동의하였다. 한편 피고인 乙은 검사 작성 피의자신문조서에 대하여 서명·날인·간인의 진정(형식적 진정성립)은 인정하였으나 피고인 甲의 부탁으로 허위진단서를 작성해 주었다는 내용의 진술기재는 자신의 진술과 다르게 기재되어 있다고 진술하여 실질적 진정성립을 부인하였으며, A도 검사 작성 진술조서에 대하여 甲과 같은 취지로 진술하였다.

제 1 심과 2심에서 피고인은 유죄판결을 받았다. 이에 대해 피고인 甲은 乙에 대한 검사 작성 피의자신문조서와 A에 대한 진술조서는 원진술자들이 실질적 진정성립을 부인하고 있으므로 증거능력이 없음에도 원심판결이 이를 증거로 한 잘못이 있다는 이유로 상고하였다. 이 판결에 대하여 대법원은 파기환송 판결을 하였다. 그리고 대법원의 판결에 의한 파기환송심에서 피고인은 무죄를 선고받았다.

3. 대법원 판결요지

(1) 형사소송법 제312조 제1항 본문은 「검사가 피의자나 피의자 아닌 자의 진술을 기재한 조서와 검사 또는 사법경찰관이 검증의 결과를 기재한 조서는 공판준비 또는 공판기일에서의 원진술자의 진술에 의하여 그 성립의 진정함이 인정된 때에 증거로 할 수 있다」고 규정하고 있다. 여기서 성립의 진정이라 함은 간인·서명·날인 등 조서의 형식적인 진정성립과 그 조서의 내용이 원진술자가 진술한 대로 기재된 것이라는 실질적인 진정성립을 모두 의미하는 것이다.

(2) 위 법문의 문언상 성립의 진정은 '원진술자의 진술에 의하여' 인정되는 방법 외에 다른 방법을 규정하고 있지 아니하므로, 실질적 진정성립도 원진술자의 진술에 의하여서만 인정될 수 있는 것이라고 보아야 하며, 이는 검사 작성이 피고인이 된 피의자신문조서의 경우에도 다르지 않다고 할 것이다. 형사소송법 제244조 제2항, 제3항은 피의자신문조서에 대한 피의자의 조서열람권, 증감변경청구권 등을 규정하고 있기는 하나, 위와 같은 형사소송법의 규정만으로 피고인이 공판정에서 검사의 피의자신문조서에 대하여 그 형식적 진정성립을 인정하였다고 하여 곧바로 그 조서의 실질적 진정성립까지 추정된다고 보기는 어렵다.

(3) 따라서 검사가 피의자나 피의자 아닌 자의 진술을 기재한 조서는 공판준비 또는 공판기일에서 원진술자의 진술에 의하여 형식적 진정성립뿐만 아니라 실질적 진정성립까지 인정된 때에 한하여 비로소 그 성립의 진정함이 인정되어 증거로 사용할 수 있다고 보아야 할 것이며, 그와 같이 해석하는 것이 우리 형사소송법이 취하고 있는 직접심리주의 및 구두변론주의를 내용으로 하는 공판중심주의의 이념에 부합하는 것이라고 할 것이다.

[판례의 연구]

Ⅰ. 문제의 제기

형사소송법 제312조 제1항은 「검사가 피고인이 된 피의자의 진술을 기재한 조서는 적법한 절차와 방식에 따라 작성된 것으로서 피고인이 진술한 내용과 동일하게 작성되어 있음이 공판준비 또는 공판기일에서의 피고인의 진술에 따라 인정되고 그 조서에 기재된 진술이 특히 신빙할 수 있는 상태하에서 행하여졌음이 증명된 때에 한하여 증거로 할 수 있다」, 그리고 제 2 항에서는「제 1 항에도 불구하고 피고인이 그 조서의 성립의 진정을 부인하는 경우에는 그 조서에 기재된 진술이 피고인이 진술한 내용과 동일하게 기재되어 있음이 영상녹화물이나 그 밖의 객관적인 방법에 의하여 증명되고, 그 조서에 기재된 진술이 특히 신빙할 수 있는 상태하에서 행하여졌음이 증명된 때에 한하여 증거로 할 수 있다」고 규정하고 있다. 즉, 2007년 4월 30일 형사소송법의 개정에 의하여 형사증거법은 체계를 정비하고 전문법칙과 관련된 규정들이 전면 개정을 겪게 되었으며, 검사 작성의 피고인이 된 피의자신문조서 등 한국 형사절차의 혁신이 이루어졌다고 할 수 있다.[1] 개정의 핵심은 ① 대상을 검사 작성의 피의자신문조서에서 검사가 피고인이 된 피의자의 진술을 기재한 조서로 고치고, ② 형식적 진정성립을 적법한 절차와 방식에 따라 작성된 것으로 구체화하고, ③ 실질적 진정성립을 피의자의 진술을 기재한 조서가 피고인이 진술한 내용과 동일하게 작성되어 있음이 공판준비 또는 공판기일에서의 피고인의 진술에 따라 인정될 것으로 명시하고,[2] ④ 피고인이 성립의 진정을 부인하는 경우에도 그 조서에 기재된 진술이 피고인이 진술한 내용과 동일하게 기재되어 있음이 영상녹화물이나 그 밖의 객관적 방법에 의하여 증명될 수 있다고 규정하여(제 2 항) 피고인의 진술 이외에 영상녹화물 등의 방법으로도 성립의 진정을 인정할 수 있게 하고, ⑤ 특신상태를 성립의 진정을 인정하기 위한 가중요건으로 명문화하였다는 점에 있다. 여기서 이 글에서는 형사소송법 제312조에 규정된 성립의 진정과 영상녹화물이나 그 밖의 객관적 방법의 의미를 살펴봄으로써 대상판결의 의미를 분석하고자 한다.

1) 조국「검사작성 피의자신문조서와 영상녹화물의 증거능력」, 저스티스 2008. 10(107), 172면.
2) 조국 앞의 글, 180면.

Ⅱ. 조서의 진정성립

1. 형식적 진정성립과 실질적 진정성립

검사가 피고인이 된 피의자의 진술을 기재한 조서는 적법한 절차와 방식에 따라 작성된 것으로서 피고인이 진술한 내용과 동일하게 기재되어 있음이 인정되어야 한다. 전자를 형식적 진정성립, 후자를 실질적 진정성립이라고 한다. 조서에 대한 성립의 진정은 형식적 진정성립에서 시작된다. 형식적 진정성립이란 원진술자를 공판준비 또는 공판기일에서 직접 신문하여 인장·서명·무인 등이 원진술자의 것임을 확인하여 당해 조서의 성립의 진정을 인정하는 것을 말한다.[1] 이에 반하여 실질적 진정성립이란 피의자신문조서에 증거능력을 부여하기 위해서 조서의 기재내용이 원진술자인 피의자의 진술내용과 동일하다는 점에 대한 인정 내지 증명을 말한다. 수사단계에서의 진술증거의 사용문제는 원진술자가 진술을 번복할 때 문제가 된다.[2] 형사소송법 제312조 제1항은 공판준비 또는 공판기일에서의 피고인의 진술에 의하여, 검사가 작성한 피의자신문조서가 피의자로서 신문받을 당시 진술한 것과 동일하게 기재되었음이 인정되는 경우에는 다른 증명을 부가할 필요 없이 바로 실질적 진정성립이 이루어지는 것으로 규정하고 있기 때문이다. 종래 개정 전 형사소송법하에서 판례가 형식적 진정성립이 인정되면 실질적 진정성립이 추정된다고 판시한 것과는 달리, 형사소송법상으로는 언제나 실질적 진정성립이 인정되어야 한다. 형식적 진정성립은 「적법한 절차와 방식」이라는 제1항의 규정에 독립되어 규정되어 있다고 해야 하기 때문이다.[3]

(1) 특신상태

검사작성의 피고인이 된 피의자신문조서는 실질적 진정성립이 인정되는 경우에도 특신상태가 인정되어야 증거능력을 인정할 수 있다. 구법에서는 실질적 진정성립이 부정되는 때에만 특신상태의 충족여부가 문제되었음에 반하여, 언제나 특신상태를 전제해야 증거능력을 인정받는 점에 차이가 있다. 특신

1) 이완규 「조서의 증거능력과 진정성립의 개념」, 형사판례연구 14, 272면.
2) 이완규 앞의 글, 245면.
3) 홍영기 「검사작성 피의자신문조서의 실질적 진정성립 인정방식」, 형사법연구 21-2, 2009, 231면.

상태의 의미에 관하여는 그로부터 조서의 신용성을 확인할 수 있는 외부적 부수사정이라고 보는 판례의 태도와[1] 적법절차가 지켜졌는가 여부로 해석하는 견해[2]가 대립되고 있다. 생각건대 적법절차의 요건은 충족될 것이 이미 전체적으로 요구되고 있다는 점에서 이를 다시 적법절차의 준수라는 의미로 이해한다면 그 독자적 의미가 부각될 수 없다는 점에서 신용성을 판단할 수 있는 외부적 · 객관적 사정을 뜻한다고 해석하는 것이 타당하다고 할 것이다.

(2) 내용인정과의 관계

검사 이외의 수사기관이 작성한 피의자신문조서의 경우에는 피의자였던 피고인 또는 변호인이 내용을 인정할 때에만 증거로 할 수 있음에 반하여, 검사 작성의 피고인에 대한 피의자신문조서는 내용의 인정을 요건으로 하지 않는다. 경찰이 작성한 조서와 검사가 작성한 피고인에 대한 피의자신문조서를 이와 같이 달리 취급하고 있는 것은 조서작성 주체의 사법적 지위에 그 근거를 두고, 개인의 기본적 인권과 소송경제에 조화점을 달성하려는 것이라고 보아야 한다. 그러나 이러한 취급의 차이는 검사가 사법경찰관과는 달리 공판정에서 당사자로서의 지위를 갖는 데에도 있다고 해야 한다.[3] 검사가 작성한 조서의 실질적 진정성립을 피고인이 인정한 경우 그 조서에 기재된 내용은 당사자 사이의 공격과 방어를 통하여 공판정에서 다투어지며, 그에 따라 법원이 심증을 형성할 수 있게 된다.

형사소송법은 검사 작성 피의자신문조서의 실질적 진정성립을 피고인이 부인하는 경우에도 객관적 방법에 의하여 그 진정성립을 확인할 수 있게 하고 있다. 전문증거에 지나지 않는 영상녹화물 기타 객관적 방법을 통해 전문법칙의 예외의 예외를 입증하도록 하여 증거능력을 인정하는 것은 이론적으로 모순이라는 비판도 가능하다.[4] 그러나 이러한 문제에도 불구하고 형사소송법은 실질적 진정성립이 부인되는 경우에 영상녹화물 등 객관적 증명을 요구하며, 이에 의하여 실질적 진정성립의 요건이 강화된 반면, 특신상태에 관한 요건이 현저히 약화되었다고 할 수 있다. 실질적 진정성립이 부인되는 경우에 이를 대

1) 대법원 2007. 6. 14. 2004도5561; 홍영기 앞의 글, 232면.
2) 배종대/이상돈/정승환/이주원 629면; 이완규 앞의 글, 283면.
3) 홍영기 앞의 글, 233면.
4) 홍영기 앞의 글, 234면.

신 특정할 수 있는 요건을 통하여 특신상태는 더욱 확실히 추정될 수 있기 때문이다.[1)]

2. 적법한 절차와 방식

(1) 적법한 절차와 방식의 의미

검사 또는 사법경찰관의 조서는 적법한 절차와 방식에 따라 작성된 것이어야 한다.

형사소송법 제312조에 규정한 적법한 절차와 방식이 법 제308조의 2에서 규정된 적법한 절차와 구별된다는 점에는 이론이 없다. 적법한 절차와 방식은 조서의 내용인 진술을 취득하는 과정에서의 적법성과 조서작성의 절차와 방식의 적법성을 포괄하는 의미로 해석해야 한다.[2)] 여기서 적법한 절차와 방식은 물론 사소한 위법이 있으면 증거능력이 부정될 정도로 엄격한 기준이 적용될 것을 요구하는 것은 아니다. 또 적법한 절차와 방식은 조서의 형식이 아니라 그 실질을 기준으로 판단해야 한다. 따라서 피의자의 진술을 녹취·기재한 서류는 진술조서·진술서 또는 자술서의 형식을 취한 경우에도 피의자신문조서와 달리 볼 수 없다.[3)]

(2) 피의자신문과 적법한 절차와 방식

피의자에 대한 신문절차와 조서의 작성절차를 규정한 법규정에는 형사소송법 제241조 내지 제245조를 들 수 있다. 적법한 절차와 방식이란 종래의 형식적 진정성립을 의미하는 것으로 이해된다. 여기서 적법한 절차와 방식은 조서의 내용인 진술을 취득하는 과정에서의 적법성과 조서작성의 절차와 방식의 적법성을 포괄하는 의미이다. 그러나 조서의 내용인 진술을 취득하는 과정에서의 적법성과 조서작성의 절차와 방식의 적법성이 모두 형식적 진정성립을 의미하는 것은 아니다. 일면에 있어서 진술거부권의 고지와 변호인의 피의자신문참여는 제312조의 적법한 절차와 방식에 해당하지 않는 반면, 다른 한편으로 절차와 방식의 위법이 경미한 경우에는 적법한 절차와 방식에 해당한다고

1) 홍영기, 앞의 글, 235면.
2) 양동철 「형사소송법 제312조의 "적법한 절차와 방식"」, 한국 형사법학의 이론과 실천, 802면.
3) 대법원 2009. 8. 20. 2008도8213.

할 수 있다.

1) **신문의 대상** 검사 또는 사법경찰관이 피의자를 신문함에는 먼저 그 성명·연령·등록기준지, 주거와 직업을 물어 피의자임에 틀림 없음을 확인하여야 하며(제241조), 피의자에 대하여 범죄사실과 정상에 관한 필요사항을 신문하여야 하고, 그 이익되는 사실을 진술할 기회를 주어야 한다(제242조).

2) **신문의 주체와 참여자** 피의자신문의 주체는 검사와 검사 이외의 수사기관이다.[1] 검사가 피의자를 신문함에는 검찰청 수사관 또는 서기관이나 서기를 참여하게 하여야 하고, 사법경찰관이 피의자를 신문함에는 사법경찰리를 참여하게 하여야 한다(제243조). 다만, 검사가 없는 상태에서 조사된 경우는 물론, 검사가 직접·개별적으로 신문하고 그 신문내용에 따라 작성한 것이 아닐 때에는 검사가 작성한 조서로 볼 수 없다.[2] 피의자 또는 변호인·법정대리인·배우자·직계친족·형제자매의 신청에 따라 변호인을 피의자와 접견하게 하거나 정당한 사유가 없는 한 피의자에 대한 신문에 참여하게 하여야 한다(제243조의 2). 변호인의 신문참여 및 그 제한에 관한 사항 또한 피의자신문조서에 기재하여야 한다.

3) **피의자신문조서와 수사과정의 기록화** 피의자의 진술은 조서에 기재하여야 하고(제244조 제1항), 조서는 피의자에게 열람하게 하거나 읽어 들려주어야 하며, 진술한 대로 기재되지 아니하였거나 사실과 다른 부분의 유무를 물어 피의자가 증감 또는 변경의 청구 등 이의를 제기하거나 의견을 진술한 때에는 이를 조서에 추가로 기재하여야 한다. 이 경우 피의자가 이의를 제기하였던 부분은 읽을 수 있도록 남겨 두어야 한다(제2항). 피의자가 조서에 대하여 이의나 의견이 없음을 진술한 때에는 피의자로 하여금 그 취지를 자필로 기재하도록 하고 조서에 간인한 후 기명날인 또는 서명하게 한다(제3항). 그 밖에도 수사과정은 상세히 기록화되어야 한다(제244조의 4). 따라서 검사 또는 사법경찰관은 피의자가 조사장소에 도착한 시각, 조사를 시작하고 마친 시각, 그 밖에 조사과정의 진행경과를 확인하기 위하여 필요한 사항을 피의자신문조서에 기록하거나 별도의 서면에 기록한 후 수사기록에 편철하여야 한다(제244조

1) 외국의 권한 있는 수사기관도 여기에 포함된다. 대법원 2006. 1. 13. 2003도6548.
2) 대법원 2003. 10. 9. 2002도4372.

의 4 제 1 항).[1)]

4) 진술자와 조서 작성자의 서명 등 조서에는 진술자의 서명이나 기명날인이 있어야 한다. 이는 종래의 판례에서 말하는 형식적 진정성립의 의미이다.[2)] 따라서 조서말미에 피고인의 서명이나 기명날인이 없거나, 간인이 없는 조서는 「적법한 절차와 방식」에 의하여 작성된 것이 아니다. 조서에 작성자의 기명날인이나 서명이 없는 경우에도 형사소송법 제57조 제 1 항 위반으로서,[3)] 조서작성이 적법한 절차와 방식에 위반한 것이라고 해야 한다.

Ⅲ. 영상녹화물 기타 객관적 방법

검사 작성의 피고인이 된 피의자신문조서 및 사법경찰관 작성 피의자신문조서에 대한 실질적 진정성립은 공판준비 또는 공판기일에서의 피고인의 진술에 의하여 인정되어야 한다(제312조 제 1 항). 그러나 피고인이 성립의 진정을 부인하는 경우에도 영상녹화물이나 그 밖의 객관적 방법으로 실질적 진정성립이 증명될 수 있다(제 2 항).

1. 영상녹화물

(1) 수사과정의 영상녹화

형사소송법은 피고인이 피의자신문조서의 실질적 진정성립을 부인하는 경우에 이를 대신하여 인정하기 위한 수단으로 피의자진술의 영상녹화에 관한 명문의 규정을 두고 있다(제244조의 2 제 1 항). 즉, 피의자의 진술을 영상녹화함에 있어서는 미리 영상녹화사실을 알려 주어야 하며(제 1 항), 조사의 개시부터 종료까지의 전 과정 및 객관적 사정을 녹화하여야 한다. 완성된 녹화물은 피의자 또는 변호인 앞에서 지체 없이 원본이 봉인되어 피의자로 하여금 기명날인 또는 서명하게 하여야 한다(동조 제 2 항). 이렇게 함으로써 수사과정에서 있을

---

1) 그러나 수사과정의 투명화를 위하여 모든 수사절차를 기록화해야 한다는 것은 소송경제적으로 지나친 낭비일 뿐만 아니라 실질적 진실발견에 대한 낭비요소가 된다고 해야 한다. 양동철 앞의 글, 813면 참조.

2) 대법원 1999. 4. 13. 99도237.

3) 대법원 2001. 9. 28. 2001도4091.

수 있는 피의자의 인권침해를 방지하고, 피의자였던 피고인이 소송지연만을 목적으로 피의자신문조서의 실질적 진정성립을 부인하는 것에 대응할 수 있게 된다.[1] 피의자 또는 변호인의 요구가 있을 때에는 영상녹화물을 재생하여 시청하게 하여야 하며, 그 내용에 대하여 이의를 진술하는 때에는 그 취지를 기재한 서면을 첨부하여야 한다(동조 제 3 항). 피의자신문 및 조서 작성에 준하는 절차를 규정한 것이라고 할 수 있다.

(2) 영상녹화물의 독립된 증거능력

형사소송법은 영상녹화물을 검사가 작성한 피고인이 된 피의자신문조서나 참고인에 대한 진술조서의 성립의 진정을 인정하기 위한 방법으로만 허용하고 있다. 문제는 영상녹화물의 독립된 증거능력을 인정할 수 있는가에 있다.

부정설은 피의자진술 영상녹화물의 독립된 증거능력을 부정한다. 피의자의 진술은 조서에 기재해야 한다는 형사소송법 제244조 제 1 항의 규정은 강행규정이고, 독립된 증거능력을 인정할 때에는 수사절차는 비디오 촬영절차가 되고 공판절차는 비디오 상영장으로 변질될 위험이 있을 뿐만 아니라, 수사단계에서 촬영한 영상녹화물의 상영에 의하여 법관의 심증이 좌우되어 공판중심주의가 무의미하게 될 우려가 있고, 영상녹화물에 대한 증거조사는 공판절차를 과도하게 지연시킨다는 점을 이유로 한다.[2] 그러나 ① 당사자의 증거제출행위인 검사의 피의자신문 결과를 조서에 기재할 것을 강제할 이유가 없으므로 형사소송법 제244조 제 1 항은 임의규정에 불과하다고 해야 하고, ② 검사가 피고인이 된 피의자신문조서와 검사 이외의 수사기관이 작성한 조서는 그 형식 여하를 불문하고 제312조에 의하여 증거능력을 인정해야 하고(동법 제 5 항), ③ 피의자의 진술을 녹화·촬영한 영상녹화물은 실질적으로 피의자신문조서와 다를 바 없다고 해야 할 뿐만 아니라, ④ 영상녹화를 사진과 녹음으로 분리할 때에는 각각 현장사진 또는 진술녹음으로서 증거능력을 인정해야 하는데 영상녹화물의 증거능력을 인정하지 않는 것은 부당하고, ⑤ 영상녹화물에 대한 증거조사는 피고인이 수사절차에서 자백하고 공판정에서 부인하는 경우에만 필요하기 때문에 공판절차를 지연시키는 것도 아니라는 점에서 영상녹화

1) 홍영기 앞의 글, 235면.
2) 신동운 1067면; 조국 앞의 글, 188면.

물도 제312조의 요건을 충족시킬 때에는 증거능력을 인정해야 한다고 해야 한다.[1] 피의자의 진술에 대한 외국의 입법례는 대부분 피의자의 진술을 영상녹화해야 하는가, 즉 영상녹화하지 않은 피의자의 자백을 증거로 할 수 있는가의 문제로 다루고 있으며, 진실발견에 유용한 과학적 증거방법의 증거능력을 부인하는 것은 옳다고 할 수 없다. 이러한 의미에서 영상녹화물을 실질적 진정성립을 인정하기 위한 증거로 사용할 경우뿐만 아니라, 그 독립된 증거능력도 인정하는 것이 타당하다고 생각된다.

2. 그 밖의 객관적 방법

영상녹화물 이외에도 「그 밖의 객관적 방법」에 의하여 실질적 진정성립을 인정할 수 있다. 여기서 그 밖의 객관적 방법에 해당하는가가 문제되는 경우로는 녹음・변호인의 증언・조사자의 증언・제 3 자의 증언 및 자필감정 등이 있다.

(1) 녹음테이프

수사단계에서의 진술을 녹화한 녹음테이프도 객관적 방법에 포함될 수 있는가가 문제된다. 기계적인 녹음도 객관적 방법에 당연히 포함된다는 견해와[2] 음성녹음은 실질적 진정성립을 인정할 자료가 될 수 없다고 해석하는 견해가 대립되고 있다.[3] 부정설은 ① 영상부분이 제외된 녹음만을 객관적 수단에 포함된다고 보면 실질적 진정성립의 인정요건을 법규정보다 완화한 결과가 되며, ② 입법자가 영상녹화물 기타 객관적 방법에 의한다고 규정한 것은 적어도 영상녹화물의 객관성 정도에 상응하는 경우만을 실질적 진정성립 방법으로 인정한 것이라고 판단된다는 것을 근거로 한다. 그러나 전기적・자기적 수단이나 저장매체에 의한 녹음도 상황에 대한 기계적 수단이라는 점에서 영상녹화물과 유사하며, 「영상녹화물 그 밖의 객관적 방법」은 영상녹화물에 미치지 못하거나 영상녹화물에 유사한 객관적 방법을 의미한다고 해석해야 하므로 이를 영상녹화물보다 특히 엄격히 해석해야 할 이유는 없다. 따라서 영상녹화물뿐만

1) 노명선/이완규 591면; 이재상 605면.
2) 이재상 596면; 이완규 앞의 글, 252면.
3) 양동철 앞의 글, 827면; 홍영기 앞의 글, 239면.

아니라 단순한 녹음테이프도 기계적 증명방식으로 실질적 진정성립의 입증방법이 될 수 있다고 해야 한다.

(2) 조사자의 증언

진정성립을 인정하기 위해 사용될 수 있는 방법은 영상녹화물에 준하는 객관적 방법이어야 한다. 여기서 제316조 제 1 항의 조사자의 증언이 진정성립을 인정하기 위한 그 밖의 객관적 방법에 해당하는가가 문제된다. 실질적 진정성립을 인정하기 위한 조사자의 증언은 반드시 과학적·기계적 방법에 제한되지 않는다. 따라서 「그 밖의」라는 문언의 취지를 강조하여 조사자의 증언도 여기의 객관적 방법에 해당한다고 해석하는 견해도 있다.[1] 그러나 조사자의 증언에 있어서 조사자는 피고인에 대립하는 수사기관이므로 객관적 제 3 자가 될 수 없으며, 이를 조서의 증거능력을 뒷받침하는 방법으로 활용하는 것도 입법의 취지에 반한다. 조사자의 진술을 증거로 하는 것과 그것을 근거로 피의자신문조서의 증거능력을 인정하는 것은 구별해야 한다.[2] 그리고 제312조 제 2 항의 「증명된 때」라는 표현은 전문증거인 조서의 증거능력의 입증책임이 검사 측에 있다는 것을 밝히는 의미이지, 조사자의 증언의 증거능력을 보강하기 위한 근거가 된다고 할 수는 없다. 따라서 조사자의 증언은 제316조를 통하여 현출될 수 있음에도 불구하고 이를 제312조에 끌어들이려는 해석은 검사 작성 피의자신문조서의 증거능력을 강화하려는 시도일 뿐이며, 이를 그 밖의 객관적 방법에 포함된다고 해석할 수 없다.[3] 결국, 검사 작성 피의자신문조서의 경우에 검사 등 조사자의 증언을 통해 실질적 진정성립을 증명하는 경우 반대당사자가 실질적 진정성립에 대한 이의를 일방적을 봉쇄하는 것이 되고, 피의자였던 피고인의 수사과정에서의 진술을 대상으로 한 조사자의 증언도 공판정에서 피고인의 진술과 일치하지 않을 때에는 제316조 제 1 항의 특신상태를 부정하는 것이 불가피하게 된다.

---

1) 이완규 개정형사소송법의 쟁점(2007), 30면; 법무부 개정형사소송법, 238면; 정웅석/백승민 형사소송법 255－256면.
2) 이재상 596면.
3) 배종대/이상돈/정승환/이주원 627면; 이재상 596면; 조국 앞의 글, 180면; 홍영기 앞의 글, 242면.

(3) 변호인의 증언

피의자신문에 참여한 변호인의 증언이 실질적 진정성립을 인정하기 위한 객관적 방법이 될 수 있는가도 문제가 된다. 「그 밖의 객관적 방법」이 영상녹화물 다음에 쓰여 있다는 점에서 그것은 기계적 재현수단이 되어야 하며, 사람의 증언은 여기에 포함되지 않는다고 해석하는 견해도 있다.[1] 그러나 객관성의 의미는 반드시 진술자의 주관성에 대립되는 의미로 해석할 필요는 없으며, 실질적 진정성립을 인정하는 데 요구되는 객관성으로 해석하면 족하다. 일반적으로 실질적 진정성립을 인정하는 것은 피고인에게 불리한 증명이 된다. 그리고 수사절차에서 참여한 변호인이 공판기일에서 실질적 진정성립을 인정할 때에는 특신상태가 인정된다고 해야 한다. 수사절차에 참여한 변호인이 실질적 진정성립을 인정하는 것이 제312조 제 2 항의 기타 방법에 포함되는 데에는 문제가 없다.

전문증거의 실질적 진정성립을 인정하기 위해서는 이때의 변호인은 수사당시 피의자신문과정에 직접 참여한 자임을 요건으로 한다고 해야 한다.[2] 피고인에게 불이익한 내용을 자발적으로 증명하는 활동이므로 수사과정에 참여하지 않은 변호인이 진술해도 무방하다고도 할 수 있다. 그러나 수사과정에 동석하지도 않은 변호인이 「조서에 적힌 내용이 당시 피의자가 진술한 바와 같다」고 증언하는 것은 이 확인과정을 형식화하는 것으로서 불합리하며, 형사절차의 정직성과 신뢰를 깨트리게 된다. 또한 수사절차에 참여한 변호인이 실질적 진정성립을 인정하는 것이 제312조 제 2 항의 기타 객관적 방법에 포함되는 것은 변호인의 진술에 의하여 실질적 진정성립이 긍정되는 경우에 제한되며, 반대의 경우가 여기에 포함되지 않는 것은 물론이다.

(4) 필적감정

실질적 진정성립을 인정하기 위해서 필적감정을 도입하는 것은 허용되지 않는다고 생각된다.[3] 서명 · 날인의 감정 정도에 그칠 필적감정은 객관성의 담보라는 측면에서 영상녹화에 현저히 미치지 못할 뿐만 아니라, 형식적 진정성

1) 신동운 920면.
2) 홍영기 앞의 글, 240면.
3) 홍영기 앞의 글, 243면.

립 이외에 실질적 진정성립까지 입증하기에는 어렵다고 보아야 하기 때문이다. 원진술자인 피의자가 공판기일에서 성립의 진정 자체를 부인하는 상황에서 필적감정까지 해 가면서 피의자신문조서의 진정성립을 인정받으려고 하는 것은 불합리하다고 해야 한다. 피의자가 진정성립 자체를 부인하는 경우에 필적감정의 방식까지 동원해서 실질적 진정성립을 인정해야 할 정책적 필요성도 있다고 할 수 없다.

Ⅳ. 맺는 글

형사소송법 제312조 제 1 항은 「검사가 피고인이 된 피의자의 진술을 기재한 조서는 적법한 절차와 방식에 따라 작성된 것으로서 피고인이 진술한 내용과 동일하게 기재되어 있음이 공판준비 또는 공판기일에서의 피고인에 의하여 인정되고, 그 조서에 기재된 진술이 특히 신빙할 수 있는 상태하에서 행하여졌음이 증명된 때에 한하여 증거로 할 수 있다」고 규정하면서, 제 2 항에서는 「제 1 항에도 불구하고 피고인이 그 조서의 성립의 진정을 부인하는 경우에는 그 조서에 기재된 진술이 피고인이 진술한 내용과 동일하게 기재되어 있음이 영상녹화물이나 그 밖의 객관적 방법에 의하여 증명되고, 그 조서에 기재된 진술이 특히 신빙할 수 있는 상태하에서 행하여졌음이 증명된 때에 한하여 증거로 할 수 있다」고 규정하고 있다. 제312조 제 1 항과 제 2 항의 적용대상은 검사작성의 피고인이 된 피의자신문조서이다. 따라서 피의자신문조서라고 할지라도 그가 피고인이 되지 않은 때에는 제 1 항과 제 2 항의 적용대상에서 제외된다.

피고인이 된 피의자신문조서는 적법한 절차와 방식에 따라 작성된 것이어야 한다. 적법한 절차와 방식에 따라 작성된 것이란 종래의 형식적 진정성립을 의미하지만, 그 범위가 반드시 동일한 것은 아니다. 형식적 진정성립에 반하는 경우에도 경미한 위법이 존재할 뿐일 경우에는 형식적 진정성립이 인정된다. 적법한 절차와 방식이란 조서작성의 적법성과 진술취득과정의 적법성을 포함하는 개념이다. 그러므로 피의자신문이 적법한 절차와 방식에 따라 작성되었다고 하기 위해서는 형사소송법 제241조 내지 제245조의 규정, 즉 신문의 대상・신문의 주체와 참여자・피의자신문조서와 수사과정의 기록화, 진술자와 조서작성자의 서명 등의 요건을 갖추어야 한다. 그 밖의 객관적 방법에 해당하는가는 녹음테이프, 조사자의 증언, 변호인의 증언 및 필적감정의 경우에 문제된다. 그러나 조사자의 증언은 여기의 그 밖의 객관적 방법에 해당하지 않는다. 대상판결은 원진술자가 형식적 진정성립뿐만 아니라 실질적 진정성립까지 인정할 때에만 조서의 증거능력을 인정한다. 형식적 진정성립이 인정된다고 하여 실질적 진정성립까지 추정되는 것은 아니다. 형식적 진정성립과 실질적 진정성립이 원진술자의 진술에 의하여 인정되거나 영상녹화물이나 그 밖의 객관적 방법에 의하여 증명되어야 증거능력이 인정된다. 원진술자인 피의자가 실질적 진정성립을 인정하지 않고, 그 밖의 객관적 방법에 의하여 그것이 인정될 수 있는 자료가 없는 이상 검사가 작성한 피고인이 된 피의자신문조서의 증거능력을 인정할 수는 없다. 대상판결은 타당하다.

18. 변호인 작성 법률의견서의 증거능력

[대상판결]

대법원 2012. 5. 17. 2009도6788 전원합의체 판결

1. 사실관계

피고인 甲은 A 회사 주택사업 본부장이며, 乙은 강북사업소 성북사업소장으로 서울 성북지역의 공사수주를 위한 실무를 담당하는 실무자였다. 甲과 乙은 A 회사가 재개발공사를 수주할 수 있도록 C 주택재개발사업 정비조합의 조합장 선거에서 A 회사에 우호적인 D 후보를 조합장으로 당선시키기 위하여 홍보요원으로 하여금 D의 당선을 위한 전화 홍보활동과 서면결의서 징구활동을 하도록 하고, 그 후 D가 조합장으로 당선되자 조합장 선거비용과 관련하여 허위의 용역계약을 체결하는 방식으로 마련한 자금으로 이를 대신 변제함으로써 D에게 도급계약의 체결 또는 건설공사의 수급과 관련하여 부정한 청탁에 의한 재산상의 이익을 공여하였다는 이유로, A는 사용인인 甲과 乙이 A의 업무에 관하여 위와 같이 위반행위를 하였다는 이유로 각 건설사업기본법 위반죄로 기소되었다.

한편 A는 이와 관련하여 E 법무법인으로부터 법률자문을 구하였고, 위 법무법인으로부터 법률자문의 내용이 기재된 법률의견서를 받아 가지고 있었는데, 검사가 컴퓨터 등 디지털 저장매체의 압수를 통하여 취득한 다음 이를 출력하여 위 공소사실에 대한 증거로 신청하였다. 甲과 乙 및 A는 이 사건 법률의견서를 증거로 하는 데 동의하지 않았고, 위 법률의견서를 작성한 E 법무법인 소속 변호사는 증인으로 출석하였으나 증언해야 할 내용이 피고인 A로부터 업무상 위탁받은 관계로 알게 된 타인의 비밀에 관한 것임을 소명하고 증언을 거부하였다.

2. 제 1 심 법원의 판단

제 1 심법원은 다음과 같은 논거로 이 사건 법률의견서의 증거능력을 부정하였

다. 미국, 영국 등 영미법계 국가에서는 변호인과 의뢰인 사이에서 의뢰인이 법률자문을 받을 목적으로 비밀리에 이루어진 의사교환에 대하여 의뢰인이 공개를 거부할 수 있는 특권(Attorney−Client Privilege 또는 Legal Professional Privilege)이 판례상 인정되고 있으며, 미국의 Federal Rulcs of Evidence의 Rule 502에서도 이를 규정하고 있는바, 비록 우리의 현행법상 명문의 규정은 없지만, 현행법상 변호인과 의뢰인 사이의 비밀유지에 관한 각 규정의 취지 및 한계 등을 고려하면, 헌법 제12조 제4항에 의하여 인정되는 변호인의 조력을 받을 권리의 하나로서, 변호인과 의뢰인 사이에서 의뢰인이 법률자문을 받을 목적으로 비밀리에 이루어진 의사교환에 대하여는 의뢰인이 그 공개를 거부할 수 있는 특권을 보유해야 하는 것으로 보아야 한다.

한편 의뢰인의 보호를 위하여 의뢰인에게 인정되는 특권은 ① 전문적인 법률적 조인자로서의 시위에 기초하여 법률자문가가 행하는 모든 종류의 법률자문에 관하여, ② 법률자문의 목적과 관련된 그 의사교환이 의뢰인에 의하여 신뢰를 바탕으로 비밀리에 이루어져야 하고, ③ 의뢰인의 요구에 따라 영원히, 의뢰인 자신이나 법률자문을 한 자에 의한 공개로부터 보호받는 것이라고 볼 수 있다.

법률의견서는 법정에서 작성자인 변호사에 의하여 성립의 진정이 인정되지 아니한 이상 증거능력이 없고, 이 사건 의견서는 변호사로부터 법률자문을 받은 내용을 포함하는 이상, 변호인과 의뢰인 사이에서 의뢰인이 법률자문을 받을 목적으로 비밀리에 이루어진 의사교환에 해당한다고 할 것이므로, 의뢰인이 그 증거로 함에 동의한 바 없는 이상, 작성자인 변호사에 의하여 성립의 진정이 인정된다고 하더라도, 그 압수절차의 위법여부와 관계없이 변호인−의뢰인 특권에 의하여 이 사건 법률의견서는 의뢰인에 포함된다고 볼 수 있는 甲과 乙에 대하여 그 범죄사실을 인정할 증거로 사용될 수 없다.

3. 원심 법원이 판단

원심은 「이 사건 법률의견서는 압수된 디지털 저장매체로부터 출력한 문건으로서 그 실질에 있어서 형사소송법 제313조 제1항에 규정된 '피고인 아닌 자가 작성한 진술서나 그 진술을 기재한 서류'에 해당한다고 할 것인데, 공판준비 또는 공판기일에서 그 작성자 또는 진술자인 위 변호사의 진술에 의하여 그 성립의 진정함이 증명되지 아니하였으므로 이 사건 법률의견서의 증거능력을 인정할 수는 없다. 나아가 원심 공판기일에 출석한 변호사가 이 사건 법률의견서의 진정성립 등에 관하여 진술하지 아니한 것은 형사소송법 제149조에서 정한 바에 따라 정당하게 증언거부권을 행사한 경우에 해당하므로, 앞서 본 법리에 따라 형사소송법 제314조에 의하여 이 사건 법률의견서의 증거능력을 인정할 수도 없다. 따라서 이 사건 법률의견서의 증거능력을 배척한 원심의 결론이 정당한 이상, 이로 인하여 판결 결과에 영향을 미쳤다고 할 수 없다. 이 부분 상고이유의 주장은 받아들일 수 없다」고 판시하고, 검사의 항고를 기각하였다.

4. 대법원 판결요지

[다수의견] 형사소송법 제314조는「제312조 또는 제313조의 경우에 공판준비 또는 공판기일에 진술을 요하는 자가 사망·질병·외국거주·소재불명, 그 밖에 이에 준하는 사유로 인하여 진술할 수 없는 때에는 그 조서 및 그 밖의 서류를 증거로 할 수 있다. 다만, 그 진술 또는 작성이 특히 신빙할 수 있는 상태하에서 행하여졌음이 증명된 때에 한한다」라고 정함으로써, 원진술자 등의 진술에 의하여 진정성립이 증명되지 아니하는 전문증거에 대하여 예외적으로 증거능력이 인정될 수 있는 사유로 '사망·질병·외국거주·소재불명, 그 밖에 이에 준하는 사유로 인하여 진술할 수 없는 때'를 들고 있다. 위 증거능력에 대한 예외사유로 1995. 12. 29. 개정되기 전의 구 형사소송법 제314조가 '사망, 질병 기타 사유로 인하여 진술할 수 없는 때', 2007. 6. 1. 개정되기 전의 구 형사소송법 제314조가 '사망, 질병, 외국거주 기타 사유로 인하여 진술할 수 없는 때'라고 각 규정한 것에 비하여 현행 형사소송법은 그 예외사유의 범위를 더욱 엄격하게 제한하고 있는데, 이는 직접심리주의와 공판중심주의의 요소를 강화하려는 취지가 반영된 것이다. 한편 형사소송법은 누구든지 자기 또는 친족 등이 형사소추 또는 공소제기를 당하거나 유죄판결을 받을 사실이 발로될 염려가 있는 증언을 거부할 수 있도록 하고(제148조), 또한 변호사, 변리사, 공증인, 공인회계사, 세무사, 대서업자, 의사, 한의사, 치과의사, 약사, 약종상, 조산사, 간호사, 종교의 직에 있는 자 또는 이러한 직에 있던 사람은 그 업무상 위탁을 받은 관계로 알게 된 사실로서 타인의 비밀에 관한 것은 증언을 거부할 수 있도록 규정하여(제149조 본문), 증인에게 일정한 사유가 있는 경우 증언을 거부할 수 있는 권리를 보장하고 있다. 위와 같은 현행 형사소송법 제314조의 문언과 개정 취지, 증언거부권 관련 규정의 내용 등에 비추어 보면, 법정에 출석한 증인이 형사소송법 제148조, 제149조 등에서 정한 바에 따라 정당하게 증언거부권을 행사하여 증언을 거부한 경우는 형사소송법 제314조의 '그 밖에 이에 준하는 사유로 인하여 진술할 수 없는 때'에 해당하지 아니한다.

[대법관 안대희의 반대의견] 형사소송법 제314조는 작성자 또는 원진술자

의 법정진술에 의하여 진정성립이 증명되지 아니한 서류라도 일정한 경우 증거로 할 수 있도록 허용한 규정으로서, 전문증거의 증거능력을 지나치게 엄격하게 제한함으로써 형사소송의 지도이념인 실체적 진실발견을 방해하여서는 아니 된다는 데 그 목적과 취지가 있다. 따라서 위 규정의 '진술을 요하는 자가 사망 · 질병 · 외국거주 · 소재불명, 그 밖에 이에 준하는 사유로 인하여 진술할 수 없는 때'라 함은 서류의 작성자 또는 원진술자가 공판준비 또는 공판기일에 출석할 수 없는 경우는 물론이고 법정에 출석하더라도 그로부터 해당 서류의 진정성립에 관한 진술을 들을 수 없는 경우도 널리 포함한다고 해석하여야 한다. 증인이 사망 · 질병 · 외국거주 · 소재불명 등인 때와 법정에 출석한 증인이 증언거부권을 행사한 때는 모두 증거신청자인 검사의 책임 없이 해당 서류의 진정성립을 증명할 수 없게 된 경우로서 실체적 진실발견을 위하여 전문법칙의 예외를 인정할 필요성의 정도에서 차이가 없다.

[판례의 연구]

Ⅰ. 문제의 소재

대상판결에서 법률의견서는 검사가 공소사실을 입증하는 유력한 자료로서 증거로 신청되었으나, 증거능력이 부여되지 않았다. 다만, 제 1 심과 원심이 영미법계 국가에서 받아들여지고 있는 변호인－의뢰인 특권이 개념을 인정한 반면, 대법원은 명문의 규정이 없는 현행 헌법과 형사소송법하에서 이러한 특권을 해석에 의하여 재용하기는 어렵다는 것을 분명히 하였다. 대신 대법원은 형사소송법 제313조와 제314조, 그리고 같은 법 제149조의 규정을 종합하여 제 1 심 및 원심과 결론을 같이 하였다. 즉, 대상판결의 다수의견은 아직 수사나 공판 등 형사절차가 개시되지 아니하여 피의자 또는 피고인에 해당한다고 볼 수 없는 사람이 일상적 생활관계에서 변호사와 상담한 법률자문에 대하여도 변호인의 조력을 받을 권리의 내용으로서 그 비밀의 공개를 거부할 수 있는 의뢰인의 특권을 도출하거나, 위 특권에 의하여 의뢰인의 동의가 없는 관련 압수물은 압수절차의 위법여부와 관계없이 형사재판의 증거로 사용할 수 없다는 견해는 받아들일 수 없음을 분명히 하였다.

여기서는 변호인－의뢰인의 특권의 기능과 그 성립요건 및 효과 등을 검토한 뒤에, 법률의견서와 전문증거의 관계, 특히 형사소송법 제314조 및 증언거부권과 제314조의 관계를 밝히고, 대상판결의 타당성과 문제점을 살펴보기로 한다.

Ⅱ. 변호인－의뢰인의 특권

1. 변호인－의뢰인 특권의 기능

변호인－의뢰인의 특권은 의뢰인과 변호인 사이의 의사소통을 보호하고 이를 은밀하게 유지할 수 있도록 하는 법률개념으로서 오래 전부터 인정되어 온 비밀유지 특권 중의 하나이다.[1] 의뢰인이 변호인을 신뢰하지 못하여 민감한 정보를 밝히지 않는다면 변호인은 의뢰인이 처한 상황이나 문제를 정확히 파악할 수 없고, 따라서 의뢰인의 이익을 최대한 보호할 수 있는 법적 조언이나 방안을 제공할 수 없게 된다. 이러한 점을 고려하여 이 특권은 변호인과 의뢰인 사이의 의사소통의 비밀을 보호함으로써 의뢰인으로 하여금 변호인에게 가감 없는 정보를 제공할 수 있는 환경을 조성하고 있다고 할 수 있다.[2] 미국 연방대법원 역시「특권에 따른 비밀성을 보장함으로써 의뢰인이 솔직하게 그리고 제한 없이 자신의 사정을 변호인에게 밝히도록 권장하고 이를 통해 변호인이 진실한 조언과 효과적인 변호를 보다 잘 제공할 수 있도록 돕기 위한 장치」라고 설시한 바 있다.

(1) 변호인－의뢰인 특권의 성립요건

미국에서는 다음과 같은 요건을 구비하는 경우에 이 특권이 존재한다고 인정되고 있다. 즉, 법률적 자문이 이루어지고, 그 자문이 법률적 조언자, 즉 변호인의 자격에서 이루어져야 하고, 그 자문 목적에 부합한 의사교환이어야 하고, 의뢰인이 이러한 자문에 대한 신뢰를 가지고 있어야 한다고 한다. 다만,

1) Upjohn Co. v. US., 449 U.S. 383(1981).
2) 김우진「변호인 작성의 법률의견서의 증거능력」, 형사판례연구 21(미출간), 9면.

사실 또는 진술내용은 실질적으로 의사소통의 주제에 필수적인지, 중요하고 관련성이 있는지가 기준이 되어서는 안 되고, 그 진술이 주제와 관련된 조언을 얻는다는 의뢰인의 목적을 실현하기 위한 일환인지가 기준이 되어야 한다.[1]

이 특권은 변호인과 개인 의뢰인 사이에서뿐만 아니라 변호인과 법인 의뢰인 사이에서도 적용된다.[2] 이 요건이 충족되면 의뢰인이 자발적으로 공개한 경우를 제외하고는 의뢰인이나 그 자문을 제공한 변호인이 이를 공개하는 것은 영구적으로 금지된다고 한다. 특권은 또한 의뢰인의 사후에도 인정된다.[3] 대화가 사후에도 비밀로 남겨질 것이라는 사정은 의뢰인으로 하여금 변호사에게 모든 것을 솔직하게 상담할 수 있도록 도와줄 것이며, 그와 달리 대화가 사후에 공개될 것이라는 우려는 평판, 민사적 책임 또는 친구나 가족에 대한 손해의 가능성을 걱정하는 의뢰인으로 하여금 그가 생존해 있을 때에 대화가 공개되는 것과 같은 정도의 공포감을 줄 것이기 때문이다.

(2) 변호인－의뢰인 특권이 인정되지 않는 경우

변호인－의뢰인의 특권에 대하여는 여러 가지 예외가 인정되고 있다. ① 제 3 자가 있는 곳에서 대화가 이루어지거나 제 3 자에게 그 내용이 알려진 경우, ② 범죄를 범하거나 불법행위를 저지를 목적으로 대화가 이루어진 경우,[4] ③ 의뢰인이 특권을 포기한 경우(예컨대 대화내용을 포기한 경우), ④ 변호인이 자신이 제공한 법률서비스에 대한 보수를 지급받기 위한 경우가 그것이다. 범죄 내지 불법행위에 관련된 변호인－의뢰인 특권의 예외가 인정되는가의 여부는 의뢰인의 과거 법위반행위인가, 또는 현재 계속되고 있거나 미래에 일어날 행위인가에 따라 달라진다. 즉, 변호인－의뢰인 특권의 예외는 과거에 일어난 의뢰인이 범죄행위 또는 불법행위에 관한 대화에는 적용되지 않는다.

1) 김희진 「변호사－의뢰인의 특권, 재판실무연구」, 서울 남부지방법원 2010, 266면.
2) 미국 연방대법원은 1981년의 Upjohn Co. v. U.S. 사건에서 특권은 기업의 집행부에 속하는 임직원과의 의사소통에만 적용되는 것이 아니라 이러한 사람들 이외에도 폭넓게 법인 직원들과의 의사소통에도 적용된다고 판시하였다.
3) Swidler & Berlin v. U.S., 524 U.S. 399(1998).
4) Clark v. U.S., 289 U.S. 1(1933) 사건에서 미국 연방대법원은 「변호사와 의뢰인 사이의 의사교환의 보호도 어떻게 하면 안전하게 범죄를 저지를 수 있을지 상담을 받는 것에 대해서까지 허용되어서는 안 된다. 의뢰인이 기본적인 법적 의무를 어길 의도로 변호사와 상담할 경우 대화를 보호해야 할 사회적 이익은 줄어든다」라고 설시한 바 있다. 문주희 「변호사－의뢰인의 비밀유지권」, 재판실무연구, 서울남부지방법원, 2010, 284－286면.

2. 변호인－의뢰인 특권의 인정 여부

변호인－의뢰인의 특권은 영미법계 국가에서 자연적으로 형성된 것으로서 그 문화적 배경이나 경험을 가지고 있지 못한 우리로서 헌법이라는 포괄적인 근거규정을 통해 섣불리 그러한 개념을 받아들이는 것은 곤란하다. 원심판결은 변호인의 조력에 관한 우리 헌법재판소의 결정취지, 현행법상 변호인과 의뢰인의 비밀유지에 관한 규정의 취지와 한계 및 영미법계국가에서 변호인과 의뢰인 사이에서 의뢰인이 법률자문을 받을 목적으로 비밀리에 이루어진 의사교환에 대하여 의뢰인이 공개를 거부할 수 있는 특권(Attorney－Client Privilege 또는 Legal Professional Privilege)이 판례상 인정되고 있는 점 등을 논거로 들면서 우리 법제하에서는 헌법 제12조 제 4 항에 의하여 인정되는 변호인의 조력을 받을 권리의 하나로서 변호인과 의뢰인 사이에서 의뢰인이 법률자문을 받을 목적으로 비밀리에 이루어진 의사교환에 대하여는 의뢰인이 그 공개를 거부할 수 있는 특권을 보유하는 것으로 보아야 한다고 설시하였다. 이 특권을 인정할 때에는 법률의견서의 증거능력을 인정할 수 없는 것은 물론이다. 그러나 이 특권을 우리 법제상 인정되는 권리로 인정하기에는 충분한 논거가 되기 어렵다고 생각된다. 변호인－의뢰인의 특권은 의뢰인의 방어권을 실질적으로 보장하는 중요한 사법적 장치이다. 그러나 범죄를 저지른 피고인이 변호사에게 유죄를 시인하면서도 변론을 부탁하고 변호사는 온갖 증거법칙을 동원하여 의뢰인이 무죄판결을 받도록 할 수 있다고 하는 것은 일반인들의 법감정에 비추어 용납할 수 없다. 여기서 법률의견서를 변호인－의뢰인의 특권의 문제로 따지지 아니하고, 그것이 전문증거에 해당하여 형사소송법 제314조에 의하여 증거능력을 가졌다고 할 수 없는가가 문제된다.

Ⅲ. 법률의견서와 전문증거

1. 법률의견서와 제313조 제 1 항의 전문증거

대상판결에서 제시된 쟁점의 하나는 법률의견서가 전문증거에 해당하는가의 여부에 있다. 대상판결에서 법률의견서의 증거능력이 부여되지 않은 점에는 차이가 없다. 다만, 제1심과 원심이 영미법계 국가에서 받아들여지고 있는 변호인－의뢰인 특권의 개념을 인정한 반면, 대법원은 「형사소송법 제149조에서 정한 바에 따라 정당하게 증언거부권을 행사한 경우에 해당하므로, 형사소송법 제314조에 의하여 이 사건 법률의견서의 증거능력을 인정할 수 없다」고 판시하였다. 즉, 대상판결의 소수의견은 전문증거란 형사소송법 제313조 제1항에 의하여 「피고인이 아닌 자가 작성한 진술서로서 요증사실을 직접 체험한 사람이 그 내용을 기재한 서류가 아니라, 요증사실을 직접 체험한 내용과 관계없이 단지 자기의 의견을 표명한 서면에 불과하다」는 이유로 형사소송법 제313조 제1항의 전문증거로 보아 증거능력을 인정할 수 없다는 태도를 취하였다. 다수의견이 법률의견서는 그 실질에 있어서 형사소송법 제313조 제1항의 진술서에 해당하기 때문에 진술서로 보아야 한다고 판시한 것과 구별된다.

그러나 단지 의견을 표명한 문서에 불과하다는 이유로 형사소송법 제313조 제1항의 전문법칙이 적용되지 않는다고 단정하는 데에는 무리가 있다. 문서의 진정성립의 문제는 문서에 대한 실질적인 조사 이전의 단계로서 형식적으로 판단해야 하며, 그 문서의 실질적 내용에 따라 구분할 것은 아니기 때문이다. 특히 대상판결의 법률의견서를 공소사실과의 관계에서 단순히 변호사가 자신의 의견을 표명한 것이라고 볼 수만은 없다. 대상판결의 법률의견서의 작성경위는 이 사건 공소사실을 인정할 수 있게 하는 간접사실이 되기 때문이다.[1] 따라서 이 사건 법률의견서는 그 실질에 있어서 형사소송법 제313조 제1항에 규정된 피고인 아닌 자가 작성한 진술서나 그 진술을 기재한 서류에 해당한다고 해야 한다.

2. 증거서류와 증거물인 서면

대상판결의 법률의견서가 전문증거에 해당하는가는 이를 증거서류라고 할 수 있는가, 또는 증거물인 서면으로 봐야 할 것인가에 따라 결론을 달리한다. 여기서 증거서류와 증거물인 서면을 어떤 기준에 따라 구별해야 할 것인가를 검토할 필요가 있다.

1) 권오걸 앞의 글, 12면; 김우진 앞의 글, 17면.

(1) 학설의 대립

증거서류와 증거물인 서면의 구별기준에 관하여는 학설이 대립되고 있다.

1) 절차기준설 당해 사건에 대한 소송절차에서 작성된 서면으로 그 보고적 내용이 증거로 사용되는 서류가 증거서류이고, 그 이외의 서류가 증거물인 서면이라고 하는 견해이다. 이에 의하면 법원의 증인신문조서·검증조서·감정서 이외에 수사기관에서 작성한 진술조서나 검증조서도 증거서류에 포함된다. 구법시대의 일본의 통설과 판례의 입장이었다. 이는 수사와 공판이 사무인계의 관계에 있음을 전제로 법령에 의하여 작성된 조서에 절대적 증거능력을 인정하고 있던 구 형사소송법에 근거하고 있던 이론으로, 형사소송법의 구조와 일치할 수 없다는 비판을 받고 있다.

2) 내용기준설 서면의 내용을 증거로 하는 것이 증거서류이며, 서면의 내용과 동시에 그 존재 또는 상태가 증거로 되는 것이 증거물인 서면이라고 하는 견해이다.[1] 보고적 문서는 증거서류이고 처분문서는 증거물인 서면이라고 보는 견해라고 할 수 있다. 따라서 법원의 공판조서·검증조서뿐만 아니라 수사기관이 작성한 조서와 의사의 진단서도 증거서류에 포함된다. 증거조사에 있어서 제시를 요하는 것은 성립의 진정을 확인하기 위한 것이 아니라 서면의 존재와 상태를 확인하기 위한 것이라는 점을 이유로 한다. 형사 공판조서 중 증거조사 부분의 목록화에 관한 대법원예규도 이 견해를 따르고 있다.

3) 작성자기준설 당해 소송절차에서 법원 또는 법관의 면전에서 법령에 의하여 작성된 서면이 증거서류이고, 그 이외의 서류가 증거물인 서면이라고 해석하는 견해이다.[2] 따라서 공판심리절차 또는 공판준비절차에서 법관에 의하여 작성된 서류뿐만 아니라 증거보전절차나 참고인에 대한 증인신문절차에서 작성된 증인신문조서 또는 검증조서는 증거서류지만 수사기관이 작성한 조서는 증거물인 서면에 해당하며, 법원에 의하여 작성된 조서라 할지라도 다른 사건에 대한 조서는 증거물인 서면에 해당한다고 한다.

(2) 비 판

생각건대 ① 형사소송법은 증거물이 서류인 때에는 그 요지를 고지해야

1) 배종대/이상돈/정승환/이주원 545면; 신동운 825면; 신양균 648면; 이영란 652면; 임동규 421면.
2) 손동권 496면; 신현주 581면; 정영석/이형국 304면.

한다는 종래의 규정을 삭제하고 모든 증거서류의 조사방법으로 낭독과 내용의 고지를 규정하고 있고(제292조), ② 증거조사에 있어서는 모든 증거에 대하여 제시를 요한다는 점에서 볼 때(규칙 제134조 제 2 항) 낭독 내지 고지에 의하여 그 내용이 문제되는 서류는 모두 증거서류라고 하는 내용기준설이 타당하다고 하지 않을 수 없다. 따라서 대상판결의 법률의견서는 증거서류에 해당하므로 전문법칙이 적용된다고 해야 한다.

Ⅳ. 증언거부권의 행사와 형사소송법 제314조

전문증거가 제313조 제 1 항에 의하여 증거능력이 인정되지 아니하는 경우에는 제314조에 의하여 증거능력이 인정될 수 있다. 즉, 피고인 아닌 자가 작성한 진술서 또는 그 진술을 기재한 서류도 원진술자가 사망·질병·외국거주·소재불명 그 밖에 이에 준하는 사유로 진술할 수 없고, 그 서류가 특히 신빙할 수 있는 상태에서 작성되었음이 증명된 경우에는 증거로 할 수 있다. 대상판결의 다수의견은「법정에 출석한 증인이 형사소송법 제148조, 제149조 등에서 정한 바에 따라 정당하게 증언거부권을 행사하여 증언을 거부한 경우는 형사소송법 제314조의 그 밖에 이에 준하는 사유로 인하여 진술할 수 없는 때에 해당하지 않으며, 따라서 법률의견서를 작성하였다는 변호사가 법정에 증인으로 출석하여 위 법률의견서의 진정성립 등에 관하여 진술하지 아니한 것은 형사소송법 제149조에서 정한 바에 따라 정당하게 증언거부권을 행사한 경우에 해당하지 아니하므로 형사소송법 제314조에 의하여 그 증거능력을 인정할 수 없다」고 판시하였다. 대법원이 종래 형사소송법 제314조의「기타 사유로 진술할 수 없는 때」에는 법정에 출석한 증인이 증언거부권을 행사하여 증언을 거절한 때도 포함한다고 판시한 것[1]과 구별된다. 여기서 형사소송법의 증언거부권을 살펴본 후 증인이 증언거부권을 행사하여 증언을 거부한 경우에도 형사소송법 제314조에 의하여 증거능력을 인정할 수 있는가를 검토할 필요가 있다.

1) 대법원 1992. 8. 14. 92도1211; 대법원 1992. 8. 18. 92도1244; 대법원 2005. 2. 18. 2004도7413; 대법원 2006. 5. 25. 2004도3619.

1. 증언거부권

증언거부권은 증언의무의 존재를 전제로 하여 증언의무의 이행을 거절할 수 있는 권리를 말한다. 따라서 증언거부권은 증인거부권과 구별해야 한다. 증인거부권이 인정되는 때에는 증인신문 자체를 거부할 수 있으나, 증언거부권에 의하여 증인이 출석을 거부할 수는 없다. 형사소송법이 인정하는 증언거부권에는 다음과 같은 두 가지가 있다.

(1) 자기 또는 근친자의 형사책임과 증언거부권

누구든지 자기나 ① 친족 또는 친족관계가 있었던 자, ② 법정대리인·후견감독인의 어느 하나에 해당하는 관계에 있는 자가 형사소추 또는 공소제기를 당하거나 유죄판결을 받을 사실이 발로될 염려 있는 증언을 거부할 수 있다(제148조). 이는 영미법상의 자기부죄(self-incrimination)의 강요금지와 신분관계에 기한 정의를 고려하여 이러한 경우에는 진실한 증언을 기대할 수 없다는 고려에 기인한 것이다. 이러한 의미에서 이 경우의 증언거부는 헌법 제12조 제2항의 불이익한 진술의 강요금지에 당연히 포함된다고 할 수 있다.

형사소추 또는 공소제기를 당할 염려 있는 증언이란 공소제기 전에 타인의 사건에 증인으로 증언하게 되면 자기나 근친자에 대하여 공소를 제기할 자료를 제공하는 경우를 말하며, 유죄의 판결을 받을 사실이 발로될 염려 있는 증언이란 기소는 되었어도 판결의 선고가 없는 사이에 타인의 사건에서 증언함으로 인하여 자기 또는 근친자에게 유죄의 자료를 제공하게 되는 경우를 의미한다. 타인의 사건에 관하여 증인으로 증언한 경우에 제한할 필요가 없다는 견해도 있으나,[1] 피고인의 증인적격이 부인되는 이상 자기사건에 대한 증인이란 생각할 수 없다.[2]

거부할 수 있는 증언은 형사책임의 존부와 경중에 관한 불이익을 초래할 수 있는 모든 사실에 미친다. 따라서 구성요건적 사실뿐만 아니라 누범가중의 사유가 된 사실, 상습성 인정의 기초가 될 사실 등 형의 가중사유인 사실에 대하여도 증언을 거부할 수 있다.[3] 반드시 형사소추나 유죄판결의 가능성을 발

1) 백형구 「증인의 의무와 권리」, 월간고시 1985. 7, 36면.
2) 강구진 358면; 이영란 548면; 정영석/이형국 400면.
3) 강구진 358면; 배종대/이상돈/정승환/이주원 485면; 신동운 801면; 이영란 548면; 차용석/최

생시킬 것을 요하는 것이 아니라 그 가능성을 높이는 경우이면 족하다. 다만, 이러한 가능성에는 합리성과 객관성이 인정되어야 하며, 단순히 위증죄로 소추될 위험성이 있다는 염려만으로는 족하지 않다.

(2) 업무상 비밀과 증언거부권

변호사·변리사·공증인·공인회계사·세무사·대서업자·의사·한의사·치과의사·약사·약종상·조산사·간호사·종교의 직에 있는 자 또는 그 직에 있었던 자가 그 업무상 위탁을 받은 관계로 알게 된 사실로서 타인의 비밀에 관한 것은 증언을 거부할 수 있다. 단 본인의 승낙이 있거나 중대한 공익상 필요가 있는 때에는 예외로 한다(제149조). 일정한 업무에 종사하는 자의 비밀을 보호하여 업무뿐만 아니라 상대방인 위탁자를 보호하는 데 그 취지가 있다. 본조의 증언거부권자는 제한적 열거이다.[1] 형사사법의 목적을 희생하면서도 업무를 보호받는 경우에 해당하기 때문이다.

2. 증언거부권의 행사와 형사소송법 제314조

수사기관 또는 수사기관 이외의 자가 작성한 전문서류는 원칙적으로 제312조 또는 제313조에 의하여 원진술자가 공판준비 또는 공판기일에서 성립의 진정을 인정하는 등의 요건을 갖춘 경우에 한하여 증거능력이 인정된다. 그러나 원진술자가 공판기일에서 진술할 수 없는 경우라고 할지라도 특별한 사정이 있는 때에는 실체적 진실발견과 소송경제의 관점에서 이에 대한 예외를 인정하여 증거능력을 부여하는 것이 바로 제314조이다. 이러한 의미에서 제314조는 전문법칙의 예외인정에 있어서 제312조 또는 제313조의 보충규정에 해당한다고 할 수 있다. 제314조는 전문증거의 증거능력부여를 위한 요건으로 필요성과 신용성을 요구하고 있다.

(1) 증언거부권의 행사와 필요성

공판준비 또는 공판기일에서 진술을 요하는 자가 사망·질병·외국거주·소재불명 그밖에 이에 준하는 사유로 인하여 진술할 수 없거나 진술하기

용성 635면.

1) 김희옥 「증언거부와 형사소송법 제314조의 기타 사유로 인하여 진술할 수 없는 때」, 형사판례연구 2, 320면; 백형구 앞의 글, 40면.

곤란한 상항에 있거나, 다른 자료로부터는 그와 같은 가치가 있는 증거를 기대할 수 없어 그 전문증거를 이용하지 않을 수 없는 상항에 있음을 의미한다. 영미법계에서는 전자의 예로 dying declaration, 후자의 예로 spontaneous declaration을 들기도 한다. 이와 관련하여 문제되는 것 중의 하나가 증인이 법정에 출석하여 증언을 거부한 경우이다.

증언거부에는 적법한 증언거부권의 행사로서 하는 경우와 사실상 증언을 회피하기 위해서 증언을 거부하는 경우가 있다. 어느 경우이든 피고인의 반대신문권이 제대로 보장될 수 없다는 점에서 차이가 없다. 대상판결의 다수의견은 형사소송법 제314조의 문언과 개정취지, 증언거부권 관련규정의 내용에 비추어 증인이 형사소송법 제148조, 제149조에서 정한 바에 따라 정당하게 증언거부권을 행사하여 증언을 거부한 경우에는 제314조의 「그 밖에 이에 준하는 사유로 인하여 진술할 수 없는 때」에 해당하지 아니하므로 그 작성자가 적법하게 증언거부권을 행사한 이 사건 법률의견서의 증거능력을 인정할 수 없다고 판시하였다. 이에 반하여 소수의견은 형사소송법 제314조의 「그 밖에 이에 준하는 사유로 인하여 진술할 수 없는 때」에는 그 서류의 작성자 또는 원진술자가 법정에 출석하여 증언거부권을 행사한 경우도 포함된다고 할 것이어서 이 사건 법률의견서는 증거능력을 인정할 수 있다고 했다. 학설로는 ① 제314조가 제한적 열거가 아닌 포괄적 규정으로서 지나친 증거능력의 제한 때문에 확실한 범죄인을 처벌하지 못할 우려가 있다는 점을 고려한 규정이라는 점에서 증언거부의 경우에도 기타 사유로 인하여 진술할 수 없는 때에 해당한다고 보는 것이 상당하다는 견해,[1] ② 전문법칙의 예외규정은 가능한 한 제한적으로 해석해야 하는데 증언거부권의 행사도 제314조의 기타 사유로 인하여 진술할 수 없는 때에 해당한다고 볼 경우 증언거부권을 유명무실하게 만들게 되므로 증언거부권의 행사는 제314조의 기타 사유로 인하여 진술할 수 없는 때에 해당하지 않는다고 보아야 한다는 견해 등이 있다.[2]

(2) 증언거부권의 행사와 신용성의 정황적 보장

형사소송법 제314조가 적용되기 위해서는 필요성 이외에 신용성의 보장이

1) 김희옥 앞의 글, 325면.
2) 신동운 1047면.

필요하다. 신용성이란 반대신문에 대신할 만한 특히 신용할 수 있는 외부적 사정 아래에서 진술이 행하여졌으므로 그것을 법정에서 되풀이하지 않더라도 그리고 반대신문의 기회를 부여하지 않더라도 부정확 또는 불신용의 위험이 없는 경우를 의미한다. 신용성의 정황적 보장에 관한 추상적 기준으로는, ① 진술이 성실히 행하여졌기 때문에 허위개입의 여지가 거의 없다고 인정될 구체적 정황이 있을 것, ② 허위의 진술을 하려 해도 다른 측면에서 그것이 쉽게 발각될 수 있는 상황에 있거나 허위진술에 대해 다른 제재를 받게 될 특수한 감독 아래에 있을 것, ③ 진술에 허위가 있는 경우에는 그것이 쉽게 정정될 수 있는 정황에 있을 것, ④ 허위진술이 원진술자에게 불리한 결과를 초래할 정황이 있을 것이 필요하다. 다만, 전문법칙의 예외로 인정되는 많은 경우에 위와 같은 기준들이 경합적으로 작용한다고 할 수 있다.

Ⅴ. 맺는 글

변호인이 작성한 법률의견서는 영미에서는 변호인－의뢰인 특권에 의하여 증거능력이 인정된다. 미국 대법원은 변호인－의뢰인의 특권은 「특권에 따른 비밀성을 보장함으로써 의뢰인이 솔직하게 그리고 제한 없이 자신의 사정을 변호인에게 밝히고 권장하여 변호인이 진실한 조언과 효과적인 변호를 제공할 수 있게 하는 장치」라고 설시한 바 있다. 이 특권은 변호인과 의뢰인 사이의 의사소통의 비밀을 보호함으로써 의뢰인으로 하여금 변호인에게 가감 없는 정보를 제공할 수 있는 환경을 조성한다고 할 수 있다. 그러나 변호인－의뢰인 특권은 영미법계의 국가에서 자연적으로 형성된 것으로서 문화적 배경이나 경험을 갖지 못한 우리 헌법에서는 받아들이기 곤란한 제도이다.

변호인－의뢰인 특권이 인정되지 않는 경우에도 법률의견서는 형사소송법 제314조의 요건을 충족할 때에는 증거능력을 가질 수 있다. 전문증거가 제312조, 제313조 제 1 항에 의하여 증거능력이 인정되지 아니하는 경우에도 제314조에 의하여 증거능력이 인정될 수 있다. 즉, 피고인 아닌 자가 작성한 진술서 또는 그 진술을 기재한 서류도 원진술자가 사망·질병·외국거주·소재불명 그 밖에 이에 준하는 사유로 진술할 수 없고, 그 서류가 특히 신빙할 수 있는 상태에서 작성되었음이 증명된 경우에는 증거로 할 수 있다. 문제는 형사소송법 제148조와 제149조에 의하여 증언거부권을 행사한 경우에도 제314에 해당한다고 할 수 있는가에 있다. 형사소송법 제148조는 「누구든지 자기나 ① 친족 또는 친족관계가 있었던 자, ② 법정대리인·후견감독인의 어느 하나에 해당하는 관계에 있는 자가 형사소추 또는 공소제기를 당하거나 유죄판결을 받을 사실이 발로될 염려 있는 증언을 거부할 수 있다」고 규정하고 있다. 또 제149조는 「변호사·변리사·공증인·공인회계사·세무사·대서업자·의사·한의사·치과의사·약사·약종상·조산사·간호사·종교의 직에 있는 자 또는 그 직에 있었던 자가 그 업무상 위탁을 받은 관계로 알게 된 사실로서 타인의 비밀에 관한 것은 증언을 거부할 수 있다. 단 본인의 승낙이 있거나 중대한 공익상 필요가 있는 때에는 예외로 한다」고 규정하고 있다. 한편 제314조는 피고인 아닌 자가 작성한 진술서 또는 그 진술을 기재한 서류도 원진술자가 사망·질병·외국거주·소재불명 그 밖에 이에 준하는 사유로 진술할 수 없고, 그 서류가 특히 신빙할 수 있는 상태에서 작성되었음이 증명된 경우에는 증거로 할 수 있다고 규정하고 있다. 대상판결의 다수의견은 「법정에 출석한 증인이 형사소송법 제148조, 제149조 등에서 정한 바에 따라 정당하게 증언거부권을 행사하여 증언을 거부한 경우는 형사소송법 제314조의 그 밖에 이에 준하는 사유로 인하여 진술할 수 없는 때에 해당하지 않는다」고 판시하고 있다. 생각건대 증인이 증언을 거부한 경우에 항상 제314조에 의하여 증거능력을 인정해야 한다고 해석하는 것은 변호인-의뢰인의 특권을 부정하고 엄격한 요건하에서 제314조가 적용되도록 한 형사소송법의 규정과 일치한다고 할 수 없다. 따라서 증인이 정당하게 증언거부권을 행사한 때에는 제314조의 그 밖의 이에 준하는 사유로 인하여 진술할 수 없는 때에 해당한다고 할 수 없고, 사실상 증언을 회피하기 위하여 증언을 거부하는 때에만 제314조에 해당한다고 해석하는 것이 타당하다고 해야 한다. 대상판결에서 다수의견이 단순히 증언거부권을 행사하여 증언을 거부한 경우라고 하지 않고, 정당하게 증언거부권을 행사하여 증언을 거부한 경우라고 표현하고 있는 것은 이러한 의미에서 이해할 수 있다. 그런데 제148조와 제149조의 증언거부권은 증인거부권과 구별되며, 따라서 증언거부권이 인정되는 때에는 증인신문 자체를 부인할 수 있으나, 증언거부권에 의하여 증인의 출석을 거부할 수는 없다. 따라서 증인이 제149조에 의하여 출석을 거부하거나 정당한 사유없이 증언을 거부하는 경우에는 법률의견서도 제314조에 의하여 증거능력을 가진다고 해야 한다. 대상판결의 태도는 타당하다.

19. 재전문증거의 증거능력

[대상판결]

(1) 대법원 2000. 3. 10. 2000도159

1. 사건의 개요

원심은 그 판결에서 채용하고 있는 증거들을 종합하여, 피고인이 1997년 8월 일자불상경 피고인의 집에서 피해자(당시 생후 30개월가량)의 하의를 벗기고 피고인의 성기를 피해자의 음부 등에 비벼대는 등 강제로 추행하였다는 공소사실을 유죄로 인정하였다.

2. 증거관계

원심이 유죄의 증거로 채용한 증거들은 원심 증인 피해자, 공소외 1, 2의 각 진술, 제 1 심 제 3 회 공판조서 중 증인 공소외 1(피해자의 어머니)의 진술기재, 압수된 녹음테이프(증 제 1 호)에 대한 제 1 심의 검증결과 중 피해자의 진술 부분, 수사기관 작성의 공소외 1, 2(성폭력상담소 상담원)에 대한 각 진술조서의 진술기재가 있을 뿐이다. 그런데 먼저 원심이 들고 있는 유죄의 증거들 중 공소외 1의 진술은 모두 1998. 4. 12. 피해자로부터, 피해자가 피고인으로부터 공소사실 기재와 같은 내용의 추행을 당하였다는 이야기를 들었다는 것인바, 이러한 공소외 1의 공판기일에서의 진술은 형사소송법 제310조의 2 소정의 공판준비 또는 공판기일 외에서의 타인의 진술을 내용으로 하는 이른바 전문진술이라고 할 것이고, 공소외 1의 수사기관에서의 진술을 기재한 조서는 그와 같은 전문진술이 기재된 조서로서 이른바 재전문증거에 해당한다. 그런데 기록에 의하면, 피해자는 원심법정에 증인으로 출석하여 이름과 나이 등을 묻는 재판장의 질문에만 대답하였을 뿐, 피고인이나 피고인의 가족을 알고 있느냐는 질문에 대하여는 모른다고 하거나 대답하기 싫다고 하였다. 이와 같은 경우 원진술자인 피해자는 원심법정에서의 진술 당시 자신이 과거에 경험한 사실을 그 기억에 따라 진술할 수 있는 증언능력을 결여하였다고 볼 수 있거나 적어도 원진술자가 요증사실에 관하여 실질적으로 증언을 거부한 것과 마찬가지로 볼 수 있으므로, 원진술자가 진술할 수 없는 사유가 있는 경우에 해당한다고 볼 수 있다. 기록에 의하면, 공소외 1은 피해자가 이 사건이 발생한 후 7개월 가량이 지난 후에 성행위를 연상케 하는 이상한 행동을 하다가 공소외 1로부터 질문을 받고서야 피고인으로부터 추행을 당한 사실을 이야기하였다고 진술하고 있고, 공소외 1 이외에 피해자로부터 그와 같은 내용의 이야기를 들었다는 사람은 아무도 없었다.

3. 대법원의 판결요지

가. 전문진술이나 재전문진술을 기재한 조서는 형사소송법 제310조의 2의 규정에 의하여 원칙적으로 증거능력이 없는 것인데, 다만 전문진술은 형사소송법 제316조 제 2 항의 규정에 따라 원진술자가 사망 · 질병 · 외국거주 기타 사유로 인하여 진술할 수 없고 그 진술이 특히 신빙할 수 있는 상태하에서 행하여진 때에 한하여 예외적으로 증거능력이 있다고 할 것이고, 전문진술이 기재된 조서는 형사소송법 제312조 또는 제314조의 규정에 의하여 각 그 증거능력이 인정될 수 있는 경우에 해당하여야 함을 물론, 나아가 형사소송법 제316조 제 2 항의 규정에 따른 위와 같은 요건을 갖추어야 예외적으로 증거능력이 있다고 할 것인바, 여기서 「그 진술이 특히 신빙할 수 있는 상태하에서 행하여진 때」라 함은 그 진술을 하였다는 것에 허위개입의 여지가 거의 없고, 그 진술내용의 신빙성이나 임의성을 담보할 구체적이고 외부적인 정황이 있는 경우를 가리킨다.

나. 형사소송법은 전문진술에 대하여 제316조에서 실질상 단순한 전문의 형태를 취하는 경우에 한하여 예외적으로 그 증거능력을 인정하는 규정을 두고 있을 뿐, 재전문진술이나 재전문진술을 기재한 조서에 대하여는 달리 그 증거능력을 인정하는 규정을 두고 있지 아니하고 있으므로, 피고인이 증거로 하는 데 동의하지 아니하는 한 형사소송법 제310조의 2의 규정에 의하여 이를 증거로 할 수 없다.

다. 피해자의 모의 편향되고 유도적인 반복 질문에 따라 녹취한 만 3세 1개월 남짓한 피해자의 유일한 진술만으로 공소사실을 인정하기에 합리적인 의심을 배제할 정도의 증명에 이르렀다고 볼 수 없다.

(2) 대법원 2000. 9. 8. 99도4814

1. 사건의 개요

이 사건 공소사실의 요지는, 피고인은 공소외인과 합동하여 1998. 9. 26. 23:00경 수원시 권선구 권선동 소재 피해자 경영의 기계공장에서 그 곳 담장을 넘어 시정된 출입문을 열고 공장안으로 침입한 후 그 곳 공장 사무실에 충전중이던 피해자 소유의 시가 450,000원 상당의 핸드폰 1개를 가지고 나와 이를 절취하였다는 것이다.

2. 증거관계

원심은 이에 대하여 공소사실에 부합하는 증거 중 사법경찰관 사무취급 작성의 A에 대한 진술조서는 그 내용이 「A가 피고인으로부터 피고인이 핸드폰을 훔쳤다고 들었다」는 것으로 요증사실인 피고인의 절취사실에 대하여는 전문진술에 불과하여 증거로 삼을 수 없고(증거능력이 없다는 취지로 보임), 제 1 심 공판조서 중 증인 피해자의 진술기재와 검사 작성의 피해자에 대한 진술조서는 그 내용이 추측이거나 A로부터 들었다는 것에 불과하여 공소사실을 인정하는 증거로 삼을 수 없거나 부족하며, 그 밖에 달리 이를 인정할 증거가 없다는 이유로 무죄를 선고하였다.

3. 대법원의 판결요지

가. 전문진술이나 전문진술을 기재한 조서는 형사소송법 제310조의 2의 규정에 의하여 원칙적으로 증거능력이 없으나, 다만 피고인 아닌 자의 공판준비 또는 공판기일에서의 진술이 피고인의 진술을 그 내용으로 하는 것인 때에는 형사소송법 제316조 제 1 항의 규정에 따라 그 진술이 특히 신빙할 수 있는 상태하에서 행하여진 때에 한하여 이를 증거로 할 수 있고, 그 전문진술이 기재된 조서는 형사소송법 제312조 내지 314조의 규정에 의하여 그 증거능력이 인정될 수 있는 경우에 해당하여야 함은 물론 나아가 형사소송법 제316조 제 1 항의 규정에 따른 위와 같은 조건을 갖춘 때에 예외적으로 증거능력을 인정하여야 할 것이다.

사법경찰관 사무취급 작성의 A에 대한 진술조서 중 피고인의 진술을 내용으로 하는 부분은 「피고인이 휴대폰을 훔쳐간 것으로 의심하는 말을 피해자로부터 들은 후에 피고인과 전화통화를 하였는데, '공소외인과 함께 공장에 들어갔다가 사용할 목적으로 자신이 휴대폰을 훔쳐 가지고 나왔다'고 피고인이 얘기하였다」는 내용으로서, 위 진술조서에는 진술자인 A의 서명무인이 있고 공판기일에서의 A의 진술에 의하여 그 성립의 진정함이 증명되었으므로 형사소송법 제313조 제 1 항의 규정에 따른 요건을 갖추었다 할 것이고, 또한 피고인이 위와 같은 진술을 하게 된 경위에 비추어 볼 때, 피고인의 진술은 특히 신빙할 수 있는 상태에서 행하여진 것으로 판단되므로 형사소송법 제316조 제 1 항의 규정에 따른 요건을 갖추었다 할 것이어서 결국 위 진술조서 중 피고인의 진술을 내용으로 하는 부분을 증거능력이 있다고 할 것이다.

나. 그렇다면 위 진술조서 중 피고인의 진술을 내용으로 하는 부분이 증거능력이 없다고 하여 그 증명력에 관하여 나아가 심리·판단하지 아니한 원심판결에는 전문진술을 기재한 조서의 증거능력에 관한 법리를 오해한 위법이 있다고 할 것이다.

(3) 대법원 2002. 5. 10. 2002도1187

1. 사건의 개요

이 사건 공소사실의 요지는, 피고인은 서울 관악구 봉천11동 소재 빌딩 7층 공소외 주식회사에서 근무하는 자인바, 평소 동거녀인 A의 집에서 생활하면서 용돈과 생활비가 궁하여 이를 마련하기 위하여 위 빌딩 경비원으로부터 그 곳 1층에 있는 서울은행의 열쇠를 빼앗아 위 은행에서 돈을 훔치기로 마음먹고 범행에 사용할 칼과 장갑을 미리 준비하여 위 회사 숙직실에 숨어 있으면서 다른 사람들이 퇴근하기를 기다리며 기회를 보던 중, 2001. 4. 5. 00:55경 위 빌딩 1층 경비실 앞에서 경비원인 피해자 B에게 사무실 문을 열어 달라고 하면서 엘리베이터로 유인한 후 반항을 억압하기 위하여 주먹으로 B의 얼굴을 1회 강하게 때렸으나 그가 예상 외로 완강하게 반항하자 미리 준비한 칼로 그의 가슴을 비롯하여 온몸을 23회 찔러 B로 하여금 그 자리에서 다발성자창 등에 의한 실혈성 쇼크로 사망하게 하여 B를 살해하고, B의 사체를 엘리베이터로부터 끌어내던 중 때마침 경비실에서 나와 이를 목격한 B의 부인 C를 발견하고 위 칼로 C의 등과 팔을 약 10여 회 찌르고 경비실에 있는 전기장판 전선줄을 잘라 그녀의 목을 감아 조른 다음 그녀의 목을 절개하여 그 자리에서 경부절창 등에 의한 실혈성 쇼크로 사망하게 하여 C를 살해하였다는 것이다. 이에 대하여 원심은 제 1 심이 채택한 증거들에 의하면 위 공소사실이 모두 인정된다고 판단하여 피고인에 대한 강도살인죄를 유죄로 인정한 제 1 심판결을 유지하였다.

2. 증거의 요지

기록에 의하면, 피고인이 이 사건으로 검거되기 전까지 약 1년 8개월 동안 피고인과 동거를 하여 왔던 A는 검찰에서, 피고인이 이 사건 범행일인 2001. 4. 5. 02:00－03:00 무렵 그들이 동거하는 서울 마포구 동교동 집에 들어오자마자 그녀에게 「내가 미쳤나 보다. 내가 사람을 죽였다. 부엌의 가방 속에 피묻은 청바지가 있다」고 말하였고, 이에 A가 깜짝 놀라 사람을 죽인 것이 정말이냐고 묻자, 피고인은 「정말로 사람을 죽이려고 한 것이 아니고 엘리베이터를 타고 1층으로 내려오는데 엘리베이터 안에서 경비원과 마주쳤고, 그가 열쇠 꾸러미를 가지고 있어서 은행 열쇠도 있는 줄 알고 그의 얼굴을 가방으로 뒤집어씌우고 때려 기절시키려고 하였으나, 경비원의 반항이 너무 심하여 그를 칼로 찔러 죽였고, 엘리베이터에서 나오니까 여자와 마주쳐, 그 여자도 죽였다」고 말하였다고 진술하였다.

3. 대법원의 판결요지

전문진술이나 전문진술을 기재한 조서는 형사소송법 제310조의 2의 규정에 의하여 원칙적으로 증거능력이 없으나, 다만 피고인 아닌 자의 공판준비 또는 공판기일에서의 진술이 피고인의 진술을 그 내용으로 하는 것인 때에는 형사소송법 제316조 제 1 항의 규정에 따라 그 진술이 특히 신빙할 수 있는 상태하에서 행하여진 때에 한하여 이를 증거로 할 수 있고, 그 전문진술이 기재된 조서는 형사소송법 제312조 내지 314조의 규정에 의하여 그 증거능력이 인정될 수 있는 경우에 해당하여야 함은 물론 나아가 형사소송법 제316조 제 1 항의 규정에 따른 위와 같은 조건을 갖춘 때에 예외적으로 증거능력을 인정하여야 한다.

[판례의 연구]

Ⅰ. 재전문증거의 개념

전문법칙의 예외의 법리에 따라 증거능력이 인정되는 전문증거가 그 내용에서 다시 전문증거를 포함하는 경우, 즉 이중의 전문이 되는 경우를 재전문(hearsay within hearsay, double hearsay)이라고 한다. 타인의 진술을 내용으로 하는 진술이나 서면을 다시 전문하여 진술이나 서면의 형태로 제출하는 경우를 말한다. 예컨대 A가 B에게 「내가 甲을 살해하였다」고 말한 후, B가 다시 C에게 「나는 A로부터 자신이 甲을 살해하였다는 말을 들었다」고 말한 경우에 C가 공판정에 증인으로 출석하여 이러한 내용의 증언을 하였다면 이는 재전문진술에 해당한다. 이러한 「A→B→C」라는 연쇄는 반드시 진술의 형태로 이어질 필요는 없고, 서면에 작성한 내용을 진술의 형태로 옮기거나 진술한 내용을 서면의 형태로 옮기는 것도 모두 재전문증거에 해당한다. 재전문증거는 전문의 대상이 된 원래의 진술이 누구의 진술인가에 따라 피고인의 진술을 내용으로 하는 재전문증거와 피고인 이외의 자의 진술을 내용으로 하는 재전문증거로 나눌 수 있다.

Ⅱ. 전문증거의 증거능력

1. 전문서류의 증거능력

형사소송법은 전문증거의 증거능력에 관하여 진술서와 전문진술의 증거능력을 달리 규정하고 있다. 먼저 진술조서의 증거능력은 그 진술주체와 작성주체에 따라 동일하지 않다. 즉, 형사소송법 제312조는 「① 검사가 피고인이 된 피의자의 진술을 기재한 조서는 적법한 절차와 방식에 따라 작성된 것으로서 피고인이 진술한 내용과 동일하게 기재되어 있음이 공판준비 또는 공판기일에서의 피고인의 진술에 의하여 인정되고, 그 조서에 기재된 진술이 특히 신빙할 수 있는 상태하에서 행하여졌음이 증명된 때에 한하여 증거로 할 수 있다. ② 제1항에도 불구하고 피고인이 그 조서의 성립의 진정을 부인하는 경우에는 그 조서에 기재된 진술이 피고인이 진술한 내용과 동일하게 기재되어 있음이 영상녹화물이나 그 밖의 객관적인 방법에 의하여 증명되고, 그 조서에 기재된 진술이 특히 신빙할 수 있는 상태하에서 행하여졌음이 증명된 때에 한하여 증거로 할 수 있다」고 규정하고 있다. 검사 작성의 피고인이 된 피의자신문조서의 증거능력은 적법한 절차와 방식에 따라 작성된 것으로서, 성립의 진정이 인정되어야 한다. 이들 조서의 실질적 진정성립은 피고인의 진술 또는 영상녹화물 기타 객관적 방법에 의하여 인정되어야 한다. ③ 검사 이외의 수사기관이 작성한 피의자신문조서는 적법한 절차와 방식에 따라 작성된 것으로서 공판준비 또는 공판기일에 그 피의자였던 피고인 또는 변호인이 그 내용을 인정할 때에 한하여 증거로 할 수 있다. 즉, 사법경찰관 작성의 피의자신문조서는 적법한 절차와 방식에 따라 작성된 것이어야 할 뿐만 아니라, 피고인 또는 변호인의 진술에 의하여 내용의 진정이 인정되어야 한다. 내용의 인정이란 조서의 내용이 객관적 진실과 일치하는 것을 말하며, 당해 피고인 또는 변호인에 의하여 내용이 인정되어야 한다. ④ 검사 또는 사법경찰관이 피고인이 아닌 자의 진술을 기재한 조서는「적법한 절차와 방식에 따라 작성된 것으로서 그 조서가 검사 또는 사법경찰관 앞에서 진술한 내용과 동일하게 기재되어 있음이 원진술자의 공판준비 또는 공판기일에서의 진술이나 영상녹화물 또는 그 밖의 객관적인 방법에 의하여 증명되고, 피고인 또는 변호인이 공판준비 또는 공판기일에서 그 기재내용에 관하여 원진술자를 신문할 수 있었던 때에는 증거로 할 수 있다. 다만, 그 조서에 기재된 진술이 특히 신빙할 수 있는 상태하에서 행하여졌음이 증명된 때에 한한다」고 규정하고 있다. 원진술자를 신문할 수 있어야 한다는 것은 원진술자에 대한 반대신문의 기회가 인정되지 아니하면 증거능력을 인정할 수 없다는 의미이다. 대법원도「공판정에서 반대신문을 거치지 않은 수사기관에서의 참고인 진술조서는 진정한 증거가치를 인정할 수 없다」고 판시한 바 있다.[1] 전 2 조의 규정 이외에 ① 피고인 또는 피고인이 아닌 자가 작성한 진술서나 그 진술을 기재한 서류로서 그 작성자 또는 진술자의 자필이거나 그 서명 또는 날인이 있는 것은 공판준비 또는 공판기일에서의 그 작성자 또는 진술자의 진술에 의하여 그 성립의 진정함이 증명된 때에는 증거로 할 수 있다. 단, 피고인의 진술을 기재한 서류는 공판준비 또는 공판기일에서의 그 작성자의 진술에 의하여 그 성립의 진정함이 증명되고 그 진술이 특히 신빙할 수 있는 상태하에서 행하여진 때에 한하여 피고인의 공판준비 또는 공판기일에서의 진술에 불구하고 증거로 할 수 있다.」

2. 제314조의 예외

형사소송법 제314조는「제312조 또는 제313조의 경우에 공판준비 또는 공판기일에 진술을 요하는 자가 사망·질병·외국거주·소재불명 그 밖에 이

1) 대법원 2006. 12. 8. 2005도9730.

에 준하는 사유로 인하여 진술할 수 없는 때에는 그 조서 및 그 밖의 서류를 증거로 할 수 있다. 다만, 그 진술 또는 작성이 특히 신빙할 수 있는 상태하에서 행하여졌음이 증명된 때에 한한다」고 규정하고 있다. 필요성과 신용성의 정황적 보장을 이유로 피의자신문조서나 진술조서 등의 증거능력을 인정하는 규정이다. 이는 전문법칙의 예외의 전형적인 경우를 규정한 것이며, 서증의 증거능력을 지나치게 제한하여 사실인정의 자료로 하지 못하게 하면 확실한 범죄인을 처벌하지 못할 우려가 있다는 점을 고려한 것이다.

3. 전문진술의 증거능력

공판준비 또는 공판기일외에서의 타인의 진술을 내용으로 하는 진술은 이를 증거로 할 수 없다(제310조의 2). 전문서류의 증거능력을 부정하기 전에 확립된 것으로 전문법칙의 핵심을 이루는 원칙이다.

(1) 제316조 제1항의 예외

피고인 아닌 자(공소제기 전에 피고인을 피의자로 조사하였거나 그 조사에 참여하였던 자를 포함한다)의 공판준비 또는 공판기일에서의 진술이 피고인의 진술을 그 내용으로 하는 때에는 그 진술이 특히 신빙할 수 있는 상태하에서 행하여졌음이 증명된 때에 한하여 이를 증거로 할 수 있다(제316조 제1항). 원진술자인 피고인이 출석하여 진술할 수 있으므로 신용성의 보장을 조건으로 증거능력을 인정한 것이다. 여기서 피고인의 진술이란 피고인의 지위에서 행하여진 것임을 요하지 않는다. 따라서 사건 직후 피고인의 자백을 청취한 자가 그 내용을 증언하는 경우는 물론, 피고인을 신문한 사법경찰관이나 제3자가 경찰에서 조사받을 때 범행을 자백한 피고인의 자백내용을 증언하는 경우에도 여기에 해당한다. 개정 형사소송법은 조사자의 증언을 허용함으로써 경찰에서 자백한 피의자에 대한 검사의 이중수사로 인한 불편을 해소하고 책임있는 수사를 가능하게 한다는 고려에서 조사자의 증언에 대한 증거능력을 인정하였다.

(2) 제316조 제2항의 예외

피고인 아닌 자의 공판준비 또는 공판기일에서의 진술이 피고인 아닌 타인의 진술을 내용으로 하는 것인 때에는 원진술자가 사망·질병·외국거주·

소재불명 그 밖에 이에 준하는 사유로 인하여 진술할 수 없고, 그 진술이 특히 신빙할 수 있는 상태하에서 행하여졌음이 증명된 때에 한하여 이를 증거로 할 수 있다(제316조 제 2 항). 전문법칙의 예외에 대한 전형적인 경우를 규정한 것으로서 필요성과 신용성의 정황적 보장을 요건으로 한다. 다만, 조사자의 증언에 증거능력을 인정하기 위해서는 원진술자가 사망 · 질병 · 외국거주 · 소재불명 그 밖에 이에 준하는 사유로 인하여 진술할 수 없어야 한다. 따라서 원진술자가 법정에 출석하여 수사기관에서 한 진술을 부인한 취지로 증언한 이상 원진술자의 진술을 내용으로 하는 조사자의 증언은 증거능력이 없다.[1]

Ⅲ. 재전문증거의 증거능력

1. 학설의 태도

(1) 긍 정 설

법정 외의 진술 하나하나가 전문법칙의 예외의 요구를 충족하는 때에는 증거로 할 수 있다고 해석하는 견해이다.[2] 재전문증거의 각각의 진술부분이 전문증거인 이상 각 부분이 전문법칙의 예외의 요건이 적용되면 당연히 증거능력을 가진다는 것을 논거로 한다. 즉, 甲에 대한 진술조서에 목격자 A의 진술이 있는 경우에는 甲의 진술에 의하여 성립의 진정이 인정되고 A에 대하여 제316조 제 2 항에 의하여 필요성과 신용성의 정황적 보장이 인정되면 증거능력을 인정해야 하며, 전문진술이 기재된 조서나 재전문진술은 이중의 전문이라는 점에서 차이가 없으므로 증거능력을 인정하는 요건에 차이를 둘 필요가 없다고 한다.[3] 미국 연방증거법 제 8 장 제805조도 전문 속의 전문(hearsay within hearsay)이라는 표제하에 「전문에 포함된 전문은 결합된 진술의 각 부분이 이 법에 포함된 전문법칙의 예외와 일치하는 경우에는 배제되지 않는다」고 규정하고 있으며,[4] 일본의 최고재판소 판례도 피고인의 자백을 내용으로 하는

1) 대법원 2008. 9. 25. 2008도6985.
2) 노명선/이완규 609면; 이은모 661면; 차용석/최용성 551면.
3) 이를 제한적 긍정설이라고도 한다. 박수희 「전문진술이 기재된 조서의 증거능력」, 형사판례연구 12, 408면.
4) Strong *McCormick on Evidence* 5th. ed. p. 481.

공동피고인에 대한 검사 작성 진술조서에 대해, 진술조서로서의 전문법칙의 예외에 대한 요건(일본 형사소송법 제321조 제1항)과 전문진술로서의 전문법칙의 예외에 대한 요건(제324조 제1항)을 충족하는 때에는 증거로 할 수 있다」고 판시하였다.[1)]

(2) 부 정 설

재전문은 이중의 예외이며 그 증거능력을 인정하는 명문의 규정이 없으므로 증거능력을 부정해야 한다는 견해이다.[2)] 형사소송법이 진술녹취서에 대하여 일정한 조건하에 증거능력을 인정하고 있는 것은 재전문의 이용을 제한하려는 취지이며, 재전문은 단순한 전문증거에 비하여 관련성과 증명력이 불충분할 뿐만 아니라 이를 증거로 허용하는 것은 전문법칙을 무의미하게 만든다는 것을 이유로 한다.

2. 비 판

법정 외의 진술 하나하나가 전문법칙의 예외의 요구를 충족하는 때에는 증거로 할 수 있다고 해석하는 긍정설이 타당하다고 생각한다. 이중의 전문에 해당하는 재전문증거는 증거로 사용할 수 없다는 부정설과는 구별되는 견해이다. 그것은 첫째, 재전문증거가 이중전문증거인지 다중전문증거인지를 구별하지 않고 최초의 진술자인 피고인 또는 피고인 아닌 자가 제312조 내지 제313조에 따른 성립의 진정이라는 요건에 상응하여 공판정에서 그러한 진술을 한 사실이 있음을 인정하는 요건을 구비한 경우에는 제316조 제1항에 의하여 증거능력을 인정할 수 있다. 둘째, 재전문진술 내지 전문진술을 기재한 조서는 궁극적으로 거기에 포함된 전문진술을 통해 주장하는 사실이 진실함을 증명하기 위한 것이다. 따라서 재전문증거인 진술조서의 경우에 그것을 증거로 사용하기 위해서는 일차적으로 그 조서에 포함된 참고인의 진술내용이 전문법칙의 예외규정을 충족시켜야 한다는 점에 차이가 없다. 셋째, 제316조의 예외규정에도 불구하고 일반적인 진술조서와 전문진술을 기재한 전문진술은 신용성의 차원에서 실석인 차이가 있음을 간과해서는 안 된다. 즉, 일반적인 진술조서의

1) 最裁判 1957. 1. 22(刑集 11-1, 103).
2) 신동운 1062면.

경우에는 원진술자가 공판정에서 진술내용을 확인할 수 있지만, 전문진술을 기재한 진술조서의 경우에는 전문진술자인 참고인이 자신의 진술내용을 확인할 뿐 최초의 진술자의 진술내용에 대해서는 이를 확인하는 절차가 결여되어 있다. 피고인이 공판정 외에서 범행을 자백했다면 이는 이익에 반하는 진술로서 당연히 특신상태가 인정된다. 결국, 재전문증거는 재전문진술이나 재전문을 기재한 진술조서는 물론 전문을 기재한 진술조서의 경우에도 최초의 진술자인 피고인이나 증인이 공판정에서 그러한 진술을 한 사실이 있음을 인정하지 않는 한 증거로 할 수 없다고 해야 한다. 결국, 전문증거와 재전문증거는 그것을 증거로 하기 위한 신용성에 차이가 있으므로 전문증거와 재전문증거를 같은 조건에서 증거로 사용할 수는 없다고 해야 한다.[1]

Ⅳ. 대상판결의 검토

대상판결은 모두 재전문증거의 증거능력에 관한 판결이다. 즉, 대상판결 (1) 내지 (3)은 「전문진술이나 재전문진술을 기재한 조서는 형사소송법 제310조의 2의 규정에 의하여 원칙적으로 증거능력이 없는 것인데, 다만 전문진술은 형사소송법 제316조 제 2 항의 규정에 따라 원진술자가 사망ㆍ질병ㆍ외국거주 기타 사유로 인하여 진술할 수 없고 그 진술이 특히 신빙할 수 있는 상태하에서 행하여진 때에 한하여 예외적으로 증거능력이 있다고 할 것이고, 전문진술이 기재된 조서는 형사소송법 제312조 또는 제314조의 규정에 의하여 각 그 증거능력이 인정될 수 있는 경우에 해당하여야 함을 물론 나아가 형사소송법 제316조 제 2 항의 규정에 따른 위와 같은 요건을 갖추어야 예외적으로 증거능력이 있다고 할 것인바, 여기서 「그 진술이 특히 신빙할 수 있는 상태하에서 행하여진 때」라 함은 그 진술을 하였다는 것에 허위개입의 여지가 거의 없고, 그 진술내용의 신빙성이나 임의성을 담보할 구체적이고 외부적인 정황이 있는 경우를 가리킨다」고 판시하고 있다.[2] 한편 대법원은 「형사소송법은 전문진술에 대하여 제316조에서 실질상 단순한 전문의 형태를 취하는 경우에 한하여

1) 신양균 「재전문증거의 증거능력」, 367면.
2) 대법원 2006. 4. 14. 2005도9561도 같은 취지이다.

예외적으로 그 증거능력을 인정하는 규정을 두고 있을 뿐, 재전문진술이나 재전문진술을 기재한 조서에 대하여는 달리 그 증거능력을 인정하는 규정을 두고 있지 아니하고 있으므로, 피고인이 증거로 하는 데 동의하지 아니하는 한 형사소송법 제310조의 2의 규정에 의하여 이를 증거로 할 수 없다」고 판시하였다.[1] 이를 종합하면 대법원은 전문진술이 기재된 조서는 형사소송법 제312조 내지 제314조의 규정과 제316조 제 2 항의 요건을 충족하면 증거능력이 인정되지만, 재전문진술이나 재전문진술을 기재한 조서는 증거능력을 인정할 수 없다고 판시하고 있다고 할 수 있다.[2] 그러나 전문진술이 기재된 조서와 재전문진술은 이중의 전문이라는 점에서 차이가 없으며, 증거능력을 인정하는 조건에 차이를 둘 필요는 없다고 생각한다. 전문진술이 기재된 조서가 조서의 증거능력과 진술의 증거능력이 인정되는 것을 조건으로 증거능력이 인정된다면, 재전문진술도 원진술자의 진술에 필요성과 신용성의 정황적 보장이 인정되면 증거능력을 인정하지 않을 수 없기 때문이다.[3] 결국, 대법원이 재전문증거, 즉 전문진술이나 전문진술을 기재한 조서의 증거능력을 인정한 것은 타당하지만, 재전문진술이나 재전문진술을 기재한 조서의 증거능력을 인정할 수 없다고 판시한 것은 옳다고 할 수 없다.

1) 대법원 2004. 3. 11. 2003도171, 「형사소송법은 전문진술에 대하여 제316조에서 실질상 단순한 전문의 형태를 취하는 경우에 한하여 예외적으로 그 증거능력을 인정하는 규정을 두고 있을 뿐, 재전문진술이나 재전문진술을 기재한 조서에 대하여는 달리 그 증거능력을 인정하는 규정을 두고 있지 아니하고 있으므로, 피고인이 증거로 하는 데 동의하지 아니하는 한 형사소송법 제310조의 2의 규정에 의하여 이를 증거로 할 수 없다.」

2) 대법원 2005. 11. 25. 2005도5831; 2012. 5. 24. 2010도5948.

3) Strong *McComick on Evidence* p. 481.

20. 피고인이 작성한 수첩의 보강증거능력

[대상판결]

대법원 1996. 10. 17. 94도2865 전원합의체판결

1. 사건의 개요

(1) 공소사실

피고인 甲은 상피고인 乙로부터 1990. 3. 23. 돈 1,600,000원, 같은 해 6. 28. 돈 180,000원 등 2회에 걸쳐 자신의 직무에 관하여 돈 1,780,000원의 뇌물을 수수하고, 상피고인 乙은 피고인 甲에게 위와 같이 뇌물을 공여하였다.

(2) 제1 · 2심 판결

피고인 甲에 대한 뇌물수수의 점은 피고인에 대한 진술조서 및 피의자신문조서의 각 진술기재와 상피고인 乙이 작성한 수첩의 기재에 의하여 유죄로 인정되고, 상피고인 乙에 대한 뇌물공여의 점은 상피고인 乙에 대한 진술조서 및 피의자신문조서의 각 진술기재와 상피고인이 작성한 각 수첩의 기재 등 상피고인 乙의 자백만 있을 뿐 달리 이를 보강할 증거가 없다는 이유로 무죄를 선고하였다.

2. 대법원판결의 요지

[다수의견] 가. 상업장부나 항해일지 · 진료일지 또는 이와 유사한 금전출납부 등과 같이 범죄사실의 인정 여부와는 관계없이 자기에게 맡겨진 사무를 처리한 사무 내역을 그때그때 계속적 · 기계적으로 기재한 문서 등의 경우는 사무처리 내역을 증명하기 위하여 존재하는 문서로서 그 존재 자체 및 기재가 그러한 내용의 사무가 처리되었음의 여부를 판단할 수 있는 별개의 독립된 증거자료이고, 설사 그 문서가 우연히 피고인이 작성하였고 그 문서의 내용 중 피고인의 범죄사실의 존재를 추론해 낼 수 있는, 즉 공소사실에 일부 부합되는 사실의 기재가 있다고 하더라도, 이를 일컬어 피고인이 범죄사실을 자백하는 문서라고 볼 수는 없다.

나. 피고인이 뇌물공여 혐의를 받기 전에 이와는 관계없이 준설공사에 필요한 각종 인·허가 등의 업무를 위임받아 이를 추진하는 과정에서 그 업무수행에 필요한 자금을 지출하면서, 스스로 그 지출한 자금내역을 자료로 남겨두기 위하여 뇌물자금과 기타 자금을 구별하지 아니하고 그 지출 일시, 금액, 상대방 등 내역을 그때그때 계속적·기계적으로 기입한 수첩의 기재 내용은, 피고인이 자신의 범죄사실을 시인하는 자백이라고 볼 수 없으므로, 증거능력이 있는 한 피고인의 금전출납을 증명할 수 있는 별개의 증거라고 할 것인즉, 피고인의 검찰에서의 자백에 대한 보강증거가 될 수 있다.

[소수의견] 자백은 범죄사실의 전부 또는 일부를 인정하는 진술을 말하는 것이고 그러한 진술이라면 피고인의 지위에서 행한 것이건, 기소 전에 피의자의 지위에서 행한 것이건, 또 범행 혐의를 받기 전에 행한 것이건, 범행 발각 후에 행한 것이건 모두 자백임에는 다름이 없다. 그리고 그러한 진술은 구술의 형식으로 이루어질 수도 있고 서면에 기재하는 방식으로 이루어질 수도 있다. 또, 그 진술이 어디에서 누구에 대하여 행하여졌는지도 자백인지 아닌지의 문제와는 관계없는 것이고, 상대방이 없이 행하여진 경우에도 자백인 점에는 마찬가지라 할 것이다. 따라서 피고인이 범죄의 혐의를 받기 전에, 그와는 관계없이 타인에게 보이는 것을 예상하지 아니하고 자기의 범죄사실을 기재하여 둔 것이라 하더라도, 그 기재 내용을 증거로 하는 경우에는 이 또한 자백이라고 할 것이다.

수첩의 기재는 피고인이 경험한 사물에 대한 인식을 외부에 글로 표현한 내용이 증거방법으로 사용된다는 점에서 이를 자백으로 봄이 합당하고, 이를 피고인의 자백과는 성질이 다른 독립된 증거라고 볼 수 없고, 따라서 물증 등 다른 증거에 비하면 거짓이나 조작이 개재될 여지가 많은 피고인의 자백만으로 유죄판단을 하지 못하도록 제한하려는 형사소송법 제310조의 입법취지에 비추어 이러한 수첩의 기재 내용만으로는 유죄의 판단을 할 수 없음은 물론 이는 자백에 대한 보강증거도 될 수 없다고 보아야 한다. 피고인이 작성한 수첩의 기재 내용이 형사소송법 제315조에 의하여 증거능력을 가지게 된다는 것과 자백만으로는 유죄판결을 할 수 없다는 형사소송법의 원칙과는 서로 차원을 달리하는 것이다.

[판례의 연구]

Ⅰ. 문제의 제기

자백의 보강법칙이라 함은 피고인이 임의로 한 자백이 임의성이 있어 그 증거능력이 인정되고, 나아가 신빙성이 있어 국가가 유죄의 심증을 얻었다 할지라도 자백에 대한 다른 보강증거가 없으면 유죄로 인정할 수 없다는 증거법칙을 말한다. 여기서 보강증거(corroborating evidence)란 피고인의 자백의 진실성을 확인하는 독립된 증거를 뜻한다. 자백의 우위성 때문에 경우에 따라서는 자백을 얻기 위하여 강제성을 띠게 되고, 설령 임의성이 있는 경우라 하더라도 혼란이나 정신적 결함 또는 매수, 의리·망상 등으로 그 자백내용의 진실성이 의심스러운 때가 없다고 할 수 없으므로, 그 자백의 진실성을 담보하여 오판을 일으키지 않도록 하기 위하여 마련한 원칙이다.[1] 즉, 자백보강법칙의 근거는 자백의 진실성을 담보하여 오판의 위험성을 배제하고 자백 편중으로 인한 인권침해를 방지하려는 데 있다. 보강법칙은 불충분한 증거에 의한 유죄판결을 방지하고, 믿을 수 없는 자백을 유죄의 증거로 사용하는 것에 대한 보장책(safeguard)이 된다고 할 수 있다.[2] 헌법 제12조 제7항 후단은 「정식재판에 있어서 피고인의 자백이 그에게 불리한 유일한 증거인 때에는 이를 유죄의 증거로 삼거나 이를 이유로 처벌할 수 없다」고 규정하고 있고, 형사소송법 제310조에는 「피고인의 자백이 그 피고인에게 불이익한 유일한 증거인 때에는 이를 유죄의 증거로 하지 못한다」고 규정하여, 현행법상 유일한 자백증거에 대하여 보강증거를 요구하고 있다.

자백의 보강법칙에 있어서는 보강을 필요로 하는 자백과 보강증거의 성질 내지 그 능력이 문제된다. 대상판결은 어떤 증거가 자백에 대한 보강증가가 될 수 있는가, 보강증거의 성질과 능력은 어디까지 미치는가, 특히 피고인이 작성한 수첩이 보강증거로 될 수 있는가에 대한 판결이다.

---

1) 김태계 「피고인이 작성한 수첩·메모류의 보강증거능력」, 한양법학 25(2009. 2), 281면.

2) Strong *McCormick on Evidence* p. 213.

Ⅱ. 보강증거의 성질

증거능력이 있는 일체의 증거는 보강증거가 될 수 있다. 증거능력에 대한 정상적인 기준이 보강증거에도 적용된다. 일체의 증거이므로 인증·물증·서증 또는 직접증거이건 간접증거이건 모두 보강증거가 될 수 있다. 보강증거는 자백 이외의 독립증거일 것을 요한다. 그 이외에 정황증거와 공범자의 자백이 보강증거로 될 수 있는가가 문제된다.

1. 독립증거

자백을 보강하는 증거는 자백과는 독립된 증거여야 한다. 즉, 자백에 대한 보강증거는 피고인의 자백과 실질적으로 독립된 증거가치를 지닌 것이어야 한다. 따라서 피고인의 자백은 보강증거가 될 수 없다. 피고인의 자백이 분리된 독립의 것이든 또 언제 이루어진 것이든 불문한다.[1] 따라서 피고인의 공판정에서의 자백을 공판 외의 자백, 즉 수사기관에서의 자백에 의하여 보강하는 것은 허용되지 않으며, 자백은 아무리 반복되더라도 피고인의 자백만 있는 경우에 해당한다. 자백은 그러한 진술을 한 사람의 법적 지위와 아무런 관계가 없다. 피고인의 지위에서 진술한 경우뿐만 아니라 피의자의 단계에서 진술을 한 경우는 물론, 수사개시 전에 이루어진 것, 수사를 의식하지 않고 이루어진 것도 포함한다. 참고인으로 진술한 경우나 형사 또는 민사 법정에서 증인으로서 증언한 경우, 수사기관이 아닌 사인에 대하여 진술한 경우도 나중에 피고인이 되었을 때에는 자백이 된다. 제 3 자의 진술도 피고인의 자백을 내용으로 하는 경우에는 그 진술의 상대방이 법원이든, 수사기관이든, 사인이든 관계없이 피고인의 자백과 마찬가지로 취급되어 보강증거를 필요로 한다.

보강증거는 증거가치에 있어서 자백과 독립된 증거여야 하므로 자백의 내용이 서면화되었거나(조서, 진술서), 소송서류화된 경우(공판조서)는 물론, 피고인의 자백을 내용으로 하는 피고인 아닌 자의 진술도 보강증거가 될 수 없다. 피고인이 범행자임을 재현하는 것도 실연에 의한 자백(confession by demonstration)이며 독립증거는 아니므로 자백에 대한 보강증거가 될 수 없다.[2] 그러

1) Rothstein *Evidence* 2nd edit. p. 293.

2) 배종대/이상돈/정승환/이주원 719면; 신동운 1213면; 임동규 535면; 이재상 662면.

나 자백 이외의 증거능력 있는 독립증거인 이상 인증이든 물증이든, 증거서류이든 묻지 않고 보강증거가 될 수 있다.

2. 정황증거

자백에 대한 보강증거는 반드시 직접 범죄사실을 증명하는 직접증거에 한하지 않고 간접증거 내지 정황증거로도 족하다. 따라서 피고인이 위조신분증을 제시·행사하였다고 자백하고 있는 때에 그 신분증의 현존은 자백을 보강하는 간접증거가 된다.[1] 또 뇌물공여의 상대방인 뇌물을 수수한 사실을 부인하면서도 그 일시경에 뇌물공여자를 만났던 사실 및 공무에 대한 청탁을 받기도 한 사실 자체를 시인하였다면 이는 뇌물을 공여하였다는 뇌물공여자의 자백에 대한 보강증거가 된다.[2]

3. 공범자의 자백

공범자의 자백이 보강증거가 될 수 있느냐에 대하여는 학설이 대립하고 있다. 피고인의 자백에 공범자의 자백이 포함되지 않는다는 부정설에 의하면 공범자의 자백은 독립된 증거가 되므로 당연히 보강증거로 될 수 있는 반면, 공범자의 자백을 피고인의 자백이라고 해석하는 긍정설에 의하면 공범자의 자백이 보강증거가 될 수 없다고 하는 것이 논리상 당연하다. 그러나 현재 긍정설을 주장하는 학자들도 ① 형사소송은 논리뿐만 아니라 실제적 필요에도 충실해야 하며, ② 피고인의 자백이 있고 공범자의 자백이 있는 때에는 공범자의 자백을 보강증거로 하여 유죄로 인정할 수 있어야 하고, ③ 공범자의 자백만으로 유죄로 할 수 없다는 것이 보강증거가 될 수 있다는 것과 반드시 모순되는 것은 아니라는 이유로, 공범자의 자백에 반증거가치(half proof)를 인정하고 그것이 보강증거가 될 수 있다고 해석하고 있다.[3] 생각건대 공범자의 자백은 피고인에 대한 관계에서 증언에 불과하므로 당연히 보강증거가 될 수 있다고 해석해야 한다. 대법원도 일관하여 공범자의 자백이나,[4] 공범자인 공동피고인의

---

1) 대법원 1983. 2. 22. 82도3107.
2) 대법원 1995. 6. 30. 94도993; 대법원 1995. 10. 12 95도1957.
3) 김기두 156면; 백형구 강의, 642면; 이재상 663면.
4) 대법원 1969. 12. 26. 69도1419; 대법원 1983. 6. 28. 83도1111.

자백은 당연히 보강증거가 될 수 있다고 판시하고 있다.[1)]

Ⅲ. 피고인 작성 상업장부·수첩·메모 등의 보강증거능력

1. 상업장부 · 수첩 등 메모류의 보강증거능력

대상판결의 다수의견은 「상업장부나 항해일지, 진료일지 또는 이와 유사한 금전출납부 등과 같이 범죄사실의 인정 여부와는 관계없이 자기에게 맡겨진 사무를 처리한 사무 내역을 그때그때 계속적 · 기계적으로 기재한 문서와 수첩의 기재내용은 사무처리 내역을 증명하기 위하여 존재하는 문서로서 그 존재 자체 및 기재가 그러한 내용의 사무가 처리되었음의 여부를 판단할 수 있는 별개의 독립된 증거자료이므로 그 문서를 피고인이 작성하였고 그 문서의 내용 중 공소사실에 일부 부합되는 사실의 기재가 있다고 하더라도, 이를 일컬어 피고인이 범죄사실을 자백하는 문서라고 볼 수는 없다」고 판시하였다. 피고인이 범인으로 검거되기 전에 자신의 범죄사실을 기재한 일기장 · 일지 · 장부 및 수첩 등이 자백에 대한 보강증거가 될 수 있는가는 상업장부가 형사소송법 제315조의 업무의 통상과정에서 작성된 문서로서 신용성의 정황적 보장과 필요성으로 인하여 당연히 증거능력을 가져야 하는가라는 관점에서 문제된다. 여기서 상업장부나 항해일지, 진료일지 또는 이와 유사한 금전출납부 등의 보강증거능력과 수첩의 증거능력을 살펴보기로 한다.

2. 상업장부 · 항해일지와 당연히 증거능력 있는 서류

(1) 당연히 증거능력 있는 서류

형사소송법 제315조는 당연히 증거능력 있는 서류를 규정하고 있다. 여기에 규정된 서류는 원래 진술서에 해당한다. 그러나 진술서라 할지라도 특히 신용성이 높고 그 작성자를 증인으로 신문하는 것이 부적당하거나 실익이 없기 때문에 필요성이 인정되는 경우에 증거능력을 인정하도록 한 것이다. 제315조가 규정하고 있는 서류에는 ① 직무상 증명할 수 있는 사항에 관한 공무원 작

1) 대법원 1984. 2. 28. 83도3343; 대법원 1985. 6. 25. 85도691; 대법원 1987. 7. 7. 87도973; 대법원 1987. 12. 22. 87도1020; 대법원 2006. 5. 11. 2006도1944.

성 문서, ② 업무의 통상과정에서 작성된 문서 및 ③ 기타 특히 신용할 만한 정황 아래 작성된 문서가 있다. 업무의 통상과정에서 작성된 문서란 상업장부, 항해일지 기타 업무상 필요로 인하여 작성한 통상문서(제315조 제2호)를 말한다. 일상업무의 과정에서 작성되는 업무상의 신용 때문에 정확한 기재를 기대할 수 있고 기계적 기재로 인하여 허위기재의 우려가 없을 뿐 아니라, 작성자를 일일이 소환하는 것이 부적당하다는 점에 그 근거가 있다. 출납부·전표·통계표 등이 여기에 속한다. 상업장부나 수첩 등이 보강증거능력을 갖기 위해서는 이들 서류가 당연히 증거능력 있는 서류에 해당해야 한다. 우리나라의 다수설은 피고인이 사무 처리를 위하여 작성한 수첩·메모류 등이 ① 상업장부나 항해일지, 진료일지 또는 이와 유사한 금전출납부 등과 같이, ② 범죄사실의 인정여부와는 관계없이, ③ 자기에게 맡겨진 사무를 처리한 사무 내역을 ④ 그때그때 계속적·기계적으로 기입한 것이라면, 그것은 업무의 통상과정에서 작성된 서면으로서 형사소송법 제315조 제2호 소정의 문서에 해당하고, 따라서 그 수첩의 기재내용은 피고인이 자신의 범죄사실을 시인하는 자백으로 볼 수 없기 때문에 피고인의 금전출납을 증명할 수 있는 별개의 증거라고 할 것이므로 피고인의 자백에 대한 보강증거가 된다고 해석한다.[1] 여기서 상업장부 등이 업무의 통상과정에서 작성된 문서라고 할 수 있기 위한 요건을 충족했는가를 살펴보기로 한다.

(2) 상업장부와 당연히 증거능력 있는 서류

대상판결은 수첩이나 메모류 등이 상업장부, 항해일지 기타 업무의 통상과정에서 작성된 문서(제315조 제2호)라고 하기 위해서는 ① 상업장부나 항해일지, 진료일지 또는 이와 유사한 금전출납부 등과 같이, ② 범죄사실의 인정여부와는 관계 없이, ③ 자기에게 맡겨진 사무를 처리한 사무 내역을 ④ 그때그때 계속적·기계적으로 기입한 것이어야 한다고 판시하고 있다. 일본 최고재판소의 결정[2]이나, 센다이고재 판결[3] 및 히로시마고재 마츠에지부 판결도 같

1) 서기석 「피고인이 작성한 수첩의 보강증거능력」, 형사재판의 제문제 1, 380면; 최성준 「자백과 보강증거」, 형사재판의 제문제 1, 406면.
2) 日最決 1957. 11. 2(刑集 11-12, 3047).
3) 仙台高裁判 1942. 4. 5(高等裁判所 刑事判例集 5-4, 549).

은 취지로 판시하고 있다.[1] 이에 반하여 일기장은 자신의 행동 내지 내심의 기재로서 서면으로 하는 자신의 범죄행위의 고백 그 자체이고 장래의 행위에 대비한 것이 아니라 단순히 과거의 행동을 기재한 것에 지나지 않기 때문에 형사소송법 제315조 제 1 호 또는 제 2 호의 문서라고 할 수 없고, 따라서 피고인이 작성한 문서로 제313조에 따라 증거능력을 판단해야 한다.

따라서 은행이 자기앞수표를 발행하면서 동액을 그 은행의 당해 회사구좌의 차변계정에 기장한 후 은행이 이러한 조치를 취하였다는 것을 통지한 서면 6통,[2] 외국환 송금업무를 행하는 회사가 영속성을 가진 사업시행에 기초하여 외국송금의뢰를 받을 때마다 작성한 외국송금수령증,[3] 어선단의 약정에 기하여 선단 소속의 각 어선의 승무원으로부터 정시에 발하여신 조업위치 등에 대한 무선통신을 선단 소속 어선 담당자가 기계적으로 작성한 무선수신기록[4]은 업무의 통상과정에서 작성된 문서에 해당한다.

내상판결의 다수의견은 수첩의 보강증거로서의 자격을 인정하고 있다. 수첩은 그 내용뿐만 아니라 존재 자체가 증거가 되는 것이고, 수첩의 존재 자체가 증거로 되는 이유는 상업장부나 항해일지, 진료일지 또는 이와 유사한 금전출납부 등과 같이 사무처리를 그때그때 계속적 · 기계적으로 기재한 문서이기 때문이라고 한다.[5] 그렇다면 상업장부는 당연히 증거능력 있는 서류에 해당하지만, 수첩의 기재내용이 여기에 해당하는가는 의문이라고 할 것이다.[6]

(3) 수첩의 존재 자체가 증거가 되는가

수첩이 제315조 제 2 호에 의하여 증거가 될 수 있기 위해서는 문서의 내용이 아니라 문서의 존재 자체 및 기재가 그러한 내용의 사무가 처리되었음이 여부를 판단할 수 있는 별개의 독립된 증거자료일 것을 요건으로 한다. 수첩의 존재가 아닌 기재내용이 증거로 사용된 것이라면 그것은 진술이 증거로 사용되었다는 것을 의미한다. 제315조의 서류 등은 고도의 신빙성이 있는 전문증거

1) 広島高裁 松江支部 判決 1933. 3. 2(高等裁判所 刑事判決特報 31-96).
2) 東京地裁 1971. 1. 22(判例時報 992-3).
3) 東京地裁 1981. 1. 22(判例時報 992-3).
4) 日最決 1976. 3. 3(刑集 40-2, 175).
5) 오영근 「수첩기재내용의 자백 여부와 보강법칙」, 형사판례연구 6, 430면.
6) 김태계 앞의 글, 299면.

로서 증거능력이 인정되지만 그것도 진술증거임에는 틀림없다. 대상판결에서 자백으로 인정된 검사 작성의 피의자신문조서, 피고인진술조서도 전문증거이다. 이 조서들의 증거능력은 제312조에 의하여 인정되고, 수첩의 증거능력은 제315조에 의하여 인정되는 차이가 있을 뿐이다. 검사 작성의 피의자신문조서 등이 제312조에 의하여 증거능력이 인정된다고 하여 바로 그 조서의 존재 자체가 아니라 그 기재내용이 증거가 되는 것은 아니다. 마찬가지로 제315조에 의해 수첩의 증거능력이 인정된다고 하여 수첩의 존재 그 자체가 증거로 되는 것은 아니다. 만약 수첩에 뇌물공여사실이 기재되어 있지 않고 피고인 측에서 이 수첩을 증거로 제출하였다고 가정한 경우에도, 그 수첩이 기계적으로 작성되었다면 제315조에 의하여 증거능력이 인정될 것이다. 이 경우에도 수첩의 존재 그 자체가 아니라 그 기재내용이 증거로 되는 것이다. 따라서 피고인이 수첩에 기재한 내용이 범행을 인정하는 것이라면 자백이고, 그렇지 않다면 자백이 아닌 진술이라 할 것이다.[1]

은행지점장의 직위에 있던 증인이 개인적인 기억을 위하여 기재해 놓은 상용일기,[2] 피고사건의 심리 중 피고인이 변호인에게 발신한 편지,[3] 변호사 사무실에서 고객에게 제공한 제경비의 지급을 청구한 금전출납부 · 수표장 · 영수증 및 수령증 등은 특별한 사정이 없는 한 제315조의 서면에 해당하지 않는다.[4]

Ⅳ. 대상판결의 검토

대상판결은 부산시 강서구 명지동 소재 공유수면에 어로확보를 위한 준설공사에 필요한 각종 인 · 허가업무, 공사계약 체결 및 시행에 관한 업무를 위임받아 이를 추진하는 과정에서 그 업무를 수행함에 필요한 자금을 지출하면서 스스로 그 지출한 자금내역을 자료로 남겨두기 위하여 뇌물로 지출한 자금내역과 기타 자금을 구별하지 아니하고 그 지출일시 · 금액 · 상대방 등 그 내역

1) 오영근 앞의 글, 433면.,
2) 東京地裁 1968. 6. 29(判例時報 893-3).
3) 浦和地裁 1976. 5. 25(判例時報 1097-160).
4) 서기석 앞의 글, 384면.

을 그때그때 계속적·기계적으로 기재해 둔 것을 수사를 받던 중 검사에게 임의로 제출함으로써, 그 현존 및 기재가 피고인의 검찰에서의 자백에 대한 보강증거로 제출된 것이었다. 즉, 대상판결이 자백이라고 하기 위해서는 ① 상업장부나 항해일지·진료일지 또는 이와 유사한 금전출납부 등과 같이, ② 범죄사실의 인정여부와는 관계없이, ③ 자기에게 맡겨진 사무를 처리한 사무 내역을 ④ 그때그때 계속적·기계적으로 기입한 것이어야 한다. 대상판결의 다수의견은 수첩의 보강증거로서의 자격을 인정하고 있다. 수첩의 보강증거로서의 자격을 인정하기 위해서는 상업장부나 항해일지, 진료일지 또는 이와 유사한 금전출납부 등과 같이 사무처리를 그때그때 계속적·기계적으로 기재한 문서여야 하고, 그 수첩이 기계적으로 작성되었다면 제315조에 의하여 증거능력이 인정될 수 있다. 수첩은 이러한 요건을 충족하지 못했다. 또 수첩의 내용이 아니라 그 존재 자체가 증거로 되는 것도 아니다. 수첩은 피고인의 자백에 불과하다. 따라서 수첩의 보강증거능력은 부정해야 하며, 이 점에서 대상판결은 부당하다고 해야 한다.

판 례 색 인

사 항 색 인

저자약력

서울대학교 법과대학 졸업
제 6 회 사법시험 합격
사법대학원 수료(법학석사)
서울대학교 대학원(법학박사)
독일 Freiburg대학 수학
육군 법무관
부산지방검찰청 검사
서울지방검찰청 남부지청 검사
법무부 검찰국 겸 서울지방검찰청 검사
변호사
서울대학교 법과대학 강사
이화여자대학교 법정대학 교수
경희대학교 법과대학 교수
이화여자대학교 법과대학 교수
사법시험위원
법무부 법무자문위원, 보안처분심의위원
형사법개정특별심의위원회 위원
한국형사정책학회 회장
한국형사법학회 회장
형사판례연구회 회장
한국형사정책연구원 원장
법조윤리협의회 위원장
현재 이화여자대학교 법학전문대학원 석좌교수
형사법개정특별심의위원회 위원장

저 서

보안처분의 연구(1978)
사회보호법론(1981)
형법신강〔총론 Ⅰ〕(1984)
형법신강〔각론 Ⅱ〕(1988)
형법신강〔각론 Ⅰ〕(전정판, 1989)
형사소송법(제 9 판, 2012)
형법각론(제 8 판, 2012)
형사소송법연습(제 7 판, 2012)
형법연습(제 8 판, 2012, 신조사)
형법학〔문제해설〕(제15판, 2012, 신조사)
형법총론(제 7 판, 2011)

형사소송법 기본판례

2013년 4월 15일 초판인쇄
2013년 4월 25일 초판발행

저 자 이 새 상
발행인 안 종 만
발행처 (주)박영사
서울특별시 종로구 평동 13-31번지
전화 (733)6771 FAX (736)4818
등록 1959. 3. 11. 제300-1959-1호(倫)

www.pybook.co.kr e-mail: pys@pybook.co.kr

정 가 23,000원 ISBN 978-89-6454-949-0